Metas

Spanish in Review, Moving Toward Fluency

About the Cover Artist Heather Jarry, who received a B.A. in Fine Arts from the University of Texas in 1994, currently works as a freelance illustrator, puppeteer, and artist in Austin, Texas. She has lived in Spain, Guatemala, and Mexico and particularly enjoys depicting cultural scenes from the Hispanic world, some of which appear on the opening pages of A chapters in *Metas*. As a puppeteer, she creates and presents marionette shows in both Spanish and English and was recently invited to perform at the International Puppetry Festival in Puerto Rico. To learn more about Heather and her work, visit her website at **www.heatherjarry.com.**

Metas

Spanish in Review, Moving Toward Fluency

Sharon W. Foerster

Anne Lambright

Trinity College

Higher Education

Boston   Burr Ridge, IL   Dubuque, IA   Madison, WI   New York
San Francisco   St. Louis   Bangkok   Bogotá   Caracas   Kuala Lumpur
Lisbon   London   Madrid   Mexico City   Milan   Montreal   New Delhi
Santiago   Seoul   Singapore   Sydney   Taipei   Toronto

Higher Education

Published by McGraw-Hill Higher Education, an imprint of The McGraw-Hill Companies, Inc., 1221 Avenue of the Americas, New York, NY 10020. Copyright © 2008 by The McGraw-Hill Companies, Inc. All rights reserved. No part of this publication may be reproduced or distributed in any form or by any means, or stored in a database or retrieval system, without the prior written consent of The McGraw-Hill Companies, Inc., including, but not limited to, in any network or other electronic storage or transmission, or broadcast for distance learning.

This book is printed on acid-free paper.

1 2 3 4 5 6 7 8 9 0 CCI 0 9 8 7

Student Edition	ISBN: 978-0-07-351320-1 MHID: 0-07-351320-2	**Instructor's Edition (not for resale)**	ISBN: 978-0-07-328546-7 MHID: 0-07-328546-3

Editor-in-Chief: *Emily G. Barrosse*
Publisher: *William R. Glass*
Sponsoring editor: *Katherine K. Crouch*
Director of development: *Scott Tinetti*
Senior development editor:
   Allen J. Bernier
Editorial coordinator: *Amanda Peabody*
Senior media producer: *Allison Hawco*
Marketing manager: *Jorge Arbujas*
Production editor: *Mel Valentín*
Lead production supervisor: *Randy L. Hurst*

Senior supplement coordinator: *Louis Swaim*
Senior designer: *Violeta Díaz*
Photo research coordinators: *Nora Agbayani*
   and *Sonia Brown*
Art editor: *Emma Ghiselli*
Cover art: *Heather Jarry*
Illustrations of five friends: *Rémy Simard*
Compositor: *Aptara*
Project manager: *Jackie Henry*
Printer: *Courier, Kendallville*

Because this page cannot legibly accommodate all acknowledgments for copyrighted material, credits appear at the end of the book and constitute an extension of this page.

Library of Congress Cataloging-in-Publication Data

Foerster, Sharon.
   Metas : Spanish in review, moving toward fluency / Sharon W. Foerster, Anne Lambright. – 1st ed.
      p. cm.
   ISBN: 978-0-07-351320-1 (student edition : alk. paper)
   MHID: 0-07-351320-2 (student edition : alk. paper)
   ISBN: 978-0-07-328546-7 (instructor's edition : alk. paper)
   MHID: 0-07-328546-3 (instructor's edition : alk. paper)   1. Spanish language–Textbooks for foreign speakers–English.   I. Lambright, Anne.
II. Title.
PC4129.E5F63 2007
468.2'421–dc22

2007000512

http://www.mhhe.com

Dedication

This book is dedicated to our bilingual children: Shaanti, Jonathan, Corazón, Isis, Paloma, Guillermo Bey II, and Maya.

Contents

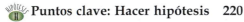

To the Instructor

▲▲

McGraw-Hill World Languages is pleased to bring you an exciting new intermediate-level textbook, *Metas: Spanish in Review, Moving Toward Fluency. Metas* is based on the best-selling brief intermediate-level text, *Punto y aparte.* To instructors familiar with the *Punto y aparte* program, we hope you will find *Metas* to be even more useful for your two-semester intermediate Spanish programs. To those using *Metas* for the first time, we hope you'll find it to be a unique and exciting intermediate-level program worthy of the enthusiastic responses that *Punto y aparte* has received from both instructors and students since its debut in 1999.

A Brief History of the *Metas* Program

The idea for *Punto y aparte* and subsequently *Metas* came in response to the need for a new instructional approach for the intermediate level. Instructors experienced in teaching a second-year, college-level language course recognize one of the challenges inherent for both them and their students: After relatively quick progress through the novice and lower-intermediate levels of proficiency, students are commonly faced with the phenomenon of the "second-year plateau." They often become frustrated and lose the necessary motivation to continue on into the intermediate-high and advanced levels. Thus, our initial challenge was to identify learning strategies that would motivate students and help them move forward in the language acquisition process.

Many textbooks for this level tend to review the grammatical structures covered in the first two or three semesters of college-level Spanish and provide practice with each structure in communicative contexts; however, they address grammatical structures one at a time and in a predetermined order. Real-life communicative situations are never that predictable. Other second-year texts require students to perform communicative tasks at a proficiency level that they have not yet attained, again leading to frustration and diminished motivation.

Drawing on extensive work with oral proficiency testing and training, we recognized that the next level of proficiency was characterized by three main factors: (1) an expanded vocabulary, (2) increased grammatical accuracy, and (3) paragraph-length discourse. (This third factor was the inspiration for the title of *Punto y aparte:* The Spanish expression used to indicate the beginning of a new paragraph is **punto y aparte.**) It was with these factors in mind that the concept of "moving toward fluency through review" came about. First, we would offer each chapter's vocabulary items in thematic groupings to facilitate association and then continually recycle and expand the active vocabulary from one chapter to another.

Next, instead of providing the grammar-centered review that can be found in some second-year texts, we would take a communicative approach but still stress the importance of grammatical accuracy. To ensure success in this approach, we would define seven major communicative functions or goals (**las metas comunicativas**) and then focus on the key grammatical structures (**los puntos clave**) needed to accomplish those goals. By doing so, it was hoped that students would begin to view the grammatical structures as the linguistic tools needed to successfully accomplish each of the communicative goals and realize that by increasing their grammatical accuracy they could ultimately communicate more effectively. To further emphasize the importance of grammar within a communicative approach, we would integrate consciousness-raising exercises and icons that would help draw students' attention to the grammatical structures.

Finally, we would provide students with ample tasks that require them to continually use their expanding vocabulary and to practice the grammatical structures within the context of the seven communicative goals. By doing so, we hoped that students' mastery of the vocabulary and the grammatical structures associated with the communicative goals would result in more paragraph-length discourse.

The end result of all this was the highly successful First Edition of *Punto y aparte.* We are now pleased to offer you this expanded version, *Metas,* and we sincerely hope it will assist you in moving your second-year students forward in their language acquisition process.

Spanish in Review

One aspect of the philosophy behind *Metas* is the concept of *review* or, more specifically, *task repetition* and its positive effects on language learning. *Metas* focuses on and recycles seven major communicative goals:

- **Descripción**
- **Comparación**
- **Reacciones y recomendaciones**
- **Narración en el pasado**
- **Hablar de los gustos**
- **Hacer hipótesis**
- **Hablar del futuro**

The uniqueness of this approach to intermediate-level language acquisition lies in the fact that it not only deals with a limited number of linguistic functions, but also requires students to work with those goals simultaneously, thereby exposing them to the full range of natural language. Once students understand that the same seven communicative goals continually resurface even though the themes and cultural content of each chapter change, they will come to see the positive effects of task repetition.

Task repetition is also a central focus of the text's reading strategies. It is important to remember that even when reading in their first language, students may have problems comprehending a text. For this reason, *Metas* emphasizes three specific reading strategies to help students gain a better overall sense of what's happening in the second-language texts of our program. We like to refer to these reading strategies as "the three V's": learning *vocabulary* in context, *visualization*, and *verification*. (See the Guided Tour for further discussion of the three V's in juxtaposition with their consciousness-raising icons.)

Moving Toward Fluency

Another goal of the *Metas* philosophy is to give students a tangible feeling of accomplishment by providing ample communicative activities so that they acquire the ability to use what they have learned in a variety of contexts. By focusing on and recycling seven communicative goals, we intend not to intimidate students, but rather to give them the feeling that they can successfully accomplish these goals. To ensure that students move forward in their understanding of the forms that make their messages more accurate, consciousness-raising activities serve as an indirect way of helping them see how all of these goals work together. These activities require students to identify statements that exemplify the seven communicative goals and explain their use or purpose. To this end, consciousness-raising activities are integrated throughout the program.

Another tangible indicator to students that they are moving forward is acquiring an expanded vocabulary. Therefore, *Metas* stresses vocabulary acquisition as another of its main goals. New vocabulary items are presented in thematic groupings in each chapter but are also constantly recycled throughout the program. In this way, students continually use the vocabulary they have acquired from preceding chapters when discussing new topics related to the current chapter's theme.

It is very important that students understand from the outset how this program differs from previous programs they may have used. As they focus on the seven communicative goals, recycle and expand their vocabulary, and see *themselves* moving toward fluency, they should progress from studying grammatical structures in a vacuum to studying grammar as a support for expressing language functions, from memorizing isolated words to learning and using groups of thematically related words, and from being list makers to being paragraph makers.

A Few More Words About Grammar

Although the *Metas* program promotes communicative language development, we want to stress that grammatical accuracy is very important to the success of this approach. From the very beginning we emphasize that learning grammatical structures and rules is different from acquiring the ability to use those structures and rules in real-world situations. We have created a variety of tasks designed to elicit the communicative goals identified by marginal icons. These icons also serve to draw students' attention to the grammatical rules needed to perform those tasks. For example, when students see the **Describir** icon next to an activity, they know that they will be generating descriptions and that, in order to do so well, they must keep in mind the rules for gender/ number agreement, the appropriate uses of **ser** and **estar,** and perhaps the use of past participles as adjectives. (See the chart on the inside front cover.) With the aid of this consciousness-raising device, students can begin to see more clearly that the grammatical structures represent the linguistic tools needed to express the seven communicative goals with accuracy. As students become more aware of this relationship between grammar and communicative goal, they may notice the gaps in their grammatical knowledge that impede them from expressing themselves with ease. These are the "teachable moments" when a quick grammar review can take on new meaning for students. To aid you in such moments, we provide the "yellow pages" section at the back of the main text. It contains grammar explanations that you can use to review specific structures with students at any time throughout the course. (See the **Explicación gramatical** section of the Guided Tour for further discussion of this resource.)

Multimedia Supplements for *Metas*

Several exciting multimedia supplements are available for *Metas*.

- *Metas* is supported by an online *ActivityPak,* an exciting new format that replaces the stand-alone interactive CD-ROM found with most intermediate Spanish programs. This online component, available for student purchase, provides a unified learning experience for students through the *Online Learning Center.* Flash-based activities, games, and video animations all provide review of vocabulary, grammar, and culture in a fun and accessible online format. With the online *ActivityPak,* students won't have to worry about lost CDs and operating system incompatibilities. It's all online, it's easy to access and use, and it helps students get the most out of their study of Spanish!

- The music CD, *Estampillas musicales* is an impressive new resource for intermediate Spanish. Although it was created with the *Metas* program in mind, it can enhance any McGraw-Hill Spanish program. This unique supplement contains one song from each of the six Spanish-speaking regions featured in *Metas.* Pre- and post-listening activities to accompany each song are available in the main text. The six songs are:

  1. «Matemáticas» (*Spanish flamenco*)
  2. «Hermanos» (*typical Cuban pregón*)
  3. «La Mariquita» (*traditional Mexican folk song*)
  4. «Candombe del Piedras» (*Uruguayan candombe*)
  5. «Himno al Inca» (*typical Andean flute*)
  6. «Monseñor Mario Molina» (*Guatemalan marimba*)

- McGraw-Hill has been proud to collaborate with **Quia**™ in developing the *Online Manual que acompaña Metas.* Carefully integrated with the main text, this digital version of the printed *Manual* is easy for students to use and great for instructors who want to manage students' coursework online. Identical to the print version in terms of practice material, the *Online Manual* contains the full audio program and provides students with automatic feedback and scoring of their work. The Instructor's Workstation contains an easy-to-use gradebook and class roster system that facilitates course management.

- The *Online Learning Center* offers students more practice with the vocabulary, grammar, and culture presented in the main text. It also contains the *ActivityPak* (described earlier), audio renditions of the **La entrevista** interviews from the main text, Interactive Verb Charts, and Flash Grammar Tutorials (short descriptions of key grammatical points of the Spanish language that students can review for additional help). The Instructor's Edition of the *Online Learning Center* contains the following resources to assist instructors in getting the most out of the *Metas* program:

Instructor's Manual (Word files)
Testing Program (Word files)

ActivityPak Scripts (transcripts for **Cara a cara,**
   La historia and **Hablando del tema**
      sections of the *ActivityPak*)
Audioscript (transcript of the *Audio Program*)
Audio Program Tracklisting

Basic Structure of *Metas*

Metas is divided into six units (**Unidades**), and
each unit is divided into two chapters (**Capítulo A**
and **Capítulo B**), yielding twelve manageable
chapters. Each chapter is further divided as
outlined below. Former users of *Punto y aparte*
will note that the bulk of the content for A chapters
comes from *Punto y aparte,* Third Edition.

Capítulo A
La historia
Vocabulario del tema
   Nota cultural

Puntos clave
Rincón cultural
   Lugares fascinantes
   Lo hispano en los Estados Unidos
Lectura
¡A escribir!

Hablando del tema

Capítulo B
La entrevista
Vocabulario del tema
Puntos clave
Rincón cultural
   Un momento histórico
   Un artista hispano
   La música
Lectura
Yo experto/a

Guided Tour of *Metas*

Unit Opener

Each unit opener includes a photo highlighting the geographical region or themes of the unit as well as a list of supplements where students can further study the vocabulary, grammar, and cultural themes presented in the unit.

Chapter Opener

Each chapter-opening page includes a photo or piece of fine art, discussion questions that instructors can use as an advance organizer to move students into the chapter themes, and bulleted points listing the communicative goals and central themes of the chapter.

La historia

Each **La historia** section presents a dialogue between some of the five friends. Words that represent active vocabulary (those found in the **Vocabulario del tema** listing) appear in boldface. Following the dialogue are activities designed to introduce students to the themes presented in the dialogue and the rest of the chapter. Each dialogue has also been rendered as an exciting video animation (**dibujo animado**), available in the online *ActivityPak*. These animations bring to life the five friends and the story line from the book.

La entrevista

Each **La entrevista** section presents an interview conducted by Sara for her radio broadcast at the University of Texas in Austin. Each interview touches on the themes that will be presented in the chapter. Words that represent active vocabulary appear in boldface. Following the

El Malecón, La Habana

interview are activities designed to introduce students to the themes they will explore more in depth in the rest of the chapter. Recorded versions of each interview are available for students to listen to on the *Online Learning Center*.

Vocabulario del tema

This section begins with a list of vocabulary items arranged thematically and/or semantically for easier association and reference.

A variety of communicative activities follows, allowing students ample opportunity to work with and acquire the new vocabulary. **Para conversar mejor** boxes provide useful idiomatic expressions for use in small-group conversations. **Nota cultural** boxes (in A chapters) highlight one or more cultural aspects of the Spanish-speaking cultures. Each **Nota cultural** is followed by conversation questions that students can answer in pairs or small groups.

Puntos clave

This section of each A chapter, which highlights at least one of the seven communicative goals, offers a short review of the grammatical structures that support each goal. A brief exercise called **Ponerlo a prueba** allows students to check their command of the pertinent grammatical structures before moving on to the communicative activities.

In B chapters, this section highlights more of the communicative goals, not just the one or two stressed in the preceding A chapter.

Rincón cultural

In A chapters, this unique cultural section contains two parts. **Lugares fascinantes** presents points of interest in the unit's country or region of focus.

Lo hispano en los Estados Unidos presents information about interesting Hispanic people, cultural events, and/or community services found in the United States. In B chapters, **Un momento histórico** presents a historic event that has implications today in the country or region of focus. **Un artista hispano** profiles a Hispanic artist from the region. **La música** presents a short introduction to the featured musical genre and pre- and post-listening activities to go with the songs that are available on the *Estampillas musicales* music CD. Finally, in addition to the **Actividad de Internet** for the **Lo hispano en los Estados Unidos** section, there are corresponding activities for these **Rincón cultural** sections with lists of key words and links to Spanish search engines on the *Online Learning Center* that students can use to further explore the themes.

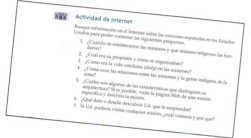

Lectura

Each chapter contains a reading that addresses the chapter theme. Pre- and post-reading activities emphasize reading strategies, comprehension, and expansion of the ideas presented in each reading for individual homework and small-group classroom discussion.

Consciousness-raising icons next to most readings highlight specific strategies. A **Vocabulario** icon in the margin alerts students to make wise strategy decisions about a new vocabulary item, such as deciphering the word based on the context, relating it to similar words they *do* know, looking it up in a dictionary, or ignoring it altogether. **Visualizar** icons remind students to visualize images of the people, places, things, and situations described at that point. A **Verificar** icon and a set of short questions, positioned at logical break points within longer readings and at the end of most readings, encourage students to monitor their comprehension up to that point.

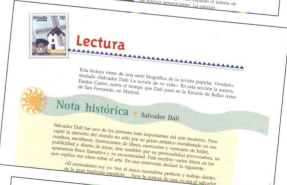

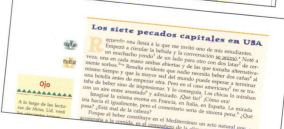

¡A escribir!

The main composition of each A chapter is divided into three sections: a brainstorming activity, a guided composition based on the information gathered from the brainstorming activity, and a dialogue in which students comment on each others' composition. Additional writing activities are found throughout the text and are easily identifiable by the writing icon.

Hablando del tema

In this two-page intermediary section between A and B chapters, students converse, debate, and offer reactions to questions and situations based on the themes from the A chapter. They also return to the **Preguntas para considerar** and the piece of fine art from the chapter A opener to see how much they've learned so far in the unit. All of these activities require students to use higher-level speaking skills to support an opinion, discuss advantages and disadvantages, hypothesize, and so forth in preparation for the more demanding B chapter. A detailed explanation of the **fichas** concept is available in **Apéndice 1.**

Yo experto/a

In this unit-culminating activity, students choose a person, place, or cultural theme from the unit that they wish to learn more about and then present their findings in either oral or written form. A list of questions based on the seven communicative goals that students can use as a guide for their report can be found in **Apéndice 2.**

Explicación gramatical

Explanations of the grammar structures associated with each communicative goal can be found in the yellow pages near the end of the main text. A tabbing system provides easy reference. **¡A practicar!** exercises offer additional practice of the grammar points; the answers to all **¡A practicar!** exercises are provided in **Apéndice 3.** Explanations of additional grammatical structures can be found in the **Referencia de gramática** section at the end of the yellow pages.

Supplements

As a full-service publisher of quality educational products, McGraw-Hill does much more than just sell textbooks to your students. We create and publish an extensive array of print, video, and digital supplements to support instruction on your campus. Orders of new (versus used) textbooks help us defray the cost of developing such supplements, which is substantial. Please consult your local McGraw-Hill representative to learn about the availability of the supplements that accompany *Metas*.

For instructors *and* for students:

- *ActivityPak*

  This exciting new online supplement provides students with Flash-based activities, games, and video animations that they can use to review the vocabulary, grammar, and culture presented in *Metas*. With the exception of the **Cara a cara / La historia** and **La música** sections, students are encouraged to complete each unit of the *ActivityPak* after they've finished the corresponding unit from the main text, thus making the *ActivityPak* an ideal source of review before an exam. Each **Cara a cara / La historia** section of the *ActivityPak* contains video animations (**dibujos animados**) of the corresponding dialogues from the same sections of the main text. In each **La música** section of the *ActivityPak*, students can listen to the corresponding song from the **La música** section of the main text. Students can purchase an *ActivityPak* Access Code Card at the bookstore to gain access to the *ActivityPak*, which is found on the *Online Learning Center*. Instructors have complimentary access via the Instructor's Edition of the *Online Learning Center*.

- *Estampillas musicales* (Music CD)

  The *Estampillas musicales* music CD is an impressive new resource for intermediate Spanish. It was created with the *Metas* program in mind, however, it can be used in conjunction with any McGraw-Hill Spanish program. The CD contains six songs, one from each of the six Spanish-speaking regions featured in *Metas*. Pre- and post-listening activities to accompany each song are available in the main text.

- *Manual que acompaña Metas*

  Commonly referred to as simply the *Manual*, this workbook/laboratory manual contains a variety of exercises and activities that students can use to practice the seven communicative goals with all of the four skills: reading, writing, listening, and speaking.

- *Online Manual*

  The *Online Manual*, produced in collaboration with **Quia**™, offers the same outstanding practice as the printed *Manual* plus many additional advantages, such as onscreen links to corresponding audio files, immediate feedback and scoring for students, and an easy-to-use gradebook and class roster system for instructors. To gain access, students purchase a unique *Student Book Key* (passcode). Instructors should contact their local McGraw-Hill sales representative for an *Instructor Book Key*.

- *Audio Program*

  The *Audio Program* corresponds to the **Práctica oral** sections of the *Manual*. Users of the print version of the *Manual* can find the *Audio Program* on the *Online Learning Center* or purchase audio CDs. The *Online Manual* includes the *Audio Program* as one of its features.

- *Online Learning Center*

  The *Online Learning Center* (**www.mhhe.com / metas**) offers the following resources for students:

  1. quizzes to practice the vocabulary, grammar, and culture presented in the main text
  2. the *ActivityPak* (described earlier)
  3. audio renditions of the **La entrevista** interviews from B chapters of the main text
  4. Interactive Verb Charts
  5. Flash Grammar Tutorials (short descriptions of key grammatical points of the Spanish language that students can review for additional help)
  6. the complete Audio Program to accompany the print version of the *Manual*

  The Instructor's Edition of the *Online Learning Center* contains all of the student resources *as well as* the following instructor resources (instructors should contact their local sales representative to set up an instructor account):

1. *Instructor's Manual* (Word files)
2. *Testing Program* (Word files)
3. *ActivityPak Scripts* (transcripts for the **Cara a cara / La historia** and **Hablando del tema** sections of the *ActivityPak*)
4. *Audioscript* (transcript of the *Audio Program*)
5. *Audio Program Tracklisting*

- *Lecturas literarias*
  The literary reader for the *Punto y aparte* program, *Lecturas literarias: Moving Toward Linguistic and Cultural Fluency Through Literature,* can easily be used with *Metas.* It contains twelve literary readings (two for each unit of *Metas*). Each reading is accompanied by pre- and post-reading activities that incorporate the seven communicative goals that are a hallmark of the *Punto y aparte* and *Metas* programs, thus reinforcing the recycling methodology of *Metas.*

For instructors:

- *Instructor's Edition*
  This special edition of the main text, specifically designed for instructors, contains helpful suggestions and information in on-page annotations for more effective in-class use of the various features of the main text and its supplements.

- *Instructor's Manual*
  This useful manual, available electronically in the Instructor's Edition of the *Online Learning Center,* includes even more helpful suggestions and resources for maximizing the various components of the *Metas* program.

- *Audioscript*
  This complete transcript of the *Audio Program* is available electronically in the Instructor's Edition of the *Online Learning Center.*

Acknowledgments

We are extremely grateful to be publishing *Metas.* It has been very satisfying to be able to include so many more features and ideas. There are several colleagues who have aided us in myriad ways to bring this project to fruition, and we would like to thank them for their invaluable

input: Malia LeMond from the University of Texas; Moisés Castillo, Anne Gebelein, Thomas Harrington, María Silvina Persino, and Gustavo Remedi from Trinity College. Others were helpful advisors on the cultural aspects found in the **Rincón cultural:** Luis LaPlaza from Academic Programs International, Elisabeth Guerrero of Bucknell University, and Barbara Hines from the University of Texas. We owe a special thanks to the five friends who have been portrayed throughout the *Metas* program: Fátima Alfonso-Pinto (as Sara Carrillo Jiménez), Guillermo Irizarry (as Javier Mercado Quevedo), Rafael Hoyle (as Sergio Wilson Flores), Anne Lambright (as Laura Taylor), Luis Guerrero (as Diego Ponce Flores) and Cristina Fernández (as Cristina). We thank the many instructors and friends who participated in reviews or completed surveys of *Punto y aparte* or who reviewed a sample chapter of *Metas.* Their invaluable comments and suggestions are reflected throughout *Metas,* however, the appearance of their names does not necessarily constitute an endorsement of the *Metas* program or its methodology.

Reviewers of *Punto y aparte*

María J. Amores, *West Virginia University*
Angela M. Balley, *Illinois State University*
Kathleen Bollard, *University of Colorado at Denver*
Juan Carlos Castillo, *University of Northern Iowa*
Corinne Cline, *Willamette University*
Paul Eckhardt, *Mt. Hood Community College*
Gloria Grande, *University of Texas at Austin*
María Cristina Guzzo, *Ball State University*
Casilde Isabelli, *University of Nevada, Reno*
Christopher LaFond, *Boston College*
Erin J. McCabe, *George Mason University*
Michael Morris, *Northern Illinois University*
Susan M. Smith, *Hampden-Sydney College*
Jacquelyn Thomas Sandone, *University of Missouri, Columbia*
Joseph R. Weyers, *College of Charleston*
Patricia Zuken, *University of California, San Diego*

Reviewers of *Metas*

Amanda Boomershine, *University of North Carolina, Wilmington*

José Juan Colín, *University of Oklahoma*
Robert Colvin, *Brigham Young University–Idaho*
Conxita Domenech, *University of Colorado, Boulder*
Tania Garmy, *University of Tulsa*
Blanca Gill, *Consumnes River College*
Elena Grajeda, *Pima Community College*
Elizabeth Kissling, *Virginia Commonwealth University*
Anastacia Kohl, *University of North Carolina*
Fernando Rubio, *University of Utah*
Gayle Vierma, *University of Southern California*

We are especially grateful to Heather Jarry, who created the original paintings on the cover and those on the opening pages for A chapters. Her talent and knowledge of the Hispanic world have ensured an authentic vision of the diverse cultures we want to share with our students.

We would like to recognize the wonderful work of Susanna Sharpe who produced the music CD *Estampillas musicales*. Her knowledge of Hispanic culture and music, her experience in the field of music production, and her unfailing patience and professionalism made her a joy to work with and has ensured a high quality music CD. We would also like to thank the musicians who composed and/or recorded the six songs for *Estampillas musicales*. From **Catavento (www.cataventomusic.com)** we thank Susanna Sharpe (lead vocals), Christian Fernandez (composer, guitarist, vocals), David Pulkingham (composer, guitarist, vocals), and Sergio Santos (percussion) who composed and recorded "Matemáticas," "Hermanos," and "Himno al Inca." From **Correo Aereo (www.correoaereo.com)** we thank Abel Rocha and Madeleine Sosin who recorded the traditional Mexican folksong "La Mariquita." For the song "Candombe del Piedras," we thank the anonymous composers imprisoned at the Piedras prison in Uruguay, Mario Villagrán, coordinator of a special project that brought the song to our attention, and Rubén Rada who originally performed the song as part of the CD *Esperando salir,* which resulted from Mario Villagrán's project with Proyectos culturales, a non-governmental organization based in Montevideo. For the song "Monseñor Mario Molina," we thank Jack Forbes, an expert on the marimba music of Guatemala, who helped us acquire the song.

It is always a pleasure to work with an organization that values teamwork above all; thus, many thanks are owed to the people at McGraw-Hill who worked behind the scenes on *Metas.* We would like to thank our publisher William R. Glass for encouraging us to write this expanded version of *Punto y aparte.* He, Katherine K. Crouch, our sponsoring editor, Scott Tinetti, director of development, and others were instrumental in getting the project off the ground and in shaping and reshaping the structure of *Metas.* Laura Chastain carefully reviewed the manuscript for matters of style, clarity, and linguistic and cultural authenticity. We were so fortunate to have Allen J. Bernier as our development editor. Allen's in-depth knowledge of *Punto y aparte,* gained while editing the Second and Third Editions, allowed him to offer invaluable insights and suggestions while editing *Metas.* We thank the rest of the editorial team at McGraw-Hill, especially Jennifer Kirk for editing *Lecturas Literarias,* Mara L. Brown for editing the *Manual* and *Audio Program,* and Amanda Peabody and Scott Tinetti for helping guide *Metas* along the path from manuscript to publication. Many thanks are due to the production team at McGraw-Hill, especially Mel Valentín, Randy L. Hurst, Louis Swaim, Nora Agbayani, Sonia Brown, Jeanne Schreiber, and Emma Ghiselli, as well as our designer Violeta Díaz for the wonderful cover and interior design of the main text. We would like to thank in advance Jorge Arbujas, marketing manager for World Languages, and the entire McGraw-Hill sales staff for their efforts in promoting and making the *Metas* program a success.

Finally, a very special thanks goes to Frank for being a source of unending support and encouragement on every level, to Guillermo for believing in us and for putting in many hours of overtime, and to our parents, who taught us the value of hard work.

To the Student

Welcome to *Metas: Spanish in Review, Moving Toward Fluency,* a unique and exciting intermediate Spanish program! As second-year students of college Spanish, you have already studied verb tenses, the subjunctive mood, pronouns, a lot of basic vocabulary, common idioms, and so forth. The goal of this course is to help you acquire the ability to use what you have learned by focusing on seven major communicative goals (**metas comunicativas**) in Spanish: describing, comparing, reacting and recommending, narrating in the past, talking about likes and dislikes, hypothesizing, and talking about the future. All of your written and oral practice will involve topics that require you to demonstrate an ability to communicate those goals.

Another goal is for you to achieve greater cohesion in your speaking and writing abilities by including transition words and sentence connectors as you move toward fluency in Spanish. (Please see the list of common connectors and transition words on the inside back cover.)

A third goal is for you to increase your vocabulary by adding new words to your active vocabulary and by acquiring strategies that will help you understand the meaning of unfamiliar terms. You will also notice that all of the vocabulary is presented in groups of words that are thematically related. We suggest that you study the vocabulary in these thematic groups rather than as single, isolated words. You will find a consistent recycling of vocabulary throughout the text so that you will not forget vocabulary studied in **Unidad 1** by the time you reach **Unidad 5.**

What is unique about *Metas* and its approach is the idea of narrowing the focus of instruction to seven major communicative goals, all of which appear in every chapter from the beginning of the course. This focus on the communicative goals is supported by constant recycling of the grammatical structures (**puntos clave**) needed to accurately and successfully perform those goals. In other words, the content or themes will change with each new chapter, but

the seven goals will be repeated throughout the program. To facilitate your growing abilities to communicate effectively in Spanish, icons are used to remind you with which goal you are working. For example, when you see the **Descripción** icon next to an activity, you know that you are working with description and that, in order to describe well, you must keep in mind the rules for gender/number agreement, the appropriate uses of **ser** and **estar,** and perhaps the use of past participles as adjectives. (Please see the inside front cover for a full display of the icons, the communicative goals, and the grammatical structures that accompany the goals.)

To accomplish each of these communicative goals, certain grammatical structures must be mastered. Therefore, *Metas* offers a wide variety of interactive tasks so that you can practice the goals throughout the text. By doing so, you will increase your grammatical accuracy and strengthen your ability to express yourself effectively in Spanish.

Besides concentrating on the seven goals and increasing your vocabulary, we want to help you enjoy reading in Spanish. Although many reading strategies can help guide you as you approach texts written in Spanish, *Metas* concentrates on three. We like to refer to these reading strategies as "the three V's": learning *vocabulary* in context, *visualization,* and *verification.* To aid you in acquiring these strategies we have placed consciousness-raising icons next to most readings in the **Lectura** sections. A **Vocabulario** icon in the margin alerts you to make wise strategy decisions about a new vocabulary item, such as deciphering the word based on the context, relating it to similar words you *do* know, looking it up in a dictionary, or ignoring it altogether.

Visualizar icons remind you to visualize images of the people, places, things, and situations described at that point.

Finally, a **Verificar** icon and a short set of questions, positioned at logical break points within longer readings and at the end of most readings, encourage you to monitor your comprehension up to that point. The goal of these strategies is to help you get the overall gist of the passage.

It is also very important to understand from the outset how this course differs from previous courses you may have taken. As you move toward fluency in Spanish, you should progress from being a list maker to a paragraph maker, from memorizing isolated words to learning and using groups of thematically related words, and from studying grammatical structures in a vacuum to studying grammar as a support for expressing the seven communicative goals that serve as the core of the *Metas* methodology. Finally, you should also attain a deeper understanding and appreciation of Hispanic cultures through the rich and diverse **Rincón cultural** sections and through the lives of the five characters (**los cinco amigos**) who appear throughout *Metas* in their daily lives and interactions at the Ruta Maya café in Austin, Texas. The five friends are Sara Carrillo Jiménez, a Spanish graduate student; Javier Mercado Quevedo, a Puerto Rican journalist who also works at Ruta Maya; Laura Taylor, an American graduate student of Latin American studies and health in rural areas and Sara's roommate; Diego Ponce Flores, a Mexican shop owner; and Sergio Wilson Flores, a Mexican-American concert promoter and Diego's cousin.

Above all, we hope that you enjoy this course and that you find yourself moving toward fluency in Spanish!

Ruta Maya en Austin, Texas

Los cinco amigos: Diego, Laura, Sergio, Sara y Javier

Para empezar

Los cinco amigos

Los cinco amigos: Diego, Laura, Sergio, Sara y Javier

Puntos clave
- introducción a las metas comunicativas

Tema central
- los cinco amigos

Zona de enfoque
- el café Ruta Maya en Austin, Texas

¡Bienvenido/a a *Metas*! A lo largo de este libro de texto, en el *Manual que acompaña Metas* y en el *ActivityPak*, Ud. va a trabajar con siete metas comunicativas en conversaciones con sus compañeros de clase, en composiciones y en ejercicios gramaticales. También irá conociendo poco a poco, sobre todo en la sección **La historia,** a los cinco amigos que aparecen en la foto. Todos viven en Austin, Texas.

Cara a cara

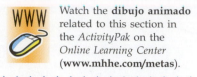

Watch the **dibujo animado** related to this section in the *ActivityPak* on the *Online Learning Center* (**www.mhhe.com/metas**).

Lea la pequeña biografía de cada uno de los cinco amigos y un perfil (*profile*) personal. Luego, conteste las preguntas que aparecen a continuación.

Sara Carrillo Jiménez

Sara nació en un pueblo cerca de Salamanca, España. Hizo periodismo en la Universidad Pontificia de Salamanca y trabajó en una emisora[1] de radio local, en la cual sólo ofrecían programas musicales. Como quería aprender otras cosas relacionadas con el mundo de las comunicaciones, cuando a Sara le hablaron de la posibilidad de estudiar en los Estados Unidos, decidió «cruzar el charco».[2] Actualmente está acabando su maestría en Radio, Televisión y Cine y trabaja en la emisora universitaria, donde hace un programa dirigido a los hispanohablantes.

Habla Sara:

Rasgos[3] principales de mi carácter: *Soy extrovertida, franca e impaciente.*
Mi estado de ánimo en estos días: *Estoy preocupada por la tesis y por eso estoy un poco ansiosa.*
Ayer y hoy: *Hoy soy más abierta que antes, pero soy tan impaciente como siempre.*
La sugerencia que más me dan: *Que piense antes de hablar.*
Un secreto de mi pasado: *Cuando tenía 14 años, empecé a fumar.*
Lo que más me fascina: *Me fascina todo lo que tiene que ver con las computadoras.*
Lo que más me molesta: *Me molestan las comidas picantes.*
Si pudiera invitar a dos personas a cenar: *Invitaría a Paul McCartney y a Jorge Ramos.*
Cuando tenga suficiente dinero, iré a: *las Islas Canarias, donde descansaré y tomaré una clase de dibujo.*

[1]*station* [2]*«cruzar… "to cross the pond" (fig: the Atlantic Ocean)* [3]*Traits*

Preguntas:

1. ¿Por qué decidió Sara estudiar en los Estados Unidos?
2. ¿Es tímida Sara? ¿Cómo lo sabe Ud.?
3. ¿A Sara le gustaría la comida mexicana? ¿Por qué sí o por qué no?

Javier Mercado Quevedo

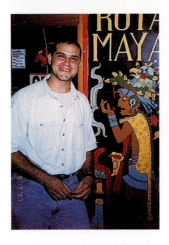

Javier nació en Mayagüez, Puerto Rico. Tiene un hermano gemelo.[1] Trabaja como mesero en el café Ruta Maya, uno de los cafés de moda del centro de la ciudad. Hace dos años que Javier sacó su licenciatura en periodismo. Ahora, hace trabajos sueltos[2] para varios periódicos hispanos de los Estados Unidos, pero su sueño es conseguir un puesto de corresponsal en Latinoamérica y pasarse la vida viajando. Es soltero y no piensa casarse nunca, aunque es muy romántico.

Habla Javier:

Rasgos principales de mi carácter: *Soy honesto, hablador y aventurero.*

Mi estado de ánimo en estos días: *Estoy muy satisfecho porque mi vida en Austin va súper bien.*

Ayer y hoy: *Hoy tengo menos interés en Hollywood que antes, pero me entusiasma saber sobre la producción de películas tanto como antes.*

La sugerencia que más me dan: *Que tenga más paciencia con mi madre.*

Un secreto de mi pasado: *Pasé seis semanas viajando por Venezuela con una novia, pero le dije a mi madre que tomaba un curso universitario allá.*

Lo que más me fascina: *Me fascina la clientela diversa que visita Ruta Maya.*

Lo que más me molesta: *Me molestan las personas manipuladoras y la hipocresía.*

Si pudiera invitar a dos personas a cenar: *Invitaría a Carlos Varela y a Robert Rodríguez.*

Cuando tenga suficiente dinero, iré a: *México, donde trataré de entrevistar a Carlos Fuentes o al subcomandante Marcos.*

[1]*twin* [2]*hace… he freelances*

Preguntas:

1. ¿Por qué cree Ud. que Javier trabaja en el café Ruta Maya?
2. ¿Qué rasgo tiene Javier que le servirá en su carrera de periodismo?
3. ¿A Javier le gusta pasar mucho tiempo en casa? ¿Cómo lo sabe?

Laura Taylor

Laura nació en Sacramento, California. Al estudiar español en la universidad se interesó mucho por la cultura hispana, así que cuando se graduó decidió ingresar en el Cuerpo de Paz.[1] Terminó[2] en Otavalo, cerca de Quito, Ecuador, donde trabajó para mejorar la salud rural. Después de dos años, regresó a los Estados Unidos para seguir un curso de posgrado en estudios latinoamericanos con énfasis en la salud rural. Después de graduarse, le gustaría trabajar en Latinoamérica.

[1]*Cuerpo… Peace Corps* [2]*She ended up*

Habla Laura:

Rasgos principales de mi carácter: *Soy perfeccionista, abierta y exigente.*
Mi estado de ánimo en estos días: *Estoy muy contenta porque mis clases van bien y tengo una vida social bastante activa.*
Ayer y hoy: *Hoy estoy más dispuesta que antes a dejarlo todo para ir a bailar, pero sigo siendo tan trabajadora como siempre.*
La sugerencia que más me dan: *Que no trate de cambiar el mundo tan rápidamente.*
Un secreto de mi pasado: *Cuando tenía 12 años, leía el diario de mi hermana mayor.*
Lo que más me fascina: *Me fascinan las culturas indígenas de los Andes.*
Lo que más me molesta: *Me molesta la intolerancia.*
Si pudiera invitar a dos personas a cenar: *Invitaría a Sara Baras y a Mercedes Sosa.*
Cuando tenga suficiente dinero, iré a: *las Islas Galápagos en el Ecuador, donde pasaré un rato tranquilo con mi novio Manuel.*

Preguntas:

1. ¿Cree Ud. que Laura sacó buenas notas en sus cursos universitarios? ¿Cómo lo sabe?
2. ¿Por qué se fue al Ecuador cuando terminó sus estudios?
3. ¿Piensa quedarse en los Estados Unidos cuando termine sus estudios de posgrado?

Diego Ponce Flores

Diego nació en San Julián, un pueblo de México, pero fue a Monterrey a vivir con su hermano mientras estudiaba en la Universidad Tecnológica. Se mudó a los Estados Unidos hace tres años y poco después, con la ayuda de su primo Sergio, abrió una tienda de artesanía[1] latinoamericana que se llama «Tesoros».[2] Aunque se especializó en administración de empresas,[3] siempre se ha interesado por las bellas artes. Así que su tienda resulta ser una perfecta combinación de sus dos pasiones.

Habla Diego:

Rasgos principales de mi carácter: *Soy ambicioso, muy cortés y un poco inflexible.*
Mi estado de ánimo en estos días: *Estoy nervioso porque quiero abrir más tiendas, pero no sé si es el momento oportuno o no.*
Ayer y hoy: *Hoy soy menos fiestero que cuando era joven, pero aprecio mis ratos libres tanto como antes.*
La sugerencia que más me dan: *Que deje de trabajar tantas horas y que sea menos serio.*
Un secreto de mi pasado: *Cuando tenía 17 años, fui modelo de Levi's Jeans.*
Lo que más me fascina: *Me fascina la comida exótica.*
Lo que más me molesta: *Me molesta la falta de cortesía.*

[1]*arts and crafts* [2]*"Treasures"* [3]administración... *business administration*

Si pudiera invitar a dos personas a cenar: *Invitaría a Bill Gates y a Vicente Fox.*
Cuando tenga suficiente dinero, iré al: *Perú, donde buscaré artesanías andinas para vender en «Tesoros».*

Preguntas:

1. ¿Cree Ud. que Diego nació en una ciudad industrial? ¿Por qué sí o por qué no?
2. Parece que ser dueño de «Tesoros» es un puesto ideal para Diego. ¿Por qué?
3. A veces Diego les parece un poco formal a sus amigos. ¿Por qué será eso?

Sergio Wilson Flores

Sergio nació en El Paso, Texas, pero pasó su infancia en Chihuahua, México, el estado de origen de su madre. Después, se mudó a Boston, Massachusetts, la ciudad natal de su padre. Actualmente vive en Austin con su primo, Diego, y trabaja como promotor de conjuntos musicales. De los cuatro grupos que están bajo su dirección, dos son conjuntos *tex-mex* y dos son grupos de rock. Se graduó de la universidad hace dos años, especializándose en administración de empresas.

Habla Sergio:
Rasgos principales de mi carácter: *Soy alegre, bromista y optimista.*
Mi estado de ánimo en estos días: *Estoy cansado porque no duermo mucho. Escucho muchos grupos que tocan hasta muy tarde.*
Ayer y hoy: *Hoy me interesa la política menos que antes, pero sigo leyendo tantas revistas políticas como siempre.*
La sugerencia que más me dan: *Que trate de conseguir entradas a los conciertos de grupos famosos.*
Un secreto de mi pasado: *Tomé clases de baile para aprender a bailar tango para impresionar a una chica.*
Lo que más me fascina: *Me fascinan los conjuntos musicales latinos como Los Lonely Boys y Buena Vista Social Club.*
Lo que más me molesta: *Me molesta la falta de conciencia social.*
Si pudiera invitar a dos personas a cenar: *Invitaría a Carlos Santana y a Alejandro Sanz.*
Cuando tenga suficiente dinero, iré a: *Chile, donde asistiré al gran festival de música en Viña del Mar.*

Preguntas:

1. Se puede describir a Sergio como una persona bicultural. ¿Por qué?
2. ¿Cree Ud. que Sergio es políticamente activo en su comunidad? ¿Cómo lo sabe?
3. ¿Es Sergio una persona solitaria?

Actividades

A. Características e intereses de los cinco amigos

Paso 1 Complete la siguiente tabla con la información que obtuvo de los perfiles de los cinco amigos.

	SARA	JAVIER	LAURA	DIEGO	SERGIO
Características					
Intereses					

Paso 2 Ahora, conteste las siguientes preguntas.

1. ¿Con cuál de los cinco amigos tiene Ud. más en común en cuanto a las características de su personalidad?
2. ¿Con quién hablaría si quisiera saber algo sobre la región andina?
3. Un amigo suyo quiere abrir un negocio. ¿Con cuál de los amigos debe hablar?
4. De todos los amigos, ¿cuál es el más serio / la más seria?
5. ¿A quién no le gustaría comer en un restaurante *tex-mex*?
6. Si tuviera que estar en una isla desierta con uno de los cinco amigos, ¿con cuál preferiría estar? ¿Por qué?
7. Si estuviera en el programa «*Survivor*» con estos cinco amigos, ¿quién sería el primero / la primera que Ud. escogería para salir de la isla? ¿Por qué?
8. ¿Cuáles son tres adjetivos que describen a Ud.?
9. ¿Cuáles son tres adjetivos que describen a su mejor amigo/a?
10. ¿Cuáles son algunos de los intereses que Ud. y su mejor amigo/a tienen en común?

B. Preguntas personales
Si Ud. pudiera hacerle algunas preguntas a cada uno de los cinco amigos, ¿qué preguntas les haría? A continuación hay una lista de palabras interrogativas que puede usar.

¿a quién?, ¿adónde?, ¿cómo?, ¿cuál(es)?, ¿cuándo?, ¿cuánto/a/os/as?, ¿de dónde?, ¿dónde?, ¿por qué?, ¿qué?, ¿quién?

1. A Sara: _____
2. A Javier: _____
3. A Laura: _____
4. A Diego: _____
5. A Sergio: _____

C. Perfiles de sus compañeros
Entreviste a un compañero / una compañera de clase para hacerle un perfil personal como el de los cinco amigos. Luego, escoja los dos o tres datos más interesantes sobre su compañero/a y compártalos con la clase.

Rasgos principales de su carácter:
Su estado de ánimo en estos días:
Ayer y hoy:
La sugerencia que más le dan:
Un secreto de su pasado:
Lo que más le fascina:
Lo que más le molesta:
Si pudiera invitar a dos personas a cenar:
Cuando tenga suficiente dinero, irá a:

D. ¿Quiénes son? ¿Conoce Ud. a todas las personas famosas e importantes mencionadas en los perfiles de los amigos? En el mundo hispano hay muchas personas importantes que no necesariamente se conocen en este país.

Paso 1 Busque en el Internet los nombres de tres de las siguientes personas (o conjuntos musicales). Tome apuntes para luego compartir con sus compañeros de clase la información que encuentre.

1. Sara Baras
2. *Buena Vista Social Club*
3. Carlos Fuentes
4. Carlos Varela
5. Subcomandante Marcos
6. Jorge Ramos
7. Mercedes Sosa
8. Alejandro Sanz
9. Robert Rodríguez
10. Vicente Fox

Paso 2 En grupos de cuatro, compartan sus apuntes y escojan a dos personas (o conjuntos musicales) de la lista a quienes les gustaría invitar a una cena especial. Después, escojan tres temas de conversación para esa noche genial. Finalmente, compartan sus ideas con el resto de la clase.

For more resources and practice with the grammar presented in this section, check out the *Manual, ActivityPak,* and *Online Learning Center* (**www.mhhe.com/metas**).

Puntos clave*

▲▲

Introducción

The purpose of this section of **Para empezar** is to reintroduce you to the seven **metas comunicativas** and the **puntos clave** (the grammar points needed to express those seven communicative goals). Remember that this is a *preview* of what will be covered throughout the book. You are *not* expected to have mastered these grammar points, but you should be acquainted with most of them from your previous study of Spanish.

---

*Nouns used as adjectives in Spanish (like **clave** in the phrase **puntos clave**) do not alter their gender and number to agree with the noun they are modifying. Other examples are: **fechas límite, hombres rana, mujeres político, perros guía.**

LAS SIETE METAS COMUNICATIVAS Y LOS PUNTOS CLAVE

ICONO	META COMUNICATIVA	PUNTOS CLAVE
DESCRIBIR D	Descripción	• la concordancia de género y número • **ser/estar** • los participios como adjetivos
COMPARAR C	Comparación	• la concordancia de género y número • **tan… como, tanto/a/os/as… como** • **más/menos… que**
REACCIONAR R **RECOMENDAR**	Reacciones y recomendaciones	• el subjuntivo en cláusulas nominales • los mandatos
PASADO P	Narración en el pasado	• el pretérito • el imperfecto • los tiempos perfectos • **hace… que**
GUSTOS G	Hablar de los gustos	• los verbos como **gustar** • los pronombres de complemento indirecto • el subjuntivo después de **me gusta que**
HIPÓTESIS H	Hacer hipótesis	• el pasado de subjuntivo • el condicional
FUTURO F	Hablar del futuro	• el futuro • el subjuntivo en cláusulas adverbiales

Descripción: El café Ruta Maya

Paso 1   Lea la siguiente descripción del café Ruta Maya.

El café Ruta Maya **es** una bodega[1] **renovada** que **está** en el distrito teatral de Austin. Las paredes **están decoradas** con carteles de varios países **hispanos.** Cada mes se exponen obras de **diferentes** artistas **locales.** Allí se celebran las culturas **hispanas,** con café estilo **cubano,** empanadas[2] y flanes[3] **sabrosos** y una **gran** muralla estilo **azteca.** Su clientela **es** muy **ecléctica** y los fines de semana por la noche el café siempre **está lleno.** Allí la gente se reúne después de ir al teatro o después de cenar para comer uno de sus **deliciosos** postres y para disfrutar de la música en vivo.[4] ¡**Es** un lugar **maravilloso!**

[1]*warehouse*   [2]*turnovers*   [3]*custard desserts*   [4]*en… live*

Ojo

▲▲▲▲▲▲▲▲▲

Antes de hacer esta sección, vea las páginas amarillas 306–314 para repasar cómo hacer descripciones en español.

Javier, trabajando en el café Ruta Maya

Paso 2 Ahora, complete las oraciones con los adjetivos entre paréntesis. **¡OJO!** Preste atención a la concordancia entre adjetivo y sustantivo.

1. La librería favorita de Sara y Laura siempre está _____ (lleno) de estudiantes de Latinoamérica porque hay muchos libros _____ (hispano) y sirven café y postres _____ (delicioso).

2. La discoteca donde se reúnen los cinco amigos para bailar los viernes por la noche es _____ (caro) pero muy _____ (divertido).

3. El restaurante donde trabaja la prima de Laura es _____ (fabuloso). A su prima le gustan los clientes porque son muy _____ (generoso) con las propinas.

Paso 3 En parejas, describan su lugar favorito para estar con sus amigos. ¿Dónde está ese lugar? ¿Cómo es? ¿Qué tipo de personas suele (*usually*) reunirse allí? ¿Por qué les gusta tanto ese lugar?

COMPARAR

Comparación: Dos compañeras de cuarto

Paso 1 Lea la siguiente comparación entre las dos compañeras de cuarto, Laura y Sara.

Ojo

▲▲▲▲▲▲▲▲▲▲

Antes de hacer esta sección, vea las páginas amarillas 314–316 para repasar cómo hacer comparaciones en español.

Sara y Laura: dos amigas bastante distintas

Aunque Laura y Sara son íntimas amigas, son muy diferentes —no sólo en su carácter, sino también en su aspecto físico. Por ejemplo, Sara es **más morena** y un poquito **más baja que** Laura. Nuestra amiga española tiene **menos interés** en hacer ejercicio **que** su compañera, pero su metabolismo debe de ser muy rápido porque es **tan delgada como** Laura. Las dos son perfeccionistas, pero Laura es **la más impaciente** de las dos. Esto a veces le causa problemas con Sara, porque si tiene que esperar **más de cinco** minutos, Laura empieza a quejarse. A pesar de todo,[1] esta es una de **las amistades más importantes** que tienen las dos.

[1]A... *In spite of it all*

Paso 2 Ahora, haga comparaciones entre Laura y Sara, utilizando las palabras sugeridas y las indicaciones entre paréntesis.

MODELO: Laura/Sara: alto (+) →
Laura es más alta que Sara.

1. Laura/Sara: perfeccionista (=)
2. Sara/Laura: estudiar (=)
3. Sara/Laura: comer galletas (=)
4. Laura/Sara: paciencia (−)
5. Laura/Sara: hacer ejercicio (+)
6. Laura/Sara: tener libros (=)
7. Laura/Sara: bailar (+)

Paso 3 En parejas, hagan por lo menos cuatro comparaciones entre cada uno/a de Uds. y su mejor amigo/a.

yo / mi mejor amigo/a: atlético/a, cursos este semestre, dinero, hablar por teléfono, organizado/a, pasar tiempo en el Internet, salir, serio/a,…

REACCIONAR
R
RECOMENDAR

Reacciones y recomendaciones: ¡Qué talento tiene Diego!

Paso 1 Lea el siguiente párrafo sobre Diego y su familia.

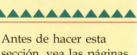

Ojo

▲▲▲▲▲▲▲▲▲▲

Antes de hacer esta sección, vea las páginas amarillas 316–324 para repasar cómo hacer reacciones y recomendaciones en español.

Diego es un buen hombre de negocios.[1] **Es increíble que** en dos años su tienda «Tesoros» **haya tenido** tanto éxito.[2] Diego está pensando abrir más tiendas en Nueva York y Miami, pero sus padres **no creen que sea** buena idea meterse[3] en tantos asuntos,[4] porque si lo hace, nunca tendrá tiempo para visitar a su familia en México. A ellos **no les gusta que** su hijo **lleve** una vida tan «americana». **Tienen miedo de que** él **se acostumbre** a vivir en los Estados Unidos y de que no **quiera** regresar a su país.

[1]hombre… *businessman* [2]*success* [3]*to get involved* [4]*matters*

Diego: un hombre con suerte en los negocios

Paso 2 Ahora, complete las siguientes oraciones, utilizando el subjuntivo cuando sea necesario.

1. Es bueno que «Tesoros» _____ (ser) una tienda popular.
2. Los padres de Diego no quieren que él _____ (trabajar) demasiado.
3. Es evidente que Diego _____ (tener) que trabajar menos y descansar más.
4. Sugiero que Diego _____ (ir) a México a comprar más artesanías.

Paso 3 Nuestros padres (hijos, abuelos, amigos…) comparten algunas de nuestras opiniones, pero no están de acuerdo con todas nuestras ideas, ¿verdad? Termine las siguientes oraciones.

1. Mis padres (hijos, abuelos, amigos) siempre recomiendan que yo…
2. Sugiero que mis padres…
3. Es bueno que mis amigos (padres, hijos)…
4. Mis amigos (padres, hijos, abuelos) piensan que es horrible que yo…

Narración en el pasado: Sara y el día inolvidable

Ojo

▲▲▲▲▲▲▲▲

Antes de hacer esta sección, vea las páginas amarillas 325–335 para repasar cómo narrar en el pasado en español.

Paso 1 Lea la siguiente narración sobre un día que Sara recordará para siempre.

Cuando Sara **era** niña, siempre **visitaba** la emisora de radio donde **trabajaba** su tío. Le **fascinaba** ver cómo su tío **entrevistaba** a personas famosas. Cuando Sara **tenía** 15 años, **había** un cantante que **era** muy popular entre los jóvenes. Sus canciones **eran** muy divertidas y **tenían** mucho ritmo, así que todo el mundo **bailaba** en las discotecas al compás de[1] su música. Un día Sara **fue** a la emisora y **se encontró** con él en el estudio de grabación.[2] ¡**Estaba** tan sorprendida que **se quedó** sin habla[3]! Cuando por fin **recuperó** la voz, **se acercó** a[4] él y le **dijo** con mucha timidez: «Tú eres Miguel Bosé, ¿verdad?» El chico la **miró** y **respondió:** «Sí, y tú, ¿quién eres?» Entonces Sara **se presentó** y él le **dio** un par de besos. Ese **fue** uno de los días más inolvidables de su vida.

[1]al… to the beat of [2]de… recording [3]sin… speechless [4]se… she approached

Paso 2 Conteste las siguientes preguntas sobre la experiencia de Sara.

1. ¿Por qué a Sara le gustaba visitar la emisora de radio?
2. ¿Por qué era muy popular Miguel Bosé?
3. ¿Qué pasó aquel día en el estudio de grabación?

Paso 3 Ahora, termine las siguientes oraciones para hablar de su propio pasado.

1. Cuando era niño/a, una vez yo…
2. El año pasado, mi mejor amigo/a y yo…
3. Al final del semestre pasado, mis profesores…
4. Cuando tenía 16 años, siempre…

Sara ha trabajado en varias emisoras de radio.

Hablar de los gustos: ¡Qué extrovertido es Javier!

Ojo

▲▲▲▲▲▲▲▲

Antes de hacer esta sección, vea las páginas amarillas 335–341 para repasar cómo hablar de los gustos en español.

Paso 1 Lea el siguiente párrafo sobre Javier y lo que más le interesa.

Si a Ud. **le interesa** saber quién es quién y quién hace qué, debe hablar con Javier. Es que a Javier **le fascina** la clientela tan variada que visita Ruta Maya. Su formación[1] de periodista puede ser la causa de su gran interés en conocer a la gente. Desde niño, **le interesaban** los chismes[2] mientras a su hermano no **le importaban** para nada. La verdad es que **le encanta** enterarse de[3] lo que pasa en la vida privada de las personas. Lo único que **le fastidia**[4] es que los clientes le interrumpan las conversaciones que tiene con sus amigos. Pero, de todas maneras, uno tiene que ganarse la vida,[5] ¿no?

[1]training, education [2]gossip [3]enterarse… to find out about [4]le… bugs him [5]ganarse… earn a living

A Javier le encanta trabajar en Ruta Maya.

Paso 2 En parejas, escojan de cada columna la información que les parece apropiada para formar siete oraciones sobre los gustos y las preferencias de los cinco amigos. Sigan el modelo.

MODELO: A Laura le encanta el Ecuador.

Diego	encantar	los Beatles	el Ecuador
Laura	fascinar	el café americano	las fajitas *tex-mex*
Sara	fastidiar	el café Ruta Maya	las Islas Galápagos
Javier	gustar	los chismes	los lunes
Sergio	interesar	la comida picante	la música clásica
	molestar	la desorganización	las rebajas
		dormir	la tranquilidad

Paso 3 Ahora, indiquen los gustos, las preferencias, las molestias, etcétera, de las siguientes personas.

1. yo
2. mi mejor amigo/a
3. mis profesores
4. nosotros, los estudiantes de la clase

Hacer hipótesis: Los sueños de Sergio

Paso 1 Lea el siguiente párrafo sobre Sergio y lo que le gustaría hacer.

Aunque Sergio se siente feliz por lo general, a veces se pone a soñar con[1] las cosas que **haría** si **pudiera.** Por ejemplo, **le gustaría** mudarse a Los Ángeles, California. Allí **podría** conocer una comunidad y cultura mexicanoamericanas muy importantes. Además, quizás **tendría** más oportunidades profesionales, puesto que[2] Los Ángeles es ahora la capital del mundo de los espectáculos.[3] Si Sergio **llegara** a tener mucho éxito en su trabajo, **compraría** una casa al lado del mar. El único inconveniente de vivir en Los Ángeles **sería** que su familia le **quedaría** muy lejos. ¡Pero no **importaría!** Si **tuviera** tanto éxito, **dispondría** de[4] su propio avión para viajar entre Los Ángeles, Boston y México sin problema alguno.

[1]se… *he starts to dream about* [2]puesto… *since* [3]mundo… *entertainment industry* [4]dispondría… *he would have at his disposal*

Paso 2 Complete el siguiente párrafo con la forma apropiada del verbo entre paréntesis.

Si yo _____ (ser) Sergio, me mudaría a Los Ángeles para conocer a más estrellas de cine. Para las vacaciones, _____ (ir) a todos los festivales musicales de Latinoamérica. Con suerte, _____ (conocer) a gente famosa como Enrique Iglesias y Shakira. Si _____ (poder) hacerlo, los convencería de que fueran mis clientes. Si _____ (tener) influencia en el mundo de la música, ganaría mucho dinero. _____ (Ser) una vida genial.

Paso 3 Ahora, pensando en sus propios sueños, complete las siguientes oraciones con la forma apropiada de los verbos y su propia opinión para hacer hipótesis. Luego, comparta sus respuestas con un compañero / una compañera.

Sergio llevaría a sus amigos a Los Ángeles si pudiera.

1. Si yo pudiera trabajar en cualquier profesión, _____ (ser) _____ porque _____.

2. Si quisiera tener éxito en esa profesión, _____ (tener) que _____ porque _____.

3. Si ganara mucho dinero en esa profesión, yo _____ (viajar) a _____, donde _____ porque _____.

Hablar del futuro: Las aventuras de Laura

Ojo

▲▲▲▲▲▲▲▲▲▲

Antes de hacer esta sección, vea las páginas amarillas 344–348 para repasar cómo hablar del futuro en español.

Paso 1   Lea la siguiente narración sobre las posibles aventuras de Laura en el futuro.

Cuando Laura **termine** sus estudios de posgrado, **irá** de nuevo al Ecuador a vivir allí. **Vivirá** en Quito donde tal vez **trabaje** con una organización internacional. Cuando **llegue** a Quito, seguramente su novio Manuel la **recogerá** y la **llevará** a cenar. **Tendrán** mucho que decirse, ya que **habrán** pasado casi dos años sin verse. Laura no sabe cómo **irán** sus relaciones con Manuel. Siendo de dos culturas distintas, los dos **tendrán** que adaptarse mucho a las actitudes, creencias y acciones del otro.

Paso 2 Complete las siguientes oraciones sobre Laura y Manuel con el futuro del verbo entre paréntesis.

1. El padre de Laura _____ (tratar) de convencerla de que se quede en los Estados Unidos.

2. Laura y Manuel _____ (estar) un poco nerviosos pero muy contentos a la vez.

3. Manuel _____ (empezar) a ahorrar dinero.

4. Manuel _____ (tener) que adaptarse a la manera de ser de Laura, o sus relaciones no _____ (durar).

Paso 3 Ahora, termine estas oraciones, diciendo lo que Ud. hará en las siguientes circunstancias.

1. Cuando termine mis estudios,…

2. Cuando tenga 40 (50, 60,…) años,…

3. Cuando hable mejor el español,…

4. Cuando lleguen las vacaciones,…

5. Tan pronto como pueda, yo…

¿Cómo serán las relaciones entre Manuel y Laura?

¡A escribir!

▲▲

A. **Lluvia de ideas (***Brainstorming***)**   Ahora que Ud. sabe mucha información biográfica de los cinco amigos, le toca (*it's your turn*) escribir su propia composición autobiográfica. Primero, con un compañero / una compañera, comente lo siguiente y apunte (*jot down*) sus ideas.

1. Cuando un(a) periodista entrevista a alguien, ¿qué datos personales le pide, por lo general?

2. ¿Qué aspectos íntimos de la persona entrevistada trata de descubrir el/la periodista?

3. ¿Qué preguntas le hace sobre sus planes para el futuro?

B. Entrevista

Paso 1 Muchos periodistas que escriben para las revistas de chismes cambian la información sacada de una entrevista para hacerla más interesante. Lea el siguiente artículo, tomado de *Univisión Online*, que nos da una idea contradictoria sobre las relaciones entre Julio Iglesias y su hijo Enrique.

EL ABISMO ENTRE JULIO Y ENRIQUE IGLESIAS

por Julio García (Univisión Online)

¿Recuerdas la canción «Quizás», del cantante español Enrique Iglesias? Sí, la misma que dedicó a su padre, Julio Iglesias. Allí decía que a pesar del alejamiento[1] entre ambos, lo quería mucho. Pero ahora, en una entrevista con el periódico *El País Semanal*, de España, Enrique confiesa abiertamente lo mala que es la relación entre ambos. [...] En la entrevista, publicada el domingo, el joven y exitoso cantante prácticamente desnuda su alma, ante un asunto espinoso[2] que tanto él como su padre han tratado de evadir[3] durante años: la falta de comunicación entre ellos.

«He hablado con él dos veces por teléfono en siete años», afirma Enrique, quien heredó de su padre la vocación artística, aunque se dedicó a cantar aparentemente sin el beneplácito del también archifamoso Julio Iglesias. ¿Celos artísticos, tal vez?

El cantante dice que el apellido de su progenitor le ha pesado[4] toda la vida, pues automáticamente lo etiquetaban pese a no haber recibido «ni un duro[5]» de él. «Mi padre tenía un avión privado y nosotros viajábamos en clase turista. Desde los 18 años de edad me gano la vida», afirma Enrique en la entrevista con *El País Semanal*.

[...]

Entre las otras revelaciones de la entrevista, salió a relucir que Enrique no puede dormir y admite que necesita pastillas para poder conciliar el sueño. Además, cuenta que está sumamente estresado y que ello no se debe al miedo escénico. Entonces debe ser la soledad o la falta de la figura paterna.

Ambos son cantantes, ambos son famosos, ambos son millonarios, pero les falta lo más importante: una comunicación sana[6] entre padre e hijo. ¿Tiempo para una terapia de familia?

[1]*rift* [2]*thorny* [3]*evade* [4]*le... has weighed on him* [5]*ni... not even a penny* [6]*healthy*

Paso 2   Imagínese que es el año 2025 y Ud. es una persona rica y famosa. Tome un momento para escribir sus datos personales sobre su personalidad, su familia, sus gustos y su carrera, algo íntimo e interesante que le ha pasado recientemente y finalmente sus planes para el futuro.

Paso 3   Turnándose con un compañero / una compañera, hagan el papel de un(a) periodista y háganse preguntas sobre la vida «fabulosa» de cada uno/a. Apunten la información.

C. **Composición**   Ahora, escriba un artículo para una revista de chismes sobre la vida «fabulosa» de su compañero/a, exagerando la información para hacer un artículo más interesante y «sabroso» (*juicy*). Siga el siguiente bosquejo.

1. escoger un título preliminar (Debe ser algo llamativo, como por ejemplo: «Sara Carrillo y Paul McCartney en una villa privada de Palma de Mallorca» o «Nuevas tiendas de Diego Ponce conectadas con la mafia».)

2. escribir una oración introductoria, usando como mínimo dos adjetivos que describan a esta persona famosa

3. describir su vida actual (primer párrafo), incluyendo las actividades que hace para pasarlo bien (Hable también de sus gustos y preferencias en cuanto a la moda, las vacaciones y la gente famosa con quien le gusta pasar el tiempo libre.)

4. revelar algo escandaloso o fascinante que esa persona ha hecho recientemente (segundo párrafo)

5. hablar de los planes que esa persona tiene para el futuro (tercer párrafo)

6. escribir una conclusión

7. reflexionar sobre el título y cambiarlo si quiere

Perspectivas

España

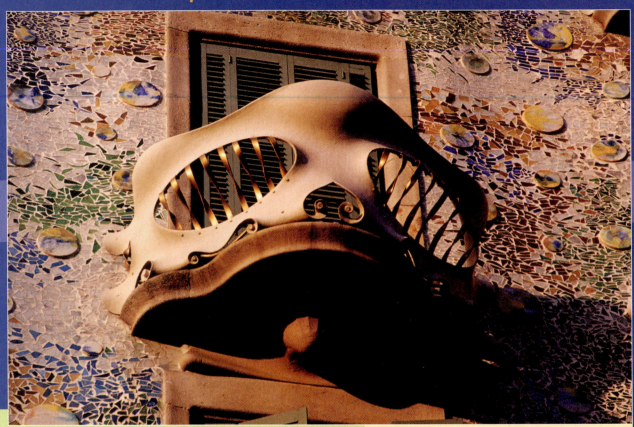

Un balcón de la Casa Batlló en Barcelona

**Check out these exciting multimedia
ancillaries to the *Metas* program:**

 ActivityPak   **Online Learning Center**

 Online *Manual*   **Music CD**

Percepciones e impresiones

Puntos clave

DESCRIBIR
D

C
COMPARAR

Temas centrales
- percepciones
- estereotipos

El Bar Estrella (*en el barrio de Santa Cruz, Sevilla, España*)

En este capítulo, Ud. va a explorar los temas de las percepciones y los estereotipos.

Preguntas para considerar

- ¿Cuáles son los factores que influyen en las primeras impresiones que Ud. forma de una persona?

- ¿Es lógico pensar que existe un norteamericano típico o un hispano típico?

- ¿De dónde viene la información que se utiliza para crear la imagen de una persona de otra cultura?

- ¿Cuáles son los programas de televisión más populares entre sus amigos?

- ¿Hay algo que le parezca estereotipado de España y de los españoles en el cuadro que se ve en esta página?

Watch the **dibujo animado** related to this section in the *ActivityPak* on the *Online Learning Center* (**www.mhhe.com/metas**).

La historia

Las primeras impresiones

Javier y Sara en Ruta Maya

Situación: Javier y Sara están hablando en Ruta Maya de la diversa clientela que frecuenta el café y de las primeras impresiones que se produjeron al conocerse los dos. Lea el diálogo y preste atención particular al vocabulario nuevo **en negrita.***

SARA: Las personas que hay en Ruta Maya me **parecen** más fascinantes cada vez que vengo aquí.

JAVIER: Sí, me encanta trabajar aquí porque tengo muchos clientes diferentes. Nunca me aburro.[1]

SARA: Siempre me ha gustado observar a la gente e inventar su historia personal.

JAVIER: Con esa imaginación tuya... no quiero ni pensarlo...

SARA: Pues, mira. ¿Ves a esa muchacha del pelo verde, con **un pendiente** en la nariz y ese **tatuaje llamativo?**

JAVIER: Sí.

SARA: Pues, tiene que ser artista o algo parecido... y seguramente es **extrovertida,** nada **seria.**

JAVIER: ¡Ja! Esa «muchacha» es una mujer de 40 años y es la dueña del negocio de al lado.[2] Es **encantadora. Te va a caer muy bien** cuando te la presente.

SARA: ¿De verdad? Pues sí que **las apariencias engañan.** Por ejemplo, cuando yo te conocí, me **pareció** que eras menos **agradable.** ¿Recuerdas esas **patillas** y **el bigote** que llevabas?

JAVIER: Sí. ¡Qué guapo estaba!

SARA: Bueno, a mí me **parecías** un bandido o algo así, aunque no me asustaste lo más mínimo.[3] Lo que sí me dio miedo fue tu aire[4] de conquistador.

JAVIER: Ja, ja, ja...

[1]Nunca... *I never get bored.*   [2]de... *next door*   [3]no... *you didn't scare me a bit*   [4]*appearance*

---

*Words and phrases that are boldfaced in the dialogue appear as entries in the **Vocabulario del tema** following this section.

SARA: No te rías. Pensé que eras una especie de[5] donjuán…

JAVIER: ¡Qué barbaridad! Bueno, no lo vas a creer, pero yo **a primera vista** pensé que tú eras una española súper **seria.**

SARA: Vale. Me **parece** que ni tú ni yo tenemos el talento de juzgar[6] a la gente **a primera vista.**

[5]una… *a type of*   [6]*judge*

Actividades

A. La búsqueda de las metas comunicativas en contexto   Identifique en el diálogo ejemplos de las siguientes metas comunicativas: Descripción (D), Comparación (C), Hablar de los gustos (G) y Narración en el pasado (P). Subraye cada palabra o frase que represente una (o una combinación) de estas cuatro metas comunicativas. Luego, escriba al margen la(s) letra(s) que corresponde(n) a cada ejemplo subrayado (D, C, G o P).

P, P, P/C/D
D, G

MODELOS: …cuando yo <u>te conocí</u>, <u>me pareció</u> que <u>eras menos agradable</u>. <u>Es encantadora</u>. <u>Te va a caer</u> muy bien cuando te la presente.

B. Comprensión   Conteste las siguientes preguntas, según el diálogo.

1. ¿Cómo son los clientes de Ruta Maya?
2. ¿Por qué cree Sara que la mujer que está en Ruta Maya es artista?
3. ¿Por qué es chistosa (*funny*) su observación?
4. ¿Qué impresión tuvo Sara cuando conoció a Javier?
5. ¿Cuál fue la primera impresión que Javier tuvo de Sara? ¿Cuál fue la primera impresión que Ud. tuvo de Sara?
6. ¿Cuál es la primera impresión que Ud. causa en otras personas? ¿Por qué cree que causa esa impresión?

REACCIONAR

R

RECOMENDAR

C. Reacciones   Termine las siguientes oraciones, basándose en la conversación de Javier y Sara. Debe utilizar uno de los conectores de la lista a la izquierda con cada oración.

MODELO: A Javier le gusta que su clientela sea diversa porque le encanta conocer a gente diferente.

▲▲▲▲▲▲▲▲▲▲

Conectores*

en cambio	puesto que
por eso	sin embargo
porque	ya que

▼▼▼▼▼▼▼▼▼▼

1. A Javier le gusta que su trabajo…
2. Es sorprendente que la dueña de un negocio…
3. Es obvio que Sara…
4. Es chistoso que Sara y Javier…

D. Diálogo   En parejas, vuelvan a crear el diálogo entre Sara y Javier con sus propias palabras, utilizando sólo su memoria. Preséntenlo a la clase.

───────────────

*Translations for these and other connectors are on the inside back cover of this book.

Vocabulario del tema

Para describir cualidades positivas o neutras*

agradable	pleasant
atrevido/a	daring
callado/a	quiet
chistoso/a	funny
culto/a	well-educated
dulce	sweet
educado/a†	polite
encantador(a)	charming
hablador(a)	talkative
llamativo/a	showy, flashy
reservado/a	reserved
sensible†	sensitive
serio/a	serious

Para describir cualidades negativas*

bruto/a	stupid, brutish
cursi	tasteless, pretentious, corny
despistado/a	absent-minded
grosero/a	rude
pesado/a	tedious, annoying
presumido/a	conceited
raro/a†	strange
tacaño/a	stingy
testarudo/a	stubborn
tiquismiquis	picky

Para hablar del cuerpo

el arete /	earring
el pendiente	
la arruga	wrinkle
la barba	beard
el bigote	moustache
la ceja	eyebrow
la cicatriz	scar
el codo	elbow

—Piensa que soy su mamá.

¿Cómo son estas personas? Descríbalas hasta el más mínimo detalle.

las gafas /	eyeglasses
los lentes	
el lunar	beauty mark, mole
el ombligo	navel
la oreja	ear
la patilla	sideburn
el pelo	hair
canoso	gray
liso	straight
rizado	curly
teñido	dyed
la peluca	wig
el rasgo	trait, characteristic
el rostro	face
el tatuaje	tattoo
calvo/a	bald
pelirrojo/a	red-headed

*These adjectives are usually used with **ser** to describe inherent characteristics. In **Capítulo 3A,** you will learn another list of adjectives that are most often used with **estar** to express emotional states or physical conditions.

†Be careful when using these words. They are false cognates.

Para hablar de las percepciones

caerle *(irreg.)* **bien/** **mal (a alguien)***	to like/dislike (someone)
darse *(irreg.)* **cuenta de**	to realize
estar *(irreg.)*† **de moda**	to be in style
estar pasado/a **de moda**	to be out of style
ir *(irreg.)* **a la moda**†	to dress fashionably
llevarse bien/ **mal con**	to get along well/ poorly with
parecer (parezco)	to seem, appear
parecerse a	to look like
rechazar	to reject

Para describir las impresiones

alucinante	incredible, impressive
degradante	degrading
deprimente	depressing
emocionante	exciting
preocupante	worrisome
repugnante	disgusting

Otras expresiones útiles

a primera vista	at first sight
las apariencias **engañan**	looks deceive
hablar por **los codos**	to talk a lot
meter la pata	to put one's foot in one's mouth
no tener *(irreg.)* **pelos en la** **lengua**	to speak one's mind
ser *(irreg.)* **buena/mala** **gente**	to be a good/bad person
tener buena/ **mala pinta**	to have a good/bad appearance
tener (mucha) cara	to have (a lot of) nerve

Actividades

A. Vocabulario en contexto   En parejas, indiquen si las siguientes oraciones son ciertas o falsas. Modifiquen las oraciones falsas para que sean ciertas.

culta

	CIERTO	FALSO
1. Una persona bien educada debe tener una educación universitaria.	☐	☑
2. A la gente tacaña no le gusta gastar mucho dinero.	☑	☐
3. Ir en canoa por el Río Amazonas es algo característico de una persona atrevida.	☑	☐
4. A los estudiantes les gustan los profesores despistados porque son muy organizados. *molestan*	☐	☑
5. Es probable que una persona que no tiene pelos en la lengua meta la pata con frecuencia.	☑	☐
6. A la gente mayor le encanta ver los tatuajes que lleva la gente joven hoy en día. *disgusta*	☐	☑
7. Las películas de Jim Carrey son deprimentes. *chistosas*	☐	☑
8. Una persona que usa la ropa de su compañero/a de cuarto sin pedirle permiso tiene mucha cara.	☑	☐
9. Una persona dulce y sensible sería un policía / una mujer policía excelente. *sería*	☐	☐

(Continúa.)

---

*In this construction, **caer** functions like **gustar**: Mi nueva compañera de cuarto **me cae bien,** pero sus amigas **me caen mal.**

†**Estar de moda** is used with things, whereas **ir a la moda** is for people: Mi **compañera de cuarto** siempre **va a la moda.** Ayer se hizo cuatro **tatuajes** simplemente porque **están de moda** ahora.

	CIERTO	FALSO

10. Para mucha gente mayor, la moda de hoy es algo preocupante. ☑ ☐

atrevida

11. Es fácil viajar con una persona tiquismiquis porque le gusta probar cosas diferentes. ☐ ☑

12. Es cursi combinar la ropa de etiqueta con ropa pasada de moda como la que se vende en las tiendas de ropa de segunda mano. ☑ ☐

B. Preguntas personales En parejas, contesten las siguientes preguntas, utilizando palabras o frases del **Vocabulario del tema** y reaccionando con las expresiones de **Para conversar mejor** que aparecen a continuación. Luego, compartan sus respuestas con el resto de la clase.

Para conversar mejor

¡Qué barbaridad!	*How awful!*
¡Qué chévere (*Carib.*) / guay (*Sp.*) / padre (*Mex.*)!	*(How) Awesome!*
¡Qué lío!	*What a mess!*
¡Qué mala onda! (*Mex.*)	*What a bummer!*
¡Qué mala pata!	*What bad luck!*
¡Qué suerte!	*What (good) luck!*
¡Qué vergüenza!	*How embarrassing!*
¿De veras? } ¿En serio? }	*Really?*

---

1. ¿Cómo es Ud.? Describa su aspecto físico y su personalidad. Describa a alguien que tenga una apariencia rara. ¿Cómo es esa persona?

2. Haga una comparación entre Ud. y otra persona de su edad. ¿En qué se parecen? ¿En qué se diferencian?
   ¿A quién de su familia se parece Ud.? ¿a su padre? ¿a su madre? ¿a otra persona? ¿En qué se parecen? ¿En qué se diferencian?

3. ¿Qué le gusta a Ud. de la moda de hoy y qué le molesta? ¿Por qué? ¿Le importa llevar ropa pasada de moda? ¿Por qué sí o por qué no? ¿Qué le recomienda a una persona que siempre quiere ir a la moda?

4. Relate una situación en la que Ud. metió la pata. ¿Dónde y con quién estaba? ¿Qué hizo o dijo? ¿Cómo reaccionaron las personas a su alrededor?
   ¿Qué le sugiere a una persona que siempre mete la pata?

Desafío

5. Si Ud. quisiera cambiar su apariencia física para asustar a sus padres, ¿qué haría? ¿Por qué asustaría eso a sus padres?

6. ¿Qué hará la gente joven de la próxima generación para asustar a sus padres?
   ¿Qué harán los padres para tratar de controlar a sus hijos? ¿Tendrán éxito los padres? ¿Por qué sí o por qué no?

Ojo

▲▲▲▲▲▲▲▲▲▲▲▲

Puesto que a lo largo del libro Ud. tendrá que usar todas las metas comunicativas, verá en las actividades y los ejercicios del libro algunos iconos que lo/la ayudarán a acordarse de los puntos gramaticales que debe usar en cierta situación. Estos iconos corresponden con los que están en la lista de las metas comunicativas y los puntos clave que aparece al principio del libro. Si tiene alguna duda, puede consultar rápidamente esa lista o las páginas amarillas que aparecen al final del libro.

C. Problemas repentinos   Con la clase entera, lean cada problema y hagan una lista de palabras nuevas de este capítulo que los ayuden a conversar con facilidad sobre cada problema repentino. Después, en parejas, preparen un diálogo espontáneo sobre cada problema.

1. Su nuevo compañero / nueva compañera de cuarto le cae muy mal. Hable con la directora de residencias estudiantiles para quejarse de él/ella. Describa las cosas que no le gustan.

2. Su amigo, Francisco, es muy listo, pero tiene una apariencia física muy rara y quiere conseguir trabajo en una compañía conservadora. Francisco es muy testarudo. Dígale lo que debe hacer para cambiar su apariencia física antes de la entrevista.

3. Dos abuelos, una optimista y el otro pesimista, hablan de esta generación de jóvenes. Comenten la moda de hoy y los hábitos de la gente joven como si fueran los dos abuelos.

Nota cultural ▪ ¿Somos tan sensibles?

La manera de hablar de los demás varía mucho de cultura a cultura. En este país, la gente tiende a[1] evitar expresiones que describen de manera directa y cruda la apariencia física de una persona. Por ejemplo, en vez de decir que una persona es *fat*, tal vez se diga que es *large*. O en vez de llamarle *old* o *elderly* a alguien, se diría que es *a bit older*.

Por lo general, en la cultura española no se considera ofensivo referirse a la apariencia física de una persona sin usar eufemismos. Al contrario, los españoles suelen hablar de manera directa —muchas veces hasta se refieren a una característica física sobresaliente,[2] favorable o no, para describir a alguien.

Esta diferencia cultural puede causar problemas. Los norteamericanos pueden sentirse ofendidos hablando con un español. Por otro lado, los españoles pueden pensar que los norteamericanos usan demasiados eufemismos o incluso que no son sinceros. Esas diferencias hacen que a veces un español meta la pata cuando habla con un norteamericano. Eso es precisamente lo que le pasaba a Sara cuando recién llegó a los Estados Unidos. Hablaba de manera directa, natural para ella, y la gente la veía extrañada por[3] lo que decía. Al principio no entendía lo que pasaba, hasta que Laura le explicó que en los Estados Unidos el uso de algunas descripciones físicas directas de aspectos poco apreciados socialmente, como la gordura[4] o la vejez,[5] se considera ofensivo.

[1]tiende... *tends to*   [2]*distinguishing*   [3]gente... *people who saw her were amazed by*   [4]*obesity*   [5]*old age*

Conversación en parejas

1. ¿Qué le parece la idea de hablarle francamente a otra persona? ¿Lo hace Ud. con frecuencia o es algo fuera de lo común?

2. ¿Qué le diría a alguien que criticara su apariencia física? ¿Se enojaría o se quedaría callado/a?

Puntos clave

Descripción y comparación

En esta sección, Ud. va a practicar las descripciones y comparaciones de personas y lugares. Para hacerlo bien, hay que utilizar las estructuras gramaticales (los puntos clave) de la siguiente tabla que pertenecen a cada meta comunicativa. Antes de continuar, estudie las explicaciones de estas estructuras gramaticales en las páginas amarillas (306–316).

LAS METAS COMUNICATIVAS DE ESTE CAPÍTULO		
ICONO	**META COMUNICATIVA**	**PUNTOS CLAVE**
DESCRIBIR D	Descripción	• la concordancia de género y número • **ser/estar** • los participios como adjetivos
C COMPARAR	Comparación	• la concordancia de género y número • **tan... como, tanto/a/os/as... como** • **más/menos... que**

Ponerlo a prueba

Paso 1: Descripción   Mire el cuadro en la primera página de este capítulo. Luego, lea los siguientes párrafos y escriba la forma apropiada de los verbos y adjetivos entre paréntesis, según el contexto.

La gente que frecuenta el nuevo Bar Estrella _____[1] (ser/estar) muy _____[2] (impresionado) con todo lo que ha hecho Manolo, el nuevo dueño, para renovar el antiguo Bar Flores.

　　Manolo y su esposa _____[3] (ser/estar) _____[4] (encantador) y han creado un ambiente perfecto para sus clientes. En primer lugar, les ofrecen una selección _____[5] (grandísimo) de licores, vinos y cervezas, y las tapas _____[6] (ser/estar) _____[7] (delicioso) y _____[8] (variado). Antes, las tapas que se servían en el Bar Flores no _____[9] (ser/estar) muy buenas. Doña Pepita, la dueña anterior, ya no tenía mucho interés en mantener el bar después de la muerte _____[10] (inesperado) de su marido. Venderles el bar a Manolo y su esposa _____[11] (ser/estar) la solución _____[12] (perfecto).

Hoy ____[13] (ser/estar) viernes. ____[14] (Ser/Estar) las 4:30 de la tarde y todo ____[15] (ser/estar) preparado para una noche _____[16] (extraordinario). Las tapas ____[17] (ser/estar) listas y Mariluz ya ha llegado para practicar un poco antes de su acto. Ella ____[18] (ser/estar) de Cádiz, y su estilo de baile es ____[19] (típico) de su región. ____[20] (Ser/Estar) practicando un baile nuevo con un guitarrista _____[21] (alemán).

Mariluz va a bailar en el Bar Estrella por una hora y luego irá con Hans a un Festival de Flamenco que _____[22] (ser/estar) en el Teatro Lope de Vega. Va a ____[23] (ser/estar) una noche _____[24] (estupendo).

Paso 2: Comparación   Ahora, complete las siguientes comparaciones según la información de los párrafos anteriores.

1. Las tapas del Bar Estrella son ____ (mejor/peor) ____ (como/que) las tapas del Bar Flores.
2. Manolo debe tener ____ (más/menos) ____ (de/que) quince tipos de licores en su bar.
3. Doña Pepita no tenía ____ (tan/tanto) ganas de seguir con el negocio ____ (como/que) Manolo.
4. Doña Pepita está ____ (tan/tanta) contenta ____ (como/que) Manolo con la venta de su bar.
5. Al nuevo bar irán ____ (más/menos) clientes ____ (de/que) antes.
6. Seguramente, el Bar Estrella es el ____ (mejor/peor) bar ____ (de/que) la zona.

Actividades

Las siguientes actividades le darán la oportunidad de hacer descripciones y comparaciones.

A. Las apariencias engañan   ¿Cuáles son los factores que influyen en las diferentes reacciones que experimenta la gente ante las mismas personas, situaciones o cosas?

1.

2.

3.

Paso 1 En parejas, observen las fotos en la página 25. A primera vista, ¿qué impresión tienen Uds. de estas tres personas? Por su apariencia física, ¿qué tipo de persona será cada una de ellas? ¿Cuál será su profesión? Recuerden utilizar el **Vocabulario del tema** en sus descripciones. **¡OJO!** Acuérdense de que las apariencias engañan.

Paso 2 Ahora, comparen algunas de las impresiones que Uds. tienen de estas personas.

Paso 3 Trabajando con otra pareja, comenten sus conclusiones de los **Pasos 1** y **2**. Incluyan en sus comentarios una explicación de los criterios que usaron para llegar a cada conclusión.

Paso 4 Su profesor(a) les va a decir quiénes son estas personas. ¿Concuerda la verdadera identidad de cada persona con la primera impresión que tuvieron Uds. de ella? ¿Cuáles son los factores que influyen en las primeras impresiones de alguien? Hagan una lista de esos factores y luego, presenten sus ideas a la clase.

B. Los estereotipos

Paso 1 En parejas, contesten las siguientes preguntas.

1. ¿Qué es un estereotipo? ¿Es siempre falso el estereotipo? ¿Es siempre verdadero?

2. ¿Cómo y por qué creen que se origina el estereotipo?

3. ¿Qué estereotipos se utilizan para hablar de los norteamericanos? ¿Y de los hispanos?

Paso 2 Es bastante común usar estereotipos para referirse a los españoles, norteamericanos, franceses, etcétera. Lo interesante es que también existen estereotipos para hablar de los habitantes de las varias regiones de un mismo país. Lea lo que dicen los españoles de la gente de varias regiones o comunidades autónomas de España.

1. «Los gallegos son supersticiosos e introvertidos».

2. «Los catalanes se consideran a sí mismos más europeos que el resto de sus campatriotas. Además de ser afrancesados, los catalanes son esencialmente tacaños».

3. «Los andaluces son los que cargan con mayor número de adjetivos: graciosos (*funny*), vagos, religiosos, juerguistas (*partyers*), simpáticos y alegres».

4. «Los canarios son aplatanados, adjetivo con que se alude a su lentitud para hacer las cosas y a su excesiva tranquilidad».

5. «Los aragoneses son brutos y testarudos».

Paso 3 En parejas, piensen en los diferentes estereotipos que se usan para describir a los habitantes de ciertas regiones de este país. Hagan una lista de los habitantes y regiones (por ejemplo: los del norte/sur/este/oeste, los de X ciudad, los de X estado o provincia) y escojan dos o tres adjetivos que describan a cada grupo, según los estereotipos que Uds. conozcan. Luego, usen los adjetivos para escribir algunas comparaciones entre los grupos que mencionen.

Paso 4   Ahora, con otra pareja, comparen los estereotipos que apuntaron y las comparaciones que hicieron en el **Paso 3.** Luego, contesten las siguientes preguntas.

1. ¿Son Uds. de alguna de esas zonas o conocen a personas de esos lugares? ¿Corresponden a los estereotipos?

2. ¿Pueden nombrar a gente de cada región (políticos, actores, deportistas, activistas, amigos, etcétera)? ¿Corresponden esas personas a los estereotipos?

3. ¿Hay ciertas características que compartan todos los norteamericanos o todos los hispanos? ¿Existe un norteamericano o un hispano «típico»?

4. ¿En qué se diferencian los hispanos de los norteamericanos? ¿Creen Uds. que las diferencias que acaban de mencionar se basen en estereotipos o en la realidad?

5. ¿Cuál es el papel de las películas y la televisión en reforzar los estereotipos de un país o una cultura? Piensen en tres programas o películas populares. ¿Cuál es la imagen que presentan de los norteamericanos? ¿de los hispanos? ¿de otras etnias o culturas? ¿Saben de algún programa o película que haya presentado una imagen muy negativa o muy positiva de uno de estos grupos?

C. La naturaleza humana   Los programas de telerrealidad son muy populares en todo el mundo. Programas como «*Big Brother*», «*Survivor*», «*The Apprentice*» y otros tienen sus contrapartidas en otros países: «El Gran Hermano», «Supervivientes: Expedición Robinson» y «El Aprendiz». Lea los comentarios de una española, Montserrat Ayala, y un norteamericano, Daniel Cifuentes, sobre este fenómeno.

MONTSERRAT

«Los programas de telerrealidad son escapistas. Nos permiten imaginarnos otra realidad cuando la nuestra no es tan fascinante ni complicada. En este sentido, podría decir que son inocuos.[1] Sin embargo, tienen su lado negativo. Casi sin excepción estos programas humillan a sus participantes. Sí, es verdad que pueden salir con una nueva cara, una casa remodelada, su pareja ideal o un millón de dólares. Pero para lograr eso tienen que revelarlo todo, desnudarse[2] emocionalmente, y a veces casi literalmente, ante el país entero. Se deja la dignidad ante la cámara y es, francamente, degradante».

DANIEL

«Para mí, considero '*Survivor*' un programa para toda la familia. Lo empecé a ver con mis hijos desde su comienzo. Los engaños,[3] las traiciones,[4] las mentiras, la manipulación son cosas que enseñas en Naturaleza Humana 101. Mis hijos han visto a gente de color desmentir[5] y reforzar los estereotipos, a mujeres mayores ser fuertes y hombres jóvenes ser débiles, a conductores de camiones superinteligentes y a abogados tontos. Preguntas como '¿es aceptable mentir bajo ciertas circunstancias?' y '¿es la lealtad[6] tan importante?' le han ofrecido a mi familia una oportunidad para comentar temas muy importantes sobre la vida real».

Paso 1   Haga una lista de los adjetivos que se usan en cada descripción. Diga a qué sustantivo se refieren. En su opinión, ¿son adjetivos muy descriptivos y precisos?

[1]*harmless*   [2]*bare themselves*   [3]*deceptions*   [4]*betrayals*   [5]*contradict*   [6]*loyalty*

Paso 2 Conteste las siguientes preguntas con un compañero / una compañera.

1. ¿Está Ud. de acuerdo con Montserrat o con Daniel? ¿Tiene una opinión completamente diferente? Explique.

2. ¿Cómo cree Ud. que los productores de estos programas escogen a los participantes? ¿Cree que la apariencia física influya mucho al momento de escoger?

3. Si Ud. pudiera participar en un programa de telerrealidad, ¿en cuál participaría? ¿Por qué? ¿Cuáles son las características que Ud. posee que le permitirían ganar en ese programa?

Paso 3 Algunos dicen que la privacidad ya no tiene importancia en nuestra sociedad. Escriba un comentario sobre la popularidad de los programas de telerrealidad, explicando por qué nos encanta enterarnos (*find out*) de la vida privada de otra gente.

Rincón cultural

Lugares fascinantes

España

La Casa Batlló en Barcelona

1. **Barcelona** Localizada en Cataluña, Barcelona es una ciudad bilingüe y cosmopolita con mucha marcha.[1] Entre los bares, discotecas, clubes de jazz, sus playas y sus prestigiosas universidades, los estudiantes españoles y extranjeros llevan una vida social extraordinaria en esta ciudad que nunca duerme. Entre sí, los barceloneses hablan catalán, una lengua románica, aunque todos también dominan el español. Los habitantes defienden su cultura y su diferencia de los demás españoles, cualidad que a veces se percibe en el resto del país como arrogancia. Con su puerto al Mediterráneo, Barcelona es un centro industrial y cultural. Artistas importantes como Pablo Picasso, Salvador Dalí y Joan Miró han trabajado y desarrollado su talento en esta ciudad fascinante, y los muchos museos celebran su herencia artística. De hecho, la arquitectura, con ejemplos desde la Edad Media hasta hoy, es uno de los atractivos más importantes de Barcelona. Se puede apreciar en las calles estrechas del Barrio Gótico (de la época medieval) o bien en la Catedral, que contiene una mezcla de estilos de diferentes épocas. El arquitecto catalán más famoso es sin duda Antonio Gaudí, y la ciudad está llena de muestras de su genio: la iglesia de La Sagrada Familia (que está sin terminar), el palacio y el Parque Güell y la Casa Batlló. Su estilo es único —moderno, juguetón,[2] caracterizado por el uso de las curvas, las formas

---

[1]mucha... *a lively social scene* [2]*playful*

antropomórficas y animalescas y los diseños[3] mosaicos. En 1984, la UNESCO nombró el Parque Güell un monumento artístico de protección internacional.

La Feria de Abril, Sevilla

2. **Sevilla**   Esta ciudad andaluza es famosa por su gente amable, su arquitectura variada y sus fiestas fascinantes. Cada primavera, las calles se empapan[4] del olor de los naranjos en flor y la gente se prepara para los dos eventos culturales más importantes del año. La primera, la Semana Santa, es una celebración religiosa a la que asisten miles de personas. Durante la semana antes del Domingo de Resurrección,[5] la gente se reúne en las calles para ver pasar las procesiones realizadas por diversas cofradías.[6] Estas asociaciones religiosas se identifican fácilmente entre la muchedumbre,[7] ya que sus miembros van vestidos de túnica, por lo general de color morado. Durante las procesiones, es común oír las «saetas» que cantan las personas en honor de la Virgen o de Jesucristo. Poco después de la Pascua empieza la Feria de Abril, que empezó en 1847 como una feria de ganado[8] con diecinueve casetas[9] y ahora cuenta con más de mil casetas que adornan las calles del recinto[10] de la Feria en el barrio de Los Remedios. La Feria paraliza la ciudad por una semana entera y la convierte en un lugar sin igual, con el desfile de caballos y enganches,[11] las casetas coloridas, la música de las sevillanas[12] que suena ininterrumpidamente, las tradicionales corridas de toros y más. Sin duda, este momento del año es glorioso para Sevilla, pero no es necesario esperar la llegada de la primavera para disfrutar de la alucinante vida callejera y nocturna de esta ciudad andaluza.

El Alcázar (castillo) de Toledo

3. **Toledo**   Durante la época medieval, Toledo era uno de los centros intelectuales y culturales más importantes de Europa. Desde 711 hasta 1492, España estuvo bajo el control de los moros,[13] quienes establecieron en Toledo un centro donde convivían las tres grandes culturas de la región: la árabe, la cristiana y la judía.[14] La influencia de los tres grupos se nota hoy sobre todo en la arquitectura, que se mantiene muy bien preservada. De hecho, hoy en día cualquier persona que visita el casco[15] antiguo de Toledo se siente como si estuviera metida en un cuento de la Edad Media. Uno puede visitar edificios que antes eran sinagogas y mezquitas[16] y que en el siglo XVI se convirtieron en iglesias católicas sin perder por completo su carácter original. También durante la época medieval funcionaba la importantísma Escuela de Traductores, que traducía documentos entre el árabe, el castellano y el latín. Sin esta escuela, es posible que no conociéramos la obra de filósofos, matemáticos, etcétera de la Grecia antigua —su obra había sido traducida al árabe, pero el mundo occidental la desconocía. Por ejemplo, las palabras de Aristóteles llegaron al Occidente por el trabajo de la Escuela de Traductores.

[3]designs   [4]se… are drenched   [5]Domingo… Easter Sunday   [6]religious brotherhoods   [7]crowd
[8]cattle   [9]booths   [10]grounds   [11]wagons   [12]música… music and dance from Seville   [13]Moors
[14]Jewish   [15]centro   [16]mosques

El Museo Guggenheim en Bilbao

4. **El País Vasco**[17]   Esta región es quizás la más enigmática de España. Igual que Cataluña, el País Vasco es un lugar bilingüe y bicultural. La gente habla vasco, una lengua no románica cuyos orígenes no se saben a ciencia cierta. Desde hace mucho tiempo, algunos vascos quieren que su región se separe de España y tenga autonomía. La ETA es un grupo separatista militante cuyas actividades terroristas han resultado en tragedias nacionales. Sin embargo, hay muchos vascos que están indignados por las actividades de la ETA y se sienten orgullosos de ser españoles y vascos a la vez. La ciudad más importante de la región, Bilbao, ha sido un centro comercial desde el siglo XIV, y durante el siglo XIX hizo un papel protagónico en la industrialización del país. Si bien durante la Revolución Industrial Bilbao se conocía por sus fábricas de acero,[18] su construcción de buques,[19] sus plantas químicas y su contaminación, ahora en la época posindustrial, Bilbao está recreando su imagen. En 1997 se abrió el Museo Guggenheim, una belleza arquitectónica y un centro artístico para toda Europa. Artistas e investigadores de todas partes del mundo van a estudiar al Guggenheim y al Museo de Bellas Artes. También la ciudad hace mucho para promover lo mejor de la cultura vasca —su lengua, literatura, arte, historia y, por supuesto, su famosa cocina.[20] De hecho, a mediados de los años 70, los *chefs* vascos crearon una auténtica revolución culinaria llamada «la nueva cocina vasca» que hoy en día goza de gran prestigio internacional.

[17]País... *Basque Country*   [18]fábricas... *steel mills*   [19]*ships*   [20]*cuisine*

ESPAÑA	
Gobierno	monarquía constitucional
Ciudades principales	Madrid, Barcelona, Sevilla, Bilbao
Lenguas	español o castellano (oficial), vasco, catalán, gallego
Moneda	el euro

Actividades

A. Primero, busque en el mapa de España de la página 30 los cuatro lugares descritos en la sección anterior. Luego, indique el grado de interés (del 1 al 4) que Ud. tiene en visitar estos lugares.

B. Túrnese con un compañero / una compañera para describir uno de los lugares fascinantes con sus propias palabras. Luego, trabajen juntos para escribir una comparación entre los dos lugares que Uds. acaban de describir.

C. Imagínese que Ud. y su compañero/a son hermanos/as que no se llevan bien para nada, pero sus padres les han dado dinero para hacer un viaje por España. El único requisito es que tienen que quedarse juntos todo el tiempo; es decir, no pueden separarse. Pónganse de acuerdo para elegir dos lugares que quieren ver durante su estancia en España. Expliquen el porqué de su selección.

D. Escriba un relato sobre un viaje imaginario que Ud. hizo a uno de los lugares fascinantes de España. Siga el siguiente bosquejo.
Iba a ir a… porque…
Pero decidí ir a… porque…
El viaje fue… Primero… Luego… Entonces… Finalmente…
Si mis amigos piensan ir a… recomiendo que…

Lo hispano en los Estados Unidos

La influencia española en la historia estadounidense

Quizás le sorprenda saber que los primeros europeos en pisar[1] lo que hoy es terreno estadounidense no fueron los ingleses sino los españoles. Juan Ponce de León llegó con una expedición a la Florida en 1513, y el primer pueblo establecido en los Estados Unidos fue San Agustín, Florida, en 1564. Cuando los ingleses fundaron Jamestown en 1607, los españoles ya habían construido más de 40 misiones católicas entre San Agustín y Pensacola.

Durante el siglo XVI los españoles hicieron varias expediciones por el suroeste, así ocupando mucho terreno para España. Lo que ahora se conoce como Texas, Nuevo México, Arizona y partes de California, Nevada y

---

[1]en… *to step*

Misión Nuestra Señora de la Purísima Concepción cerca de San Antonio, Texas, construida en 1731

Colorado, perteneció[2] primero a los españoles y luego a los mexicanos.

La influencia española en los Estados Unidos se aprecia de muchas maneras. Por ejemplo, la primera obra literaria e histórica sobre este territorio fue escrita en español, no en inglés. En *Naufragios*,[3] Álvar Núñez Cabeza de Vaca relata sus experiencias durante los seis años y medio que vivió perdido entre los pueblos indígenas de la costa de Texas. La influencia española se nota también en las múltiples misiones españolas que todavía se pueden visitar en lugares como Arizona, California, Nuevo México y Texas. De hecho, la capilla[4] de la misión San Miguel, de Nuevo México, es la iglesia más antigua de uso continuo de los Estados Unidos.

Por lo tanto, es importante acordarse de que lo hispano en los Estados Unidos no es un fenómeno reciente, y también de que no todos los hispanos son inmigrantes. Especialmente en el suroeste, la arquitectura, la comida, el arte, la música, las celebraciones culturales y religiosas, la composición étnica, el uso del español y muchos otros factores demuestran la profunda influencia española e hispana en los Estados Unidos.

[2]*belonged*   [3]*Shipwrecked*   [4]*chapel*

Actividad de Internet

Busque información en el Internet sobre las misiones españoles en los Estados Unidos para poder contestar las siguientes preguntas.

1. ¿Cuándo se establecieron las misiones y qué órdenes religiosas las fundaron?
2. ¿Cuál era su propósito y cómo se organizaban?
3. ¿Cómo era la vida cotidiana (*daily*) en las misiones?
4. ¿Cómo eran las relaciones entre las misiones y la gente indígena de la zona?
5. ¿Cuáles son algunas de las características que distinguen su arquitectura? Si es posible, visite la página Web de una misión específica y describa la misión.
6. ¿Qué dato o detalle descubrió Ud. que le sorprendió?
7. Si Ud. pudiera visitar cualquier misión, ¿cuál visitaría y por qué?

Lectura

▲▲▲▲▲▲▲▲▲▲▲▲▲▲▲▲▲▲▲▲▲▲▲▲▲▲▲▲▲▲▲▲▲

Fernando Díaz-Plaja es un intelectual español que trabajó como profesor invitado en varias universidades estadounidenses. En su libro *Los siete pecados* (sins) *capitales en USA*, él relata la impresión que tiene sobre el consumo del alcohol de los estadounidenses, según su propia experiencia y su estancia en los Estados Unidos.

Antes de leer

A. Para comentar   En grupos pequeños, comenten las siguientes preguntas.

1. ¿Existe algún estereotipo principal del estudiante universitario estadounidense? ¿Cómo es ese estudiante según el estereotipo? ¿Están Uds. de acuerdo con ese estereotipo?

2. ¿Qué importancia tienen las bebidas alcohólicas en la vida de los estudiantes estadounidenses? ¿Y en la vida de los estadounidenses en general?

3. Cuando Uds. dan una fiesta, ¿sirven comida o sólo sirven bebidas? ¿Qué tipo de bebidas sirven?

B. Acercándose al tema   Lea el título de la ficha (*note card*) a la izquierda y las nueve palabras asociadas con el tema del ensayo de Fernando Díaz-Plaja. Con un compañero / una compañera, decida si los espacios en blanco requieren un sustantivo, un verbo o un adjetivo. Luego, escoja la palabra apropiada de la ficha para completar las siguientes oraciones.

1. En una fiesta universitaria estadounidense, no es costumbre servir _____ con las bebidas. Según Díaz-Plaja, la relación entre beber y comer es mínima en los Estados Unidos.

Una fiesta universitaria		
la alegría	la cerveza	la comida
acompañar	embriagarse[1]	impresionar
borracho/a	chistoso/a	guay

[1]emborracharse

2. En el Mediterráneo, el beber constituye un acto natural que _____ a la comida, es el compañero de la alimentación (*meal*).

3. Según el autor, en los Estados Unidos, se bebe con el puro y evidente propósito de _____.

4. En una fiesta universitaria, Díaz-Plaja observó a un chico, tratando de _____ a las chicas, bebiendo dos _____ a la vez.

5. A las chicas les parecía muy _____ observar a este chico _____.

Ojo

▲▲▲▲▲▲▲▲▲▲

A lo largo de las lecturas de *Metas,* Ud. verá los siguientes iconos.

 = Para comprender el significado de una palabra, piense en las palabras relacionadas, búsquela en un diccionario u olvídela por completo.

= Al ver este icono, Ud. debe dejar de leer e imaginarse lo que pasa en esa parte del relato. ¿Cómo son los personajes físicamente? ¿Qué acciones suceden en esta sección? ¿Cómo es el ambiente donde tiene lugar la acción?

Los siete pecados capitales en USA

Recuerdo una fiesta a la que me invitó uno de mis estudiantes. Empezó a circular la bebida y la conversación se animó.* Noté a un muchacho yendo[1] de un lado para otro con dos latas[2] de cerveza, una en cada mano ambas abiertas y de las que tomaba alternativamente sorbos.[3v]* Resulta evidente que nadie necesita beber dos cañas[4] al mismo tiempo y que la mayor sed del mundo puede esperar a terminar una botella antes de empezar otra. Pero en el caso americano[5] no se trataba de beber sino de impresionar. Y lo conseguía. Las chicas lo miraban con un aire entre asustado[6] y admirado. ¡Qué tío![7] ¡Cómo era!

Imaginé la misma escena en Francia, en Italia, en España. La mirada iría hacia él igualmente, pero el comentario sería de sincera pena.[8] ¿Qué pasa? ¿Está mal de la cabeza?

Porque el beber constituye en el Mediterráneo un acto natural que acompaña a la comida, es el compañero de la alimentación. Mientras que aquí[9] la relación entre beber y comer es mínima. Obsérvese que incluso en el caso de la cerveza, que tantos europeos usan en el almuerzo cuando el verano no hace apetecible[10] el vino, se toma aquí muchas veces aparte y con el puro y evidente propósito de embriagarse.

Esta es la clave de la actitud americana causante de las estadísticas antes aludidas. El alcohol no se considera como un suavizante de la digestión, como un amenizador[11] de la conversación, como un apoyo[12] de la sociedad. El alcohol es aquí una evasión, la búsqueda de la nada, la huida[13] del convencionalismo que ahoga[14] a las consciencias de los habitantes en este país de la libertad…

¿Llegará un día en que el americano beba vino en la misma proporción y la misma calma con la que lo hacen los europeos? ¿Llegará un día en que beber será parte de la vida normal y no la excepción y ya no será necesario embriagarse? Quizás, pero todavía está lejano.[15] Un profesor de una Escuela Superior americana proclamó hace poco la necesidad de enseñar a los chicos a beber y el escándalo fue mayúsculo. Todavía no está el terreno preparado[16] para tal cambio en la vida americana y mientras llegue, el acto de beber seguirá apoyado en dos absurdos objetivos: la embriaguez y el ansia de ser elegante.

[1]presente del progresivo del verbo **ir** [2]*cans* [3]*sips* [4]cervezas (*Sp.*) [5]estadounidense [6]*frightened* [7]¡Qué… *What a guy!* [8]*pity* [9]en los Estados Unidos [10]*desirable* [11]compañero [12]*support* [13]*flight* [14]*drowns* [15]lejos [16]Todavía… *The way is not yet paved*

¿Quién(es)? ¿Dónde? ¿Qué pasó?

---

*Vocabulario icons in the margin refer to words and phrases that are underlined within the text.

Visualizar icons refer to words and phrases that are followed by a superscripted *v.*

Después de leer

A. Comprensión   Conteste las siguientes preguntas, según la lectura.

1. ¿Por qué bebía el estudiante estadounidense dos cervezas a la vez?

2. ¿Cuál fue la reacción del profesor Díaz-Plaja ante esa situación? ¿Cree Ud. que su reacción refleje una idea errónea y estereotipada de los estudiantes estadounidenses?

3. ¿Cómo le hicieron sentir a Ud. los comentarios del profesor Díaz-Plaja? ¿Cuál fue su primera reacción al leer este texto? ¿Fue una de disgusto? ¿indignación? ¿vergüenza? ¿alegría? ¿comprensión? ¿ ? Explique su respuesta.

4. ¿Cómo es la relación entre la comida y la bebida en el Mediterráneo comparada con esa misma relación en los Estados Unidos?

5. En la opinión del autor, ¿para qué sirve el alcohol en la sociedad estadounidense?

6. *Los siete pecados capitales en USA* fue escrito en 1967. Teniendo en cuenta (*Keeping in mind*) que han pasado muchos años desde que se escribió, ¿todavía le parecen a Ud. válidas las observaciones del profesor Díaz-Plaja? ¿Por qué sí o por qué no?

7. El autor escribe sobre la ironía de tal actitud en «este país de libertad». Puesto que (*Given that*) una persona de 18 años puede luchar en una guerra y votar en las elecciones, ¿debe tener también el derecho a tomar bebidas alcohólicas? ¿Por qué sí o por qué no?

 B. El editor exigente   Imagínese que Ud. es el profesor Díaz-Plaja. Un editor ha leído su ensayo y le hace la siguiente sugerencia para mejorar su trabajo: «Debe añadir tres o cuatro oraciones describiendo más al muchacho en la fiesta universitaria». Escriba un párrafo adicional según la sugerencia del editor, manteniendo el tono general del ensayo original.

C. Para comentar   En grupos pequeños, comenten lo siguiente.

1. Imagínense que algunos estudiantes españoles están de visita en su clase y les preguntan a Uds. acerca de las fiestas que se hacen aquí los fines de semana. Descríbanles cómo son las fiestas.

2. En su opinión, ¿es necesario que las universidades estadounidenses ofrezcan seminarios para enseñarles a los estudiantes a tomar decisiones responsables con respecto a las bebidas alcohólicas? ¿Por qué sí o por qué no? Si no están de acuerdo, ¿tienen otra recomendación para evitar el abuso del alcohol entre los estudiantes?

3. ¿Les interesan a Uds. las fiestas que se dan en las *fraternities* o les molestan? Expliquen su respuesta.

Desafío

4. Si no fuera prohibido el uso del alcohol para los menores de edad, ¿habría más problemas relacionados con las bebidas alcohólicas o habría menos? Expliquen su respuesta.

(Continúa.)

El botellón en una plaza central de Madrid

5. ¿Tendrá la próxima generación una actitud diferente hacia el alcohol? ¿Por qué sí o por qué no? ¿Qué cambios tendrán que hacerse para que sea diferente la actitud de la próxima generación? Expliquen cómo influirán estos cambios en la nueva actitud.

D. El botellón

Aunque la actitud hacia el uso del alcohol entre la gente joven estadounidense no ha cambiado mucho en los últimos 40 años, Díaz-Plaja estaría sorprendido al ver una costumbre en España llamada «el botellón». Los jóvenes españoles compran botellas grandes de vino tinto y Coca-Cola, van a las plazas y pasan toda la noche bebiendo «kalimotxos*» hasta las 6:00 de la mañana. Los vecinos de las plazas no están contentos con esta costumbre pero a los jóvenes les parece muy guay y bastante económica.[†]

1. Describa la escena en la foto con el mayor número de detalles que pueda. Aplique las reglas gramaticales sobre la concordancia entre género y número.

2. Haga una comparación entre un «botellón» de España y una fiesta de *fraternity* (u otro tipo de fiesta) a la que Ud. haya asistido.

3. ¿Por qué cree Ud. que les gusta a los jóvenes esta costumbre española? ¿Por qué les molesta a los vecinos?

E. Composición Escríbale una breve carta al profesor Díaz-Plaja en la que Ud. responda a sus observaciones sobre el papel de las bebidas alcohólicas en la sociedad estadounidense. ¿Cuál es su propio punto de vista? ¿Cómo quiere expresarlo?

---

*Un kalimotxo (palabra de origen vasco) es una mezcla de partes iguales de vino tinto y Coca-Cola.

[†]En la primavera del 2002, el gobierno español propuso una polémica ley para prohibir el consumo de alcohol en la vía pública. También propuso cambiar la edad legal para comprar bebidas alcohólicas de los 16 años a los 18.

¡A escribir!

A. Lluvia de ideas   Apunte sus ideas sobre los siguientes temas.

1. ¿Qué adjetivos utilizarían los extranjeros para describir a las familias estadounidenses? ¿Y para describir a la gente joven? ¿Y para describir a las mujeres estadounidenses?

2. ¿De dónde cree que viene la información que se utiliza para crear la imagen de la vida en los Estados Unidos?

3. ¿Cuáles son algunos de los programas de televisión más populares que probablemente se ven en el extranjero también?

B. Composición: Descripción   Imagínese que Ud. es una persona española que sólo conoce los Estados Unidos a través de las películas y los programas de televisión estadounidenses que ha visto. Escriba un breve artículo sobre una de las imágenes que Ud. tiene de los siguientes grupos: (1) las familias estadounidenses, (2) la gente joven y (3) las mujeres estadounidenses. Incluya ejemplos de películas o programas específicos para apoyar su punto de vista. Haga lo siguiente:

1. escoger un título preliminar

2. escribir una oración introductoria usando dos adjetivos como mínimo

3. describir a las familias estadounidenses, a la gente joven estadounidense o a las mujeres estadounidenses dando ejemplos específicos tomados de ciertos programas y películas

4. escribir una conclusión

5. reflexionar sobre el título y cambiarlo si quiere

C. Diálogo   Lea el ensayo de un compañero / una compañera y luego hagan un diálogo entre una persona española y una persona estadounidense en la que la persona estadounidense trate de convencer a la persona española de que las imágenes que tiene de la sociedad estadounidense no representan la realidad. La persona española debe defender su punto de vista con ejemplos concretos.

Hablando del tema

Antes de empezar a conversar con sus compañeros de clase sobre los siguientes temas, prepare una ficha para la conversación, otra para el debate y otra para la reacción ante la cita. Vea la explicación de las fichas en el **Apéndice 1.**

A. Conversación: Los programas de telerrealidad   Revise las expresiones de **Para conversar mejor.** Luego, en parejas o grupos de tres, conversen sobre los siguientes puntos.

Para conversar mejor

Al público le encanta ver…
Es fascinante…
Fue alucinante cuando en un
    episodio…
Me fascina(n)…

Me molesta(n)…
No lo podía creer.
Para mí, es evidente que…
Y tú, ¿qué opinas?

- Describa dos de los programas de telerrealidad que Ud. haya visto o de los cuales haya oído hablar. Describa cómo es cada programa, incluyendo su meta principal, una descripción de los participantes, sus acciones y la clase de dilema moral que surge en este tipo de programa.

- Compare dos de estos programas, dando la mayor cantidad de detalles que pueda. Incluya ejemplos de escenas específicas que Ud. haya visto.

- Explique por qué estos programas han sido tan populares.

B. Debate: El derecho de vestirse tal como quiera uno   Revise las expresiones de **Para debatir mejor.** Después, prepare tres argumentos a favor y tres en contra del derecho de vestirse como uno quiera sin que ninguna autoridad intervenga. Luego, presente sus argumentos en un debate. No sabrá cuál de los siguientes puntos de vista tendrá que defender.

Para debatir mejor

A FAVOR
Así es.
Exacto.
Podría ser.
Tienes razón.

EN CONTRA
De ninguna manera.
Lo siento, pero…
No sabes lo que dices.
Temo que estés equivocado/a.

- «Los reglamentos de cualquier institución (educativa o empresarial) deben reservarse el derecho de dictar cómo los estudiantes o empleados se deben vestir y llevar el pelo y si es permitido llevar pendientes o tatuajes visibles en la escuela o en el lugar de trabajo».

- «Ni los tatuajes, ni los pendientes ni el pelo largo o teñido afectan de ninguna manera la habilidad de una persona de trabajar bien o de tener éxito en los estudios o en el trabajo. En una democracia, todos tienen el derecho de vestirse y llevar el pelo como quieran».

C. Reacción: El aspecto físico y el éxito Revise las expresiones de **Para reaccionar mejor.** Luego, reaccione ante la siguiente cita. Añada razones que apoyen sus opiniones.

Para reaccionar mejor

Creo/opino/supongo que…   Es posible que…
Es bueno/malo que…   Es verdad que…
Es degradante que…   No está mal que…

«Para ser exitoso/a como cantante es necesario ser físicamente atractivo/a».

El Bar Estrella

D. Volver a considerar En este capítulo, Ud. exploró los temas de las percepciones y los estereotipos. En parejas, contesten las siguientes preguntas. Noten cómo ha mejorado su habilidad de expresarse sobre estos temas.

- ¿Cuáles son los factores que influyen en las primeras impresiones que tienen Uds. de otra persona?

- ¿Es posible hablar de una persona norteamericana/hispana típica?

- ¿A qué se deben los estereotipos que se atribuyen a una cultura?

- ¿Cuáles son los programas de televisión más populares entre Uds. y sus amigos?

- En el cuadro *El Bar Estrella,* ¿hay algo que les parezca estereotipado de España y de los españoles?

E. El Bar Estrella En grupos de tres, hablen del cuadro con todos los detalles posibles, tratando de utilizar todas las metas comunicativas.

La relación entre la historia y el arte

Los fusilamientos (executions) del tres de mayo, *de Francisco de Goya y Lucientes*

Puntos clave

 SÍNTESIS

Temas centrales
* la Guerra Civil Española
* el papel del artista en la sociedad

En este capítulo, Ud. va a explorar el tema de la relación entre la historia y el arte.

Preguntas para considerar

* En su opinión, ¿sería una ventaja estudiar un semestre en España?

* ¿Ha leído Ud. alguna novela o ha visto alguna película sobre un momento importante en la historia de su país? ¿Lo/La ayudó a comprender mejor el momento histórico?

* ¿Cree que los artistas y actores de una sociedad tengan el derecho de ser más excéntricos que los demás?

* ¿Puede tener un impacto en la sociedad el arte crítico?

* La escena que se ve en el cuadro de esta página muestra los horrores de la guerra. ¿Qué emociones evoca en Ud. este cuadro?

La entrevista

Listen to this interview in the **La entrevista** section of this chapter on the *Online Learning Center* (**www.mhhe.com/metas**).

Un curso en el extranjero

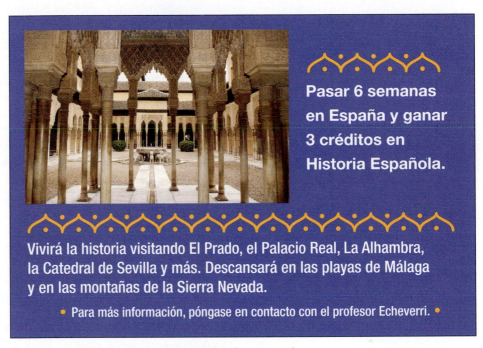

Pasar 6 semanas en España y ganar 3 créditos en Historia Española.

Vivirá la historia visitando El Prado, el Palacio Real, La Alhambra, la Catedral de Sevilla y más. Descansará en las playas de Málaga y en las montañas de la Sierra Nevada.

• Para más información, póngase en contacto con el profesor Echeverri. •

Foto: *Vista al Patio de los Leones, La Alhambra, Granada*

Situación: Para su programa de radio, Sara entrevista a un intelectual español sobre la relación entre la historia y el arte. Lea la entrevista y después conteste las preguntas de comprensión. No se preocupe si no entiende todas las referencias; aprenderá más en este capítulo.

SARA: Hoy tenemos el placer de hablar con el profesor Manuel Echeverri, experto en historia española. El distinguido profesor nos hablará de un curso que dictará en España durante el verano para los estudiantes de esta universidad. Profesor Echeverri, ¿nos puede hablar del papel del arte en este curso de verano?

ECHEVERRI: Pues, el curso tendrá lugar sobre todo en los museos de arte. A mí me interesa enseñarles a mis estudiantes cómo la historia se **refleja** en varios ambientes artísticos. Para mí, el arte español interpreta la historia de manera **única.** A veces la imagen visual, o el lenguaje simbólico puede expresar una verdad profunda que las narrativas históricas ocultan.[1]

[1]*hide*

SARA: ¡Qué interesante! ¿Por ejemplo?

ECHEVERRI: Bueno, me intriga el arte de Francisco de Goya y Lucientes. Podemos comparar sus cartones[2] iniciales, los tapices[3] que creó en la Fábrica Real,* o los **retratos** de los nobles de la época con los cuadros de las guerras de independencia, como *Los fusilamientos del tres de mayo* y los cuadros de su período negro. Al ver cómo los colores **vivos** cambian a tonos **oscuros** y los temas **frívolos** a temas **sombríos**, entendemos bien los momentos intensos que vivía España en esa etapa de su historia y la desesperanza[4] de Goya ante los horrores de una guerra sangrienta.[5]

SARA: ¿Puede el arte **moderno** comentar la historia de la misma manera?

ECHEVERRI: Seguro. Los **hermosos** cuadros de Joaquín Sorolla nos recuerdan la vida **frívola** de la élite durante su momento. Por otro lado, *Guernica,* de Pablo Picasso, por ejemplo, me permite presentar el bombardeo de esa ciudad y otros eventos horripilantes de la Guerra Civil Española que **tuvieron lugar** entre 1936 y 1939. Ese cuadro en particular demuestra el poder de la imagen visual.

SARA: Tiene que ser fascinante ir a tantos museos. ¿Llevará la clase a otros lugares?

ECHEVERRI: Pues, claro. Me gusta sorprender a los estudiantes con la gran variedad geográfica y cultural de la Península Ibérica. Visitaremos los **castillos** y **palacios antiguos** del centro de España, pasearemos por las calles **ruidosas** de las grandes ciudades, examinaremos algunos lugares **sagrados** como la hermosa Catedral de Santiago de Compostela y no nos olvidaremos de **gozar** de las **playas soleadas** del **luminoso** Mar Mediterráneo… tanto estudio merece un buen descanso después, ¿no?

SARA: Así que, trabajo y placer. ¡El curso me parece **espléndido** y muy **divertido**! Gracias, profesor, por pasar un ratito con nosotros y hablarnos un poco de este tema tan interesante.

[2]*cartoon for frescoes or tapestries* [3]*tapestries* [4]*despair* [5]*bloody*

Actividades

A. Comprensión Conteste las siguientes preguntas, según la entrevista.

1. ¿Por qué le interesa el arte al profesor Echeverri?
2. ¿Qué cambios se ven en el arte de Goya durante y después de las guerras de independencia?
3. ¿En qué otro aspecto de España se basará el curso del profesor Echeverri?
4. ¿Está Ud. de acuerdo en que el arte interpreta bien la historia? ¿Puede dar algunos ejemplos?

---

*The Royal Tapestry Factory where wall hangings were made for palaces.

B. ¿Qué opina Ud.?

Paso 1 Indique si Ud. está de acuerdo o no con las siguientes afirmaciones.

	ESTOY DE ACUERDO.	NO ESTOY DE ACUERDO.
1. El tema de las guerras civiles es fascinante.	☐	☐
2. El uso del arte en una clase de historia ayuda a los estudiantes a entender más a fondo los eventos históricos.	☐	☐
3. He estudiado la obra de Francisco de Goya y Lucientes en otras clases que he tomado.	☐	☐
4. Me gusta el arte abstracto de Pablo Picasso.	☐	☐
5. Me encanta ver películas que me hacen entender mejor un momento histórico.	☐	☐

Paso 2 Ahora, comparta sus respuestas del **Paso 1** con un compañero / una compañera. Luego, contesten las siguientes preguntas. Si Uds. tuvieran que investigar uno de los temas de los que hablaron Sara y el profesor Echeverri, ¿cuál investigarían? ¿Por qué? ¿Qué harían para buscar más información?

C. Conversación En parejas, contesten las siguientes preguntas y expliquen sus respuestas.

1. ¿Han tomado Uds. alguna clase sobre la historia de España?
2. ¿Les gustaría tomar una clase sobre las guerras civiles?
3. ¿Hay algún curso que combine el arte y la historia en su universidad?
4. ¿Han leído alguna novela o han visto alguna película sobre un momento importante en la historia de España?
5. En su opinión, ¿hay alguna película que presente una visión realista de la Segunda Guerra Mundial, de la Guerra de Vietnam o de alguna guerra más reciente?
6. ¿Ofrece su universidad cursos en el extranjero? Les interesaría participar en este tipo de programa?

Vocabulario del tema

Para hablar de los lugares

la arena	sand
la cabaña	cabin
el castillo	castle
el edificio	building
el mar	sea
la montaña	mountain
la ola	wave
la orilla	shore
el palacio	palace
la playa	beach
el rascacielos	skyscraper
el ruido	noise

Para describir los lugares

apreciar	to appreciate
caracterizar	to characterize
gozar de	to enjoy
pasear	to stroll
reflejar	to reflect
relajarse	to relax

reunirse	to get together, meet
tener lugar	to take place
antiguo/a	old
arenoso/a	sandy
claro/a	clear
divertido/a	enjoyable
espléndido/a	splendid
frívolo/a	frivolous
hermoso/a	lovely
luminoso/a	bright, luminous
moderno/a	modern
montañoso/a	mountainous
oscuro/a	dark
ruidoso/a	noisy
sagrado/a	sacred
soleado/a	sunny
sombrío/a	gloomy, somber
tranquilo/a	peaceful
único/a	unique
vivo/a	lively

Actividades

A. ¿Están Uds. de acuerdo?   Lea las afirmaciones en la página siguiente e indique si está de acuerdo o no. Luego, en parejas comenten por qué están de acuerdo o no con esas afirmaciones. Deben reaccionar ante las opiniones de su pareja, utilizando las expresiones de **Para conversar mejor.**

Para conversar mejor

Desde mi punto de vista…	No estoy de acuerdo en
En mi opinión… , Yo creo que…	absoluto.
Estoy completamente de	Pero, ¿qué dices?
acuerdo.	¡Qué barbaridad!
Me sorprende que creas eso.	Al contrario.

	ESTOY DE ACUERDO.	NO ESTOY DE ACUERDO.
1. Es mucho más divertido pasar las vacaciones en las montañas que en la playa.	☐	☐
2. Explorar los castillos y palacios antiguos de España sería tan divertido como visitar los rascacielos modernos de Nueva York.	☐	☐
3. El ambiente ruidoso de las ciudades grandes me da energía.	☐	☐
4. Pasear por la orilla del mar es tan relajante como hacer caminatas en las montañas.	☐	☐
5. Cuando me siento triste, prefiero sentarme en un lugar sombrío para reflexionar mejor.	☐	☐
6. Las celebraciones que tienen lugar en sitios sagrados son más fascinantes que las celebraciones frívolas en las ciudades grandes.	☐	☐

B. Fiestas fascinantes

Paso 1   Lea la información sobre tres fiestas fascinantes de España. Después, con un compañero / una compañera, haga las actividades.

1. **Los Sanfermines**   Los Sanfermines de Pamplona, quizás la fiesta española más conocida a nivel internacional, tienen lugar durante la semana del 7 de julio. Cada día a las 8:00 de la mañana, cientos de personas se reúnen en las calles para correr delante de los toros que van a torear en la corrida de la tarde. Después de esta actividad tan peligrosa, la gente pasa el resto del día bebiendo y bailando por las calles. Sin embargo, algunas personas prefieren dormir durante el día y divertirse sin parar por la noche.

2. **Santiago de Compostela**   En esta ciudad de Galicia se celebran las fiestas del apóstol Santiago, el santo patrón de España, el 25 de julio. Cada año miles de personas de todas partes del mundo van a Santiago de Compostela para visitar la tumba del apóstol. Muchos peregrinos[1] llegan por el «Camino de Santiago», que pasa por el norte de España desde la frontera francesa hasta la ciudad gallega.[2] Los peregrinos recorren cientos y hasta miles de millas a pie, en bicicleta o en coche, algunos llevando una concha,[3] símbolo de Santiago, en alguna parte de la ropa.

3. **La Tomatina**   En Buñol, una ciudad pequeña en Valencia, la gente puede disfrutar de un evento tan divertido como sorprendente. El último miércoles de agosto, entre el mediodía y la 1:00 de la tarde, miles de personas se dedican a tirarse,[4] unas a otras, toneladas de tomates. Es una fiesta relativamente nueva, ya que empezó a mediados del siglo XX, y se está haciendo cada vez más popular.

[1]*pilgrims*   [2]*Galician*   [3]*shell*   [4]*to throw*

Paso 2 En parejas, contesten las siguientes preguntas.

1. Pensando en el tipo de fiesta que se da en cada lugar mencionado en el **Paso 1,** imagínese cómo es la ciudad anfitriona (*host*). Use el **Vocabulario del tema** para describir cada lugar.

2. ¿Qué tipo de persona asistiría a cada una de estas fiestas? Use el **Vocabulario del tema** para explicar su respuesta.

3. ¿Cuál de las fiestas le interesa más a Ud.? ¿Por qué? ¿Cuál le interesaría más a su madre, a su padre, a su profesor(a) o a su mejor amigo/a? ¿Por qué?

4. Describa una fiesta típica de su ciudad, región o país. Compárela con estas fiestas españolas.

Paso 3 Imagínese que Ud. acaba de asistir a una de estas fiestas. Escríbale una tarjeta postal a un amigo / una amiga en la que le describa sus experiencias durante la fiesta. Dele también recomendaciones sobre cómo pasarlo bien cuando él/ella vaya a este lugar el año que viene.

C. Lugares especiales

Paso 1 Lea la siguiente carta escrita por el famoso pintor español Joaquín Sorolla a su esposa acerca de un lugar que había descubierto en la costa valenciana de España.

Paseo a orillas del mar, *de Joaquín Sorolla (1863–1923)*

Valencia, (noviembre de 1907)
Querida Clotilde: Estoy ya en esta playa desde las 4:00 de la tarde y he gozado mucho con el espléndido espectáculo de tanta luz y color. El día

tibio[1] y agradable contribuyó, lo he desperdiciado[2] un momento viendo cosas bonitas: El agua era de un azul tan fino y la vibración de luz era una locura. He presenciado el regreso de la pesca,[3] las hermosas velas,[4] los grupos pescadores, las luces de mil colores reflejándose en el mar, la picante conversación de muchos de mis viejos modelos, me proporcionaron[5] un rato muy difícil de olvidar.

Ahora son las seis menos cuarto y he cogido el lápiz para transmitirte este rato de placer pasado en mi primera tarde en el puerto; ahora noche absoluta, es tan agradable como antes, pues como yo nunca he vivido en el puerto, el espectáculo me seduce, las sirenas, el ruido de la carga y descarga[6] sigue y las luces siguen reflejándose en el mar… [...]

Son las 10:30 y me voy a dormir solo… y triste, por eso, pero antes quiero decirte que la noche es colosal, hermosa, hay una luna espléndida, y el mar está más bello que durante el día, he dado un largo paseo viendo los reflejos de las luces. Hasta mañana.

[1]*mild* [2]*lo… I've wasted it (for)* [3]*fishing (season)* [4]*sails* [5]*regalaron* [6]*carga… loading and unloading*

Paso 2 Busque los adjetivos que Sorolla utilizó para describir las siguientes cosas.

la conversación	la luna	las velas
el día	la noche	

Paso 3 Ahora, busque las dos comparaciones que hizo Sorolla en su carta.

Paso 4 Piense en un lugar especial que Ud. conoce. Escriba cinco adjetivos que utilizaría para describir ese lugar. Luego, mencione cuatro actividades que Ud. ha hecho allí y tres emociones que ese lugar evoca en Ud.

Paso 5 Descríbale su lugar especial a un compañero / una compañera. Su compañero/a debe tratar de visualizar ese lugar especial mientras Ud. lo describe.

Paso 6 Ahora, escriba dos frases comparando el lugar especial de su compañero/a con el de Ud.

D. El período azul de Pablo Picasso El pintor español Pablo Picasso pintó el cuadro a la izquierda durante la misma década en que Joaquín Sorolla pintó *Paseo a orillas del mar*. Las obras que Picasso realizó durante esa década forman parte de lo que se llama su período azul.

Paso 1 En grupos de tres, describan el cuadro de Picasso. Incluyan una descripción física de la familia, algunas comparaciones entre la mujer, el hombre y el niño y una descripción de las impresiones que evoca el cuadro en Uds.

Paso 2 Hagan algunas comparaciones entre el cuadro de Picasso y la pintura de Sorolla de la **Actividad C.**

Paso 3 Ahora, preparen un diálogo entre las señoritas del cuadro de Sorolla y las tres personas del cuadro de Picasso. Luego, preséntenlo a la clase.

La tragedia, *de Pablo Picasso (1881–1973)*

Puntos clave

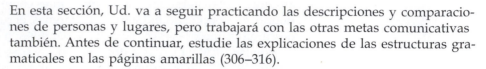

DESCRIBIR D **C COMPARAR** **SÍNTESIS**

En esta sección, Ud. va a seguir practicando las descripciones y comparaciones de personas y lugares, pero trabajará con las otras metas comunicativas también. Antes de continuar, estudie las explicaciones de las estructuras gramaticales en las páginas amarillas (306–316).

A. Las reseñas Lea las siguientes reseñas de dos películas situadas durante la Guerra Civil Española, que tuvo lugar entre 1936 y 1939. En esta guerra lucharon las fuerzas del gobierno (los republicanos) contra las fuerzas de Francisco Franco (los nacionalistas). Ud. leerá más sobre este momento histórico más adelante en este capítulo.

¡AY, CARMELA!

Los protagonistas Carmela y Paulino son dos artistas de teatro que entretienen a los soldados del ejército republicano en diferentes partes de España. La acción de la película empieza cuando los dos regresan a Valencia. Desafortunadamente, en el camino se pierden y entran en una zona de los nacionalistas, donde son detenidos y encarcelados[1] en un colegio. Todo parece indicar que van a ser fusilados,[2] pero al enterarse un oficial italiano de que Paulino y Carmela son cómicos, les ofrece trabajo como actores del bando nacional en un espectáculo glorificando a Hítler y Mussolini. Carmela es una mujer testaruda y patriótica. ¿Lo hará?

LA LENGUA DE LAS MARIPOSAS[3]

En su primer día de escuela, el pequeño Moncho, de 8 años, está aterrorizado por la figura imponente de su maestro don Gregorio. A pesar de su aparente personalidad autoritaria, el maestro es un libre pensador.[4] Es republicano, sensible y amable, y le enseñará a Moncho a ser noble, bueno y a tener curiosidad intelectual. Moncho pronto empieza a admirar a su maestro y todo lo que este le enseña: el amor, la bondad, la libertad, la naturaleza, la ciencia, los misterios de la lengua de las mariposas. Cuando los nacionalistas entran en el pueblo, la vida de Moncho cambia para siempre. ¿Cómo reconciliará Moncho su amor por su maestro, un republicano, y la necesidad de su familia de mostrar apoyo a las nuevas fuerzas nacionalistas que controlan el país?

[1]*jailed* [2]*shot* [3]*butterflies* [4]*libre… freethinker*

B. ¡Estas películas son buenísimas! En parejas, completen las oraciones en la página siguiente, cambiando las palabras subrayadas por superlativos independientes. Luego, terminen la oración, usando su imaginación.

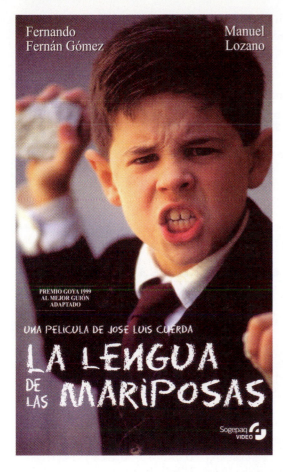

Fernando Fernán Gómez

Manuel Lozano

PREMIO GOYA 1999
AL MEJOR GUIÓN
ADAPTADO

UNA PELÍCULA DE JOSE LUIS CUERDA

LA LENGUA DE LAS MARIPOSAS

Sogepaq
VIDEO

¡AY, CARMELA!

1. Cuando los fascistas (nacionalistas) capturan a Carmela y Paulino, la situación parece ser muy grave para ellos. La situación parece ser _____ porque…

2. Cuando un teniente italiano se entera de que los dos son cómicos, en vez de fusilarlos, les pide que presenten un espectáculo glorificando a Hítler y Mussolini. Esto les presenta a los protagonistas un dilema ético muy difícil. Es un dilema _____ porque…

LA LENGUA DE LAS MARIPOSAS

3. Todos los niños mayores le hablaban a Moncho sobre la crueldad de los maestros. El primer día de clase Moncho se orinó en los pantalones porque estaba muy nervioso. Estaba _____ porque…

4. Poco a poco don Gregorio ganó el respeto y cariño de Moncho. Un día llevó a los niños al campo donde les enseñó la lengua de las mariposas. Para Moncho, ese día fue muy importante.

   El viaje al campo fue _____ porque…

 C. Los gustos cinematográficos

Paso 1 Termine las siguientes oraciones.

1. A mí me gustan las películas…

2. A mí me molestan las películas…

3. A mí me fascinan las películas con…

4. A mí me aburren las películas con/sin…

Paso 2 Ahora, en grupos de cuatro, compartan sus preferencias cinematográficas y luego traten de llegar a un acuerdo para describir la película ideal.

La película ideal es una en la que haya… y que tenga… También es importante que…

 D. Entre las dos películas En parejas, preparen cinco oraciones comparando las películas *¡Ay, Carmela!* y *La lengua de las mariposas,* según la información presentada en las reseñas. Utilicen **más/menos… que, tan… como, tanto/os/a/as… como** y las siguientes palabras u otras palabras apropiadas en sus comparaciones: **gozar de, el afiche** (*poster*)**, el personaje fascinante, los protagonistas, la trama** (*plot*) **original, chistoso/a, deprimente, divertido/a, emocionante, sombrío/a, violento/a.** Luego, compartan sus oraciones con las de otra pareja, explicándoles el porqué de sus comparaciones.

MODELO: *¡Ay, Carmela!* parece ser una película más divertida que *La lengua de las mariposas* porque los protagonistas son cómicos.

E. La razón por la cual... En grupos de cuatro, terminen las siguientes oraciones con sus opiniones sobre las dos películas sobre la Guerra Civil Española. Luego, con la clase entera, escojan la película más interesante.

1. Creemos que… [título de película] sería más interesante porque…
2. No nos interesa tanto… porque… aunque…
3. Nos parece mejor que nuestra clase vea… ya que…

Rincón cultural

Un momento histórico

La Guerra Civil Española

Revise el **Vocabulario útil** y lea el resumen sobre la Guerra Civil Española.

Vocabulario útil

apoyar	to support	**el poder**	power
aprovechar	to take advantage	**el/la seguidor(a)**	follower
la brigada	brigade	**derechista**	right-wing
la burguesía	bourgeoisie	**fascista**	fascist
el entrenamiento	training	**izquierdista**	left-wing
la fuerza	force	**terrateniente**	landowning
la libertad	freedom		

La Guerra Civil Española (julio de 1936 a abril de 1939) fue el resultado de profundas divisiones políticas, económicas y culturales entre «las dos Españas» como las llamó el aclamado poeta Antonio Machado. Por un lado, los seguidores del gobierno del momento, conocidos como los «republicanos», eran en su mayor parte, socialistas, comunistas, anarquistas y nacionalistas catalanes y vascos. Por otro lado, los «nacionalistas», bajo el liderazgo de Francisco Franco, representaban las fuerzas más conservadoras del país: la élite terrateniente, la burguesía y la Iglesia Católica.

Las fuerzas internacionales que participaron en la Guerra incluían las «Brigadas Internacionales», unos 40.000 idealistas norteamericanos, latino-

Francisco Franco, 1937

americanos y europeos que apoyaban a los republicanos (entre ellos se encontraban el escritor estadounidense Ernest Hemingway, el novelista británico George Orwell y el poeta peruano César Vallejo). Los republicanos también recibieron ayuda directa de la Unión Soviética. Para apoyar a los nacionalistas, tanto Alemania como Italia mandaron fuerzas que aprovecharon el momento como entrenamiento para la Segunda Guerra Mundial.

Al final, triunfaron los nacionalistas y Franco asumió el poder, instalando en el país una dictadura fascista que duró 36 años. Como toda guerra civil, fue una confrontación sumamente violenta y trágica. Mientras la cifra de muertos no se sabe a ciencia cierta, se estima que España perdió entre medio millón y 1 millón de habitantes.

EL IMPACTO DE LA GUERRA CIVIL EN LA ESPAÑA DE HOY

- Con la muerte de Franco en 1975, España pasó a ser una monarquía parlamentaria constitucional. Franco mismo nombró al rey Juan Carlos como su sucesor. Las primeras elecciones generales fueron en 1977.

- El impacto cultural de la Guerra, la dictadura y la transición a la democracia fue impresionante. La represión social extrema del gobierno de Franco cedió a una libertad de expresión alucinante. El restablecimiento de los derechos y libertades civiles se convirtió en una auténtica revolución social que se refleja hasta hoy en la libertad religiosa, sexual, artística y educativa.

- La desaparición de la censura hizo posible películas como *Jamón jamón, Lucía y el sexo* y *Mala educación* y la publicación de novelas, ensayos y libros de historia que revisan la «versión oficial» de la Guerra y los 40 años de la dictadura de Franco.

- La Guerra inspiró a numerosas novelas, películas y obras de arte, tales como la novela *Réquiem por un campesino español* de Ramón J. Sender, las películas *¡Ay Carmela!* y *La lengua de las mariposas* y el famoso cuadro de Pablo Picasso, *Guernica*.

- Hoy en día el respeto hacia las instituciones democráticas se puede apreciar en la cantidad y variedad de asociaciones y partidos políticos. Hay registrados unos 500 partidos políticos, aunque sólo 20 de ellos están organizados y aún menos tienen representación significativa en la política nacional o regional.

Actividades

A. Comprensión   Conteste las siguientes preguntas.

1. ¿Quiénes participaron en la Guerra Civil Española?
2. ¿Qué representaba cada lado?
3. ¿Cuál fue la participación internacional en ese conflicto?
4. ¿En qué aspectos se puede apreciar hoy en día el impacto de la Guerra en España?

B. ¿Qué dirían?   En parejas, terminen las oraciones como si fueran las siguientes personas hablando sobre la Guerra Civil Española.

UN REPUBLICANO

1. Es horrible que…

2. Si yo pudiera …

UN NACIONALISTA

3. Me alegro de que…

4. Si no tuviéramos el apoyo de Hítler ni Mussolini…

ERNEST HEMINGWAY

5. Es importante que yo…

6. Si Orwell, Vallejo y yo no fuéramos idealistas y amantes de la libertad, no…

UNA JOVEN ESPAÑOLA DE HOY

7. Me parece triste que… Sin embargo, creo que…

8. Si yo hubiera vivido durante la Guerra Civil…

Un artista hispano

Francisco de Goya y Lucientes

Francisco de Goya y Lucientes (1746–1828) nació en Fuendetodos, un pueblo de la provincia de Zaragoza. Se trasladó a Madrid para trabajar como «cartonista» para la Real Fábrica de Tapices, fundada por el rey Carlos III. Goya pintó más de 50 cartones describiendo la vida de Madrid, todos los cuales se copiaron sobre tapices en la Real Fábrica. Los tapices retratan[1] escenas de la

La gallina ciega

vida diaria y a menudo enfocan con ojo crítico la vida frívola de la aristocracia española. *La gallina ciega* viene de esta etapa.

En 1786 Carlos III, reconociendo el talento del aragonés, lo nombró pintor oficial de cámara. Durante su vida, Goya pintó para cuatro reyes, y sus retratos reales son de interés especial. Explorando la psicología de sus sujetos, los retratos revelan la arrogancia, el ego, la estupidez, la nobleza, la avaricia[2] o la lascivia en todas sus manifestaciones.

A los 46 años Goya empezó a perder el oído, hecho[3] que coincidió con el comienzo de la invasión napoleónica. Por su situación personal y la de su país Goya se deprimió profundamente, y su arte refleja la depresión y desilusión.[4] *Los fusilamientos del tres de mayo* (página 40) es un cuadro extraordinario que describe el horror que el pueblo de Madrid

[1]*portray*   [2]*greed*   [3]*event*   [4]*disappointment*

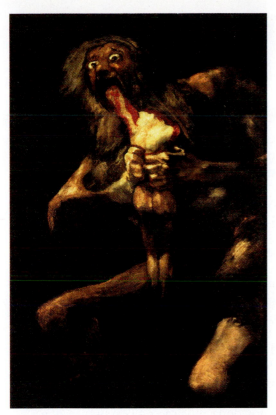

Saturno devorando a sus hijos

sufrió a manos de los mercenarios egipcios de Napoleón. Nos muestra la feroz represión con que los franceses castigaron a los rebeldes, fusilándolos junto a los muros del Palacio Real. El uso de colores muy vivos y los brochazos[5] fuertes reflejan la emoción y el horror de esos días.

También pertenece a esos momentos de amargura[6] una serie de «pinturas negras»; un ejemplo de ellos es el cuadro *Saturno devorando a sus hijos.* En estos, la visión de Goya está lejos del optimismo y la alegría de los cartones realizados para la Real Fábrica de Tapices. Ahora el tono es sombrío, dominando la superstición y la sinrazón.[7] Su paleta ha perdido los colores vivos de otras épocas, quedando reducida a tonos oscuros que intensifican la sensación de desesperanza que caracteriza la época.

Al final de su vida, disgustado de los abusos del rey Fernando VII, Goya decidió exiliarse en Burdeos, donde pintó su última obra, *La lechera de Burdeos,* que se considera como un precedente directo del impresionismo.

[5]*brushstrokes*   [6]*bitterness*   [7]*locura*

Actividad

En grupos pequeños, revisen el **Vocabulario útil.** Luego, miren el cuadro en la página 40 y los dos que acompañan la lectura para hacer esta actividad.

Vocabulario útil

deprimirse	to get depressed	**el optimismo**	optimism
reflejar	to reflect		
revelar	to show, to reveal	**frívolo/a**	frivolous
		horripilante	horrifying
la amargura	bitterness	**oscuro/a**	dark
la locura	craziness	**vivo/a**	lively

SÍNTESIS

1. Describan los tres cuadros con muchos detalles.

2. Hagan una comparación entre dos de esos cuadros. Piensen en el tema, el estilo, los colores y el tono. ¿Cuál es el más impresionante de los tres en su opinión? Expliquen.

3. ¿Qué les dicen estos cuadros sobre la época en que los pintó Goya? ¿Qué les dicen sobre el estado de ánimo del pintor mismo?

4. ¿Cuál es la función social del arte? ¿Qué nos dice una obra de arte sobre la sociedad y el momento histórico en el que se produjo?

5. ¿Puede el arte crítico tener un impacto en la sociedad? ¿Pueden Uds. pensar en algún producto cultural (obra de arte, libro, película, canción) que haya tenido un impacto en la sociedad últimamente?

6. Si fueran Uds. pintores/as, ¿qué tipo de cuadro pintarían para representar su reacción ante los eventos mundiales de hoy? Comenten el tema, los colores y el estilo.

La música española

El flamenco «clásico» viene de la cultura gitana en el sur de España. En reuniones familiares y fiestas particulares, se reunían los gitanos andaluces para tocar guitarra, bailar y cantar canciones de temas melancólicos o dolorosos. Hoy en día sigue siendo una música muy social tocada en fiestas que empiezan a las 10:00 de la noche y terminan al día siguiente. Varios guitarristas se turnan cantando y tocando mientras que el público acompaña a los músicos y bailadores, haciendo ritmo con las palmas.[1] Hay que notar también la manera de cantar, el *canto jondo*, un canto profundo, de lamento o tristeza.

A mediados de los años 70, con la llegada del Camarón de la Isla y del guitarrista Paco de Lucía, empezó lo que se conocía como «flamenco contemporáneo». A través de los años, el contacto con géneros diferentes ha provocado una fusión que hoy en día vemos en flamenco-blues, flamenco-pop, flamenco-rock, flamenco-jazz, flamenco-salsa y flamenco-rap. Son estilos que han captado el interés de las nuevas generaciones. La canción «Matemáticas» es un ejemplo de flamenco-pop, un género musical que combina elementos tradicionales de música flamenca con ciertos atributos de la música contemporánea que incluyen el uso de la guitarra eléctrica y temas menos dolorosos.

[1]*palms of the hand*

Actividades

A. Antes de cantar   En «Matemáticas» Ud. escuchará una historia de amor y de sufrimiento que es parte del flamenco tradicional, pero también apreciará la poesía y el juego de palabras que evocan una sensibilidad más contemporánea. Al principio, escuchará el sonido clásico y por la mayoría de la canción podrá apreciar las palmas, que son una parte integral de la música flamenca.

1. ¿Ha escuchado Ud. la música de los Gipsy Kings o de otro grupo de flamenco? ¿Le gusta?

2. ¿Cuáles son los instrumentos musicales que anticiparía escuchar en una canción flamenca?

3. En una canción titulada «Matemáticas», ¿qué tipo de vocabulario habrá?

B. ¡A cantar! Escuche la canción «Matemáticas» que se puede encontrar en el CD *Estampillas musicales* o en el *ActivityPak* en el *Online Learning Center* (**www.mhhe.com/metas**).

Matemáticas

Veinte para despertar
Veinte para recordar
Veinte, te quiero decir
Veinte, vamos a subir
Otros veinte y tenemos cien
Cien maneras de vivir
Otros cien para morir
Que me porte bien o mal
Yo te quiero hasta mil
Yo te quiero hasta mil

Ah, yo te quiero hasta mil
Ah, yo te quiero hasta mil

Mil maneras de volar
Mil fronteras que cruzar
Más de mil cosas que
    aprender
Para sólo un poder
Y una vida nada más
Y las matemáticas
Nunca me dejaron en paz
Nunca me dejaron en paz

Ah, yo te quiero hasta mil
Ah, yo te quiero hasta mil

Mira cómo me tienes adentro
Tu paraíso es un infierno
Me vuelve loco y me calma
Y se me destroza el alma
Me vuelves loco
Me vuelves loco
Yo te quiero hasta mil
Me vuelves loco
Yo te quiero hasta mil
Me vuelves loco
Me vuelves loco
Yo te quiero hasta mil

Ah, yo te quiero hasta mil

C. Después de cantar En parejas, contesten las siguientes preguntas.

1. ¿Pueden Uds. identificar los instrumentos musicales que se escuchan en esta canción?

2. ¿Cuáles son las palabras clave de la canción que los/las ayudaron a entender el tema principal?

3. ¿Es el tema romántico, nostálgico, de protesta social o algo diferente?

4. ¿Cuáles son las palabras que expresan el sufrimiento que el amor le causa al cantante?

5. ¿Qué emociones evoca la canción en Uds.?

Lectura

Esta lectura viene de una serie biográfica de la revista popular *Vanidades,* titulada «Salvador Dalí: La novela de su vida». En esta sección la autora, Eunice Castro, narra el tiempo que Dalí pasó en la Escuela de Bellas Artes de San Fernando, en Madrid.

Nota histórica ▪ Salvador Dalí

Salvador Dalí fue uno de los pintores más importantes del arte moderno. Pero captó la atención del mundo no sólo por su genio artístico manifestado en sus cuadros, esculturas, ilustraciones de libros, escenarios y vestuario de ballet, publicidad y diseño de joyas, sino también por su personalidad provocadora, su apariencia física llamativa y su excentricidad. Dalí escribió varios libros en los que explica sus ideas sobre el arte. En una entrevista declaró lo siguiente:

> «El surrealismo soy yo. Soy el único surrealista perfecto y trabajo dentro de la gran tradición española… Tuve la certeza de que yo era el salvador del arte moderno, el único capaz de sublimar, integrar y racionalizar todas las experiencias revolucionarias de los tiempos modernos, dentro de la gran tradición clásica del realismo y el misticismo, que es la misión suprema y gloriosa de España… »

Salvador Dalí

Antes de leer

A. Para comentar   En parejas, miren la foto de Dalí y comenten los siguientes temas.

1. Describan la apariencia física de Dalí en la foto. ¿Cómo influye la apariencia física del artista en cómo percibimos su personalidad? Basándose en este retrato de Dalí, describan su personalidad con muchos detalles.

2. Si vieran a una persona así caminando por la calle, ¿qué pensarían y qué harían?

3. Piensen en otras personas famosas cuya apariencia física es especialmente llamativa. ¿Qué impresión tienen Uds. de su personalidad?

4. ¿Creen Uds. que la sociedad tolera el hecho de que los artistas, actores y cantantes tengan una apariencia física rara y personalidad extravagante? ¿Por qué?

Un estudiante excéntrico		
la apariencia física	la falta de respeto	el payaso[1]
examinar	expulsar	meter la pata
borracho/a	llamativo/a	presumido/a

[1]*clown*

B. Acercándose al tema Lea el título de esta ficha y las nueve palabras asociadas con el tema de la vida estudiantil de Salvador Dalí. Con un compañero / una compañera, decida si los espacios en blanco requieren un sustantivo, un verbo o un adjetivo. Luego, complete las oraciones con la forma apropiada de las palabras de la ficha.

1. Desde joven, _____ de Dalí era algo rara con su pelo largo y sus patillas _____.

2. El día de su examen final, Dalí llevaba una chaqueta de cuadros y una gardenia enorme y olorosa. A los que lo vieron les parecía _____.

3. Antes del examen, Dalí había tomado un vaso de un licor para estar «inspirado». Así que llegó al examen _____.

4. Antes de escoger sus tres preguntas, Dalí exclamó que los profesores eran incompetentes para juzgarlo, y salió del salón. ¡Qué _____ era!

5. No es sorprendente que el director lo _____ de la Escuela para siempre por _____ ante los profesores.

Salvador Dalí: La novela de su vida

Ese mismo año de la muerte de doña Felipa, Dalí decidió ingresar en la Escuela de Bellas Artes de San Fernando, en Madrid. En el mes de octubre, vestidos de luto[1] por la reciente muerte de doña Felipa, su padre y su hermana lo acompañaron a Madrid, donde debía tomar el examen de ingreso en San Fernando y resolver el problema de vivienda.

Don Salvador traía una recomendación de un amigo para la Residencia de Estudiantes, adjunta a la Institución Libre de Enseñanza, una escuela elitista progresista y auténtica. Una verdadera excepción en los años 20.

En la Residencia, Dalí conocería a García Lorca, a Luis Buñuel y a otras figuras de la incipiente vanguardia artística y literaria de la época.

En esa época, el pintor era un joven apuesto,[2] de grandes ojos oscuros, alto, pero de constitución más bien frágil. Pero su estilo de arreglarse era insólito.[3] Él llevaba pelo largo y frondosas patillas hasta la

[1]de... *in mourning* [2]*handsome* [3]*unusual*

comisura de los labios[4] (cosa que no estaba de moda) y le comenzaba a crecer un bigotillo de curiosos perfiles.[v] [...]

—Dalí fue el <u>hazmerreír</u> de todos— diría un condiscípulo. —Lo llamábamos el «señor patillas». [...]

A pesar de su aspecto, Dalí fue bien acogido[5] en la Residencia de Estudiantes en cuanto descubrieron su talento pictórico. Allí la alegría, las fiestas y las bromas de los jóvenes corrían a la par que las serias tertulias[6] donde discutían sobre arte, literatura, teatro, poesía, cine y religión. [...]

¿Quién(es)? ¿Dónde? ¿Qué pasó?

No tardó Dalí en tener problemas en San Fernando, al asumir una actitud protagónica en una protesta estudiantil, que se rebelaba[7] a admitir como catedrático[8] de la Escuela al pintor Torres García.

—Alumno Salvador Dalí, está expulsado de la Escuela por un año— lo castigó la Junta Directiva.

Sus familiares <u>se solidarizaron</u> con él, pero cuando regresó a casa se llevaron una inesperada sorpresa.

—Estás transformado— exclamó su padre al recibirlo.

Dalí parecía otra persona. Él vestía un elegante traje de corte inglés como sus compañeros de la Residencia y llevaba el cabello cortado a la moda y bien engominado.[9] Sus espectaculares patillas habían desaparecido.

Pero eso no era todo. Don Salvador pudo apreciar que su hijo también había evolucionado pictórica e intelectualmente.[v] [...]

Y llegó el día de los exámenes teóricos finales del curso, programados para el 14 de junio de 1926. Dalí hizo lo inconcebible. Se presentó ante el Tribunal Académico, que ya estaba reunido en sesión pública dispuesta a examinarlo, con una llamativa chaqueta a cuadros y una enorme y olorosa gardenia en el ojal.[10v]

—Parecía un payaso— lo criticaron todos los que lo vieron.

Dalí, que nunca bebía, antes se había tomado un vaso de licor para estar «inspirado», según él.

Eran las 12:30 minutos del día, cuando el Dr. Manuel Menéndez lo invitó a extraer tres bolas numeradas del <u>bombo</u> que contenían las lecciones que él debía explicar. De pronto, sorpresiva e irrespetuosamente, Dalí proclamó:

—¡No! Como todos los profesores de la Escuela de San Fernando son incompetentes para juzgarme, me retiro.

—¡Fuera!— rugió el director.

Y Dalí obtuvo la expulsión definitiva de la Escuela de San Fernando.

—Estoy convencido de que mi hijo ya será para siempre un hombre sin oficio ni beneficio— dijo su padre, disgustado.

[4]comisura... *corners of his mouth*   [5]*welcome*   [6]*gatherings*   [7]se... *refused*   [8]*head of department*   [9]*slicked down*   [10]*lapel*

¿Quién(es)? ¿Dónde? ¿Qué pasó?

Después de leer

A. Comprensión   Conteste las siguientes preguntas, según la lectura.

1. ¿Qué acababa de pasar en su vida personal cuando Dalí entró a la Escuela de Bellas Artes?

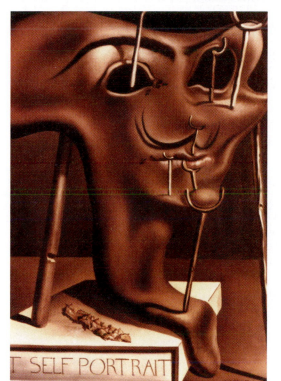

2. ¿A quiénes conoció Dalí en la Residencia de Estudiantes? ¿Quiénes son estas personas?

3. ¿Qué pensaron los otros estudiantes de Dalí? ¿Por qué?

4. ¿Cómo era el ambiente social e intelectual de la Residencia de Estudiantes?

5. ¿Por qué fue expulsado de San Fernando la primera vez?

6. ¿Cómo había cambiado Dalí cuando regresó a casa después de esta primera expulsión?

7. ¿Cómo se presentó Dalí a sus exámenes finales?

8. ¿Qué hizo Dalí que provocó su expulsión definitiva de la Escuela de Bellas Artes?

Autorretrato blando con beicon frito

B. El editor exigente   Imagínese que Ud. es la autora, Eunice Castro. Un editor ha leído esta parte de su obra y le hace la siguiente sugerencia para mejorarla.

«Debe añadir tres o cuatro oraciones describiendo con más detalles la reacción del Tribunal ante la apariencia física y el comportamiento de Dalí el día de sus exámenes teóricos finales».

Escriba este párrafo adicional según la sugerencia del editor, manteniendo el tono general del texto de Castro.

C. Para comentar   En grupos pequeños, contesten las siguientes preguntas.

1. Castro dice que en la Residencia de Estudiantes, «la alegría, las fiestas y las bromas de los jóvenes corrían a la par que las serias tertulias donde discutían sobre arte, literatura, teatro, poesía, cine y religión». ¿Cómo es la vida en las residencias estudiantiles de su universidad? ¿Cómo se comparan los temas discutidos en las residencias de su universidad con los que discutían Dalí y sus amigos?

2. Cuando Dalí regresó a casa la primera vez, su padre notó varios cambios en la apariencia física y el intelecto de su hijo. Cuando Ud. regrese a casa la próxima vez, ¿qué cambios notará su familia?

3. ¿Cuál es su reacción ante la actitud de Dalí con respecto a los profesores de la Escuela de San Fernando? ¿Ha sentido Ud. a veces algún impulso similar?

Dalinal

¿Sufre usted tristeza intelectual periódica? ¿Depresión maníaca, *mediocridad congénita, imbecilidad gelatinosa,* piedras de diamante en los riñones, impotencia o frigidez? Tome **Dalinal,** la chispa artificial que logrará estimular su ánimo de nuevo.

D. Dalí News En 1945 Dalí creó su propio diario, *Dalí News.* Junto a la información sobre las actividades del pintor, este diario contenía anuncios de productos inventados por él como el «Dalinal».

Paso 1 Imagínese que Ud. es periodista y tiene que entrevistar a Dalí sobre su nuevo diario. Un(a) estudiante hace el papel del periodista y otro/a el del excéntrico Dalí. Juntos preparen una lista de preguntas para hacer la entrevista, y luego presenten su diálogo delante de la clase.

Paso 2 En grupos pequeños, preparen algunos testimonios sobre la efectividad de «Dalinal». Escriban un párrafo para presentar a la clase, describiendo cómo cambió su vida.

E. Cuatro pintores Este capítulo presenta a cuatro pintores españoles: Sorolla, Picasso, Goya y Dalí. Vuelva a ver sus cuadros y repasar la información sobre ellos antes de hacer las siguientes actividades en grupos de cuatro.

Paso 1 Cada estudiante escoge a uno de los artistas y hace una investigación más amplia sobre su vida y obra. Después, preparen una discusión como si fueran miembros de la junta directiva del museo de su universidad. Quieren hacer una exposición de las obras de un artista español y deben escoger a uno entre los cuatro. Cada quien defiende la candidatura de su artista usando la información que tiene de él. Deben hacer lo siguiente:

1. pensar en los gustos de los estudiantes de su universidad
2. elegir los temas que quieren explorar
3. comentar lo bueno y lo malo de cada artista
4. tomar una decisión final

Paso 2 Escriban un pequeño anuncio de prensa, de un párrafo, para promocionar la exposición. Incluyan información sobre el artista y el tipo de arte que se presenta en la exposición.

Yo experto/a

Escoja una persona, un lugar o un tema cultural mencionado en esta unidad para investigar más a fondo. Debe incluir en su reportaje por lo menos cuatro de las metas comunicativas. Puede presentar su investigación en un informe escrito o hacer una presentación oral delante de la clase. Siga las indicaciones en el **Apéndice 2: Yo experto/a** como guía para su reportaje.

PERSONAS	LUGARES	TEMAS CULTURALES
Salvador Dalí	Barcelona	el botellón
la Duquesa de Alba	Buñol	el Camino de Santiago
Francisco Franco	La Escuela de Bellas Artes de San Fernando	el flamenco
Antonio Gaudí		la Guerra Civil Española
los Gipsy Kings	Guernica	los Sanfermines
Francisco de Goya y Lucientes	Madrid	el surrealismo
Dolores Ibárruri	El País Vasco	la Tomatina
Paco de Lucía	Pamplona	
Fernando Díaz-Plaja	Sevilla	
Joaquín Sorolla	Toledo	
Pablo Picasso	Valencia	

Ahora que Ud. ha terminado la **Unidad 1,** complete los ejercicios correspondientes del *ActivityPak* en el *Online Learning Center* (**www.mhhe.com/metas**) para repasar el vocabulario, gramática y temas culturales de esta unidad.

Conexiones

El Caribe

Samaná, República Dominicana

Check out these exciting multimedia ancillaries to the *Metas* program:

ActivityPak   **Online Learning Center**

 Online *Manual*   **Music CD**

¿Qué importancia tienen nuestras raíces?

Puntos clave

REACCIONAR
R
RECOMENDAR

Temas centrales
* conexiones
* relaciones entre las generaciones
* la familia y la inmigración

Un barrio de La Habana (*Cuba*)

En este capítulo, Ud. va a explorar el tema de los lazos (*ties*) que tiene con la familia y con el lugar donde nació o se crió (*you were raised*).

Preguntas para considerar

* ¿Cómo es Ud. en comparación con sus padres?
* ¿Es natural que haya conflictos familiares entre las generaciones?
* ¿Cómo se sentiría si tuviera que dejar su país de origen y nunca pudiera regresar?
* ¿Cómo cambian las relaciones entre personas de diferentes generaciones cuando también hay diferencias culturales?
* ¿Cómo podemos mantener las conexiones con la familia y nuestras raíces en este mundo moderno?
* ¿Cuántas generaciones se representan en el cuadro que se ve en esta página?
* ¿Es raro ver personas de diferentes generaciones interactuándose en el barrio donde Ud. vive? ¿o es algo común?

63

La historia

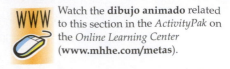

Watch the **dibujo animado** related to this section in the *ActivityPak* on the *Online Learning Center* (www.mhhe.com/metas).

Mami viene a visitarme. ¡Válgame Dios!¹

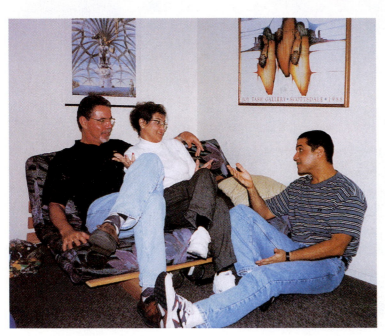

Javier y sus padres

Situación: Javier habla con Laura de su madre. Lea el diálogo y preste especial atención al uso del vocabulario nuevo **en negrita.**

JAVIER: Oye, mi mamá llega en tres días y sé que me va a presionar para que regrese a Puerto Rico.

LAURA: No te preocupes, Javi. Es obvio que te **extraña** un montón.² Es natural que los padres quieran que sus hijos estén cerca de ellos. Tú sabes bien que mi padre es tan **entrometido** como tu mamá.

JAVIER: Sí, ¿pero no te dije que mi hermano **se muda** a Seattle? Estoy seguro de que ahora mami va a querer que yo la ayude con la finca.³

LAURA: No puedo creerlo. Siempre me dices que tu hermano es el más **mimado** de todos y que siempre vivirá en la Isla, donde Uds. **se criaron,** junto a tus padres.

JAVIER: La verdad es que estoy tan sorprendido como tú. Lo peor de todo es que mi mamá va a empezar otra vez a hablarme de las muchachas puertorriqueñas que debo conocer. A veces es **insoportable.**

LAURA: Ah, sí. Ya te veo allí en la finca, casado y con ocho Javiercitos. ¿Qué pasó con el hijo **rebelde** que era mi gran amigo, el muy romántico que nunca se iba a casar?

JAVIER: Déjame en paz. Bueno… tienes razón. Ella sabe que siempre he sido el más aventurero de todos sus hijos. ¿Cómo puede esperar que haga a un lado todos mis sueños? A lo mejor puedo hablar francamente con ella.

LAURA: Claro.

JAVIER: Pero voy a necesitar que tú, Diego, Sara y Sergio me ayuden a atenderla mientras está aquí.

¹¡Válgame… *God help me!* ²un… *a lot* ³*farm*

LAURA: Sabes que puedes **contar con** nosotros.

JAVIER: Ojalá podamos distraerla para que no me **regañe** tanto.

LAURA: Tranquilízate.[4] Vamos a **mimarla, cuidarla** y enseñarle la ciudad para que así entienda por qué quieres quedarte aquí.

JAVIER: A ver si funciona. Gracias, Laura.

[4]*Calm down.*

Actividades

A. La búsqueda de las metas comunicativas en contexto Identifique en el diálogo ejemplos de las siguientes metas comunicativas: Comparación (C), Reacciones y recomendaciones (R) y Narración en el pasado (P). Subraye cada palabra o frase que represente una (o una combinación) de estas metas comunicativas. Luego, escriba al margen la(s) letra(s) que corresponde(n) a cada ejemplo subrayado (C, R o P).

C
P, P

MODELOS: …mi padre es tan entrometido como tu mamá.

¿Qué pasó con el hijo rebelde que era mi gran amigo,… ?

B. Comprensión Conteste las siguientes preguntas, según el diálogo.

1. ¿Por qué no quiere Javier que su madre lo visite?

2. ¿Por qué le sorprende a Javier que su hermano se mude a Seattle?

3. ¿Por qué va a hablar de las muchachas puertorriqueñas la Sra. de Mercado?

4. ¿Por qué entiende Laura la situación de Javier?

5. ¿Cómo quiere Javier que sus amigos lo ayuden?

REACCIONAR
R
RECOMENDAR

C. Reacciones y recomendaciones Termine las siguientes oraciones, basándose en la situación de Javier y utilizando un conector en cada oración.

MODELO: A la Sra. de Mercado no le gusta que sus hijos estén tan lejos puesto que los quiere mucho.

1. A la Sra. de Mercado no le gusta que Javier…

2. Yo recomiendo que Javier…

3. Es una lástima que el hermano de Javier…

4. Sugiero que los amigos de Javier…

D. Diálogo En parejas, preparen un diálogo que represente una de las siguientes situaciones y preséntenlo a la clase.

1. Vuelvan a crear el diálogo entre Javier y Laura, utilizando sólo su memoria y sus propias palabras.

2. Inventen una continuación del diálogo en la que Laura le ofrezca a Javier soluciones al problema con su madre. La conversación puede incluir sugerencias de actividades que Javier o cualquiera de los amigos puede hacer con la Sra. de Mercado, maneras de comunicarse mejor con su madre, etcétera.

3. Preparen una conversación telefónica en la que Jacobo, el hermano gemelo de Javier, trate de convencerlo de que sería fantástico volver a Puerto Rico y vivir otra vez con su familia.

Conectores

además
para que + *subjuntivo*
por eso
por otro lado
puesto que
sin embargo

Vocabulario del tema

Para describir a los parientes*

abierto/a	open
cariñoso/a	loving
comprensivo/a	understanding
conservador(a)	conservative
decepcionado/a	disappointed
entrometido/a	meddlesome
estricto/a	strict
exigente	demanding
indulgente	lenient
involucrado/a	involved
mandón/mandona	bossy
orgulloso/a	proud
protector(a)	protective
quejón/quejona	complaining

Para describir a los niños problemáticos†

egoísta	selfish
ensimismado/a	self-centered
envidioso/a	envious
inquieto	restless
insoportable	unbearable
malcriado/a	ill-mannered
mimado/a	spoiled
rebelde	rebellious
sumiso/a	submissive
travieso/a	mischievous

Para hablar de las relaciones familiares

acostumbrarse (a)	to adjust (to)
agradecer (agradezco)	to thank

—Esta es la señora que ocupaba la cama contigua a la mía en maternidad.

COSPER

¿Por qué es chistosa esta tira cómica?

alabar	to praise
apoyar	to support (emotionally)
castigar	to punish
compartir	to share
contar (ue) con	to count on
criar(se) (me crío)	to bring up; to be raised
cuidar	to take care of
engañar	to deceive
esconder	to hide
extrañar‡	to miss (someone/ something)

*Remember to use **ser** with adjectives when describing inherent characteristics and **estar** when referring to emotional or physical states.

†These terms can also be used to describe adults. See the **Vocabulario del tema** from **Capítulo 1A** (page 20) for adjectives used to describe people in more positive terms.

‡This verb expresses the emotion that people feel when they are far from someone or something they love. To express the same emotion in Spain, the phrase **echar de menos** is used.

hacer (*irreg.*) caso a	to pay attention to	el/la hijo/a adoptivo/a	adopted child
heredar	to inherit	el/la hijo/a único/a	only child
lamentar	to regret	la madrastra	stepmother
mudarse	to move (*residence*)	el/la medio/a hermano/a	half brother, half sister
obedecer (obedezco)	to obey	el padrastro	stepfather
pelearse	to fight		
portarse	to behave		
quejarse (de)	to complain (about)		
regañar	to scold		

Para describir las relaciones familiares

disfuncional	dysfunctional
estable	stable
estrecho/a	close (*relationship between people or things*)
íntimo/a	close (*relationship between people*)
pésimo/a	awful, terrible
unido/a	close-knit

COGNADOS: **la armonía, la estabilidad, la protección, la unidad**

Para hablar de los miembros de la familia

el benjamín / la benjamina	baby of the family
el/la gemelo/a	twin
el/la hermanastro/a	stepbrother, stepsister

Para hablar de las relaciones intergeneracionales

la brecha generacional	generation gap
el comportamiento	behavior
la comprensión	understanding
la desilusión	disappointment
la expectativa	expectation
el malentendido	misunderstanding
los (buenos/malos) modales	(good/bad) manners
los valores	values

Verbos para influir

aconsejar	to advise
recomendar (ie)	to recommend
rogar (ue)	to beg
sugerir (ie, i)	to suggest

Actividades

A. Vocabulario en contexto En parejas, completen las siguientes oraciones con la palabra más apropiada, según el contexto. Hagan los cambios necesarios para que haya concordancia.

1. Es posible que un hijo único esté _____ (inquieto, envidioso) cuando llega un nuevo hermanito.

2. Es probable que la benjamina de una familia sea _____ (entrometido, mimado).

3. Es normal que los adolescentes sean un poco _____ (rebelde, sumiso).

4. A los niños no les gusta que sus padres los _____ (regañar, esconder) en público.

5. Una persona que se cría en un ambiente _____ (sano, estricto) durante su niñez (*childhood*) puede ser rebelde durante la adolescencia.

6. Los padres tacaños no quieren que sus propios hijos _____ (heredar, esconder) su dinero.

7. Los psicólogos sugieren que los padres _____ (rogar, apoyar) a sus hijos cuando tengan problemas morales.

8. Muchas veces los malentendidos ocurren por falta de (*lack of*) _____ (comprensión, comportamiento) entre las generaciones.

B. Preguntas personales En parejas, hagan y contesten las siguientes preguntas. Reaccione ante las respuestas de su compañero/a con las frases de **Para conversar mejor.** Después, compartan sus respuestas con el resto de la clase.

Para conversar mejor

¡Qué barbaridad!   ¡Fenomenal!
¡Qué bien!   ¿De veras?
¡Qué chévere/guay/padre!   (No) Estoy de acuerdo.
¡Qué horror!   No lo puedo creer.
¡Bárbaro!   Tiene(s) razón.

---

1. ¿Cuáles son las características que Ud. heredó de su madre o de su padre? ¿Qué alaban de Ud. sus padres (hijos, amigos)? ¿De qué se quejan respecto a Ud.?

2. ¿Cómo era Ud. cuando tenía 5 años? ¿Y cuando tenía 15 años? ¿Qué travesuras hacía en su niñez?

3. ¿Cree Ud. que los padres ya no deben meterse en los asuntos de sus hijos cuando estos (*the latter*) son adultos?

4. ¿Qué recomienda Ud. que hagan los padres divorciados para mantener sus relaciones con sus hijos? ¿Qué problemas puede haber entre hermanastros?

5. ¿Se mudaba su familia a menudo cuando Ud. era joven? ¿Le gustaba mudarse o quedarse en el mismo sitio?

6. ¿Cuáles son las diferencias entre los hijos de familias que siempre han vivido en el mismo lugar y los hijos de familias que se mudan constantemente?

C. Problemas repentinos Entre todos, revisen los siguientes problemas y hagan una lista de las palabras nuevas de este capítulo y de los capítulos anteriores que los ayude a conversar con facilidad sobre cada problema repentino. Después, en parejas, preparen un diálogo espontáneo sobre cada problema.

1. Ud. es maestro/a de primer grado. Está exasperado/a por el comportamiento de un estudiante, Nacho. Llame al padre / a la madre del niño para decirle que su hijo está comportándose muy mal en la escuela. El padre / La madre insiste en que su hijo es un angelito inocente.

2. Dos adolescentes se quejan de la brecha generacional entre ellos, sus padres y sus abuelos.

3. Un hijo mimado / Una hija mimada pelea con su padre/madre porque exige que le dé un coche nuevo y más dinero para comprar ropa. El padre / La madre quiere que su hijo/a sea popular, pero en el fondo sabe que debe ser más estricto/a.

Nota cultural ▪ Los apodos

En el mundo hispano es muy común ponerle apodos a la gente. A veces un apodo puede indicar el cariño o amistad especial que se siente por una persona. El apodo puede ser una forma corta del nombre de uno o se puede formar con una forma del diminutivo. Ud. habrá notado, por ejemplo, que los amigos le dicen «Javi» a Javier; por otra parte, los padres de Sara le dicen «Sarita».

Sin embargo, el apodo de una persona frecuentemente viene de alguna característica física sobresaliente de esa persona y, a veces, de una característica física que no posee. Por ejemplo, cuando Diego estaba en el colegio, sus amigos mexicanos lo llamaban «Flaco», puesto que era muy delgado; sin embargo, los hermanos de Sergio lo llaman «Gordo», aunque no tiene nada de gordura. A una persona con la nariz corta la pueden llamar «Chata», y a un pelirrojo le pueden poner el apodo de «Zanahoria». Una amiga cubana de Sergio recuerda que los chicos la llamaban «Bacalao[1]» porque tenía las piernas muy delgadas. Pero es importante entender que aunque para un norteamericano este tipo de apodo puede parecer cruel, en la cultura hispana se entiende que es simplemente una manera de demostrar la estrechez[2] de las relaciones entre parientes o amigos.

[1]«*Codfish*»; en este contexto, implica «*Fish Bones*», o sea, que sus piernas eran tan delgadas como huesos de pez   [2]*closeness*

Conversación en parejas

1. ¿Tiene Ud. algún apodo? ¿Cuál es? ¿Tiene un apodo entre su familia y otro diferente entre sus amigos?

2. ¿Cuáles son algunos de los apodos más interesantes que Ud. ha oído? ¿Puede explicar su significado en español?

REACCIONAR
R
RECOMENDAR

Puntos clave

Reacciones y recomendaciones

En esta sección del capítulo, Ud. va a practicar las reacciones y recomendaciones. Para hacerlo bien, hay que utilizar las estructuras gramaticales (los puntos clave) de la siguiente tabla que pertenecen a la meta comunicativa. Antes de continuar, estudie las explicaciones de estas estructuras gramaticales en las páginas amarillas (316–324).

LA META COMUNICATIVA DE ESTE CAPÍTULO

ICONO	META COMUNICATIVA	PUNTOS CLAVE
REACCIONAR **R** RECOMENDAR	Reacciones y reco- mendaciones	• el subjuntivo en cláusulas nominales • los mandatos

Ponerlo a prueba

A. El subjuntivo   Complete el siguiente párrafo con la forma apropiada de los verbos entre paréntesis.

En las culturas hispanas, la familia ocupa el lugar central. Al inmigrar a este país, muchas familias hispanas se ven afectadas al confrontar las diferencias que existen entre ambas culturas en cuanto a las relaciones familiares. Por ejemplo, es posible que lo que los mayores de una familia esperan de las niñas _____ (ser)[1] diferente de lo que esperan de los niños. Por otro lado los hispanos de segunda y tercera generación pueden pensar que los niños se _____ (deber)[2] tratar de manera igual, no importa cuál sea su sexo. A menudo, los adolescentes hispanos quieren _____ (disfrutar)[3] de mayor libertad, mientras que los padres insisten en que los jóvenes _____ (pasar)[4] gran parte de su tiempo con sus parientes y que _____ (asistir)[5] a todas las reuniones familiares. En cuanto a la cultura y la lengua, a algunos inmigrantes, no les gusta que sus hijos o nietos _____ (olvidarse)[6] del español. Otros, conscientes de los prejuicios de algunos norteamericanos, prefieren que los jóvenes _____ (hablar)[7] sólo inglés. Unos se sienten orgullosos de que sus nietos _____ (interesarse)[8] por la historia y tradiciones del país de sus antepasados; otros les aconsejan que _____ (asimilarse)[9] a la nueva cultura. Por supuesto, cada familia se ajusta de manera diferente, pero no hay duda de que la brecha generacional _____ (crecer)[10] cuando también hay una brecha cultural.

B. Los mandatos   Complete las siguientes oraciones con los mandatos que un abuelo dominicano les da a sus dos nietas dominicanoamericanas.

1. «Licia, no _____ (ser) tan liberada, _____ (ser) más conservadora».

2. «Paloma, _____ (tener) más paciencia con tus abuelos, no _____ (ser) tan mandona».

3. «Licia, _____ (olvidarse) de los muchachos y _____ (ponerse) a estudiar».

4. «Licia y Paloma, _____ (venir) a visitarme más a menudo, no _____ (olvidarse) de mí».

5. «Mis queridas nietas, _____ (pensar) en su futuro; _____ (aprender) a hablar bien el español».

Expresiones útiles

Las siguientes expresiones le pueden servir para hablar de las relaciones familiares. ¿Cuáles de ellas requieren el subjuntivo?

Para alabar

Es impresionante que…	*It's impressive/awesome that . . .*
Estoy orgulloso/a de que…	*I'm proud that . . .*
Estoy súper contento/a de que…	*I'm super-happy that . . .*
Me alegro de que…	*I'm glad that . . .*
Qué bueno que…	*How great that . . .*

Para quejarse

¡Esto es el colmo!	*This is the last straw!*
Estoy decepcionado/a de/ porque…	*I'm disappointed by/because . . .*
No me gusta que…	*I don't like it that . . .*
Ya estoy harto/a (de que…)	*I'm fed up already (that) . . .*
Ya no puedo soportarlo/la más.	*I can't stand it/him/her anymore.*

Para pedir perdón

Lo siento mucho.	*I'm very sorry.*
Mil disculpas/perdones.	*A thousand pardons.*
Perdón, me equivoqué.	*Sorry, I made a mistake.*
Se me olvidó por completo.	*I totally forgot.*
Siento que…	*I'm sorry that . . .*

Para enfatizar una respuesta negativa

Me importa tres narices / un pepino.	*I couldn't care less.*
¡Ni hablar!	*No way!*
Ni se te ocurra. / Ni lo pienses.	*Don't even think about it.*
¡Ni soñarlo!	*In your dreams!*

Para reaccionar ante una situación

No es para tanto.	*It's not such a big deal.*
¡Qué chévere/guay/padre!	*How cool!*
¡Qué cara tiene!	*What nerve he/she has!*
¡Qué horror!	*How awful!*
¡Qué vergüenza!	*How embarrassing!*

Actividades

REACCIONAR
R
RECOMENDAR

Las siguientes actividades le darán la oportunidad de practicar la expresión de reacciones y recomendaciones. Recuerde que debe usar el subjuntivo en la mayoría de los casos y a veces los mandatos.

A. Algunas situaciones delicadas   Trabajando en parejas, denle consejos a cada persona para remediar su situación. Usen una variedad de verbos para dar consejos (**recomendar, sugerir, aconsejar, preferir…**). Después, hagan los papeles de los aconsejados y comenten de nuevo el problema, utilizando los consejos recomendados. Usen algunas de las **Expresiones útiles.**

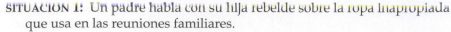

SITUACIÓN 1: Un padre habla con su hija rebelde sobre la ropa inapropiada que usa en las reuniones familiares.

PADRE: ¡Esto es el colmo! No me gusta que lleves esa ropa tan llamativa.

HIJA: Me importa tres narices que no te guste mi ropa.

PADRE: Vete de esta casa y no vuelvas.

SITUACIÓN 2: Dos hermanastros se quejan de su pésima situación familiar.

HERMANASTRA: Estoy totalmente decepcionada de tu actitud egoísta. Es insoportable vivir contigo.

HERMANASTRO: ¡Qué cara tienes! ¿Cómo puedes hablarme así? Tú eres la chica más malcriada que conozco y voy a decirle a tu mamá lo que hiciste el sábado.

HERMANASTRA: Si haces eso, vas a sentirlo mucho, pero mucho.

SITUACIÓN 3: La madre de Javier acaba de enviarle la foto de una modelo puertorriqueña. Javier está furioso. Hablan por teléfono.

JAVIER: Ni se te ocurra mandarme más fotos. No me gusta que seas tan entrometida. Basta ya.

MAMÁ: No es para tanto, hijo. Sólo quiero que sepas que si regresas a Puerto Rico encontrarás muchas mujeres guapas a tu disposición.

JAVIER: Mamá, me pones furioso. Creo que es mejor que no vengas a Austin a visitarme hasta que me tranquilice un poco.

B. Hijos famosos de padres famosos

Paso 1 La clase se dividirá en tres grupos. Cada grupo leerá una de las biografías. Mientras lean, tomen apuntes sobre la profesión, los intereses y los valores del hijo / de la hija y su padre.

Roberto Clemente, hijo El hijo del famosísimo beisbolista puertorriqueño siguió los pasos de su papá, jugando en los equipos de los *Philadelphia Phillies,* los *San Diego Padres* y los *Baltimore Orioles,* hasta que se lastimó la espalda,[1] poniendo fin a su carrera. Desde entonces se dedica a continuar los sueños de su padre quien, en 1972, murió trágicamente en un accidente de avión mientras les llevaba comida y medicinas a las víctimas de un terremoto[2] en Nicaragua. Roberto Clemente, padre, les daba mucho dinero y tiempo a los menos afortunados. Igual que su padre, Roberto Clemente, hijo, usa los deportes para ayudar a los jóvenes mediante fundaciones como La Ciudad Deportiva Roberto Clemente, en Puerto Rico, y la Fundación Roberto Clemente, en Pittsburgh.

Alina Fernández Revuelta En 1997 la hija ilegítima de Fidel Castro publicó *Las memorias de la hija rebelde de Fidel Castro,* donde critica fuertemente al líder cubano, como padre y como político. Alina Fernández Revuelta salió de la Isla en 1994, diciendo que el comunismo era un «callejón sin salida».[3] En una entrevista declaró: «Yo soy adversaria política de Fidel Castro y quiero para

Roberto Clemente, hijo

---

[1]*back* [2]*earthquake* [3]*callejón… dead-end alley*

Alina Fernández Revuelta

Cuba un régimen de democracia y libertad». Ahora, vive en Miami y se dedica a combatir el comunismo en varios países y de diversas maneras.

Paso 2   Ahora, compartan sus apuntes del **Paso 1,** explicando cómo el hijo/la hija y su padre son semejantes o diferentes. Reaccionen a lo que dicen sus compañeros con frases como **Es triste que… , Es bueno que…** y **Es sorprendente que… .**

Paso 3   En parejas, apunten tres mandatos que cada padre probablemente le dio a su hijo/a. Luego, apunten tres sugerencias sobre cómo Alina y Roberto, hijo deben portarse con sus propios hijos. Compartan sus mandatos y sugerencias con el resto de la clase.

Paso 4   En grupos de cuatro, comenten los siguientes temas.

1. Ser hijo/a de una persona famosa puede complicar las relaciones entre padres e hijos. ¿Qué sugieren Uds. que hagan los padres famosos para criar bien a sus hijos?

2. ¿Cumplen Uds. con lo que sus padres esperan de Uds., o son rebeldes? Cuando Uds. no están de acuerdo con las expectativas de sus padres, ¿cómo resuelven las diferencias?

3. ¿De qué manera influyen las expectativas de los padres en la vida de sus hijos? ¿Sienten Uds. presión para seguir la misma carrera o pertenecer al mismo partido político que ellos? ¿Pueden las expectativas tener efectos negativos? Expliquen su respuesta.

C. Pasado, presente, futuro: «De tal palo, tal astilla»*

Paso 1   ¿Cómo es Ud. en comparación con sus padres (así como son ahora o como eran antes)? Vea las siguientes características personales y diga cómo es Ud. en comparación con su madre y con su padre.

¿Más, menos o igual que su padre o madre?

1. ambicioso/a
2. sensible
3. involucrado/a en la política
4. tiquismiquis
5. quejón, quejona
6. abierto/a
7. rebelde
8. religioso/a
9. exigente
10. conservador(a)

Paso 2   En grupos de cuatro, comparen sus respuestas y comenten lo siguiente: ¿Son Uds. muy parecidos a sus padres o muy diferentes? ¿Creen Uds. que las diferencias tienen que ver más con la personalidad de cada uno, con el sexo o con el hecho de que son de generaciones distintas?

Paso 3   ¿Qué sugiere que haga una persona que no quiere ser como su madre o su padre? Explique el porqué de sus recomendaciones.

Paso 4   Observe la misma lista de adjetivos del **Paso 1** e indique si Ud. quiere que sus (futuros) hijos tengan las mismas cualidades que Ud. tiene. ¿Qué quiere que sus hijos hereden de Ud.? ¿En qué espera que sean diferentes? ¿Por qué? ¿Por qué soñamos así con respecto a nuestros hijos?

(Continúa.)

---

*«De tal palo, tal astilla» es un refrán cuyo equivalente en inglés es *«Like father, like son».*

Paso 5 Hoy en día los avances en el campo de la genética son alucinantes. Es posible que en el futuro diseñemos a nuestros hijos. ¿Diseñaría Ud. a su hijo/a si pudiera? Explique por qué sí o por qué no. Si lo hiciera, ¿qué características tendría? ¿En qué aspectos se parecería a Ud.? ¿En qué aspectos sería diferente?

Rincón cultural

Lugares fascinantes

El Caribe

El Malecón, La Habana

1. **La Habana, Cuba**   Antes de la Revolución Cubana, La Habana era la ciudad más cosmopolita del Caribe. Hoy, aunque muchos de los edificios necesitan reparaciones, hay museos y monumentos de gran interés y belleza. El capitolio,[1] por ejemplo, es casi igual en estilo y tamaño al de Washington, D.C. El Museo Árabe, de estilo mudéjar,[2] tiene una réplica exacta de un mercado del Oriente Medio.[3] Otros museos fascinantes incluyen el Museo de la Revolución, el Museo de Carros Antiguos y el Museo Nacional de Música, que tiene una colección impresionante de tambores[4] africanos y que muestra la historia y el desarrollo de la música cubana. La ciudad, de hecho, es un centro importante de todas las artes —la música, la literatura, la danza, las artes plásticas— y de la muy activa industria cinematográfica. A cualquier persona a quien le interese la cultura, La Habana tiene mucho que ofrecer.

Práctica de béisbol, San Pedro de Macorís

2. **San Pedro de Macorís, República Dominicana**   Este puerto industrial se conoce sobre todo como el centro del béisbol dominicano y el lugar que produce más jugadores de béisbol profesional. El béisbol es una obsesión nacional y local, y muchos de los jugadores de San Pedro de Macorís terminan en las Grandes Ligas de los Estados Unidos y el Canadá —como, por ejemplo, Sammy Sosa. Cada año entre octubre y febrero, los aficionados al béisbol acuden[5] a la ciudad para ver los partidos de la temporada de invierno. Pero además de su fama como centro beisbolístico, San Pedro tiene mucha importancia histórica. Fue el

[1]*capitol building*   [2]*estilo de arte que combina lo cristiano con lo árabe*   [3]*Oriente… Middle East*
[4]*drums*   [5]*van*

lugar donde se instaló la primera estación telefónica del país en el siglo XIX. Además, la ciudad ha sido un centro de producción de azúcar, lo cual la convirtió en un centro de riqueza a principios del siglo XX. La producción azucarera atrajo a la zona a trabajadores de ascendencia africana, quienes han contribuido de manera profunda a la cultura, la música, la danza y las prácticas religiosas de la ciudad. Hoy en día, San Pedro está experimentando un renacimiento, con la atención que recibe por sus contribuciones al béisbol y por su industria.

El Viejo San Juan

3. **El Viejo San Juan, Puerto Rico** La ciudad más antigua del territorio estadounidense y la segunda más antigua de las Américas, el Viejo San Juan (el centro colonial que ahora forma parte de la zona metropolitana de San Juan) ofrece una fascinante mezcla de lo viejo y lo nuevo. Aquí se puede visitar fortalezas[6] españolas como El Morro y San Cristóbal; la Catedral de San Juan, donde yacen[7] los restos del conquistador Juan Ponce de León; las murallas[8] originales que protegían la ciudad; casas coloniales, ahora muy bien preservadas, que datan de los siglos XVI y XVII; y seis lugares designados «Patrimonio Cultural de la Humanidad» por la UNESCO.[9] También se puede simplemente pasear por las calles empedradas[10] y visitar sus hermosas plazas, como el Parque de las Palomas, donde cada día se reúnen familias puertorriqueñas para dar de comer a los centenares de palomas que habitan la plaza. En cuanto a lo moderno, por la noche, el centro colonial se convierte en una zona de entretenimiento, con sus bares, clubes de salsa y teatros, frecuentados por puertorriqueños jóvenes y mayores. Además, el Viejo San Juan tiene uno de los puertos más importantes de las Américas y, junto con la zona metropolitana, es un centro burocrático, financiero y farmacéutico. Y, si se cansa de la vida urbana, puede escaparse al Yunque, un bosque lluvioso que queda a sólo 22 millas.

El teleférico de Mérida

4. **Mérida, Venezuela** Fundada en el siglo XVI como capital del estado de Mérida y situada entre los picos[11] más altos de los Andes venezolanos, esta ciudad tiene mucho que ofrecer para complacer[12] una variedad de gustos. La respetada Universidad de los Andes atrae a muchos estudiantes, incluso extranjeros. Se puede estudiar por un semestre, un año o un verano en esta bella ciudad cuyo ambiente natural y vida cultural son tan atractivos. Mérida es un centro cultural que hospeda,[13] entre otras cosas, un festival internacional de violín cada año en el mes de enero. Para los que prefieren estar al aire libre, el estado de Mérida goza de cuatro parques nacionales, más de 400 lagunas y muchísimas cascadas. Es famoso por sus deportes de aventura, como el andinismo,[14] el esquí, el parapente,[15] la bicicleta de montaña y el *rafting* en aguas blancas. Para llegar a los puntos de partida para muchas de estas actividades, se puede experimentar otra aventura —¡montarse en el teleférico[16] más alto y largo del mundo!

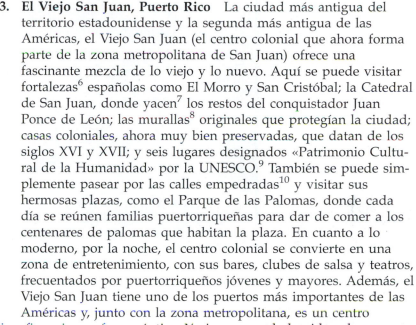

[6]*fortresses* [7]*lie buried* [8]*city walls* [9]*United Nations Educational, Scientific, and Cultural Organization* [10]*cobblestoned* [11]*mountain peaks* [12]*satisfy* [13]*hosts* [14]*mountain climbing* [15]*paragliding* [16]*cable car*

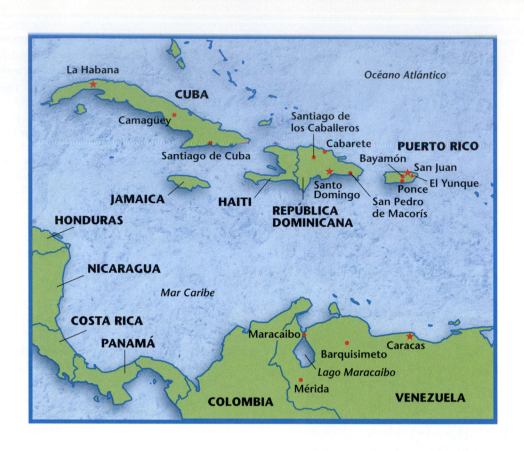

LOS PAÍSES DEL CARIBE				
	CUBA	**PUERTO RICO**	**REPÚBLICA DOMINICANA**	**VENEZUELA**
Gobierno	república socialista	Estado Libre Asociado de los Estados Unidos	democracia representativa	democracia representativa
Ciudades principales	La Habana, Santiago de Cuba, Camagüey	San Juan, Bayamón, Ponce	Santo Domingo, Santiago de los Caballeros	Caracas, Maracaibo, Barquisimeto
Lenguas oficiales	español	español e inglés	español (oficial) y francés criollo	español
Moneda	el peso	el dólar estadounidense	el peso	el bolívar

Actividades

A. Primero, busque en el mapa del Caribe los cuatro lugares descritos en la sección anterior. Luego, indique el grado de interés (del 1 al 4) que Ud. tiene en visitar estos lugares.

B. Túrnese con un compañero / una compañera para describir uno de los lugares fascinantes con sus propias palabras. Luego, escriban una comparación entre los dos lugares que acaban de describir.

C. En grupos de tres, representen a varios miembros de una familia encargados de planear una reunión familiar. Uno es hombre/mujer de negocios, otro es artista y al tercero le encantan los deportes. Cada persona escoge el lugar que quisiera visitar y trata de convencer a los demás. Al final, todos tienen que tomar una decisión y escoger un lugar que satisfaga a la familia entera.

D. Mi viaje   Escriba un relato sobre un viaje imaginario que Ud. hizo a uno de los lugares fascinantes del Caribe. Siga el siguiente bosquejo.

Iba a ir a… porque…
Pero decidí ir a… porque…
El viaje fue… Primero… Luego… Entonces… Finalmente…
Si mis amigos piensan ir a… recomiendo que…

Lo hispano en los Estados Unidos

Los «nuyoricans»

El Barrio, Nueva York

Puesto que son ciudadanos de los Estados Unidos, los puertorriqueños tienen el derecho de mudarse al continente para trabajar y vivir como cualquier otro ciudadano estadounidense. Aunque los que toman la decisión de salir de la Isla se establecen en muchos lugares diferentes, la gran mayoría se muda a la costa este de los Estados Unidos, especialmente a Nueva York. Allí se ha formado una comunidad impresionante de casi un millón de «nuyoricans». Como su nombre lo indica, los nuyoricans combinan aspectos de las culturas estadounidense y puertorriqueña para formar una cultura única.

Al llegar al continente, muchos puertorriqueños no dejan su «puertorriqueñidad». Al contrario, siempre mantienen conexiones fuertes con la Isla por medio de diferentes recursos. Para muchos, la lengua de la casa sigue siendo el español. Jóvenes y viejos escuchan la música de la Isla y de los propios nuyoricans que más atrae a su generación, sea la salsa tradicional de Tito Puente y otros, el rap en español o el pop tropical. La gran mayoría vive en una sección de Manhattan conocida como «el Barrio». Dentro o cerca del Barrio se encuentran instituciones dedicadas a la cultura puertorriqueña. Por ejemplo, el Museo del Barrio ofrece exposiciones de artistas puertorriqueños como Nick Quijano. No muy lejos del museo está el famoso Nuyorican Poets' Café, donde se presentan música en vivo, lecturas de escritores hispanos y emocionantes *poetry slams*. Cada año un desfile (**parada,** para los puertorriqueños) del Puerto Rican Day atrae a millones de espectadores. La universidad Hunter College también tiene un importante centro de estudios afroamericanos y puertorriqueños, que promueve a intelectuales puertorriqueños importantes.

Aunque los nuyoricans viven en su cultura adoptiva, mantienen sus raíces y fuertes lazos con Puerto Rico.

Actividad de Internet

Busque información en el Internet sobre los nuyoricans para poder contestar las siguientes preguntas.

1. ¿Qué eventos culturales hay en el Nuyorican Poets' Café este mes? ¿Qué evento le interesa ver más a Ud.? ¿Por qué?

2. Mire la lista de libros que se pueden encontrar en la biblioteca del café. ¿Cuál cree Ud. que le gustaría leer a Javier? ¿Por qué?

3. ¿Cuándo tendrá lugar el desfile del Puerto Rican Day este año? ¿Qué se podrá ver allí?

4. Busque la página Web del Centro de Estudios Puertorriqueños de Hunter College. ¿Qué información le da sobre el centro?

5. Busque información sobre la vida y música de Tito Puente. Si puede, escuche una de sus canciones. ¿Qué le interesa de la música de Tito Puente o qué le molesta? Explique su respuesta.

Lectura

▲▲▲▲▲▲▲▲▲▲▲▲▲▲▲▲▲▲▲▲▲▲▲▲▲▲▲▲▲▲▲▲▲▲▲▲

Jacobo Morales nació en Lajas, Puerto Rico en 1934. Además de ser poeta prolífico, es un actor conocido y el director de cine más importante de la Isla. Por medio de su poesía, Morales expresa su amor profundo por su gente al recordar el valor de lo familiar y de las cosas más simples. Sus palabras combinan la nostalgia por el pasado con el deseo de un futuro que no permita que la tecnología ni el «progreso» nos quiten la humanidad.

Antes de leer

A. Para comentar   En parejas, comenten las siguientes preguntas.

1. ¿Visita/Visitaba Ud. a sus abuelos muy a menudo o solamente para las fiestas importantes o reuniones familiares? ¿Le gustan/gustaban las visitas a la casa de sus abuelos o se siente/sentía aburrido/a al visitarlos?

2. ¿Ha sentido alguna vez cierta tensión entre sus padres y sus abuelos? ¿Qué provoca/provocaba esa tensión?

3. ¿Recuerda haberse sentido avergonzado/a alguna vez de la apariencia física o el comportamiento de sus padres? ¿y de sus abuelos?

4. En su opinión, ¿es la brecha generacional más fuerte entre padres e hijos que entre abuelos y nietos? Explique su respuesta.

Una visita a la ciudad		
la cuna[1]	la emoción	la urbanización
alejarse[2]	hojear[3]	percatarse[4]
ansioso/a	enfermizo/a	sonreídos[5]

[1]crib [2]to move away [3]to page through [4]to take note [5]smiling

B. **Acercándose al tema** Lea el título de la ficha a la izquierda y las nueve palabras asociadas con el tema del poema de Jacobo Morales. Con un compañero / una compañera, decida si los espacios en blanco requieren un sustantivo, un verbo o un adjetivo. Luego, escoja la palabra apropiada de la ficha para completar las oraciones.

1. Un día, una señora _____ un álbum de fotos de su familia. Le llamó la atención una foto de su hija menor.

2. Su esposo _____ de que la estaba mirando. La menor había sido la más querida. Puesto que era _____, pasaba mucho tiempo en el consultorio médico.

3. Decidieron ir a la ciudad para visitarla, pero no se acordaban del nombre de su _____.

4. Durante el viaje en autobús, estaban _____ y se sentían nerviosos. ¡Iban a conocer a su nueva nieta!

5. Cuando se acercaron a la _____, sintieron mucha _____, pero _____ cuando su hija expresó su preocupación de que la niña se pudiera contagiar con alguna enfermedad.

M-111*

El otro día
estaba mi doña hojeando[v]
un álbum de fotografías.
Yo me hice el distraído,
el que no veía,
para verla acariciando[1]
los placenteros recuerdos
de casi toda una vida.

Había fotos de to' el mundo:
de primos, cuñados, tías,
de gente que yo, a estas alturas,[2]
ya ni reconocía.

Fotos viejas, amarillas.
Y en una sección aparte
las fotos de la familia.
¡Nuestra familia!
Que era grande:
cuatro hijos y dos hijas.
Sin contar aquellos tres
que ahora tendrían…

Pero hablando del presente,
la querendona[3] es la más
    chiquita.
Siempre mi mujer decía

que la quería con pena
porque era enfermiza.

¡Qué de caldos de gallina[4]
se tomó aquella muchacha!
A las malas.
Y aceite de bacalao[5]
y teses de parietaria,[6]
y cuando le daba asma
sólo aliviaban su ahogo[7]
dos manos que la frotaban[8]
en el pecho y en la espalda,[v]
por horas, en la madrugada.

[1]caressing [2]a… at this age [3]beloved one [4]caldos… chicken broth [5]aceite… cod liver oil [6]teses… medicinal teas [7]shortness of breath [8]rubbed

*El título se refiere al número de la casa de la hija del padre que habla.

Yo conozco esas manos.
Han empuñado la azada, [9]
el perrillo[10] y el arado,[11]
han ayudado a la vida
y dulcemente han sembrado.[12]
Yo <u>venero</u> esas manos.

VOCABULARIO

VERIFICAR

¿Quién(es)? ¿Dónde? ¿Qué pasó?

Se percató de que la estaba
   mirando
y en seguida cerró el álbum.
—¿Quieres café?— me
   preguntó.
—¿Quieres ir a San Juan?— le
   dije yo.
Resulta que en días pasados
nos nació una nietecita.
¿De quién?
De la hija más chiquita.

A las diez llegó la línea,[13]
y a las diez y diecisiete

estaba el chofer todavía
acomodando paquetes.[v]
Piñas, plátanos, lerenes,
cucas, galletas de agua,
tembleque.[14]

Y nos fuimos, sonreídos,
llevando, además, en nuestro
   interior,
un ansioso <u>palpitar</u>
de juvenil emoción.

Llegando a la capital
se me armó una confusión;

de pronto se me olvidó
cuál era la <u>urbanización</u>.
Como casi todas son Park,
o Gardens o Hills.
Y mi mujer no me podía
   ayudar;
uno la saca del campo
y no sabe dónde está.

Al fin, por casualidad,
alguien mencionó
la dichosa urbanización.
Es esa que se llama…
Se me olvidó.

VISUALIZAR

VOCABULARIO

VOCABULARIO

VERIFICAR

¿Quién(es)? ¿Dónde? ¿Qué pasó?

El asunto es que llegamos.
La casa es muy elegante,
pero no tiene balcón;
la sala es comedor
y la cocina está *alante*.[v]
Tiene *closeh* por doquier[15]
y baños por todas partes,
y como el techo es tan bajo
y tiene tantos cristales,
hace una santa calor
pasá's las dos de la tarde.
Pero, son casas modernas,
hechas por los que saben.

Al entrar nos encontramos
que la casa estaba llena
de mesitas y mujeres.
Mujeres por todas partes;[v]

con pelucas y sonrisas
y las pestañas[16] bien grandes.

Resulta que era día martes
y los martes por la tarde
es el día de reunión
de las «damas especiales».

En seguida vinieron las frases…:
«Hola, es un placer». «Tanto
   gusto»,
«A sus pies», «No nos habías
   dicho
que tu mamá era tan joven».
Claro, todo lo dicho de la boca
   pa fuera[17]
Mi mujer, nerviosa, se arregló
   el moñito[18]

y en los labios de mi hija percibí
una leve sonrisa de sosera.[19]

—No pensaba que fueran a venir
a mediados de semana— dijo
   mi hija
mientras ocultaba las bolsas y
   los paquetes
y las cajas.

—No queremos interrumpir—
   dije.
Y nos fuimos mi doña y yo a
   una terraza
desde donde se divisaba
una hilera de casas blancas,
idénticas, <u>desoladas</u>.
Semejaban nichos.[20]

VISUALIZAR

VISUALIZAR

VOCABULARIO

[9]empuñado… *gripped the hoe*   [10]*hammer*   [11]*plough*   [12]*sown*   [13]*bus*   [14]*a type of coconut milk custard*   [15]*por… everywhere*
[16]*eyelashes*   [17]de… *without really meaning it*   [18]*bun (hair)*   [19]*boredom*   [20]*tombs*

VERIFICAR

¿Quién(es)? ¿Dónde? ¿Qué pasó?

A eso de las cinco
se fueron las damas
con sus pelucas, sus sonrisas
y sus pestañas,
y fuimos, por fin,
a ver la nieta.
Abrimos sigilosamente[21]
la puerta,
y en una cunita rosada
estaba la nena jugando.
Mirándose pies y manos.
Nos acercamos,
y el alma se le salió
a la abuela por los labios.
—Dios te bendiga[22]— <u>susurró</u>
   muy bajo.
¡Qué tibias,[23] a mis oídos,
esas palabras llegaron!
Y le acarició la mano.

Otro ritmo tuvo el tiempo
y más amplio fue el espacio.

Mi hija rompió
los ensueños[24] de la abuela
insinuando que, a esa edad,
los bebés eran propensos[25]
   al contagio.
¡Al contagio!
Nadie estaba enfermo.
Todos salimos del cuarto.
En silencio.
Yo lo rompí diciendo:
«Nos vamos».
Nuestra hija insistió
en que nos quedáramos,
que ella suspendería
otra reunión que tenía
y un coctel al día siguiente.

Yo repetí: «Nos vamos».
A las seis de la tarde
nos vino a buscar el carro.
Atardecía[26] sin horizonte.
De nuestras espaldas se alejaba
la casa de nuestra hija.
M-111
Tomé de la mano a mi mujer.
M-110
Nunca fue tan triste el atardecer.
M-119
Números y ciudad.
M-120
Rejas y soledad
M-123
Calle afiebrada.[27]
M-126
Labios cerrados.
Vacío en el alma.

[21]*discreetly* [22]*bless* [23]*sweet tones* [24]*dreams* [25]*susceptible* [26]*dusk was falling* [27]*feverish*

VERIFICAR ¿Quién(es)? ¿Dónde? ¿Qué pasó?

Después de leer

A. Comprensión Conteste las siguientes preguntas, según la lectura.

1. ¿Quién habla en el poema? ¿Dónde y con quién vive?
2. ¿Cómo ha sido la vida de la esposa?
3. ¿Adónde van el hombre y su esposa?
4. ¿Por qué están confundidos?
5. ¿Cómo es la casa de su hija?
6. ¿Quiénes están en la casa cuando llegan? ¿Cómo los tratan?
7. ¿Cómo los trata la hija?
8. ¿Cómo se sintieron cuando vieron a su nieta?
9. ¿Por qué se fueron?
10. ¿Cómo se sintieron el hombre y la mujer en la ciudad?

B. El editor exigente Imagínese que Ud. es Jacobo Morales. Su editor le pide que añada algunas líneas para expresar los pensamientos de la hija mientras se despide de sus padres. Manteniendo el tono y el estilo del poema, escriba otras tres líneas.

C. El campo y la ciudad

Paso 1 En parejas, describan y comparen los siguientes aspectos de la vida del campo con los de la vida de la ciudad, usando expresiones como

más/menos... que, tan... como y **tanto/a/os/as... como** y todo el vocabulario nuevo que puedan, tanto de este capítulo como de los anteriores.

1. las casas
2. la calidad de vida
3. las relaciones intergeneracionales
4. la vida social

Paso 2   Lean las siguientes declaraciones sobre lo que se narra en el poema. Usen diferentes verbos y expresiones para expresar su reacción y hacer una recomendación.

1. Los abuelos se sienten confundidos y perdidos en la ciudad. (**Es triste que...**, **Sugiero que...**).
2. Las amigas de la hija son muy formales y un poco indiferentes.
3. Los abuelos se alegran mucho cuando ven a su nieta.
4. La hija les dice a sus padres que no toquen a la nieta porque la pueden contagiar con alguna enfermedad.
5. Los abuelos salen desilusionados de la ciudad.

Paso 3   Después de que se van sus padres, la hija se siente mal porque no los trató con el cariño y respeto debidos. Ella decide escribirles una carta para explicarles la situación, decirles cómo se siente y pedirles perdón. Escriba la carta de la hija, usando el **Vocabulario del tema** de este capítulo y las expresiones útiles de la página 71. Incluya por lo menos tres usos del subjuntivo.

D. Conversación   En grupos de cuatro, conversen sobre los siguientes temas.

1. Al final del poema, es obvio que la hija ha herido (*hurt*) los sentimientos de sus padres. ¿A qué se deberá la distancia emocional entre la hija y sus padres? ¿a la diferencia de edad? ¿a que la hija vive ahora en una ciudad? ¿Creen que en la cultura moderna los jóvenes de hoy son más egoístas que los jóvenes de antes?
2. ¿Viven/Vivían sus abuelos cerca de Uds.? ¿Qué tipo de relaciones tienen/tenían con ellos?
3. ¿Tienen algún pariente mayor que haya tenido un impacto significante en la vida suya? Explique.
4. Muchas investigaciones indican que los niños se benefician de la presencia de personas mayores en su vida y que los mayores viven más y mejor si están rodeados de jóvenes. Sin embargo, en esta vida moderna, a menudo cada generación está aislada de las otras. Para remediar esta situación, se han abierto varios centros de cuido (*day care centers*) adonde pueden ir tanto los niños como los mayores. ¿Cuáles serán las ventajas de estos centros intergeneracionales?
5. Para Uds., ¿es importante vivir cerca de sus padres? Expliquen.

¡A escribir!

A. Lluvia de ideas

Paso 1   Lea las siguientes opiniones de Adela, una joven dominicana, y de un abuelo estadounidense.

ADELA: Veo a mis padres y mis abuelos casi todos los días. Me encanta el apoyo y la seguridad que me dan, pero a veces me siento atrapada sin la posibilidad de explorar y ver el mundo.

ABUELO: Sólo veo a mis hijos y mis nietos dos o tres veces al año porque viven lejos de nosotros. Todos tienen una carrera excelente que les gusta y tienen muchos amigos. Pero tengo poca influencia en la vida de ellos, y me siento muy frustrado y triste al no poder compartir la cultura que es mi herencia y un poco de mi sabiduría (*wisdom*) con mis nietos.

Paso 2   Ahora, la clase entera debe preparar una lista de las ventajas de vivir cerca de su familia y otra lista de las desventajas.

B. Composición: Ventajas y desventajas   Imagínese que Ud. es periodista y escriba un artículo sobre la vida familiar. Siga el bosquejo.

1. escoger un título preliminar
2. escribir una oración introductoria usando dos adjetivos como mínimo
3. describir las ventajas de convivir con la familia utilizando ejemplos específicos
4. describir las desventajas de vivir cerca de los parientes utilizando ejemplos específicos
5. ofrecerles consejos a los que vivan cerca de su familia para independizarse, y consejos a los que vivan lejos para mantener las relaciones familiares a larga distancia
6. escribir la conclusión
7. reflexionar sobre el título y cambiarlo si quiere

C. Diálogo   Lea el ensayo de un compañero / una compañera y luego invente un diálogo entre el abuelo y Adela en el que hablen de sus frustraciones y se ofrezcan consejos.

Hablando del tema

Antes de empezar a conversar con sus compañeros de clase sobre los siguientes temas, prepare una ficha para la conversación, otra para el debate y otra para la reacción ante la cita. Vea la explicación de las fichas en el **Apéndice 1.**

SÍNTESIS

A. Conversación: Las familias de hoy Revise las expresiones de **Para conversar mejor.** Luego, en parejas o grupos de tres, conversen sobre los siguientes puntos.

Para conversar mejor

En mi caso…
Fue deprimente/preocupante
   cuando…
Ha sido igual para mí.
Lo mejor es que…

Me encanta (que)…
Mi situación ha sido diferente.
Para mí, es evidente que…
Pensaba que…

- Hable sobre las ventajas y desventajas de criarse en una familia numerosa y multigeneracional.

- Hoy en día muchos niños se crían en familias en las que el padre o la madre son solteros, y a menudo sin el apoyo de la familia extendida porque los otros parientes viven en lugares distantes. ¿Qué opina Ud. sobre esta realidad de la vida moderna?

- Si los padres divorciados se casan otra vez, juntando así a dos familias, puede ser difícil para una persona acostumbrarse a la nueva situación. Haga recomendaciones para que los hermanastros y los padrastros se lleven bien.

B. Debate: Los abuelos mayores Revise las expresiones de **Para debatir mejor.** Después, prepare tres argumentos a favor y tres en contra sobre qué se debe hacer con los abuelos mayores. Luego, presente sus argumentos en un debate. No sabrá qué lado tendrá que defender.

Para debatir mejor

A FAVOR
Eso es.
Estoy de acuerdo.
Muy bien dicho.
No cabe duda.

EN CONTRA
No es siempre así.
¿Hablas en serio?
Lo siento, pero…
Todo lo contrario.

«Los abuelos son una parte integral de la familia extendida. Por eso es importante que cuando sean muy mayores y estén enfermos vivan en casa con sus hijos y no en un asilo para ancianos».

REACCIONAR R RECOMENDAR

C. Reacción: La adolescencia Revise las expresiones de **Para reaccionar mejor.** Luego, reaccione ante la siguiente cita. Añada razones que apoyen sus opiniones.

> ## Para reaccionar mejor
>
> Creo/opino/supongo que…   Es posible que…
> Es bueno/malo que…   Es verdad que…
> Es difícil que…   No tiene sentido que…

«Es natural y aun necesario que un(a) adolescente pase por un período rebelde para llegar a ser una persona independiente y realizada».

D. Volver a considerar En este capítulo, Ud. exploró temas que tienen que ver con los lazos familiares. En parejas, contesten las siguientes preguntas. Noten cómo ha mejorado su habilidad de expresarse sobre estos temas.

Un barrio de La Habana (*Cuba*)

- ¿Cómo es Ud. en comparación con sus padres?
- ¿Es natural que haya conflictos familiares entre las generaciones?
- ¿Cómo se sentiría si tuviera que salir de su país de origen y nunca pudiera regresar?
- ¿Cómo cambian las relaciones entre generaciones cuando también hay diferencias culturales de por medio?
- ¿Cómo podemos mantener las conexiones con la familia y nuestras raíces en este mundo moderno?
- ¿Cuántas generaciones se representan en el cuadro que se ve en esta página?
- ¿Es raro ver personas de diferentes generaciones interactuándose en el barrio donde Ud. vive? ¿o es algo común?

 SÍNTESIS

E. Un barrio de La Habana En parejas, hablen del cuadro con todos los detalles posibles, tratando de utilizar todas las metas comunicativas.

 DESCRIBIR **D** **C** COMPARAR REACCIONAR **R** RECOMENDAR GUSTOS **G** PASADO **P** FUTURO **F**

La inmigración

Miles de cubanoamericanos protestan la política migratoria de los Estados Unidos (la Pequena Habana, Miami).

En este capítulo, Ud. va a explorar el tema de la inmigración.

Preguntas para considerar

- ¿Hay ciertas condiciones en las que Ud. emigraría de su país de origen?

- ¿Qué tradiciones tiene su familia que recuerden sus raíces?

- ¿Cuáles son algunos de los sentimientos que deben experimentar los nuevos inmigrantes?

- ¿Cómo se sentiría Ud. si nunca pudiera volver a su país de origen por razones políticas?

- ¿Qué emociones debe sentir la gente que se ve en la foto? En cuanto a la cuestión de la inmigración en este país, ¿qué cree Ud.: debe haber más o menos restricciones? Explique su respuesta.

Puntos clave

SÍNTESIS

Temas centrales
- los retos y logros de los inmigrantes en un nuevo país
- la opresión política
- la asimilación a una nueva cultura
- los problemas entre diferentes generaciones de inmigrantes

Listen to this interview in the **La entrevista** section of this chapter on the *Online Learning Center* (**www.mhhe.com/metas**).

La entrevista

La situación de los inmigrantes en un nuevo país

¿Podría Ud. dejar su país y emigrar a otro?

Situación: Para su programa de radio, Sara entrevista a Javier sobre la situación de los inmigrantes al llegar a un nuevo país.

SARA: Aquí estamos con mi buen amigo, el periodista Javier Mercado para hablar sobre los **retos** y los **logros** de los inmigrantes al llegar a su nuevo país. Javier, has entrevistado a muchos inmigrantes de varios países para un artículo sobre este asunto. ¿Qué has aprendido?

JAVIER: Bueno, primero, he visto que las experiencias de los inmigrantes son, por supuesto, muy variadas, así como las razones por las cuales decidieron **emigrar.** Algunas personas vienen en busca de mejores oportunidades de trabajo. Otros **huyen** de la opresión política. Algunos aventureros simplemente salen de su país con la **esperanza** de **enriquecerse** con nuevas experiencias sociales y culturales.

SARA: Y, ¿con qué se encuentran una vez que llegan? ¿Cuáles son las dificultades que **enfrentan?** ¿Cómo se siente la mayoría de los inmigrantes?

JAVIER: De nuevo, cada situación es diferente. Algunos quieren sentir que **pertenecen** al nuevo lugar y hacen **esfuerzos** por **asimilarse** lo más rápido posible. Otros se encuentran **aislados** y desorientados. Sienten una profunda **nostalgia** por lo que dejaron en su país de origen.

SARA: Y supongo que hay algunos que **experimentan sentimientos** ambivalentes hacia su nueva situación.

JAVIER: Claro, la mayoría reconoce que hay **ventajas** y **desventajas** de **inmigrar** a otro país. Algunos lamentan la **pérdida** de su familia y su cultura, **se resisten a** la asimilación porque no quieren **traicionar** su pasado. Pueden sentirse **abrumados** o **confundidos** ante los cambios en su vida y el conflicto entre los diferentes valores culturales. Sin embargo, pueden apreciar y beneficiarse de ciertas oportunidades **liberadoras** para su futuro. Muchos sí creen que tendrán una vida mejor.

SARA: Bueno, Javier, tú y yo somos inmigrantes, y creo que los dos hemos experimentado esa misma mezcla de **tristeza,** nostalgia, curiosidad y **emoción** en cuanto a la vida aquí en los Estados Unidos.

JAVIER: Tienes razón, Sara.

SARA: Bueno, Javier, muchas gracias por estar con nosotros hoy.

JAVIER: Como no, Sara. Ha sido un placer.

Actividades

A. Comprensión   Conteste las siguientes preguntas según la entrevista.

1. Según Javier, ¿por qué emigra la gente de su país de origen?
2. ¿Cómo se asimilan los inmigrantes una vez que llegan a su nuevo país?
3. ¿Cuáles son algunos de los sentimientos que experimentan los nuevos inmigrantes? ¿Por qué se sienten así?
4. En su opinión, ¿cuáles son algunas de las ventajas y desventajas de inmigrar a otro país?

B. ¿Qué opina Ud.?   Indique si Ud. está de acuerdo o no con las afirmaciones. Luego, comparta sus opiniones con un compañero / una compañera.

	ESTOY DE ACUERDO.	NO ESTOY DE ACUERDO.
1. La mayoría de los inmigrantes en los Estados Unidos ha llegado por medios ilegales.	☐	☒
2. La mayoría de los inmigrantes no quiere asimilarse a la nueva cultura.	☐	☒
3. Los inmigrantes prefieren estar en un lugar donde haya muchas personas de su propia cultura.	☒	☐
4. No hay muchas personas que quieran inmigrar a Latinoamérica.	☐	☒
5. Hay ciertas condiciones en las que yo emigraría de mi país.	☒	☐

C. Conversación   En parejas, piensen en un lugar adonde podrían emigrar y cómo cambiaría su vida si lo hicieran. Contesten las siguientes preguntas dentro de ese contexto.

El país adonde emigraríamos: _____

1. ¿Cómo mantendrían contacto con la familia que dejarían en su país de origen?
2. ¿Se asimilarían a la nueva cultura o resistirían la asimilación?

3. ¿Qué harían si se sintieran aislados/as?

4. ¿Cuáles serían las ventajas de estar en el nuevo país? ¿y las desventajas?

5. ¿Aprenderían el nuevo idioma?

6. ¿Insistirían en que sus hijos hablaran inglés en casa para no traicionar su herencia cultural?

Vocabulario del tema

Para hablar de la inmigración y del exilio

asimilarse	to assimilate
beneficiar(se)	to benefit
emigrar	to emigrate
enfrentar	to face
enriquecer(se)	to enrich / to be enriched
experimentar	to experience
huir(se)	to flee
inmigrar	to immigrate
mantener(se) en contacto	to maintain contact
oprimir	to oppress
pertenecer	to belong
resistir(se) (a)	to resist
traicionar	to betray
desafiante	challenging
enriquecedor(a)	enriching
liberador(a)	liberating
opresivo/a	oppressive

Para hablar de los sentimientos de los recién llegados

abrumado/a	overwhelmed
aislado/a	isolated
asombrado/a	surprised
confundido/a	confused
ilusionado/a	excited
oprimido/a	oppressed
perdido/a	lost

Para hablar de las experiencias en un nuevo país

la amargura	bitterness
los antepasados	ancestors
la búsqueda	search
el deber	duty
la desventaja	disadvantage
la emoción	excitement
el esfuerzo	effort
la esperanza	hope
el legado	legacy
el logro	accomplishment
la nostalgia	nostalgia; homesickness
la pérdida	loss
las raíces	roots
el recuerdo	memory
el reto	challenge
el sentimiento	feeling
la tristeza	sadness
la ventaja	advantage

Actividades

A. Vocabulario en contexto En parejas, lean las siguientes oraciones e indiquen si están de acuerdo con ellas o no. Expliquen sus opiniones.

	ESTAMOS DE ACUERDO.	NO ESTAMOS DE ACUERDO.
1. Muchas personas emigran de su país de origen para enriquecer la vida de su familia.	☐	☐
2. Es el deber de los padres inmigrantes aprender el idioma de su nuevo país y enseñárselo a sus hijos.	☐	☐
3. Es muy importante mantenerse en contacto con los parientes y amigos de su país de origen.	☐	☐
4. Si una persona inmigrante se resiste a asimilarse, le será imposible pertenecer plenamente a su nuevo país.	☐	☐
5. Si mi gobierno me oprimiera, huiría con mi familia a otro país.	☐	☐
6. Si inmigrara a otro país donde no hablara el idioma, me sentiría abrumado/a y aislado/a.	☐	☐
7. Es una ventaja para los inmigrantes hispanos establecerse en Miami porque allí hay mucha gente que habla español.	☐	☐
8. Hoy en día, hay un gran esfuerzo para reconocer el legado de los hispanos a la cultura norteamericana.	☐	☐

B. Conversación En grupos de tres, contesten las siguientes preguntas.

Para conversar mejor

¿De veras?
En el caso de mi familia…
Es/Fue deprimente/ preocupante.
¿Me puedes hablar de eso un poco más?
No sabía eso.

Nunca había pensado en eso.
Puede ser.
¡Qué fascinante!
Qué interesante.
Se me ocurre que…

---

1. ¿De dónde son sus antepasados? ¿Cómo llegaron a este país? ¿Por qué emigraron de su país de origen?

2. ¿Cómo se mantiene en contacto con la cultura de sus antepasados? ¿Qué tradiciones conserva su familia que tienen sus raíces en su cultura?

3. ¿Cuáles son las ventajas de vivir en una sociedad multicultural? ¿y las desventajas?

C. La inmigración y las nuevas generaciones

Paso 1 Lea el siguiente comentario de Menaka, una joven dominicana nacida en los Estados Unidos.

ESCUCHE A SUS HIJOS, ELLOS SIEMPRE TIENEN ALGO IMPORTANTE QUE DECIRLE. LAS SUGERENCIAS QUE OFRECEN AQUÍ ALGUNOS ADOLESCENTES PUEDEN AYUDAR A LOS PADRES

«Si eres de otro país, trata de entender que nosotros estamos creciendo[1] en una nueva cultura, y nuestras reglas[2] son diferentes», dice Menaka, de 14 años. «En el país de mi madre, las niñas están muy encerradas[3] en casa y no discuten mucho con sus padres.

Quiero que ella comprenda que yo crecí en la cultura americana y que tengo la preparación para cuidarme yo sola. Procuro[4] llegar a la hora que se me indica, pero necesito más libertad que la que ella tuvo».

[1]*growing up* [2]*rules* [3]*confined* [4]Trato de

Paso 2 ¿Qué le diría a Menaka su abuela dominicana? Complete las siguientes oraciones con la forma correcta de la palabra apropiada.

1. Sé que para ti es importante _____ (asimilarse, resistirse) a la cultura estadounidense, pero es esencial que _____ (mantenerse en contacto, traicionar) con tus raíces.

2. Quiero que tú _____ (pertenecer, beneficiarse) de las ventajas de esta cultura, pero recomiendo que _____ (resistir, huir) las malas tentaciones.

3. Sé que crees que las reglas de tu mamá son _____ (desafiante, opresivo), pero tienes que apreciar sus _____ (esfuerzo, reto) por darte una vida mejor.

Paso 3 Menaka le responde a su abuela, a quien respeta mucho, hablándole de sus propios sentimientos. En parejas, terminen las siguientes oraciones como si Uds. fueran Menaka. Usen el **Vocabulario del tema** cuando sea posible.

1. Abuela, me siento abrumada porque…

2. Estoy confundida porque…

3. Cuando mi madre… , me siento oprimida.

4. Sin embargo, estoy ilusionada porque…

5. Para mí,… es una ventaja, pero… puede ser una desventaja.

Paso 4 En grupos de tres, hagan los papeles de Menaka, su madre y un consejero/una consejera familiar. Escriban un diálogo en el que: (1) Menaka se queje de las exigencias de su madre; (2) la madre de Menaka se queje del comportamiento de su hija; (3) el consejero/la consejera familiar les haga recomendaciones. Usen todo el nuevo vocabulario de esta unidad y verbos diferentes para reaccionar y recomendar. Después, presenten su diálogo a la clase. ¿Cuál fue el más creativo? ¿el más razonable?

D. Mis raíces Haga un pequeño dibujo de su árbol familiar. Incluya de dónde vinieron algunos de sus antepasados. Después, escoja un antepasado inmigrante y escriba un pequeño ensayo sobre cómo llegó a este país. Use todo el **Vocabulario del tema** que pueda para describir su experiencia y sus sentimientos. Si su familia es nativoamericana, describa una experiencia de expatriación (*removal from tribal lands*) o de un encuentro con nuevos inmigrantes.

Puntos clave

 En esta sección del capítulo, Ud. va a seguir practicando las reacciones y recomendaciones, pero trabajará con las otras metas comunicativas también. Antes de continuar, estudie las explicaciones de las estructuras gramaticales en las páginas amarillas (316–324).

Actividades

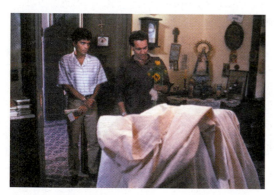

Una escena de Fresa y chocolate *con David (izquierda) y Diego.*

A. Fresa y chocolate Esta comedia dramática explora el desarrollo de una amistad entre dos hombres jóvenes. David es heterosexual y un militante comunista convencido de los beneficios de la Revolución cubana. Su nuevo amigo, Diego, es un homosexual sofisticado, culto e inteligente que ve cómo sus opciones en la sociedad se limitan por su orientación sexual. Al final de la película, la discriminación y las presiones, tanto personales como profesionales, son tales que Diego se va de Cuba a pesar de su disposición a favor de la Revolución. Un subtema explora las primeras relaciones románticas e íntimas de David con dos mujeres. La acción se sitúa en La Habana, Cuba, en 1979, período de considerable discriminación contra los homosexuales.

B. Reacciones

Paso 1 En parejas, lean los siguientes eventos que ocurren en *Fresa y chocolate*. Después, expresen su reacción y hagan una recomendación para cada uno.

1. A pesar de que David es miembro del Partido Comunista, Diego critica la Revolución cuando habla con él. (**Es peligroso que... , Recomiendo que...**)

2. David decide fingir (*fake*) que es amigo de Diego para poder espiarlo y saber si está en contra de la Revolución.

3. Diego tiene su apartamento lleno de imágenes religiosas y de productos estadounidenses, ambos prohibidos por el gobierno cubano.

4. A pesar de sus diferencias, los dos desarrollan una buena amistad. David se pone triste cuando Diego decide irse del país.

Paso 2 En parejas, consideren el cartel y la reseña. Nombren los aspectos de la película que les interesan. Decidan si les gustaría ver la película o no y expliquen sus razones.

C. **Consejos para los recién llegados** ¿Qué consejos le daría a un(a) inmigrante que acaba de llegar a su ciudad? En parejas, preparen sus suge-riencias y luego compártanlas con la clase. Por ejemplo, sugieran lugares para ir de compras, tiendas para comprar comida internacional, actividades divertidas, contactos importantes, maneras de buscar trabajo, buenas escuelas, maneras de aprender o mejorar su inglés, etcétera.

1. Es aconsejable…
2. Es importante que…
3. Es necesario que…
4. Es beneficioso…
5. Es mejor que…
6. No es bueno que…

D. **Jack Delano**

Paso 1 Lea el siguiente párrafo sobre el artista Jack Delano (1914–1997), cómo llegó a Puerto Rico y qué le pasó allí.

Jack Delano, nacido en Ucrania, había pasado 18 años en los Estados Unidos cuando el Farm Security Administration lo contrató para fotografiar la vida en Puerto Rico en 1941. Pasó varios meses sacando fotos de la Isla y su gente, en una época de horrible pobreza. Se enamoró de la Isla y regresó para que-darse definitivamente en 1946. Junto con su esposa, Irene, estableció una conexión intensa con la Isla y fue uno de los principales contribuyentes a la cultura puertorriqueña, con sus cuadros, películas, composiciones musicales y fotografías, documentando casi 50 años de vida en Puerto Rico.

Paso 2 Imagínese cómo reaccionó Jack Delano al llegar a Puerto Rico en 1941 cuando experimentó por primera vez la cultura y el espíritu de los puertorriqueños. En parejas, terminen las oraciones como si Uds. fueran Jack Delano. Usen las siguientes sugerencias o su propia imaginación. **¡OJO!** Después de las frases con **que** se requiere un verbo. ¿En qué forma verbal se conjugará?

SUGERENCIAS

las adversidades económicas
la dignidad
el espíritu indomable de la gente
la escasez de comida

el inapagable sentido de humor
la música folclórica
el paisaje lujoso
las sonrisas de los niños

1. Me fascina(n)…
2. Me fascina que…
3. Me impresiona(n)…
4. Me impresiona que…
5. Me encanta(n)…
6. Me encanta que…
7. Me da(n) pena…
8. Me da pena que…

Familia de un trabajador agrícola en Barceloneta (*Puerto Rico, Jack Delano*)   *Una familia puertorriqueña moderna*

SÍNTESIS

Paso 3 Mire la fotografía que Delano tomó en 1941 y otra de una familia puertorriqueña de 1991. Luego, en parejas, contesten las preguntas.

1. ¿Cómo es la familia de 1941? Descríbanla con muchos detalles.

2. Comparen la familia de 1941 con la de 1991. ¿Cuáles son las semejanzas y las diferencias entre ellas? ¿A qué creen Uds. que se deben las diferencias?

3. Pensando en la madre de la familia de 1941, ¿qué creen Uds. que le preocupa? ¿qué le molesta? Ahora, contesten las mismas preguntas pensando en la madre de la familia de 1991.

4. Si Uds. fueran la madre de la familia de 1941, ¿qué harían para mejorar la vida de sus hijos? Si fueran la madre de la familia de 1991, ¿qué harían para que sus hijos tuvieran una vida enriquecedora pero sin perder de vista el sufrimiento de muchas personas?

 E. Las hermanas Mirabal

Paso 1 Lea el siguiente texto sobre estas famosas hermanas dominicanas.

Patria, Dedé, Minerva y María Teresa eran cuatro hermanas criadas en una vida relativamente acomodada durante la dictadura de Rafael Leonidas Trujillo en la República Dominicana (1928–1961). La dictadura trujillista fue totalitaria, opresiva y sangrienta.[1] En la escuela secundaria Patria, Minerva y María Teresa, conocidas como «las Mariposas», empezaron a trabajar por la resistencia clandestina. Era un trabajo sumamente peligroso ya que Trujillo castigaba a sus opositores con la tortura y hasta con la muerte. De hecho, por sus actividades las tres fueron encarceladas[2] por un tiempo en el famoso centro de tortura, «La 40».

[1]*bloody*   [2]*jailed*

Patricia, Minerva y María Teresa Mirabal

El 25 de noviembre de 1960, después de salir de «La 40», fueron asesinadas mientras viajaban a ver a sus esposos que estaban encarcelados. Dejaron a Dedé, quien hasta la fecha ha pasado su vida recordando a sus valientes hermanas y cuidando su legado. Su historia ha sido contada por la escritora dominicana, Julia Álvarez, en su novela *En el tiempo de las mariposas.*

Paso 2　Conteste las siguientes preguntas.

1. ¿Quién era Trujillo? ¿Cómo era su régimen?
2. ¿Quiénes eran las Mariposas? ¿Por qué trabajaban con la resistencia clandestina?
3. ¿Qué le pasó a Dedé?
4. ¿Le sorprende que Dedé haya permanecido en la República Dominicana después de sufrir la insoportable pérdida de sus hermanas?

Paso 3　En parejas, completen las siguientes oraciones con la forma apropiada de los verbos entre paréntesis y expliquen por qué creen que les decían estas personas tales cosas a las hermanas Mirabal.

1. Sus maestras les decían: «Es importante que Uds. _____ (ser) sumisas y obedientes porque… »
2. Su madre les decía: «Les ruego que _____ (alabar) a Trujillo y que no lo _____ (criticar) en público porque… »
3. Sus camaradas les decían: «Es importante que Uds. nos _____ (ayudar) a esconder las armas para la revolución contra Trujillo porque… »
4. Su hermana Dedé les decía: «Tengan cuidado. Temo que Trujillo las _____ (encarcelar) otra vez porque… »
5. Los guardias del centro de tortura les decían: «Les recomendamos que no nos _____ (engañar) porque… »
6. Trujillo les decía: «Cualquier acción contraria es inaceptable y les sugiero que _____ (obedecer) mis órdenes porque… »

Paso 4　En parejas, completen las siguientes oraciones con una reacción a la historia de las Mariposas. **¡OJO!** Siempre se usa el subjuntivo después de la expresión para que.

1. Las Mariposas pensaban que era horrible que Trujillo… porque…
2. Muchos dominicanos creían que era increíble que unas jóvenes… porque…
3. Qué triste que… porque…
4. Qué bueno que Julia Álvarez… para que…

Rincón cultural

Un momento histórico

La Revolución Cubana

Revise el **Vocabulario útil** y lea el resumen sobre la Revolución Cubana.

Vocabulario útil			
disminuir	to reduce	**el/la disidente**	dissident
gozar (de)	to enjoy	**el negocio**	business
otorgar	to grant		
		gratis	free
el analfabetismo	illiteracy	**sanguinario/a**	bloody

Fidel Castro, Santa Clara, Cuba

En 1959, después de casi seis años de resistencia y rebeliones, Fidel Castro y sus tropas revolucionarias tomaron control de La Habana poniendo fin a la dictadura totalitaria y sanguinaria de Fulgencio Batista. Al asumir el poder, Castro y sus seguidores, entre los que se encontraban su hermano Raúl y el legendario Ernesto «Che» Guevara, optaron por el modelo económico comunista y se aliaron con el bloque soviético. El nuevo régimen nacionalizó las tierras y negocios de dueños extranjeros, además de las propiedades de la Iglesia Católica y plantaciones y compañías de los cubanos ricos. También, implementó una serie de cambios políticos y estructurales destinados a mejorar la situación de la mayoría pobre del país. Entre esos cambios estaban la reforma del sistema escolar nacional, la reforma agraria y la implementación de un sistema de salud para todos. También hubo esfuerzos dirigidos a eliminar las clases sociales y disminuir el prejuicio racista y sexista. Por esta razón, recibió mucho apoyo de la gente más pobre. Por otro lado, alienó a mucha gente, en particular a los que no estaban de acuerdo con los ideales marxistas y a las clases media alta y alta, quienes perdieron muchos de los beneficios que habían gozado bajo el régimen de Batista. Por eso, muchos dejaron la Isla y se mudaron a los Estados Unidos y a España. Aunque es cierto que la

Revolución Cubana ha cambiado positivamente a Cuba, sigue siendo un régimen totalitario que se ha criticado por la intolerancia de posturas disidentes al gobierno y por las violaciones de los derechos humanos.

EL IMPACTO DE LA REVOLUCIÓN EN LA CUBA DE HOY

- Los cubanos gozan de un plan de salud gratis y comprensivo. A nivel internacional, se reconocen los avances médicos y la excelencia del entrenamiento de los doctores.

- Las reformas educativas prácticamente han eliminado el analfabetismo en Cuba.

- Muchos latinoamericanos de otros países admiran a Cuba por su habilidad de resistir las presiones de los Estados Unidos, las cuales incluyen un embargo económico que ha afectado la economía y la calidad de vida de los cubanos.

- Por las dificultades económicas y la vida a menudo dura, muchos cubanos inmigran a los Estados Unidos cada año. Algunos llegan con visas que se distribuyen por lotería cada año, otros construyen «balsas», pequeños barcos hechos de cualquier material y se embarcan en las aguas peligrosas del mar hacia la costa de la Florida. Por ley, en los Estados Unidos, se le otorga el asilo político a cualquier cubano que llega a pisar territorio estadounidense.

Actividades

A. Comprensión   Conteste las siguientes preguntas.

1. ¿Quiénes eran algunos de los líderes de la Revolución Cubana?
2. ¿Cuáles han sido algunos de los beneficios de la Revolución?
3. ¿Cuáles son algunos de los problemas del régimen de Castro?

  B. ¿Qué dirían?   En parejas, terminen las siguientes oraciones como si Uds. fueran las personas designadas.

UN RICO BANQUERO CUBANO, EN 1959

1. Es horrible que…
2. Si yo pudiera,…

UNA MUJER POBRE, JUSTO DESPUÉS DE LA REVOLUCIÓN

3. Me alegro de que…
4. Si no tuviéramos el apoyo de la Unión Soviética…

UN JOVEN CUBANO DE HOY

5. Es posible que mi familia… Sin embargo, creo que…
6. Si yo saliera de Cuba,…

Un artista hispano

Nick Quijano

La siesta, *de Nick Quijano* (1953–)

Nick Quijano nació en Nueva York en 1953 de padres puertorriqueños. Cuando tenía 14 años, su familia regresó a Puerto Rico permanentemente. Por eso, Quijano debe su formación cultural a Puerto Rico y su arte refleja una celebración del espíritu de la gente de la Isla. A causa de la especial situación de Puerto Rico, que ha sido territorio de los Estados Unidos desde 1898, la lucha entre los esfuerzos para asimilar y a la vez resistir las influencias y los valores estadounidenses ha sido parte central del arte puertorriqueño. Muchos de los artistas contemporáneos están motivados por la búsqueda de una identidad puertorriqueña única.

En su arte, Nick Quijano celebra con gran afecto la vida familiar y la omnipresencia de la espiritualidad en la vida cotidiana[1] de su gente. También muestra el gran componente africano que se encuentra en la Isla.

En *La siesta*, Quijano representa a su abuela materna durmiendo en un sofá. Los colores vivos y la riqueza de los detalles reflejan el sentimiento nostálgico y cariñoso que el artista tiene hacia su familia. Cada objeto tan cuidadosamente colocado[2] en la sala simboliza parte de la cultura puertorriqueña que el artista no quiere perder.

[1]*daily* [2]*placed*

Actividades

A. Los objetos que se encuentran en *La siesta* representan la conexión íntima con los miembros de la familia y también muestran la importancia de la religión en la vida cotidiana. Indique el simbolismo de los siguientes objetos y explíquele a un compañero / una compañera el porqué de su selección.

OBJETO

1. _____ la imagen de la Virgen Milagrosa (*Miraculous*)
2. _____ la taza de café
3. _____ el retrato del padre
4. _____ los lentes, el recado, la carta
5. _____ el perro

SÍMBOLO

a. la educación
b. la generosidad
c. la espiritualidad
d. la hospitalidad
e. el respeto

B. Describa brevemente el cuadro. Si Nick Quijano pintara una escena familiar para Ud., ¿qué objetos le pediría que pusiera en el cuadro?

La música caribeña

En una casa de La Habana

La mayoría de la música que se conoce en los Estados Unidos como «música latina», o «salsa», es realmente un conjunto de diversos estilos musicales originarios del Caribe. Estos tipos de música provienen de la historia rica y compleja de dos tradiciones culturales que se fusionaron en el Caribe: la africana y la europea.* Cada país tiene sus propios estilos: el son y la guajira de Cuba, el merengue y la bachata de la República Dominicana o la bomba y la plena de Puerto Rico. Lo que se conoce como «salsa» es en realidad una fusión de jazz y ritmos caribeños que se originó en Nueva York, aunque hoy en día el epicentro de la música salsa se encuentra en Puerto Rico. El éxito sorprendente de la película *Buena Vista Social Club* y la popularidad de la canción «Livin' la Vida Loca» de Ricky Martin, despertaron el interés en la música caribeña a nivel mundial. Los instrumentos esenciales para crear los ritmos latinos incluyen las claves, las maracas, los bongos, los timbales, las congas, la guitarra y el bajo entre otros. La canción «Hermanos» es una guajira. Tal vez Ud. conoce la famosa canción cubana «Guantanamera», otro ejemplo de guajira.

Actividades

A. Antes de cantar   Ud. va a escuchar «Hermanos», una canción cuyo tema tiene que ver con una hermana y un hermano cubanos, separados por el exilio de ella. Notará en la letra de la canción un refrán corto, repetido y el «pregón» que es una improvisión fuera de la estructura normal de la canción.

1. ¿Ha visto Ud. las películas *Buena Vista Social Club, Lost City, Mad Hot Ballroom* o *Los Mambo Kings*? ¿Le gustaron? Explique.

2. ¿Ha visto «Dancing with the Stars» o «So You Think You Can Dance» en la tele? Si los ha visto, ¿cuáles son los bailes latinos que bailan los competidores?

3. ¿Cuáles son los instrumentos que se espera escuchar en una canción caribeña?

4. En una canción cuyo título es «Hermanos» ¿qué tipo de vocabulario habrá?

B. ¡A cantar!   Escuche la canción «Hermanos» que se puede encontrar en el CD *Estampillas musicales* o en el *ActivityPak* en el *Online Learning Center* (**www.mhhe.com/metas**).

---

*Aunque los habitantes originales del Caribe fueron, por supuesto, nativoamericanos, por enfermedades y maltrato de los europeos, los habitantes originales casi desaparecieron. Sus formas musicales prácticamente no tuvieron ningún impacto en la música caribeña.

Hermanos

La luna me está mirando
A veces me voy preguntando
Si brilla más para ti
Aquí todos te han olvidado
No es lo mismo para mí
Te quiero más que te niego
Estoy al puerto y te espero
Y que el mar que nos separa
Se haga una gota de agua

Hermanos separados
Miro un mar de soledad
Hermanos separados
Yo aquí y tú allá
Nunca te puedo olvidar

Un ojo me está mirando
Un ojo blanco y redondo
Es noche de luna llena
De estas noches que te llegan
Me cortaron una mano
Es la ausencia de un hermano
Pero siempre está presente
No aquí, pero se siente

Hermanos separados
Miro un mar de soledad
Hermanos separados
Yo aquí y tú allá
Nunca te puedo olvidar

[*Pregón*]
Yo aquí y tú allá
Hermanos separados
Yo aquí y tú allá
Que tú te fuiste, que yo tenía
     10 años
Yo aquí y tú allá
Y cuando pienso en ti, no
     sabes lo que invento
Yo aquí y tú allá
Naufrago de tu ausencia
Yo aquí y tú allá
Ay, qué separados estamos
Yo aquí y tú allá
Y si acaso te veo, yo no lo
     creo, me da mareo
Yo aquí y tú allá
Hermanos separados,
     hermanos
Yo aquí y tú allá
Ay, no sabes lo que invento
Yo aquí y tú allá
Cuando en ti, hermana mía,
     yo pienso…

C. **Después de cantar**   Eu parejas, contesten las siguientes preguntas sobre la canción «Hermanos».

1. ¿Pueden Uds. identificar los instrumentos que se escuchan en esta canción?

2. ¿Cuáles son las palabras clave de la canción que los/las ayudaron a entender su tema principal?

3. ¿Es el tema romántico, cotidiano, nostálgico, de protesta social, o algo diferente?

4. ¿Cuáles son las palabras que expresan la dolorosa separación de dos hermanos?

5. ¿Qué emociones evoca la canción en Uds.?

Lectura

Cristina García nació en La Habana, Cuba, en 1958, pero se crió y se educó en los Estados Unidos. En su primera novela, *Soñar en cubano,* narra la vida de diferentes mujeres de la misma familia —las que se quedaron en Cuba y las que salieron para los Estados Unidos después de la Revolución Cubana. Las selecciones que Ud. va a leer tratan de los recuerdos nostálgicos que la protagonista tiene de Cuba y de su propia búsqueda de identidad.

Antes de leer

A. Para comentar   En parejas o en grupos pequeños, comenten estas preguntas. Luego, compartan sus respuestas con el resto de la clase.

1. ¿De qué manera influye el lugar donde uno vive en el bienestar emocional y psicológico?

2. ¿En algún momento han tenido Uds. que mudarse de un lugar que querían mucho? ¿Cómo les afectó esta mudanza? Si nunca han tenido esta experiencia, ¿cómo se sentirían si tuvieran que mudarse y dejar un lugar muy especial?

3. ¿Hay personas en su familia que tengan diferentes opiniones en cuanto a la política, a la religión o a los problemas sociales? ¿Qué opina cada una? ¿En qué se diferencian sus actitudes?

4. Lean las líneas escritas *en letra cursiva* que indican el comienzo de las dos partes de la lectura (en las páginas 102–103). Luego, indiquen qué información de la siguiente lista creen Uds. que van a encontrar en la lectura.

____ información sobre el nacimiento de la protagonista

____ información sobre sus amigos

____ descripciones de sus parientes

____ un acontecimiento extraordinario

____ un viaje

____ descripciones de lugares importantes

____ conflictos emocionales

____ conflictos familiares

____ una mudanza

____ consejos

____ castigos

____ algo que la narradora extraña

____ algo que la narradora lamenta

El regreso		
los abuelos	la juventud	la nostalgia
pertenecer	recordar	volver
asombrado/a	limitado/a	orgulloso/a

B. Acercándose al tema Lea el título de la ficha a la izquierda y las nueve palabras asociadas con el tema de la lectura. Con un compañero/una compañera, decida si los espacios en blanco requieren un sustantivo, un verbo o un adjetivo. Luego, complete las oraciones con la forma apropiada de las palabras de la ficha.

1. Pilar salió de Cuba con sus padres cuando era muy pequeña y tiene pocos recuerdos de sus _____; sin embargo, a veces siente una gran _____ por su país de origen.

2. La madre de Pilar es muy _____ y no se lleva bien con su propia madre, quien se quedó en Cuba. Además, se niega a hablarle a su hija ni de su abuela ni de su _____ en Cuba.

3. Un día, Pilar y su madre _____ a Cuba. Pilar está _____ de que a pesar de los recursos _____ de la gente, todos tienen sus necesidades básicas cubiertas.

4. Al final de su visita, Pilar descubre que _____ más a la ciudad de Nueva York que a Cuba.

Soñar en cubano (fragmentos)

En esta primera sección, la narradora recuerda cómo su mamá la separó de su abuela y la llevó con ella a los Estados Unidos.

Cuando salí de Cuba tenía sólo dos años, pero recuerdo todo lo que pasó desde que era una <u>cría</u>, cada una de las conversaciones, palabra por palabra. Estaba sentada en la falda de mi abuela jugando con sus pendientes de perlas, cuando mi madre le dijo que nos iríamos de la Isla. Abuela Celia la acusó de haber traicionado la Revolución. Mamá trató de separarme de la abuela, pero yo me agarré a ella y grité a todo pulmón.[1v] Mi abuelo vino corriendo y dijo: «Celia, deja que la niña se vaya. Debe estar con Lourdes». Esa fue la última vez que la vi. […]

La mayor parte del tiempo, Cuba, para mí, es como si hubiese muerto, aunque de vez en cuando un <u>ramalazo</u> de nostalgia me golpea[2] y tengo que reprimirme[3] para no secuestrar[4] un avión hacia La Habana o algo así. Siento rencor contra ese infierno de políticos y generales que fuerzan los acontecimientos que estructurarán nuestras vidas, y que controlan los recuerdos que tengamos cuando seamos viejos. Cada día que pasa, Cuba se desvanece[5] un poco más dentro de mí, mi abuela se desvanece un poco más dentro de mí. Y el lugar que debería estar ocupado por nuestra historia, está ocupado tan sólo por mi imaginación.

[1]*a… at the top of my lungs* [2]*me… hits me* [3]*hold myself back* [4]*hijack* [5]*se… fades away*

No ayuda en nada el que Mamá se resista a hablar de Abuela Celia. Se molesta cada vez que le pregunto por ella y me manda callar de inmediato, como si yo estuviese intentando sonsacarle[6] un alto secreto de Estado. Papá es más abierto, pero él no puede contarme lo que yo necesito saber, como, por ejemplo, las razones por las que Mamá casi nunca le dirige la palabra a Abuela, o por qué ella aún continúa conservando la fusta[7] que usaba en Cuba cuando montaba a caballo. Él se pasa la mayor parte del tiempo intentando actuar de moderador en nuestras peleas, y el resto del tiempo está flotando dentro de su propia órbita.[8]

¿Quién(es)? ¿Dónde? ¿Qué pasó?

Aquí la narradora cuenta cómo, muchos años después, ella vuelve con su madre a Cuba. Allí reflexiona sobre su identidad y sus raíces culturales.

Llevamos cuatro días en Cuba y Mamá no ha hecho otra cosa que quejarse y sentarse a fumar cigarro tras cigarro cuando se cierra la noche. Discute con los vecinos de Abuela, busca bronca[9] con los camareros, riñe con[10] el hombre que vende los <u>barquillos</u> de helado en la playa. Le pregunta a todo el mundo cuánto ganan y, no importa lo que le contesten, siempre les dice: «¡Podrías ganar diez veces más en Miami!» Para ella, el dinero es el fondo de todas las cosas. Además intenta pillar[11] a los obreros robando para poder decir: «¡Mira! ¡*Esa* es su lealtad con la Revolución!»

El Comité Pro Defensa de la Revolución ha comenzado a montarle broncas a Abuela por culpa de Mamá, pero Abuela les dice que tengan paciencia, que ella se quedará sólo una semana. Yo quiero quedarme más tiempo, pero Mamá se niega porque no quiere dejar en Cuba más divisas,[12] como si nuestras contribuciones fueran a enriquecer o a <u>arruinar</u> la economía. (Por cierto, a Mamá le dio un ataque de apoplejía cuando se enteró que tenía que pagar una habitación de hotel con sus tres comidas diarias correspondientes durante el tiempo que durase nuestra estancia, aunque nos estuviéramos quedando en casa de familiares.)

[6]*to pry out of her* [7]*riding crop* [8]*orbit, world* [9]busca... *she picks fights* [10]riñe... *she berates*
[11]*to catch* [12]*hard currency*

«¡Sus pesos no valen nada[13]! —grita—. ¡Nos permiten que entremos al país porque necesitan de nosotros, y no lo contrario!» En cualquier caso no entiendo cómo le han dejado entrar a ella. ¿Estarán haciendo estos cubanos sus deberes como Dios manda?

Sigo pensando que a mi madre le va a dar un ataque cardíaco en cualquier momento. Abuela me dice que no es normal el calor que está haciendo para ser abril. Mamá se ducha varias veces al día, y luego enjuaga[14] su ropa en el fregadero y se la pone mojada[15] para refrescarse.ᵛ En casa de Abuela no hay agua caliente. El océano está más caliente que el agua que sale por sus grifos,[16] pero ya me estoy acostumbrando a las duchas frías. La comida es otra historia, y, para colmo,[17] grasienta como el demonio. Si me quedara aquí más tiempo, terminaría comprándome un par de esos pantalones elásticos color neón que llevan puestos todas las mujeres cubanas. Debo admitir que la vida aquí es bastante más dura de lo que yo me pensaba, pero al menos todos parecen tener cubiertas sus primeras necesidades.

¿Quién(es)? ¿Dónde? ¿Qué pasó?

Pienso en lo distinta que habría sido mi vida si me hubiese quedado con mi abuela. Creo que soy probablemente la única ex *punky* de toda la Isla, que nadie más lleva las orejas agujereadas[18] en tres lugares distintos. Se me hace difícil pensar en mi existencia sin Lou Reed. Le pregunto a Abuela si en Cuba yo podría pintar lo que me diera la gana y me dice que sí, siempre y cuando no atente contra el Estado. Cuba está aún en vías de desarrollo,[19] me dice, y no puede permitirse el lujo de la disidencia. Y entonces cita algo que El Líder había dicho en los primeros años, antes de que comenzaran a arrestar a poetas: «A favor de la Revolución, todo; en contra de la Revolución, nada». Me pregunto lo que pensaría El Líder sobre mis pinturas. El arte, le diría yo, es la máxima revolución. […]

He comenzado a soñar en español, cosa que no me había pasado nunca. Me despierto sintiéndome distinta, como si algo dentro de mí estuviese cambiando, algo químico e irreversible. Hay algo mágico aquí que va abriéndose camino por mis venas. Hay algo también en la vegetación a lo que yo respondo instintivamente: la hermosa buganvilla, los flamboyanes[20] y las jacarandás,[21] las orquídeas que crecen sobre los troncos de las misteriosas ceibas.[22] Y quiero a La Habana, su bullicio[23] y su decadencia y su aquello de fulana.[24] Podría sentarme feliz durante días y días en uno de aquellos balcones de hierro forjado,[25] o quedarme en compañía de mi abuela en su porche, con su vista al mar de primera fila.[26]ᵛ Me da miedo perder todo esto, perder nuevamente a Abuela Celia. Pero tarde o temprano tendré que regresar a Nueva York. Ahora sé que es allí adonde pertenezco (y no *en vez* de a Cuba, sino *más* que a Cuba). ¿Cómo puedo decirle esto a mi abuela?

[13]no… *are worth nothing*   [14]*she rinses*   [15]*wet*   [16]*faucets*   [17]para… *to top it all off*   [18]*pierced*   [19]en… *developing*   [20]*type of tree found in the Caribbean*   [21]*jacaranda trees*   [22]*silk-cotton trees*   [23]*din*   [24]aquello… *whorishness*   [25]hierro… *wrought iron*   [26]primera… *front row*

VERIFICAR

¿Quién(es)? ¿Dónde? ¿Qué pasó?

Después de leer

A. Comprensión   Conteste las siguientes preguntas, según la lectura.

1. ¿Qué relaciones tiene Pilar, la narradora, con Cuba y con la familia que se quedó allí?
2. ¿Cómo son las relaciones entre Mamá y Abuela Celia?
3. ¿Qué hizo Mamá durante la visita a Cuba? ¿Cómo se portó?
4. ¿Cómo describe Pilar la vida en Cuba?
5. ¿Dónde dice Pilar que tiene sus raíces?

B. El editor exigente   Un editor lee este capítulo de la novela y pide que se hagan algunos cambios. Imaginándose que Ud. es Cristina García, añada la siguiente sección según las sugerencias del editor, manteniendo el tono original de la lectura.

«Me gusta el fin, pero creo que sería interesante añadir otro párrafo sobre cómo cambian las cosas o no cuando Pilar vuelve a Nueva York. Escriba un último párrafo que explique cómo Pilar percibe su vida en Nueva York después de haber viajado a la Isla».

C. Citas   En grupos de dos o tres, expliquen con sus propias palabras el significado de las siguientes citas tomadas de la lectura.

1. «Debo admitir que la vida aquí es bastante más dura de lo que yo me pensaba, pero al menos todos parecen tener cubiertas sus primeras necesidades».
2. «Me da miedo perder todo esto, perder nuevamente a Abuela Celia».
3. «El arte, le diría yo, es la máxima revolución».
4. «Ahora sé que es allí adonde pertenezco (y no *en vez* de a Cuba, sino *más* que a Cuba)».

SÍNTESIS

D. Para comentar   En grupos pequeños, hagan comentarios sobre las protagonistas del cuento y su experiencia en Cuba. **¡OJO!** Presten atención a los puntos gramaticales que deben utilizar para hacer oraciones precisas.

1. Describan a Pilar, Mamá y Abuela Celia. Utilicen su imaginación y la información de la lectura para describir su apariencia física y luego la personalidad de cada mujer.
2. Hagan comparaciones entre las tres generaciones de mujeres del cuento.
3. Háganles recomendaciones a las tres mujeres sobre cómo mantenerse unidas a través de la distancia y cómo pueden o deben resolver sus diferencias.

(Continúa.)

4. ¿Cuáles son las cosas de Cuba que le molestan a la madre de Pilar?

5. Describan algunas de las experiencias que tuvieron Pilar y su madre cuando visitaron a Abuela Celia en Cuba.

6. ¿Cómo se sentirían Uds. si tuvieran que irse de su lugar de origen y si jamás pudieran regresar? ¿Qué harían para mantener sus conexiones con ese lugar y con la gente que se quedó allí?

7. ¿Qué pasará cuando las familias cubanas puedan viajar con libertad entre los Estados Unidos y Cuba?

E. **La democracia familiar**   Se supone que la madre de la narradora cree en la democracia, pero actúa como una dictadora, separando a su hija de su abuela. ¿Qué opina Ud. sobre el poder que tienen los padres?

Paso 1   Comente el papel que Ud. hace o hacía en su familia con respecto a los siguientes temas. ¿Quiénes tomaban las decisiones? ¿Cómo se decidía… ? ¿Tenía Ud. voto?

1. los quehaceres domésticos
2. dónde vivían
3. las vacaciones familiares
4. dónde y qué estudiaban los hijos

Paso 2   Con toda la clase, comenten lo siguiente. Teniendo en cuenta su propia experiencia, ¿creen Uds. que es importante que los hijos tengan voz y voto en todas las decisiones de la familia? ¿Debe ser una democracia la familia? ¿Por qué sí o por qué no?

F. **Composición**   Abuela Celia, Mamá y Pilar pertenecen a tres generaciones distintas y se criaron en tres realidades culturales e históricas diferentes. Piense en las experiencias de su propia familia en cuanto a las relaciones intergeneracionales. Escriba sobre sus propias relaciones con sus abuelos y tíos mayores y cómo estas relaciones han afectado su vida.

Yo experto/a

Escoja una persona, un lugar o un tema cultural mencionado en esta unidad para investigar más a fondo. Debe incluir en su reportaje por lo menos cuatro de las metas comunicativas. Puede presentar su investigación en un informe escrito o hacer una presentación oral delante de la clase. Siga las indicaciones en el **Apéndice 2: Yo experto/a** como guía para su reportaje.

PERSONAS	LUGARES	TEMAS
Fulgencio Batista	La Habana, Cuba	las familias hispanas
Fidel Castro	Mérida, Venezuela	la inmigración hispana a los Estados Unidos
Roberto Clemente, Jr.	Nuyorican Poets' Café	la música caribeña
Jack Delano	San Juan, Puerto Rico	Nuyorican Poets' Café
Alina Fernández Revuelta	San Pedro de Macorís, República Dominicana	la opresión dictatorial
Cristina García	El Yunque, Puerto Rico	la política entre Cuba y los Estados Unidos
Ernesto «Che» Guevara		las relaciones intergeneracionales
las hermanas Mirabal		la Revolución Cubana
Jacobo Morales		
Nick Quijano		
Rafael Leonidas Trujillo		

Ahora que Ud. ha terminado la **Unidad 2,** complete los ejercicios correspondientes del *ActivityPak* en el *Online Learning Center* (**www.mhhe.com/metas**) para repasar el vocabulario, gramática y temas culturales de esta unidad.

Pasiones y sentimientos

México

Una puesta del sol (sunset) romántica, Puerto Vallarta, México

Check out these exciting multimedia ancillaries to the *Metas* program:

 ActivityPak

 Online Learning Center

 Online *Manual*

 Music CD

¿Está equilibrada su vida?

Puntos clave

Temas centrales

- el amor
- los sentimientos
- las pasiones

En este capítulo Ud. va a explorar los temas de las pasiones y las relaciones sentimentales.

Preguntas para considerar

- ¿Qué nos atrae de otra persona?
- ¿Qué hace que las relaciones senti-mentales sean duraderas o pasajeras (*fleeting*)?
- ¿Cuáles son las emociones que surgen en las relaciones humanas?
- En el cuadro, se representa el amor prohibido. Hoy en día, ¿es fuerte la influencia de los padres en los hijos cuando estos escogen su pareja?

El Callejón del Beso (*Guanajuato, México*)

La historia

Watch the **dibujo animado** related to this section in the *ActivityPak* on the *Online Learning Center* (**www.mhhe.com/metas**).

Buscando el equilibrio

Situación: En los últimos años Diego y Cristina han tenido unas relaciones sentimentales problemáticas. Se quieren mucho pero no han podido mantener un **compromiso** porque no disponen del tiempo necesario para cultivar unas relaciones **exitosas.** Aunque Cristina está segura de que Diego y ella son **almas gemelas,** de nuevo empieza a tener dudas en cuanto al futuro de estas relaciones. A menudo, comparte sus preocupaciones con su amiga Laura.

Cristina y Laura están almorzando en Calle Ocho, un café y club salsero del centro de Austin. Lea el diálogo y preste atención al uso del vocabulario nuevo **en negrita.**

Cristina y Diego: ¿Almas gemelas?

CRISTINA: Ay, Laura, no creo que me quede otro remedio que **romper con** Diego definitivamente.

LAURA: Pero, ¿qué pasó? Pensaba que todo iba bien entre los dos. La última vez que los vi bailando aquí en la Calle Ocho, parecían más **enamorados** que nunca.

CRISTINA: Lo amo y él me ama, eso sí lo sé. Somos **almas gemelas.** Pero su pasión por su negocio es tan fuerte como su amor por mí,… o quizás más.

LAURA: No es verdad.

CRISTINA: Pues, a veces me siento en segundo lugar, así como me sentí después de lo que pasó el sábado por la noche.

LAURA: Dime.

CRISTINA: Pues, ¿qué te parece? Habíamos quedado en salir[1] a bailar a las 8:00 ¡y **me dejó plantada!**

LAURA: ¿Cómo?

CRISTINA: Sí, él tuvo una reunión con un cliente de Guadalajara a las 6:00 y se apasionó tanto con la conversación que se olvidó de mí. Es la segunda vez que me lo hace este mes, ¿tú crees?

LAURA: ¡Qué frustrante!

CRISTINA: **Me puse rabiosa** y le dije que lo iba a dejar para siempre, pero ahora lamento mi reacción. Estoy totalmente **confundida.**

---

[1]Habíamos… *We had agreed to go out*

LAURA:	Qué pena, Cristina. Está claro que los dos se quieren. Y ahora recuerdo que lo que primero te **atrajo** de Diego fue su pasión por su trabajo.
CRISTINA:	Ya lo sé. Me pone triste pensar que algo tan bueno pueda terminar en **fracaso. Odio** que Diego **se ponga** tan **emocionado** con los asuntos de su trabajo. Francamente me siento **celosa** de esa pasión.
LAURA:	**Te mereces** mejor **trato,** Cristina. Diego tiene que buscar un **equilibrio** entre el amor y el trabajo. Pero tú también tienes que hacer algo para quitarte ese **resentimiento** que tienes.
CRISTINA:	¿Qué me sugieres que haga?
LAURA:	Para que unas relaciones sean **exitosas,** los dos necesitan tener sus propios intereses. Eres una mujer moderna, inteligente y profesional. Tú misma me dijiste una vez que antes te encantaba sacar fotos y hacer caminatas.
CRISTINA:	Tienes razón. A lo mejor debo unirme otra vez al Club Sierra.
LAURA:	Hazlo, Cristina.

Actividades

A. **La búsqueda de las metas comunicativas en contexto**

Paso 1   Identifique en el diálogo ejemplos de las siguientes metas comunicativas: Descripción (D) y Narración en el pasado (P). Subraye cada palabra o frase que represente una (o una combinación) de estas metas comunicativas. Luego, escriba al margen la(s) letra(s) que corresponde(n) a cada ejemplo subrayado (D o P).

P/D, P
P/D

MODELOS: Me puse rabiosa y le dije…

…parecían más enamorados que nunca.

Paso 2   Busque los pronombres de complemento directo e indirecto. Luego, indique en su cuaderno a qué se refiere cada complemento como en los modelos.

MODELOS: La última vez que los vi bailando… (los: Se refiere a Cristina y Diego.)

…y él me ama,… (me: Se refiere a mí, Cristina.)

B. **Comprensión**   Conteste las siguientes preguntas, según el diálogo.

1. ¿Quién es Cristina?
2. ¿Por qué considera Cristina romper con Diego?
3. ¿Por qué se sorprendió Laura?
4. ¿Qué le confesó Cristina a Laura?
5. ¿Qué sugerencia le hace Laura a Cristina?
6. En su opinión, ¿se podrán salvar estas relaciones?

C. Reacciones y recomendaciones Termine las siguientes oraciones, basándose en la situación de Diego y Cristina y utilizando un conector de la siguiente lista en cada oración.

MODELO: A Laura no le gusta que Cristina piense romper con Diego ya que parece que son almas gemelas.

1. A Cristina no le gusta que…
2. Laura insiste en que Cristina…
3. Es obvio que Diego y Cristina…
4. Yo recomiendo que Cristina…

D. Diálogo En parejas, vuelvan a crear el diálogo entre Cristina y Laura, utilizando sólo su memoria y sus propias palabras y preséntenlo a la clase.

Conectores

en cambio
para que + *subjuntivo*
por eso
porque
sin embargo
ya que

Vocabulario del tema

Para hablar de las relaciones sentimentales

abrazar	to hug
atraer (*irreg.*)	to attract
besar	to kiss
casarse (con)	to marry, get married (to)
confiar (confío) en	to trust in
coquetear	to flirt
dejar a alguien	to leave someone
dejar plantado/a	to stand (someone) up
discutir	to argue
divorciarse (de)	to get a divorce (from)
enamorarse (de)	to fall in love (with)
engañar	to deceive
merecer (merezco)	to deserve
meterse en líos	to get into trouble
odiar	to hate
piropear	to compliment (romantically)*
ponerse (*irreg.*)	to become, get†
querer (*irreg.*)	to love

—Mi amor . . . prométeme que nunca más volverás a ordenar en francés . . .

Describa la «noche inolvidable» de esta pareja.

romper con	to break up with
salir (*irreg.*) **con**	to date
ser (*irreg.*) **fiel**	to be faithful
soñar (ue) con	to dream about

****Piropear** and **piropo** carry a special significance in Hispanic culture. See the **Nota cultural** on page 116.

†Remember that **ponerse** is used with adjectives to communicate the English concept of *to become/get + adjective* when describing emotional or physical states.

Me puse nerviosa.	I became/got nervous.
Él se puso rojo.	He blushed. (*Literally:* He became/got red.)

Para describir las relaciones sentimentales*

dañino/a	harmful
duradero/a	lasting
exitoso/a	successful
genial	wonderful
inolvidable	unforgettable
pasajero/a	fleeting
tempestuoso/a	stormy

Para describir las emociones*

alucinado/a	amazed
apasionado/a	passionate
apenado/a	pained, sad
asqueado/a	repulsed
asustado/a	frightened
avergonzado/a	embarrassed
cauteloso/a†	cautious
celoso/a	jealous
confundido/a	confused
deprimido/a	depressed
emocionado/a	excited
enfadado/a ⎫ enojado/a ⎭	angry

halagado/a	flattered
harto/a (de)	fed up (with), sick (of)
nostálgico/a	nostalgic; homesick
perdido/a	lost
rabioso/a	furious
satisfecho/a	satisfied

Más sobre las relaciones sentimentales

el alma gemela	soul mate
la amistad	friendship
el compromiso	commitment
el equilibrio	balance
el fracaso	failure
la media naranja	other half
el noviazgo	courtship
la pareja	partner; couple
el piropo	(romantic) compliment
el resentimiento	resentment
el riesgo	risk
el trato	treatment

Actividades

A. ¿Está Ud. de acuerdo?   Lea las siguientes opiniones. Con un compañero / una compañera, comenten por qué están de acuerdo o no con esas afirmaciones. Deben reaccionar ante las opiniones de su compañero/a.

Para conversar mejor

Desde mi punto de vista…	No estoy de acuerdo en absoluto.
En mi opinión… / Yo creo que…	Pero, ¿qué dices?
Estoy completamente de acuerdo.	¡Qué barbaridad!
Me sorprende que creas eso.	Tienes toda la razón.

---

1. No es prudente salir con una persona que siempre coquetea con otras.
2. Es natural sentirse enojado/a si alguien lo/la deja plantado/a.
3. Es esencial hacer todo lo posible para no divorciarse nunca.
4. Una amistad entre personas sin intereses similares es imposible.

(Continúa.)

---

*Remember to use **ser** with adjectives when describing inherent characteristics and **estar** when referring to emotional or physical states.
†**Cauteloso/a** is only used with **ser.**

5. No es una buena idea casarse con una persona súper guapa.

6. Enamorarse de una persona de otro país es meterse en líos.

7. Las personas apasionadas con su trabajo o con otra cosa que las absorbe no hacen buenos amigos.

8. Sería genial conocer a la futura pareja a través del Internet.

9. Ser fiel a su pareja es lo más importante en una relación amorosa.

B. Preguntas personales En parejas, contesten las siguientes preguntas, utilizando palabras y frases del **Vocabulario del tema.** Mientras escuche a su compañero/a, reaccione con algunas expresiones de **Para conversar mejor.** Luego, compartan sus respuestas con el resto de la clase.

Para conversar mejor

¡Qué barbaridad!	¡Qué vergüenza!
¡Qué bueno!	¡Bárbaro!
¡Qué chévere/guay/padre!	¡Fenomenal!
¡Qué horror!	¿De veras? ¿En serio?
¡Qué lío!	Sí, tienes razón.
¡Qué suerte!	¿Tú crees?

---

1. ¿Qué pasó la última vez que Ud. se asustó?
   ¿Qué hizo alguna vez para hacer que alguien se sintiera halagado/a?
   ¿Recuerda alguna situación de su niñez en la que se sintió muy avergonzado/a?

2. ¿Qué actividades le apasionan a Ud.? ¿Cree que pasa demasiado o poco tiempo haciendo esas actividades que le apasionan? Explique su opinión.
   ¿Ha hecho amistades a través de esas actividades? Describa cómo son esas amistades.

3. ¿Qué consejos le daría a un hombre cuya novia rompió con él por correo electrónico?

4. Haga una comparación entre el comportamiento de una pareja que tiene relaciones exitosas y una pareja que tiene relaciones dañinas.
   ¿Qué les recomienda a las dos parejas?
   ¿Qué haría Ud. para no meterse en líos en sus propias relaciones sentimentales?

C. ¿Qué nos atrae? Pensando en su grupo de amigos íntimos, ¿tienen todos una personalidad semejante? ¿Tienen Uds. los mismos intereses?

Paso 1 Llene la siguiente tabla indicando con una X cuáles de los adjetivos se pueden aplicar a su propia personalidad y a la personalidad de su mejor amigo/a. Luego, indique cuáles de las actividades les interesan a Ud. y a su mejor amigo/a. Finalmente, añada algunas características y algunos intereses de Ud. y su mejor amigo/a que no aparecen en la tabla.

CARACTERÍSTICAS			INTERESES		
ADJETIVOS	YO	MI MEJOR AMIGO/A	ACTIVIDADES	YO	MI MEJOR AMIGO/A
atrevido/a			chismear		
cómico/a			cocinar		
estudioso/a			hacer ejercicio		
fiestero/a			ir a los bares		
hablador(a)			ir de compras		
independiente			jugar videojuegos		
práctico/a			leer		
religioso/a			mirar deportes		
testarudo/a			mirar telenovelas		
tranquilo/a			tomar el sol		
¿ ?			viajar		
¿ ?			¿ ?		
¿ ?			¿ ?		

Paso 2   Ahora, calcule los resultados. ¿Cuántas características tienen en común? ¿Cuántos intereses comparten? Comparta esta información con un compañero / una compañera de clase, explicándole por qué ha sido exitosa su amistad con su mejor amigo/a.

Paso 3   En grupos de tres, compartan los resultados y comenten las siguientes preguntas.

1. ¿Cree Ud. en la idea de que los opuestos se atraen?
2. ¿Pueden ser exitosas las relaciones entre personas muy diferentes?
3. ¿Cuál es más importante para tener una amistad duradera: poseer características personales similares o compartir muchos intereses?
4. ¿De qué manera puede una pasión impedir las buenas relaciones interpersonales?
5. ¿Conoce Ud. a alguien que tenga una pasión que lo/la haya alejado (*has distanced him/her*) de sus amigos o familiares?

D. Problemas repentinos   Entre todos, revisen los siguientes problemas y hagan una lista de las palabras del **Vocabulario del tema** de este capítulo y de capítulos anteriores que los ayuden a conversar con facilidad sobre cada uno. Después, en parejas, preparen un diálogo espontáneo sobre cada problema repentino.

1. Dos ex amigos hablan en un *talk show* hispano sobre por qué ya no son amigos.

2. Su novio/a acaba de mandarle una tarjeta virtual (o flores virtuales) para el Día de San Valentín a través del Internet en vez de una tarjeta tradicional o flores de verdad. Ud. está furioso/a y él/ella no comprende su reacción.

3. Imagínese que su mejor amigo/a acaba de conocer a un hombre/una mujer a través del Internet. Ud. es muy cauteloso/a y cree sin la menor duda que no es prudente salir con esa persona, pero su mejor amigo/a está seguro/a de que esa persona es su media naranja.

Nota cultural ▪ Los piropos

Imagínese la siguiente situación: Varios hombres están reunidos en un lugar público, charlando.[1] De repente, ven pasar un coche descapotable,[2] último modelo, de una marca famosa. Uno de los hombres exclama: «¡Vaya máquina!». Poco después, los hombres ven pasar a una mujer muy guapa y no pueden evitar un comentario: «¡Vaya monumento!». Estos hombres acaban de piropear a una mujer atractiva.

El piropo es una forma de expresión muy hispana que los hombres usan normalmente para halagar a las mujeres. Cuando los piropos tienen gracia[3] y son inofensivos, pueden ser bien recibidos por las mujeres. Por desgracia, las cosas que se dicen no siempre son un modo inocente de coqueteo. Es posible que reflejen el mal gusto y la grosería de quien las dice y, por lo tanto, pierden su validez como piropos y pasan a ser algo diferente y desagradable. Cuando esto ocurre, la reacción de la mujer será de disgusto y rechazo.

A algunas mujeres hispanas les puede agradar que las piropeen por la calle, siempre que se trate de un verdadero piropo y no de una barbaridad vulgar y obscena. Es indudable que hasta los piropos más simpáticos implican una coquetería «sensual», pero cuando un hombre traspasa los límites permitidos ya no se trata de un sencillo piropo, sino de una agresión que nunca será bien recibida.

[1]hablando   [2]*convertible*   [3]tienen... *are charming*

Conversación en parejas

Aunque no es lo normal, las mujeres también dicen piropos. En parejas, escriban dos o tres piropos (¡en español, claro!) para decirle a un hombre y otros dos o tres para decirle a una mujer. Luego, compartan sus piropos con la clase.

Puntos clave

Narración en el pasado

En esta sección del capítulo, Ud. va a practicar la narración en el pasado. Para hacerlo bien, hay que utilizar las estructuras gramaticales (los puntos clave) de la siguiente tabla que pertenecen a la meta comunicativa. Antes de continuar, estudie las explicaciones de estas estructuras gramaticales en las páginas amarillas (325–335).

LA META COMUNICATIVA DE ESTE CAPÍTULO		
ICONO	META COMUNICATIVA	PUNTOS CLAVE
PASADO P	Narración en el pasado	• el pretérito • el imperfecto • los tiempos perfectos • **hace... que**

El Callejón del Beso, Guanajuato, México

Ponerlo a prueba

Hay muchas versiones de la leyenda del «Callejón del Beso», lugar de una historia romántica en la ciudad de Guanajuato, México. Lea la siguiente versión y llene los espacios en blanco con la forma apropiada del pretérito, del imperfecto o del pluscuamperfecto, según el contexto.

Hace muchos años, en un pequeño callejón de la ciudad de Guanajuato, ＿＿＿[1] (vivir) un matrimonio de dinero con su única hija, Carmen. Un día Luis, un minero pobre, ＿＿＿[2] (ver) a Carmen en la iglesia y los dos ＿＿＿＿[3] (enamorarse). Los padres de Carmen ＿＿＿＿[4] (querer) que su hija se casara con un español rico y por eso ＿＿＿＿[5] (oponerse) definitivamente a las relaciones entre los jóvenes. Pero Luis y Carmen ＿＿＿＿[6] (quererse) desesperadamente y a pesar de las amenazas[a] de su padre, Carmen ＿＿＿＿[7] (salir) al balcón de su cuarto que daba al balcón del cuarto de Luis al otro lado del callejón y así los jóvenes enamorados ＿＿＿＿[8] (pasar) horas hablándose.

[a]*threats*

(Continúa.)

Una noche el padre de Carmen los _____⁹ (ver) besándose desde un balcón al otro y _____¹⁰ (ponerse) tan rabioso que _____¹¹ (jurar) matar a Carmen si volvía a verla con Luis. Pero Carmen _____¹² (estar) tan enamorada de Luis que no _____¹³ (poder) soportar la separación y _____¹⁴ (volver) al balcón y a las charlas románticas. Unas semanas después, el padre de Carmen _____¹⁵ (entrar) al cuarto de su hija mientras ella _____¹⁶ (hablar) con Luis desde su balcón y en una furia _____¹⁷ (matar) a su única hija con una daga.ᵇ Luis no _____¹⁸ (poder) vivir sin el amor de Carmen y, desesperado, _____¹⁹ (suicidarse) tirándose desde la boca de la mina donde trabajaba.

Hoy en día, según la leyenda, si dos enamorados se besan con amor en el tercer escalónᶜ del mismo callejón, tendrán quince años de buena fortuna. Pero si pasan sin darse un beso, tendrán siete años de mala suerte.

ᵇ*dagger*   ᶜ*step*

Expresiones útiles

Las siguientes expresiones le pueden servir para narrar en el pasado.

Para contar una historia

además, también	luego
al mismo tiempo	mientras
después	por eso, por lo tanto
de vez en cuando	por último, por fin…
en cambio	primero, segundo
finalmente, al final	

Para añadir emoción a su historia

Te voy a contar algo increíble (estupendo, ridículo) que le pasó a…	*I'm going to tell you something incredible (wonderful, ridiculous) that happened to…*
Escucha lo que le sucedió a…	*Listen to what happened to…*
Pero eso no fue nada.	*But that was nothing.*
Ahora viene lo peor.	*Now comes the worst part.*
Se dio cuenta de* que…	*He/She realized that…*
De repente / De golpe	*Suddenly*
¡Cataplún!	*Crash!*
¡Paf!	*Bang!*

Para reaccionar ante una historia

¡Bárbaro!	
¡De ninguna manera!	*No way!*
¡Fenomenal!	
¡Imagínate!	*Imagine that!*
¡Pobrecito/a!	*Poor thing!*
¡Qué chévere/guay/padre!	
¡Qué lío!	
¡Qué mala onda!	
¡Qué mala pata!	

---

*__Realizó__ is never appropriate here, as **realizar** means *to fulfill, accomplish*.

Actividades

PASADO

Las siguientes actividades le darán la oportunidad de narrar en el pasado. Recuerde que se usa el imperfecto mayormente para descripciones en el pasado y para hablar de lo que hacía una persona habitualmente. En cambio, se usa el pretérito para adelantar el argumento de una historia.

A. Cuando era joven Termine las siguientes oraciones. Dos oraciones deben describir algo verdadero y dos algo inventado. En grupos de tres, revelen sus afirmaciones. Háganles preguntas a sus compañeros/as para poder averiguar cuáles afirmaciones son verdaderas y cuáles son falsas. Luego, compartan con la clase la cosa más interesante que hizo o hacía cada compañero/a.

1. Cuando tenía _____ años, siempre…
2. Una vez, mientras estaba en la escuela secundaria,…
3. De pequeño/a, antes de dormir, me gustaba…
4. Un día, cuando tenía _____ años,…

B. El remordimiento (*Remorse*) ¿Qué aspectos de su pasado lamenta Ud.? ¿Qué se puede aprender del pasado?

Paso 1 Todos han caído alguna vez en la tentación de actuar de una manera no muy apropiada. Lea las siguientes preguntas e indique si Ud. ha cometido lo siguiente alguna vez.

¿Alguna vez ha…

	SÍ	NO
1. tomado demasiadas bebidas alcohólicas?	☐	☐
2. dado una fiesta en la casa de sus padres cuando ellos no estaban allí?	☐	☐
3. coqueteado con un compañero / una compañera de trabajo?	☐	☐
4. insultado a un amigo / una amiga?	☐	☐
5. peleado con un hermano u otro pariente?	☐	☐
6. utilizado un documento de identidad falso?	☐	☐
7. salido con el novio / la novia de su mejor amigo/a?	☐	☐

Paso 2 Entre todos, hagan una encuesta (*survey*). ¿Cuántas personas respondieron «sí» a cada pregunta? Alguien debe apuntar los resultados de todas las preguntas en la pizarra.

Paso 3 En parejas, hablen de una de las situaciones del **Paso 1.** Expliquen las razones por las cuales actuaron de esa manera, cuáles fueron las consecuencias de sus acciones y cómo se sienten ahora.

Paso 4 Ahora, todos deben hacer otra encuesta. ¿Cuántas personas lamentan sus acciones? ¿Cuántas personas creen que los errores del pasado son resultados naturales de la juventud? ¿Cuántas personas creen que uno no debe lamentar sus errores si aprende de ellos?

C. Hablando de mi vida

Paso 1 Escoja uno de los siguientes temas y escriba un breve párrafo, incluyendo descripciones de fondo y las acciones clave de la situación.

1. el momento más vergonzoso de mi vida
2. algo que hice que enojó a un amigo / una amiga
3. algo que hice y que no quiero que sepan mis padres (hijos, amigos,...)
4. la decisión más importante que he tomado

Paso 2 Ahora, en grupos de tres o cuatro personas, repitan lo que han escrito, *sin leer* su párrafo. El grupo va a elegir el mejor relato y leerlo al resto de la clase.

D. El amor a primera vista Lea cómo se conocieron Diego y Cristina. A continuación se ve una serie de acciones que forman la columna (*backbone*) de su historia de amor. Note que cada acción adelanta el argumento de la historia. Con un compañero / una compañera, añadan detalles para describir qué llevaban, cómo se sentían, qué querían, cómo era el regalo, etcétera. Añadan por lo menos cuatro descripciones.

X   Cristina fue a Tesoros para compararle un regalo a su hermana.
X   Diego la vio entrar.
X   Fue inmediatamente a atenderla.
X   Le enseñó un regalo perfecto.
X   Hablaron sobre los artesanos y sobre su amor mutuo por México.
X   Decidieron tomar un café en Ruta Maya esa noche.
X   Se quedaron allí hasta las 2:00 de la madrugada.
X   Fue una cita muy especial para los dos.

E. Una noche desilusionante

Paso 1 En parejas, miren los siguientes dibujos y comenten lo que les pasó a Diego y Cristina la semana pasada.

Paso 2 ¿Qué le dijo Cristina a Diego al día siguiente? Preparen un diálogo entre los dos.

Rincón cultural

Lugares fascinantes

México

Guanajuato

1. **Guanajuato**   Esta ciudad al norte de la capital es un lugar muy romántico donde hay algo para todos los gustos. Al entrar en la ciudad uno cree que ha regresado en el tiempo, por la bella arquitectura colonial, las calles estrechas, las casas de colores pastel y las plazas pequeñas. Una de las características de la ciudad es las tradicionales estudiantinas —grupos de jóvenes estudiantes que se pasean por la ciudad de noche, vestidos de trovadores medievales, cantando serenatas para ganar dinero. Llevan grupos de turistas por las calles empedradas contándoles leyendas de la ciudad, como la del Callejón del Beso. Otros atractivos de Guanajuato son el Museo de Diego Rivera, la casa donde nació el artista, y el Teatro Juárez, considerado uno de los mejores de México. De hecho, Guanajuato es un centro cultural.

Cada año el Festival Internacional Cervantino atrae a artistas, músicos, bailarines, actores, cantantes y más de 150.000 visitantes de todas partes del mundo. Para las personas con gustos más macabros, hay que ver el Museo de las Momias. En Guanajuato, los cadáveres se momifican de forma natural a causa de los minerales que existen en la tierra y el agua que bebe la gente. Cuando las familias de los muertos no pueden pagar el cementerio, los cuerpos momificados se instalan en el Museo de las Momias.

Unas trajineras de Xochimilco

2. **México, D. F.**   Esta megaciudad, con más de 18 millones de habitantes, es la capital del país y una de las ciudades más grandes del mundo. Fue construida simbólicamente encima de Tenochtitlán, la antigua capital de los aztecas, cuyas ruinas no se encontraron sino hasta el siglo XX, durante las excavaciones para la construcción del metro. El D. F., como la conocen los mexicanos, siempre ha sido el centro político y cultural del país. Es una ciudad con muchos lugares públicos para pasear, como el Parque Alameda, el Zócalo y el Parque de Chapultepec, donde muchas familias pasan sus días libres. También están los famosos canales de Xochimilco. Hace siglos, sus canales interminables eran una parte importante del comercio de la ciudad. Hoy en día, los canales con sus trajineras[1] adornadas de flores le ofrecen a todo el mundo una manera

[1]*decorative boats for hire*

agradable de disfrutar de la naturaleza y uno de los sitios más pintorescos del Distrito Federal. Igual que muchas ciudades latinoamericanas, el D. F. es un lugar donde coexiste lo viejo con lo moderno. Hay elegantes casas coloniales, iglesias barrocas y rascacielos que sirven de testigos de la larga historia de la ciudad. Una de las joyas del D. F. es el Museo Nacional de Antropología, cuyos edificios se guardan tesoros de las culturas indígenas del país.

«El Castillo», la gran pirámide de Chichén Itzá

3. **Yucatán**   Muchos conocen este lugar sobre todo por sus bellas playas como las de Cozumel y Cancún. Por las aguas cristalinas del Caribe, son lugares ideales para hacer snorkeling o bucear. Sin embargo, la Península de Yucatán contiene otros tesoros importantes. Cuna[2] de la civilización maya, allí se encuentran algunas de las ruinas precolombinas más importantes del continente americano, como las de Chichén Itzá. Chichén Itzá fue un centro religioso de los mayas. El templo mayor, conocido como «el Castillo», da evidencia de los avances de los mayas en la arquitectura, las matemáticas y la astronomía. En el equinoccio de primavera (el 21 de marzo) el juego de luz solar en las crestas de la escalera norte crea la ilusión de que una serpiente desciende hacia el pie de la pirámide. Este efecto les indicaba a los mayas que era hora de sembrar el maíz. En contraste, en el equinoccio de otoño (el 21 de septiembre), el ascenso de la serpiente indicaba el inicio de la cosecha. Actualmente, todos los años hay grandes festivales en estas fechas para celebrar el inicio de la primavera o la llegada del otoño. Gente de todas partes del mundo llega para conectarse con la espiritualidad del lugar.

Teotitlán: Un pueblo conocido por sus tejidos cerca de Oaxaca

4. **Oaxaca**   La ciudad de Oaxaca es una de las más diversas y bellas de la República Mexicana. Su impresionante Jardín Etnobiológico muestra la diversidad biológica y étnica de este estado al sur de la Capital. La zona arqueológica de Monte Albán, donde los zapotecas construyeron su ciudad sagrada o «el pueblo de las nubes» alrededor del año 500 A.C.,[3] y la ciudad misma, tan bien preservada a lo largo de los siglos, hacen de Oaxaca un lugar muy especial. Allí, la herencia de las culturas prehispánicas se nota todos los días en su cocina, su música y en la alegría y colorido de sus fiestas, calles y mercados. El Zócalo es el centro de la vida oaxaqueña, con sus mercados al aire libre, sus iglesias coloniales, sus puestos llenos de tejidos y artesanías y sus cafés y restaurantes. Entre las comidas y bebidas típicas están los chapulines[4] fritos, varios moles,[5] el mezcal y el café de olla, hervido con canela y caña de azúcar. Cada julio, durante dos semanas, esta ciudad de 200.000 habitantes se inunda con más de 50.000 personas que vienen a participar en la Guelaguetza. En esta gran fiesta relacionada con el ciclo agrícola, los indígenas de las siete regiones del estado hacen demostraciones de la música y baile de su región y hacen ofrendas de productos típicos de su tierra.

[2]*Cradle*   [3]*«Antes de Cristo»*   [4]*grasshoppers*   [5]*flavorful sauces*

MÉXICO (ESTADOS UNIDOS MEXICANOS)	
Gobierno	presidencia constitucional
Ciudades principales	México, D. F.; Guadalajara; Monterrey; Puebla
Lenguas	español (oficial), más de 70 idiomas indígenas
Moneda	el peso

Actividades

A. Primero, busque en el mapa de México los cuatro lugares descritos en la sección anterior. Luego, indique el grado de interés (del 1 al 4) que Ud. tiene en visitar estos lugares.

B. Imagínese que Ud. acaba de volver de uno de los lugares fascinantes de México. Túrnese con un compañero / una compañera, utilice su imaginación y diga lo que Ud. hizo durante su estancia en ese lugar. Luego, ofrézcale sugerencias a su compañero/a para pasarlo bien en el lugar que Ud. visitó.

C. En grupos de tres, pónganse de acuerdo para elegir los dos lugares que les gustaría visitar con su futuro esposo / futura esposa durante su luna de miel (*honeymoon*). Recuerden que sólo tienen una semana de vacaciones, así que deben prestar atención a la distancia entre los lugares de interés. Luego, expliquen por qué escogieron esos lugares.

D. Mi viaje   Escriba un relato sobre un viaje imaginario que Ud. hizo a uno de los lugares fascinantes de México. Siga el siguiente bosquejo.

Iba a ir a… porque…
Pero decidí ir a… porque…
El viaje fue… Primero… Luego… Entonces… Finalmente…
Si mis amigos piensan ir a… recomiendo que…

Lo hispano en los Estados Unidos

«Un día sin mexicanos»

¿Qué pasaría si un día desaparecieran todos los hispanos de los Estados Unidos? La película *Un día sin mexicanos* explora esta pregunta usando el humor para indagar (*investigate*) temas muy serios. Lea el siguiente artículo sobre esta película.

¿Qué sería de California sin los mexicanos?

por Laura Wides

Los Ángeles (AP) – En California viven unos 12 millones de hispanos, aproximadamente un tercio[1] de la población del estado. ¿Qué pasaría si de un día para otro desapareciesen todos ellos?

En la nueva comedia de Sergio Arau *Un día sin mexicanos,* la respuesta es el caos.

Los cafés se quedan sin camareros, las verduras se pudren en los sembradíos,[2] faltan maestras en las escuelas y desaparecen funcionarios[3] electos, entre ellos el vicegobernador.

«La idea de la película era hacer visible lo invisible», explicó Arau, nativo de México e hijo del director y actor Alfonso Arau. «Es como un automóvil. Si le quitan un neumático,[4] uno se da cuenta».

Filmada en estilo documental por casi $2 millones, satiriza todo en un esfuerzo por resaltar los papeles de los hispanos en la sociedad de Estados Unidos.

«Muchas películas sobre la inmigración son muy serias o trágicas», dijo Arau, director y coguionista de la película. «Pero el humor es el mejor modo de desarrollar los temas serios porque la gente se relaja y está más flexible».

Su esposa Yareli Arizmendi, que actuó en la película del padre de Arau *Como agua para chocolate,* protagoniza a la reportera de televisión Lila Rodríguez, la última hispana en California, cuya búsqueda de los hispanos que se han esfumado[5] se torna en el último grito[6] de la «televisión realidad».

Mientras los busca, los escasos automovilistas recorren carreteras extrañamente despejadas y los Dodgers de Los Ángeles se ven obligados a

[1]*third*   [2]*fields*   [3]*officials*   [4]*tire*   [5]*desaparecido*   [6]*el… the latest craze*

cancelar partidos porque no tienen suficientes beisbolistas. Los fanáticos de los platillos voladores[7] insisten en que el sombrero mexicano es una réplica de la nave espacial que se los regresó a su planeta.

La cinta tiene particular repercusión en el estado más poblado de la nación.

En California los blancos representan el 45% de la población y los hispanos el 43%. Según el Censo del 2000, los hispanos son una cuarta parte de las maestras de jardín de infantes,[8] el 20% de los policías y el 88% de los trabajadores agrícolas.

«Sin embargo se suele ignorar la contribución económica y social de los hispanos», dijo Arau.

Las cuestiones de la inmigración son más complicadas que lo que puede explorar una película.

Por ejemplo, California atrae un número elevado de inmigrantes pero no recibe suficientes fondos federales para compensar los costos consiguientes de educación, cuidado de la salud, policía y otros servicios.

Quizás el punto flojo[9] de la película sea su pretensión ambiciosa de abarcar demasiadas facetas en una sola historia, pero Arau y Arizmendi aseguran que su objetivo es muy sencillo.

«Nos preguntan: '¿Qué quieren que hagan los espectadores cuando salgan del cine?'», preguntó Arizmendi. «Lo que queremos es que vayan a cenar y observen la complejidad de la gente diversa».

[7]platillos... *flying saucers*
[8]jardín... *kindergarten*   [9]*weak*

WWW Actividad de Internet

Paso 1   Busque información en el Internet sobre uno de los siguientes grupos hispanos y luego conteste las preguntas.

los centroamericanos	los mexicanoamericanos
los cubanoamericanos	los puertorriqueños

1. ¿Cuál es la historia de este grupo en este país? ¿Cuándo y a qué lugar empezaron a llegar? ¿Por qué dejaron su país?

2. ¿Cuáles son algunos de los problemas que experimentan los miembros de este grupo en este país?

3. ¿Cuáles son algunos de los programas u organizaciones que dan ayuda a los miembros de este grupo?

4. ¿Quiénes son algunas de las personas importantes de este grupo, es decir, que han contribuido de alguna manera significante al mejoramiento de su gente o de este país en general?

Paso 2   Ahora, busque información en el Internet sobre una de las personas de la siguiente lista y luego haga las actividades.

César Chávez	Antonia Novello
Sandra Cisneros	Ellen Ochoa
Dolores Huerta	George Santayana

1. Dé datos biográficos de la persona: cuándo y dónde nació, qué nivel de educación obtuvo, de dónde era su familia, etcétera.

2. Explique por qué es o era famosa esa persona.

Lectura

▲▲▲▲▲▲▲▲▲▲▲▲▲▲▲▲▲▲▲▲▲▲▲▲▲▲▲▲▲▲

Ángeles Mastretta nació en Puebla, México, en 1949. Hizo sus estudios de periodismo en la Universidad Autónoma de México (UNAM), en la capital del país, y ha colaborado en varios periódicos y revistas mexicanos. Durante los años 70 y 80 fue una figura importante en el movimiento feminista mexicano y la mayoría de sus artículos periodísticos y de sus libros de ficción trata del tema de la mujer. Entre sus obras narrativas se destacan las novelas *Arráncame la vida* (1985, Premio Mazatlán) y *Mal de amores* (1996, Premio Rómulo Gallegos).

El siguiente texto viene del segundo libro de Mastretta, *Mujeres de ojos grandes* (1990), una serie de 37 viñetas de mujeres criadas para los papeles más tradicionales de la mujer: esposa, madre, ama de casa. Sin embargo, Mastretta se empeña en demostrar que a pesar de sus límites, estas mujeres son fuertes, poseedoras de una sabiduría femenina inigualada por los hombres.

Antes de leer

A. Para comentar   En grupos de tres, contesten las siguientes preguntas.

1. ¿Creen Uds. que ser fiel es lo más importante en una relación amorosa? Expliquen.

2. ¿Conocen a una persona que parezca estar súper contenta con su relación amorosa cuando lo que se ve desde afuera no es precisamente ideal?

3. ¿Conocen a una persona que siempre lo vea todo de color de rosa (*through rose-colored glasses*)? ¿Es agradable o frustrante estar con este tipo de persona?

4. ¿Cómo puede una pareja enfrentar el aburrimiento que frecuentemente ocurre en un matrimonio que ha durado muchos años?

5. ¿Es peligroso soñar con otro hombre o mujer mientras se está comprometido/a con otro/a? Expliquen.

B. Acercándose al tema   Lea el título de la ficha a la izquierda y las nueve palabras asociadas con algunas relaciones matrimoniales.

La tía Valeria		
el desprecio[1]	la envidia	la risa
aburrirse	adorar	soñar con
desafiante	puro/a	radiante

[1]*disdain*

Con un compañero / una compañera, decida si los espacios en blanco requieren un sustantivo, un verbo o un adjetivo. Luego, escoja la palabra apropiada de la ficha para completar las oraciones.

1. Todos los que la conocían, decían que nunca habían visto a una mujer más enamorada y más _____ que la tía Valeria —su cara brillaba.

2. La tía Valeria hacía los deberes domésticos más ordinarios como si fueran actos de _____ pasión.

3. Su _____ clara y desafiante provocaba la _____ de otras mujeres.

4. Su marido era un hombre común y corriente con sus ataques de mal humor, con su necesario _____ por las comidas que le preparaba la tía Valeria.

5. Aunque sus amigas no podían entenderlo, la tía Valeria decía que _____ a su marido. Siempre hablaba bien de él.

6. Un día la tía Valeria reveló a su prima Gertrudis el secreto de no _____ nunca con su marido: simplemente cerrar los ojos y _____ otro hombre.

La tía Valeria (fragmento de Mujeres de ojos grandes)

VOCABULARIO

VISUALIZAR

Hubo una tía nuestra, fiel como no lo ha sido ninguna otra mujer. Al menos eso cuentan todos los que la conocieron. Nunca se ha vuelto a ver en Puebla mujer más enamorada ni más solícita que la siempre radiante tía Valeria.

Hacía la plaza en el mercado de la Victoria. Cuentan las viejas marchantas que hasta en el modo de escoger las verduras se le notaba la paz. Las tocaba despacio, sentía el brillo de sus cáscaras[1] y las iba dejando caer en la báscula.[2v]

Luego, mientras se las pesaban, echaba la cabeza para atrás y suspiraba,[3] como quien termina de cumplir con un deber fascinante.

Algunas de sus amigas la creían medio loca. No entendían cómo iba por la vida, tan encantada, hablando siempre bien de su marido. Decía que lo adoraba aun cuando estaban más solas, cuando conversaban como consigo mismas en el rincón de un jardín o en el atrio de la iglesia.

Su marido era un hombre común y corriente, con sus imprescindibles ataques de mal humor, con su necesario desprecio por la comida del día, con su ingrata certidumbre de que la mejor hora para querer era la que a él se le antojaba,[4] con sus euforias matutinas[5] y sus ausencias nocturnas, con su perfecto discurso y su prudentísima distancia sobre lo que son y deben ser los hijos. Un marido como cualquiera. Por eso parecía inaudita la condición de perpetua enamorada que se desprendía de los ojos y la sonrisa de la tía Valeria.

VOCABULARIO

[1]rinds, skins   [2]scale   [3]sighed   [4]era... was when he felt like it   [5]de la mañana

VERIFICAR

¿Quién(es)? ¿Dónde? ¿Qué pasó?

—¿Cómo le haces? —le preguntó un día su prima Gertrudis, famosa porque cada semana cambiaba de actividad dejando en todas la misma pasión desenfrenada[6] que los grandes hombres gastan en una sola tarea. Gertrudis podía <u>tejer</u> cinco suéteres en tres días, emprenderla a caballo durante horas, hacer pasteles para todas las kermeses de caridad,[7] tomar clase de pintura, bailar flamenco, cantar ranchero, darles de comer a setenta invitados por domingo y enamorarse con toda obviedad de tres señores ajenos cada lunes.[v]

—¿Cómo le hago para qué? —preguntó la apacible tía Valeria.

—Para no aburrirte nunca —dijo la prima Gertrudis, mientras ensartaba la aguja[8] y emprendía el bordado de uno de los trescientos manteles de punto de cruz[9] que les heredó a sus hijas—. A veces creo que tienes un amante secreto lleno de <u>audacias</u>.

La tía Valeria se rió. Dicen que tenía una risa clara y desafiante con la que se ganaba muchas envidias.

—Tengo uno cada noche —contestó, tras la risa.

—Como si hubiera de dónde sacarlos —dijo la prima Gertrudis, siguiendo hipnotizada el ir y venir de su aguja.

—Hay —contestó la tía Valeria cruzando las suaves manos sobre su regazo.[10]

—¿En esta ciudad de cuatro gatos más vistos y apropiados? —dijo la prima Gertrudis haciendo un nudo.

—En mi pura cabeza —afirmó la otra, echándola hacia atrás en ese gesto tan suyo que hasta entonces la prima descubrió como algo más que un hábito raro.

—Nada más cierras los ojos —dijo, sin abrirlos— y haces de tu marido lo que más te apetezca: Pedro Armendáriz o Humphrey Bogart, Manolete o el gobernador, el marido de tu mejor amiga o el mejor amigo de tu marido, el marchante que vende las calabacitas o el millonario protector de un asilo de ancianos. A quien tú quieras, para quererlo de

[6]*unbridled* [7]kermeses… *charity bazaars* [8]ensartaba… *threaded the needle* [9]manteles… *cross-stitched tableclothes* [10]*lap*

distinto modo. Y no te aburres nunca. El único riesgo es que al final se te noten las nubes[11] en la cara.[v] Pero eso es fácil evitarlo, porque las espantas con las manos y vuelves a besar a tu marido que seguro te quiere como si fueras Ninón Sevilla o Greta Garbo, María Victoria o la adolescente que florece en la casa de junto. Besas a tu marido y te levantas al mercado o a dejar a los niños en el colegio. Besas a tu marido, <u>te acurrucas</u> contra su cuerpo en las noches de peligro, y te dejas soñar…

Dicen que así hizo siempre la tía Valeria y que por eso vivió a gusto muchos años. Lo cierto es que se murió mientras dormía con la cabeza echada hacia atrás y un autógrafo de Agustín Lara debajo de la almohada.[12]

[11]*clouds*   [12]*pillow*

¿Quién(es)? ¿Dónde? ¿Qué pasó?

Después de leer

A. Comprensión   Conteste las siguientes preguntas, según la lectura.

1. ¿Cómo era la tía Valeria?
2. ¿Cómo era su marido? Según la narradora, ¿era un esposo excepcional?
3. ¿Qué hacía la prima Gertrudis para llenar su vida?
4. ¿Cómo se mantenía enamorada de su marido la tía Valeria?
5. ¿Qué opina Ud. de su solución?
6. ¿Cree Ud. que muchas relaciones amorosas terminan por razones poco serias?

B. El editor exigente   Imagínese que Ud. es Ángeles Mastretta. Un editor lee su cuento y le pide que añada un párrafo más sobre otra amiga de Gertrudis y Valeria que está segurísima de que Valeria tiene un amante. Manteniendo el tono y estilo de Mastretta, escriba un párrafo para añadir después de la línea: «A veces creo que tienes un amante secreto lleno de audacias». Empiece su párrafo con: «De hecho, la semana pasada hablé con Josefina y ella me dijo que… »

C. La vida fantástica de la tía Valeria

Paso 1   Imagínese que la tía Valeria habla con sus amigas del día de su cumpleaños. Las siguientes oraciones representan lo que de verdad pasó ese día. En parejas, cambien cada oración para reflejar la fantasía de la tía Valeria. Sigan el modelo.

MODELO: A mi esposo se le olvidó que ayer era mi cumpleaños →
          Mi esposo me despertó cantándome «Las mañanitas».

1. No me regaló nada.
2. Me perfumé y me maquillé porque quería salir, pero él no se bañó y se puso la misma camisa del día anterior.
3. Él pasó toda la tarde mirando fútbol en la televisión.

(Continúa.)

4. Pasé dos horas en la cocina preparando una cena elegante y mi esposo ni siquiera se dio cuenta.

5. Por la noche, salió a beber con sus amigos hasta las 2:00 de la mañana.

Paso 2 Ahora, añadan la «carne» de la historia ficticia de la tía Valeria. Combinen la información anterior con información de fondo, motivos, deseos, estados emocionales, etcétera, para hacer la historia más completa. Incorporen algunas de las **Expresiones útiles** de la página 118.

MODELO: Era un día espléndido. El sol brillaba y los pájaros cantaban cuando mi esposo me despertó cantándome «Las mañanitas». Había planeado un día extraordinario para mí. Primero…

D. **Quejas y recomendaciones** En parejas, lean lo que dicen Marco y Gabriela, una pareja enamorada. Escriban tres quejas que tendría Marco de Gabriela (y viceversa) en vista de lo que dice. Después, háganles dos recomendaciones sobre cómo tener unas buenas relaciones sentimentales.

MARCO: «El fútbol es pasión. Es magia. Es una mezcla de jubilo y de sufrimiento».

GABRIELA: «Si no pudiera ir de compras, me moriría. No sé qué haría sin el centro comercial y mis tarjetas de crédito».

E. **¿Gusto, pasión u obsesión?**

Paso 1 Indique si las siguientes actividades le parecer ser a Ud. un gusto, una pasión o una obsesión.

	GUSTO	PASIÓN	OBSESIÓN
1. dar caminatas los fines de semana	☐	☐	☐
2. ir al gimnasio tres veces al día	☐	☐	☐
3. leer cada novela policíaca que sale	☐	☐	☐
4. pasar más de seis horas al día en el Internet	☐	☐	☐
5. leer revistas de chismes sobre artistas de cine	☐	☐	☐
6. apostar (*betting*) sobre los resultados de un campeonato deportivo	☐	☐	☐

Paso 2 En parejas, expliquen cómo clasificaron cada actividad en el **Paso 1** y en qué circunstancias las clasificarían en las otras dos categorías. Sigan el modelo.

MODELO: Dar caminatas los fines de semana para mí es un gusto. Si fuera una pasión, caminaría todos los días, y si fuera una obsesión dejaría de trabajar y pasaría la vida caminando por el mundo.

F. **Una carta** Escriba una carta al esposo de la tía Valeria dándole consejos sobre cómo evitar las obsesiones y llegar a ser un hombre romántico.

¡A escribir!

A. Lluvia de ideas En grupos pequeños, trabajen juntos para generar ideas para una historia de amor que cada uno de Uds. va a escribir como composición.

1. **¿Dónde?:** Hagan una lista de cinco lugares posibles donde pueda empezar la acción de su cuento.

2. **¿Quién(es)?:** Luego, hagan una lista de cinco personas que puedan formar parte del conflicto entre los amantes de su historia.

3. **¿Qué pasó?:** Finalmente, hagan una lista de cinco situaciones que puedan utilizar en la trama de su historia.

B. Composición: Narración en el pasado Escoja un lugar, una persona y una trama para su historia de amor. Siga el bosquejo.

1. escoger un título preliminar

2. escribir un párrafo introductorio explicando dónde se conocieron los amantes de su historia de amor

3. describir a los amantes con muchos detalles, su apariencia física y sus sentimientos

4. explicar cómo la entrada de una tercera persona complica la vida de los amantes

5. escribir una conclusión describiendo cómo terminó la historia

6. reflexionar sobre el título y cambiarlo si quiere

C. Diálogo Lea la historia de amor de un compañero / una compañera y luego preparen Uds. un diálogo entre una de las personas de cada pareja (la suya y la de su compañero/a) en el que hablen de su amor.

Hablando del tema

Antes de empezar a conversar con sus compañeros de clase sobre los siguientes temas, prepare una ficha para la conversación, otra para el debate y otra para la reacción ante la cita. Vea la explicación de las fichas en el **Apéndice 1.**

A. Conversación: Las amistades íntimas   Revise las expresiones en **Para conversar mejor.** Luego, en parejas o grupos de tres, conversen sobre los siguientes puntos.

Para conversar mejor

Al principio pensaba que…   No hay ninguna duda que…
Creo que…   Nos conocimos en….
En nuestro caso…   Es evidente que…
Fue alucinante/chistoso   Teníamos… en común.
   cuando…

- Describa una de las amistades más íntimas que Ud. tiene. ¿Qué intereses comparte con su amigo/a?
- ¿Cómo se conocieron Uds.?
- Haga una comparación entre sus propias características personales y las de este amigo íntimo / esta amiga íntima.
- ¿Qué recomienda Ud. que hagan los demás para establecer y fomentar relaciones íntimas y duraderas?

B. Debate: El amor a través del Internet   Revise las expresiones en **Para debatir mejor.** Después, prepare tres argumentos a favor y tres en contra sobre la situación del matrimonio en el futuro. Luego, presente sus argumentos en un debate. No sabrá qué lado tendrá que defender.

Para debatir mejor

A FAVOR   **EN CONTRA**
Así es.   De ninguna manera.
Exacto.   Lo siento, pero…
Podría ser.   No sabes lo que dices.
Tienes razón.   Temo que estés equivocado/a.

«Los matrimonios entre personas que se han conocido a través del Internet serán los más duraderos».

C. Reacción: Ciertas diferencias no son posibles Revise las expresiones en **Para reaccionar mejor.** Luego, reaccione ante la siguiente cita. Añada razones que apoyen sus opiniones.

Para reaccionar mejor

Creo/opino/supongo que…

Es bueno/malo que…

Es difícil que…

Es poco probable que…

Es posible que…

Es verdad que…

«Me sería imposible casarme o tener una amistad íntima con una persona de otro partido político».

D. Volver a considerar En este capítulo Ud. exploró los temas de las pasiones y las relaciones sentimentales. En parejas, contesten las siguientes preguntas. Noten cómo ha mejorado su habilidad de expresarse sobre estos temas.

- ¿Qué nos atrae de otra persona?
- ¿Qué hace que las relaciones sentimentales sean duraderas o pasajeras?
- ¿Cuáles son las emociones que surgen en las relaciones humanas?
- En el cuadro, se representa el amor prohibido. Hoy en día, ¿es fuerte la influencia de los padres en los hijos cuando estos escogen su pareja?

El Callejón del Beso (*Guanajuato, México*)

E. El Callejón del Beso En parejas, hablen del cuadro con todos los detalles posibles, tratando de utilizar todas las metas comunicativas.

DESCRIBIR
D

C
COMPARAR

REACCIONAR
R
RECOMENDAR

GUSTOS
G

PASADO
P

FUTURO
F

La pasión en la historia y arte de México

Sueño de una tarde dominical en la Alameda Central,
de Diego Rivera (1886–1957)

Puntos clave

SÍNTESIS

Temas centrales
- la Revolución Mexicana
- las relaciones sentimentales
- las luchas apasionadas reflejadas en el arte

En este capítulo, Ud. va a explorar el tema de la pasión en la historia y el arte de México.

Preguntas para considerar

- ¿Es importante saber algo de la historia de nuestros vecinos del sur?

- ¿Quiénes son los mexicanos famosos que Ud. ha conocido en otros cursos que ha tomado?

- ¿Ha visto algunas películas sobre México que le han dado una idea de cómo es la cultura, la historia o la gente mexicana? Explique.

- En el mural que se ve en esta página se ven reflejados muchos de los temas que le importaban a Diego Rivera. ¿Puede identificar tres de sus temas predilectos: Frida Kahlo, la gente indígena y las calaveras (esqueletos) de José Guadalupe Posada?

La entrevista

Listen to this interview in the **La entrevista** section of this chapter on the *Online Learning Center* (**www.mhhe.com/metas**).

Diego: Su tienda, Tesoros

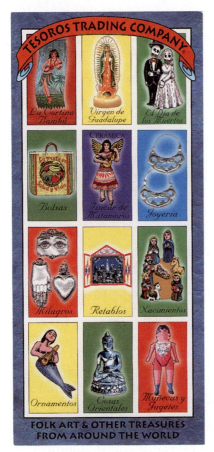

Un folleto de Tesoros

Situación: Para su programa de radio, Sara entrevista a Diego sobre su tienda, Tesoros.

SARA: Cada vez que entro en Tesoros, me da la sensación de haberme transportado a México.

DIEGO: Gracias, Sara, **me halaga** que alguien como tú se sienta así en mi tienda, porque esa es la atmósfera que quiero crear aquí. **Me apasiona** compartir el arte mexicano con mis clientes estadounidenses.

SARA: Lo **alucinante** es que haya tanta historia tras cada pieza. Hay cortinas de cuentas[1] con la cara de Pancho Villa, platos que representan diversos motivos del Día de los Muertos, CDs con corridos tradicionales de la Revolución Mexicana, libros, carteles y carteras con imágenes de Frida Kahlo y Diego Rivera.

DIEGO: Bueno, no debe ser tan **sorprendente** que México tenga una historia **fascinante.** Lo que sí **me impresiona** es que se refleje tanto en el arte folclórico.

SARA: Tiene que ser **gratificante** poder compartir todo esto con la comunidad.

DIEGO: Por supuesto. Pero más que nada **me enorgullece** de poder trabajar con artistas y artesanos de todas partes de México. Es un país tan grande y tan diverso. **Me entristece** ver la pobreza y la explotación sufridas por muchos mexicanos. Por eso, trabajamos directamente con artesanos locales y donamos[2] parte de nuestras ganancias a diferentes proyectos en ese país.

SARA: La verdad es que es **vergonzoso** que los estadounidenses no sepan más de la cultura de sus vecinos del sur. Veo que Tesoros colaborará con el museo MexicArte para ofrecer una serie de charlas sobre la cultura mexicana. ¿Nos puedes decir cuáles son los temas?

DIEGO: Claro que sí. Empezamos con una conferencia sobre la Revolución Mexicana y su influencia en el arte. Después, habrá una exposición de los grabados políticos de José Guadalupe Posada. Finalmente, **me alegro de** poder ofrecer una semana de presentaciones de diferentes grupos musicales —a mí me encantan los corridos y la música mariachi.

[1]*beads*   [2]*we donate*

SARA:	¡Qué **emocionante**! Otro evento fantástico será la serie de cine, ¿no?
DIEGO:	Sí, sí, Sara, gracias por recordármela. Empezamos con una película romántica ambientada durante la Revolución Mexicana, *Como agua para chocolate,* basada en la novela *bestseller* de Laura Esquivel.
SARA:	¡Qué guay! No me quiero perder ninguna.

Actividades

A. Comprensión   Conteste las preguntas según la entrevista.

1. ¿Por qué es interesante la tienda Tesoros?
2. ¿Por qué le gusta su negocio a Diego?
3. ¿Qué hace Diego para promover la cultura mexicana?

B. ¿Qué opina Ud.?   Indique si Ud. está de acuerdo o no con las siguientes afirmaciones. Luego, comparta sus respuestas con un compañero / una compañera.

	ESTOY DE ACUERDO.	NO ESTOY DE ACUERDO.
1. Yo sé mucho del arte y de la cultura de México.	☐	☐
2. He viajado a México.	☐	☐
3. Lo más interesante de México son sus playas.	☐	☐
4. Puedo nombrar tres artistas de México.	☐	☐
5. La celebración del Día de los Muertos me parece fascinante.	☐	☐
6. Le presto atención a lo que pasa en México porque afecta a este país.	☐	☐
7. Me gustaría oír la música mariachi.	☐	☐

C. Conversación   En parejas, contesten las siguientes preguntas. Expliquen sus respuestas y apóyenlas con ejemplos concretos.

1. ¿Qué aprendieron Uds. sobre México en la escuela secundaria?
2. Además de la comida mexicana, ¿qué otras muestras de la cultura mexicana hay en su ciudad?
3. ¿Cuántas de las siguientes personas mexicanas conocen? Expliquen por qué son famosos Pancho Villa, Frida Kahlo, Vicente Fox, el subcomandante Marcos, Salma Hayek, Luis Miguel, Jorge Ramos, y otros.

Vocabulario del tema

Para describir las situaciones

alucinante	amazing
confuso/a	confusing
deprimente	depressing
emocionante	exciting
gratificante	gratifying
horripilante	horrifying
impresionante	impressive
inquietante	disquieting
preocupante	worrisome
relajante	relaxing
sorprendente	surprising
vergonzoso/a	shameful

Para hablar de las emociones*

alegrarse (de)	to be/become happy
apasionarse	to be/become passionate
avergonzarse	to be/become ashamed
confundirse	to be/become confused
deprimirse	to be/become depressed
emocionarse	to be overcome with emotion
enloquecerse	to go crazy
enorgullecerse (de)	to be/become proud
entristecerse	to become sad
entusiasmarse	to become enthusiastic
halagarse	to be/become flattered
impresionarse	to be/become impressed
sorprenderse	to be/become surprised
volverse loco/a	to go crazy

Actividades

A. ¿Cómo se siente

Paso 1   Lea las afirmaciones en la página siguiente y escoja la palabra entre paréntesis que mejor indique su opinión. Luego, en parejas, expliquen sus sentimientos sobre esas afirmaciones y sobre las opiniones de su pareja.

Para conversar mejor

Desde mi punto de vista…
En mi opinión… Yo creo que…
Estoy completamente de
   acuerdo.
Me sorprende que creas eso.

No estoy de acuerdo en
   absoluto.
Pero, ¿qué dices?
¡Qué barbaridad!

---

*Most of these verbs in the reflexive refer to a process of *becoming X*; however, sometimes they are best expressed in English by the phrase *to be X*. These verbs can also be conjugated as verbs like **gustar,** with indirect object instead of reflexive pronouns. Compare the following examples.

   Me alegro de (*I am happy*) que vayas a la fiesta. (reflexive)
   Me alegra (*It makes me happy*) que vayas a la fiesta. (like **gustar**)

1. Estudiar la historia de las revoluciones mundiales es (deprimente / fascinante / gratificante).

2. Trabajar como una mula siete días a la semana es (emocionante / gratificante / preocupante).

3. Dejar plantada a la pareja dos veces en una semana es (deprimente / horripilante / vergonzoso).

4. Leer las noticias sobre la violencia en el mundo es (alucinante / confuso / inquietante).

5. Tener un montón de dinero es (alucinante / gratificante / inquietante).

Paso 2 Termine las siguientes oraciones. Luego, explique su respuesta a un compañero / una compañera.

1. Me vuelvo loco/a cuando mi compañero/a de cuarto…

2. Me deprimo cada vez que…

3. En cuanto a mi vida este semestre (trimestre), me alegro de que…

4. Me emocioné la última vez que…

5. Siempre me entristezco cuando…

6. Me confundo cuando…

B. Un viaje a México

Paso 1 Mire los siguientes adjetivos y fíjese en la diferencia entre las terminaciones **-ado/a** (del participio pasado) y **-ante** o **-ente**.

ESTAR	SER
alucinado/a	alucinante
deprimido/a	deprimente
emocionado/a	emocionante
fascinado/a	fascinante
impresionado/a	impresionante
preocupado/a	preocupante
relajado/a	relajante
soprendido/a	sorprendente

Paso 2 Marisol y Sean, los dueños de Ruta Maya, quieren hacer un viaje a México para relajarse y escaparse de las presiones del negocio. Lea la información sobre los tres lugares que piensan visitar y después complete el diálogo con el mejor adjetivo. Haga los cambios necesarios para la concordancia. **¡OJO!** A veces hay más de una respuesta posible.

¡México lindo, México fascinante, México sorprendente!

Zitácuaro, Michoacán Más de 20 millones de mariposas monarca[1] emigran a Zitácuaro cada año para pasar el invierno. Debido a la cantidad enorme de mariposas, la tierra se convierte en una alfombra[2] multicolor mientras que las ramas[3] de los árboles se inclinan bajo su peso.

La Barranca del Cobre Este cañón, situado en el estado de Chihuahua, es más profundo que el Gran Cañón en los Estados Unidos. Hay un tren que pasa por el cañón, desde el cual los turistas pueden apreciar unas vistas espléndidas. Durante los últimos 100 kilómetros de este viaje, el tren pasa por 39 puentes[4] y 86 túneles.

La Laguna Catemaco Esta es una laguna formada por el cráter de un volcán en el estado de Veracruz. En una de las islas, en el centro de la laguna, se encuentra un grupo de monos pescadores.[5] El área también es conocida por su festival de brujos, celebrado en el mes de marzo, conocido como «marzo mágico».

¡Visítenos hoy!

[1]mariposas… *monarch butterflies*   [2]*carpet*   [3]*branches*   [4]*bridges*   [5]monos… *fishing monkeys*

MARISOL: Últimamente me he sentido un poco _____.[1] Necesito unas vacaciones para levantarme el ánimo.

SEAN: ¡Qué buena idea! ¿Por qué no vamos a México? Queda cerca y los precios son buenos en esta época del año.

MARISOL: ¡Sí! Mira este folleto sobre las vacaciones en México. Zitácuaro me parece un lugar _____.[2] No puedo creer que haya tantas mariposas.

SEAN: Sí, me quedé _____[3] cuando leí que podían hacer que las ramas de un árbol se inclinaran, pero estoy más _____[4] con la idea de ir en tren por la Barranca del Cobre.

MARISOL: Es verdad que suena _____,[5] pero estoy _____[6] porque este tipo de viaje no me parece _____,[7] y necesitamos descansar.

SEAN: En este caso otro lugar muy tranquilo es la Laguna Catemaco. Los monos pescadores en Catemaco son _____,[8] y el volcán debe ser _____.[9]

MARISOL: Bueno, estoy muy _____[10] con la posibilidad de ir a México, pero busquemos más información en el Internet antes de tomar una decisión.

SEAN: Está bien. Tienes razón.

Paso 3 Complete las siguientes frases de manera original, usando la información sobre los tres lugares y por lo menos cuatro verbos del **Vocabulario del tema.**

1. Me parece fascinante que…
2. Es alucinante de saber que…
3. Es sorprendente que…

Paso 4 Imagínese que Marisol y Sean ya están en México pasándolo bien en uno de los tres lugares. Escríbales una tarjeta postal a los empleados de Ruta Maya como si Ud. fuera Marisol o Sean.

C. Una pareja famosa Las tempestuosas pero apasionadas relaciones sentimentales entre Diego Rivera y Frida Kahlo son ya muy conocidas. Se casaron, se separaron y se casaron de nuevo, pero las aventuras amorosas de los dos imposibilitaron su felicidad absoluta. Diego mismo admitió que cuanto más amaba a Frida más quería hacerle daño. Este conflicto se refleja a menudo en los cuadros de Frida.

Diego Rivera y Frida Kahlo

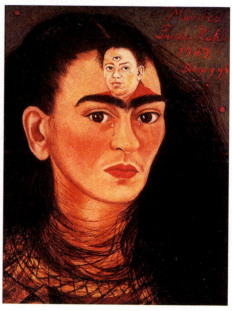

Diego y yo, de Frida Kahlo (1907–1954)

Paso 1 A continuación hay un artículo sobre cómo se enamoraron Diego y Frida. Lea el artículo y ponga un círculo alrededor de los verbos en el pretérito y subraye los que están en el imperfecto. Luego, con un compañero / una compañera, comenten las razones por las cuales se usaron esos tiempos verbales en cada caso.

La pintora mexicana Frida Kahlo se enamoró locamente del pintor Diego Rivera cuando apenas tenía 15 años. «Mi ambición es tener algún día un hijo de Diego Rivera», les dijo Frida a sus amigas. «Y algún día se lo voy a hacer saber».

Como Rivera estaba casado y tenía veinte años más que ella, Frida no llegó a conseguir su objetivo hasta siete años más tarde, cuando la voluntariosa estudiante volvió a «la carga[3]»: fue a ver a Diego a la Escuela de Arte, lo hizo bajar de una enorme escalera desde la que trabajaba en un mural, le pidió opinión sobre sus pinturas... y el pintor se sintió muy intrigado por la atrevida chica que había sufrido un espantoso accidente y tenía una pierna destrozada, pero una cara exótica y

¿QUÉ VIERON EL UNO EN EL OTRO? LA HISTORIA DE LA CHISPA[1] QUE INCENDIÓ[2] ESTOS CORAZONES

bella y mostraba un espíritu indomable. Así fue cómo, ya divorciado y lleno de curiosidad por aquella mujer con quien «podía hablar de todos los temas de la Tierra», la empezó a cortejar,[4] hasta que Guillermo Kahlo, el padre de Frida, decidió hablarle a Diego. «Mire, Rivera, quiero hacerle una advertencia. Mi hija Frida es una chica inteligente, pero... tiene un demonio oculto[5]». A lo que el pintor contestó: «Yo lo sé, Sr. Kahlo, yo lo sé». Kahlo respiró tranquilo: «Ah, qué bien Rivera, he cumplido con mi deber y ya me siento en paz habiéndole advertido». Y con esa semibendición del padre de Frida, la pareja contrajo matrimonio el 21 de agosto de 1929 sin que Diego le hiciera la pregunta clave.

[1]*spark* [2]*ignited* [3]*la... the task at hand* [4]*court* [5]*hidden*

Paso 2 Complete lo siguiente.

1. Después de haber visto la fotografía de Diego y Frida y el cuadro de Frida, y después de haber leído el artículo sobre los dos, describa la personalidad de Frida. Luego, haga una comparación de los atributos físicos de la pareja.

2. ¿Qué hizo Frida para que Diego se fijara en ella?

3. ¿Por qué cree Ud. que a Diego le interesó la joven artista?

4. En su opinión, ¿es posible que un matrimonio dure cuando un hombre tiene veinte años más que su esposa? ¿Por qué sí o por qué no?

Desafío

5. Si su padre le dijera a su novio/a que Ud. es una persona encantadora pero que tiene problemas psicológicos, ¿cómo se sentiría? ¿Qué le diría a su padre?

Paso 3   Es el final del primer año de matrimonio de Diego y Frida. En parejas, la mitad de la clase completará las siguientes oraciones como si fuera Diego y la otra mitad como si fuera Frida. Después, compartan algunas de las oraciones.

1. A mí me apasiona…
2. Cada día, me alegra…
3. A mi esposo/a, le interesa…
4. A veces es preocupante que…
5. A mí me sorprende que…
6. Para nosotros es muy gratificante que…

Puntos clave

En esta sección del capítulo, Ud. va a seguir practicando la narración en el pasado, pero trabajará con las otras metas comunicativas también. Antes de continuar, estudie las explicaciones de las estructuras gramaticales en las páginas amarillas (325–335).

Actividades

A. Los polos opuestos

Paso 1   En parejas, imagínense que son los miembros de una de las siguientes parejas. Conversen entre sí, tratando de imponer sus ideas y ganar la discusión.

- Lola es una chica muy tiquismiquis. Su novio Miguel es muy atrevido. En un mercado de Oaxaca, Miguel compra chapulines fritos y quiere que Lola los pruebe.

- Catalina es una mujer culta y seria. Sale con Fernando por primera vez y se nota inmediatamente que él es muy chistoso y la hace reír mucho, pero que también es un poco cursi. Van a una tienda de camisetas y Fernando quiere que los dos compren camisetas iguales para llevar a una fiesta esta noche.

- Óscar es un chico reservado y muy cuidadoso con su dinero, hasta tacaño a veces. Su novia, Bárbara, es dulce, algo llamativa en su manera de vestirse y demasiado extravagante en cuestiones de gastar dinero. Bárbara quiere ir a un concierto de Juanes y llegar en limosina.

Paso 2   Tres de los grupos presentarán sus discusiones frente a la clase.

Paso 3   Ahora, con toda la clase o de nuevo en parejas, cuenten en el pasado lo que pasó en cada situación.

B. Como agua para chocolate

Paso 1   Mire la foto y lea la reseña de esta película de México.

Basada en la exitosa novela de Laura Esquivel, *Como agua para chocolate* narra la vida de Tita, la menor de tres hijas, en una familia rural acomodada y tradicional, al comenzar la Revolución Mexicana. Como hija menor, a Tita le toca permanecer soltera y cuidar a su madre viuda, una mujer estricta y seca. El golpe más fuerte viene cuando Pedro, el gran amor de Tita, decide casarse con su hermana mayor, Rosaura, para así poder él vivir cerca de Tita. Tita sobrevive la desgracia, trabajando en la cocina, donde sus extraordinarias creaciones culinarias reflejan su estado emocional. Una fiesta lujosa para los ojos, esta bellísima película explora el papel tradicional de la mujer y el machismo de la sociedad tradicional mexicana, además de maneras de rebelarse en contra de aquellos. Al final, el enfoque central es el amor: ¿Cómo sobrellevará[1] Tita la traición de Pedro? ¿Encontrará el amor en algún momento?

[1]*will overcome*

Paso 2   En parejas, pongan en el pretérito o el imperfecto el verbo entre paréntesis. Después, terminen las oraciones, usando su imaginación.

1. Cuando Mamá Elena _____ (anunciar) que su hija menor no ____ (poder) casarse nunca, Tita _____ (deprimirse) porque…

2. Cuando Pedro _____ (casarse) con Rosaura, Tita _____ (ponerse) triste porque…

3. Rosaura y Pedro tenían un bebé y Tita lo _____ (cuidar) porque Rosaura no ____ (poder) producir leche. Tita _____ (querer) mucho al bebé porque…

4. Cuando Mamá Elena _____ (empezar) a sospechar que Tita y Pedro _____ (tener) relaciones amorosas, _____ (mandar) a Pedro, Rosaura y al bebé a vivir en Tejas porque…

5. A causa de su separación de Tita, el bebé _____ (morirse). Tita _____ (sentirse) muy mal y ____ (dejar) de hablar por muchos meses porque…

Paso 3   Cambie la reseña del **Paso 1** del presente al pasado. Preste atención al uso del pretérito y el imperfecto.

Paso 4   En parejas, consideren la foto y la reseña. Nombren los aspectos de la película que les interesan. Decidan si les gustaría ver la película o no y expliquen sus razones.

C. Los hombres y el fútbol

Paso 1   Mire el siguiente cuadro de tres generaciones de hombres que se apasionan por el fútbol.

Viva el fútbol, *de Heather Jarry (1970–)*

Paso 2 Con un compañero / una compañera, haga lo siguiente.

1. Describa al abuelo con muchos detalles. ¿Cómo es su personalidad? Use vocabulario de las primeras tres unidades de *Metas*.

2. Haga comparaciones entre los tres hombres, sus semejanzas y diferencias. Use expresiones como **más/menos... que, tan... como, tanto como,** etcétera.

3. Piense en el estado emocional de cada hombre en este momento. ¿Cómo están? ¿Cómo se sienten? ¿Cómo se siente la pareja de cada uno en este momento?

4. Describa las relaciones de cada uno con su pareja. ¿Qué cualidades de cada hombre le encanta a su pareja? ¿Qué le preocupa? ¿Qué le disgusta?

Paso 3 Los tres hombres comparten una pasión por el fútbol, pero, ¿en qué son diferentes? Con otro compañero / otra compañera, indique cuál(es) de los tres hombres hará las siguientes cosas.

FUTURO
F

	ABUELO	PADRE	HIJO
1. Les abrirá la puerta a las mujeres.	☐	☐	☐
2. Lavará los platos después de la comida.	☐	☐	☐
3. Arreglará su cuarto.	☐	☐	☐
4. Acompañará a su esposa a la iglesia.	☐	☐	☐
5. Cambiará pañales (*diapers*).	☐	☐	☐
6. Entre semana su pareja trabajará en otra ciudad y sólo se verán los fines de semana.	☐	☐	☐
7. Pagará la cuenta cuando sale con su novia.	☐	☐	☐

HIPÓTESIS
H

Paso 4 Pensando en la información de los pasos anteriores, terminen las siguientes oraciones como si Uds. fueran la persona indicada. ¿Qué forma del verbo se debe usar en cada cláusula?

1. ABUELO: «Si mi esposa _____ (querer) hacer un viaje sin mí, yo... »

2. ABUELA: «Si mi esposo _____ (poder) lavar su propia ropa, yo... »

3. PADRE: «Si no _____ (haber) deportes, los fines de semana yo... »

4. MADRE: «Si no _____ (ser) por el fútbol, quizás mi esposo... »

5. HIJO: «Si yo siempre _____ (tener) que pagar la cuenta cuando salgo con mi novia, yo... »

6. NOVIA DEL HIJO: «Si nosotros _____ (tener) un hijo, él, no yo,... »

Paso 5 Pensando en la información de los **pasos** anteriores, terminen las siguientes oraciones para hablar del futuro desde la perspectiva de la abuela. Usen el **Vocabulario útil** o su propia imaginación. ¿Qué forma del verbo se debe usar en las cláusulas adverbiales?

Vocabulario útil	
estar satisfecho/a	(no) poder confiar en
haber más/menos conflictos sentimentales	ser pasajero/a (duradero/a, tempestuoso/a)
meterse en líos	tener que

1. Cuando más hombres _____ (cambiar) pañales, las mujeres… porque…
2. Cuando más parejas _____ (tener) relaciones a larga distancia, estas relaciones… porque…
3. Antes de que se _____ (casarse), mi nieto… ya que…
4. A menos que las mujeres _____ (empezar) a interesarse en el fútbol, las relaciones con su esposo… dado que…

Rincón cultural

Un momento histórico

La Revolución Mexicana

Revise el **Vocabulario útil** y lea el resumen sobre la Revolución Mexicana.

Vocabulario útil	
destrozar	to destroy
excomulgar	to excommunicate
promover	to promote
la Cámara de Diputados	House of Deputies (*similar to the House of Representatives in the U.S. government*)
el/la campesino/a	peasant
el/la obrero/a	worker
la pauta	rule
el Senado	Senate
el sindicato	(labor) union

Emiliano Zapata

La Revolución Mexicana se inició en 1910 bajo el mando de Francisco Madero y produjo líderes importantes como Pancho Villa (en el norte) y Emiliano Zapata (en el sur). Estos luchaban junto con campesinos y obreros en contra de los abusos de poder de la dictadura de Porfirio Díaz (cuya administración controló el gobierno mexicano por más de 30 años [1876–1911]). El choque entre los federales (los representantes del gobierno) y los revolucionarios (quienes tenían también conflictos internos) destrozó el país. La Constitución de 1917 fue la más radical de su época y estableció las pautas legales de la Revolución: específicamente (1) apropiación de tierras de la Iglesia Católica, (2) confirmación del derecho del estado de limitar la propiedad privada, (3) establecimiento de escuelas seculares dirigidas por el estado y (4) garantía del derecho laboral de organizar sindicatos. La violencia acabó con las elecciones de 1920 y con el nuevo gobierno de Álvaro Obregón, que realizó importantes cambios políticos, laborales, educativos y culturales.

EL IMPACTO DE LA REVOLUCIÓN EN EL MÉXICO DE HOY

- La Revolución promovió muchos adelantos en la producción cultural mexicana. Entre los más notables se cuentan la reorganización de la universidad a manos de José Vasconcelos, la construcción de más escuelas rurales y la promoción de grandes obras de arte público, tales como los famosos murales de Diego Rivera, José Clemente Orozco y David Alfaro Siqueiros. Todavía la literatura, la música y las bellas artes gozan de un gran apoyo nacional e institucional.

- Los grandes muralistas mexicanos sirvieron de inspiración a los muralistas mexicoamericanos de Los Ángeles y otras ciudades estadounidenses.

- No fue sino hasta el gobierno de Lázaro Cárdenas (1934–1940) que los ideales de la Constitución de 1917 realmente se implementaron. Y pronto después comenzó una serie de administraciones conservadoras y a menudo corruptas. Estas administraciones se alejaron de los ideales de la Revolución.

- Con los gobiernos sucesivos a la Revolución, se consolidó el poder en un solo partido político, el cual se llegó a nombrar «Partido Revolucionario Institucional» (PRI)* en 1946. El PRI controló el gobierno

---

*Antes de recibir su nombre actual en 1946, el Partido Revolucionario Institucional (PRI) se conocía como el «Partido de la Revolución Mexicana» (PRM) de 1938 a 1946 y como el «Partido Nacional Revolucionario» (PNR) entre 1929 y 1938.

mexicano hasta el año 2000 cuando Vicente Fox Quesada, el candidato del Partido Acción Nacional (PAN), fue elegido presidente. Sin embargo, los priistas[1] mantuvieron el control suficiente del Senado y de la Cámara de Diputados para impedir que Fox y los panistas[2] cumplieran con las promesas que habían hecho durante la campaña 2000.

- El Ejército Zapatista de Liberación Nacional (EZLN) formado en 1983 tomó su nombre del revolucionario mexicano Emiliano Zapata. Este grupo formado mayormente por indígenas de Chiapas se ve a sí mismo como parte de un movimiento anticapitalista y antiglobalizacionista que demanda *democracia, libertad y justicia* para los indígenas. El Subcomandante Marcos es su principal portavoz.

[1]*miembros del PRI*   [2]*miembros del PAN*

Actividades

A. Comprensión   Conteste las siguientes preguntas.

1. ¿Quiénes eran algunos de los líderes de la Revolución Mexicana?
2. ¿Cuáles eran algunos de los principios de la Constitución de 1917?
3. ¿Qué beneficios trajo la Revolución a la cultura nacional mexicana?
4. ¿Qué es el PRI?
5. ¿Cómo ha afectado la Revolución a la sociedad mexicana de hoy?

B. ¿Qué dirían?   En parejas, terminen las siguientes oraciones como si Uds. fueran las personas designadas.

UN SACERDOTE MEXICANO

1. Es horrible que…
2. Si yo pudiera,…

PANCHO VILLA

3. Es importante que nosotros…
4. Si tuviéramos mejores condiciones de vida…

UN JOVEN MEXICANO DE HOY

5. Me parece triste que… Sin embargo, creo que…
6. Si yo hubiera vivido durante la Revolución,…

Un artista hispano

José Guadalupe Posada

Baile de las calaveras, *de José Guadalupe Posada* (1852–1913)

El artista mexicano José Guadalupe Posada nació en Aguascalientes, en el estado del mismo nombre, en 1852. Desde muy pequeño le gustaba dibujar. A los 19 años, hizo sus primeras caricaturas políticas para una revista local. En 1888, se marchó[1] a la capital y, junto con otro ilustrador, Antonio Venegas Arroyo, empezó a producir miles de grabados[2] que reflejaban los intereses, los miedos y la conciencia del pueblo mexicano.

Posada fue prolífico. Hizo más de 20.000 dibujos a lo largo de su vida. En su día, no tenía la fama que tiene hoy. Gracias a otros artistas como Diego Rivera y Jean Chalot, el mundo redescubrió el talento de Posada. Diego Rivera dijo: «Analizando la obra de José Guadalupe Posada puede realizarse el análisis más completo de la vida social del pueblo de México».

Gran parte de su obra artística se centra en el tema de «las calaveras». En este grabado se puede ver que todos los personajes son esqueletos que hacen actividades humanas. Posada los usó como reportajes satíricos de la vida social y política. Un gran número de las calaveras fueron creadas durante la Revolución Mexicana y tratan de figuras y eventos de esa época.

[1]fue [2]engravings

Actividad

Conteste las siguientes preguntas sobre el arte de José Guadalupe Posada.

1. Según Diego Rivera, ¿qué contribución hizo Posada al mundo con su talento artístico?

2. ¿Cual fue la reacción de Ud. ante el grabado de las calaveras? ¿Por qué?

3. Descríbale este grabado de Posada a una persona que no lo esté mirando. ¿Qué se representa en esta escena?

La música mexicana

¿Qué es la música mexicana? Muchas personas, al hablar de la música mexicana, piensan en los grupos de mariachis con sus trajes de charro, sombreros enormes y guitarras, trompetas y violines. Esta es ciertamente una de las formas de la música mexicana que ha penetrado en la imaginación popular norteamericana. Sin embargo, «mariachi» no se refiere a un estilo de música sino a un grupo de músicos que toca varios estilos de música de diferentes regiones de México. Cada estilo tiene su propio ritmo e instrumentos, además de su propio baile y traje típicos. También, la variedad de guitarras que se usan en la interpretación de la música mexicana es

Un grupo norteño (Teotihuacán, México)

sorprendente, así como los diversos géneros musicales (la chilena, el gusto, la polka, el ranchero, el son, el huapango el norteño) que como joyas preciosas forman una parte integral de la cultura mexicana. Esta cultura se ha transmitido de generación a generación porque los niños típicamente aprenden las canciones y los bailes de su región en las escuelas primarias, además de géneros musicales de otras regiones. Saber bailar o cantar piezas de la propia región es saber expresar con orgullo el amor por la tierra natal. «La Mariquita» es un tipo de canción llamado «gusto». Es música folclórica, de la gente del campo.

Actividades

A. Antes de cantar   Al principio escuchará el violín, acompañado por la guitarra y el bajo acústico. El rasgueo de la guitarra produce el ritmo que es típico de este estilo de canción. Note que el ritmo del violín es muy fluido y que comparado con el de la guitarra, es menos rígido. Conteste las siguientes preguntas.

1. ¿Ha oído Ud. la música de algún cantante mexicano? ¿Le gustó?

2. ¿Qué tipo de vocabulario se usará en una canción romántica cuyo título es «La Mariquita» (nombre cariñoso que se le da a una mujer)?

3. ¿Conoce algunas canciones con el tema del amor no correspondido? ¿Cuáles son?

B. ¡A cantar!   Escuche la canción «La Mariquita» que se puede encontrar en el CD *Estampillas musicales* o en el *ActivityPak* en el *Online Learning Center* (**www.mhhe.com/metas**).

La Mariquita

Ay cielos, ay qué dolor
Vide[1] una garza[2] morena
Hay muertos que no hacen
   ruido
Y son mayores sus penas
       [*Se repite.*]

Ay, que le da
Que le da y vamos a ver
A ver cómo corre el agua
Vamos a verla correr
Ay, que le da
Que le da y vamos a ver
El agua que se derrama[3]
No se vuelve a recoger

Mariquita quita quita
Quítame del padecer[4]
El rato que no te veo
Loco me quiero volver
       [*Se repite.*]

Ay, soledad
Soledad y vamos a ver
A ver cómo corre el agua
Vamos a verla correr
Ay, soledad
Soledad y vamos a ver
El agua que se derrama
No se vuelve a recoger

Lucero de la mañana[5]
De la mañana lucero
Si supieras, vida mía
Lo bastante que te quiero
       [*Se repite.*]

Ay, que le da
Que le da y vamos a ver
A ver cómo corre el agua
Vamos a verla correr
Ay, que le da
Que le da y vamos a ver
El agua que se derrama
No se vuelve a recoger

[1]Vi   [2]*heron*   [3]*se… is spilled*   [4]*suffering*   [5]Lucero… *Morning Star* (*Venus*)

C. Después de cantar   En parejas, contesten las siguientes preguntas sobre la canción «La Mariquita».

1. ¿Cuáles son las palabras clave que lo/la ayudaron a entender el tema principal?

2. ¿Cuáles son las palabras más pegadizas (*that stick in your mind*)?

3. ¿Qué emociones evoca? Explique.

4. ¿Le gustó la canción? ¿el ritmo? ¿la voz de los cantantes? Explique.

Lectura

▲▲▲▲▲▲▲▲▲▲▲▲▲▲▲▲▲▲▲▲▲▲▲▲▲▲▲▲▲

La lectura de este capítulo es la letra de un corrido tradicional de México. Los corridos, un género netamente mexicano, son baladas cuyos orígenes se encuentran en la poesía medieval española. El corrido es un poema épico narrativo, popular, que se recita y se canta y que trata temas históricos, sociales y políticos. El período de mayor creación del corrido fue durante la Revolución Mexicana (1910–1920), aunque su creación continúa hoy en día.

«La Adelita» es un corrido clásico que trata la figura de la Adelita, quien, según la leyenda, fue una mujer que siguió a su amor, un sargento, y luchó valientemente a su lado en la Revolución. No se sabe si Adelita existió o no, pero lo cierto es que muchas mujeres mexicanas se hicieron «soldaderas» en las fuerzas revolucionarias. Sus obligaciones consistían en cocinar, cuidar a los niños y atender a los heridos, pero a menudo también les tocó tomar armas y pelear al lado de los hombres. Con el tiempo la palabra «Adelita» se aplicó a estas mujeres heroicas. Ahora, tanto en la cultura mexicana como en la cultura chicana, la Adelita sigue siendo un símbolo de la mujer mexicana fuerte y leal.

Antes de leer

A. Para comentar   En grupos de tres, contesten las siguientes preguntas.

1. ¿Quiénes son las heroínas nacionales de su país? ¿Por qué se consideran heroínas? ¿Qué adjetivos se pueden usar para describirlas?

2. ¿Qué imagen popular existe de la mujer tradicional en su país?

3. En su opinión, ¿se debe permitir que las mujeres vayan al frente de batalla (*battlefield*)?

Un noviazgo difícil		
la esperanza	la guerra	la oración
adorar	confiar (en)	olvidar
celosa/a	único/a	valiente

B. Acercándose al tema   Lea el título de la siguiente ficha y las nueve palabras asociadas con el tema del amor entre un soldado y una joven bonita. Con un compañero / una compañera, decida si los espacios en blanco requieren un sustantivo, un verbo o un adjetivo. Luego, complete las oraciones con la forma apropiada de las palabras de la ficha.

1. El soldado _____ está enamorado de Adelita y aunque va a luchar en _____ nunca va a _____ a su querida Adela.

2. Si Adelita se fuera con otro hombre, el soldado se sentiría triste y _____ porque _____ a esta preciosa mujer.

3. Su patria lo llama a los campos de batalla, pero por las noches sólo piensa en ella y _____ su _____ amor.

4. El soldado lleva dentro de su alma _____ de volver a abrazar a Adelita cuando vuelva de la guerra.

La Adelita

Adelita se llama la joven
a quien yo quiero y no puedo olvidar,
en el mundo yo tengo una rosa
y con el tiempo la voy a cortar.

Si Adelita quisiera ser mi esposa,
si Adelita fuera mi mujer,
le compraría un vestido de seda[1]
para llevarla a bailar al cuartel.[2]v

Adelita por Dios, te lo ruego,
calma el fuego de ésta mi pasión,
porque te amo y te quiero rendido[3]
y por ti sufre mi <u>fiel</u> corazón.

Si Adelita se fuera con otro
le seguiría la huella sin cesar,
si por mar, en un <u>buque</u> de guerra,
si por tierra en un tren militar.v

Toca el clarín[4] de campaña de guerra,
salga el valiente guerrero a pelear,
correrán los <u>arroyos</u> de sangre;
que gobierne un tirano jamás.

Y si acaso yo muero en campaña
y mi cuerpo en la sierra va a quedar,
Adelita, por Dios te lo ruego,
con tus ojos me vallas[5] a llorar.

Ya no llores querida, Adelita,
ya no llores, querida mujer,
no te muestres <u>ingrata</u> conmigo,
ya no me hagas tanto padecer.

Me despido de mi querida Adela.
Ya me alejo de mi único placer,
nunca esperes de mi una cautela[6]
ni te cambie por otra mujer.

Soy soldado y la patria me llama
a los campos que vaya a pelear,
Adelita, Adelita de mi alma,
no me vayas por Dios a olvidar.

Por la noche andando en el campo,
oigo el clarín que toca a reunión,
y repito en el fondo de mi alma:
Adelita es mi único amor.

Si supieras que ha muerto tu amante
rezarás[7] por mí una <u>oración</u>,
por el hombre que supo adorarte
con el alma, vida y corazón.

Ya me despido de mi querida Adela,
de ti un recuerdo quisiera llevar,
tu retrato lo llevo en mi pecho
como escudo que me haga triunfar.

Conque quédate, Adela querida,
yo me voy a la guerra a pelear,
la esperanza no llevo perdida
de volverte otra vez a abrazar.

[1]*silk* [2]*barracks* [3]*devotedly* [4]*bugle* [5]*vayas* [6]*caution* [7]*you will pray*

¿Quién(es)? ¿Dónde? ¿Qué pasó?

Después de leer

A. Comprensión   Indique si las siguientes oraciones son ciertas o falsas, según la lectura. Corrija las falsas.

	CIERTO	FALSO
1. Adelita y el hombre que canta están casados.	☐	☐
2. Si Adelita dejara a este hombre, él buscaría a otra mujer.	☐	☐
3. El hombre que canta es un soldado que sirve en el ejército.	☐	☐

	CIERTO	FALSO
4. El hombre no quiere que Adelita sufra cuando él se vaya a la guerra.	☐	☐
5. En los campos de batalla el hombre se olvida de Adelita.	☐	☐
6. El retrato de Adelita será una inspiración para el soldado.	☐	☐
7. El hombre espera volver a ver a Adelita.	☐	☐

B. El editor exigente Imagínese que Ud. es productor(a) de grupos musicales y quiere que un grupo grabe «La Adelita» para un nuevo CD de corridos. Cree que el corrido es demasiado vago al final y que le hace falta una conclusión feliz. Siguiendo el estilo, el ritmo y la rima del original, escriba una estrofa (*stanza*) más en la que el hombre regresa a los brazos de Adelita.

C. Como si fuera...

Paso 1 Complete las siguientes oraciones como si Ud. fuera Adelita y luego como si fuera el soldado.

COMO SI FUERA ADELITA

1. Cuando pienso en ti, me siento...
2. Ojalá yo pudiera...
3. Cuando saliste para la guerra...

COMO SI FUERA EL SOLDADO

4. Cada noche mientras duermo en el campo...
5. La última vez que te vi...
6. Cuando vuelva de la guerra...

Paso 2 Imagínese que los dos protagonistas viven en tiempos modernos. Utilizando las ideas del **Paso 1,** hablen por teléfono por primera vez desde que el soldado se marchó para la guerra.

D. ¿Un final feliz? ¿Qué habrá sido de Adelita y su soldado?

Paso 1 En parejas, imagínense que han pasado 50 años desde que el soldado se fue y dejó a Adelita, y que Uds. son dos periodistas que quieren hacer un reportaje sobre la mujer y el soldado del famoso corrido. Preparen una lista de seis preguntas que podrían hacerles.

Paso 2 Ahora, júntense con otra pareja para formar un grupo de cuatro. Los periodistas han encontrado a los amantes y los quieren entrevistar para un programa de televisión. Hagan dos entrevistas según las siguientes indicaciones.

- La pareja A le hace sus preguntas a la pareja B, quienes contestan como si fueran Adelita y el soldado, después de 50 años de un matrimonio feliz.

- Después, la pareja B le hace sus preguntas a la pareja A, quienes contestan como si fueran Adelita y el soldado, quienes se ven por primera vez después de 50 años (porque Adelita no lo esperó y se casó con otro).

- Mientras hacen de periodistas, deben apuntar las respuestas de los entrevistados. **¡OJO!** Deben contestar en el pasado.

Paso 3   Ahora, escojan la entrevista que más les gustó y compártanla con el resto de la clase. Entonces, la clase entera decidirá cuál es la entrevista más creativa.

E. ¡A dramatizar!   En parejas, dramaticen la siguiente situación. Imagínense una escena en la que Adelita y su padre hablan del soldado. El padre no quiere que Adelita espere más al soldado. Prefiere que se case con otro hombre.

PADRE: Ud. está furioso y muy indignado por la actitud tan testaruda de su hija ante su demanda de que se case con otro hombre.

ADELITA: Ud. reacciona con mucha emoción ante la demanda de su padre. Explíquele por qué quiere esperar al soldado.

Yo experto/a

Escoja una persona o un tema cultural mencionado en esta unidad para investigar más a fondo. Debe incluir en su reportaje por lo menos cuatro de las metas comunicativas. Puede presentar su investigación en un informe escrito o hacer una presentación oral delante de la clase. Siga las indicaciones en el **Apéndice 2: Yo experto/a** como guía para su reportaje.

PERSONAS	LUGARES	TEMAS
las Adelitas	el Callejón del Beso	el corrido
Lázaro Cárdenas	Chichén Itzá	el EZLN
Porfirio Díaz	Guanajuato	el fútbol: una pasión
Laura Esquivel	México, D. F.	los muralistas
Vicente Fox	Monte Albán	la música mexicana
Frida Kahlo	Oaxaca	los partidos políticos en México (PRI, PAN, PRD,…)
Francisco Madera	el Yucatán	
José Guadalupe Posada		la Revolución Mexicana
Diego Rivera		
Pancho Villa		
Emiliano Zapata		

   Ahora que Ud. ha terminado la **Unidad 3,** complete los ejercicios correspondientes del *ActivityPak* en el *Online Learning Center* (**www.mhhe.com/metas**) para repasar el vocabulario, gramática y temas culturales de esta unidad.

Para repasar

Los cinco amigos: Diego, Laura, Sergio, Sara y Javier

Puntos clave

- repaso de las metas comunicativas

Tema central

- los cinco amigos

Zona de enfoque

- el café Ruta Maya en Austin, Texas

El propósito de este capítulo intermediario es volver a presentarle a los cinco amigos y repasar las estructuras gramaticales (**los puntos clave**) que se usan para expresar las siete metas comunicativas.

155

Puntos clave

▲▲

Descripción

ICONO	META COMUNICATIVA	PUNTOS CLAVE
DESCRIBIR **D**	Descripción	• la concordancia de género y número • **ser/estar** • los participios como adjetivos

Diego es ambicioso

Paso 1 Lea el siguiente párrafo sobre Diego. Preste atención a los usos de **ser** y **estar** (**en negrita**) y al número y género de los adjetivos (*en letra cursiva*).

Diego en su tienda, Tesoros

Diego Ponce **es** un *buen* hombre de negocios. Hace dos años que abrió una tienda *maravillosa* en Austin que se llama «Tesoros». **Está** en el centro de la ciudad, cerca del capitolio. *Esta* tienda **está** *llena* de *lindas* artesanías de Latinoamérica. Diego **está** muy *contento* con el éxito de Tesoros, y por eso **está** pensando abrir *otra* tienda con un *pequeño* cibercafé en Santa Fe, Nuevo México. Busca un local que **sea** bastante *grande* para poner *muchas* artesanías y el *pequeño* café también. Necesita un local de precio *razonable,* porque al principio va a **ser** *difícil* mantener dos locales. **Está** *seguro* de que no hay *ningún* local *barato* en el centro *comercial,* pero espera encontrar el local *ideal* con la ayuda de sus contactos en Nuevo México. De hecho, a las 2:00 tiene una reunión con uno de esos contactos, y **es** la 1:30. Pero la reunión **es** en el restaurante que **está** al lado de Tesoros. Llegará a tiempo.

Paso 2 Ahora, llene los espacios en blanco con **ser** o **estar,** según el contexto. **¡OJO!** A veces tendrá que utilizar el pretérito o el imperfecto.

1. Diego Ponce _____ muy animado hoy porque todo va muy bien en su tienda, Tesoros. Hace dos años, cuando abrió la tienda, _____ muy nervioso porque no sabía si iba a tener éxito o no.

2. Su amigo, Juan José Lugo _____ de Nuevo México y _____ ayudando a Diego a encontrar allí un local para abrir otra tienda. En marzo encontró un local en un centro comercial, pero _____ demasiado caro.

3. Ayer Diego tuvo una reunión con un amigo de Juan José, Francisco González. La reunión _____ en un restaurante que _____ cerca de Tesoros. Diego _____ entusiasmado porque Juan José le dijo que ese hombre _____ dispuesto (*willing*) a venderle un local ideal a buen precio.

Paso 3 En parejas, describan una tienda que conocen para comprar cosas únicas de otros países. ¿Dónde está ese lugar? ¿Cómo es? ¿Qué tipo de artículos se venden? ¿Por qué les gusta ese lugar?

Comparación

ICONO	META COMUNICATIVA	PUNTOS CLAVE
COMPARAR	Comparación	• la concordancia de género y número • **tan… como, tanto/a/os/as… como** • **más/menos… que**

Los gemelos Jacobo y Javier

¿Quién come mejor, Javier o Jacobo?

Paso 1 Lea el siguiente párrafo sobre Javier y su hermano gemelo, Jacobo. Preste atención a las comparaciones **en negrita.**

Según los parientes de los gemelos, Javier es **tan encantador como** Jacobo, pero Jacobo es **más mimado que** Javier porque Jacobo vive en Puerto Rico cerca de su madre. A Javier le encanta **comer tanto como** a Jacobo, pero Jacobo **come mejor que** su hermano. Obviamente las comidas que prepara la madre de los gemelos son sabrosísimas. El arroz con pollo de su madre es **el mejor de** toda la Isla. La esposa de Jacobo no tiene **tanto tiempo como** su suegra para cocinar comidas complicadas. Por su trabajo, está **más ocupada que** la Sra. de Mercado. Por eso, Jacobo y su esposa comen **más de** cuatro veces a la semana en casa de la madre de Javier. Y como es de imaginarse, a la Sra. de Mercado le encanta tener a su querido hijo en casa para mimarlo y cuidarlo.

Paso 2 Ahora, haga comparaciones entre Javier y Jacobo y sus parientes, utilizando las palabras sugeridas y las indicaciones entre paréntesis en la página siguiente. Explique el porqué de su comparación.

MODELO: la esposa de Jacobo / la Sra. de Mercado: ocupado (+) →
La esposa de Jacobo está más ocupada que la Sra. de Mercado porque la Sra. de Mercado sólo trabaja 15 horas a la semana.

1. Javier / Jacobo: mimado (−)
2. la Sra. de Mercado / la esposa de Jacobo: cocinar (+)
3. la esposa de Jacobo / la Sra. de Mercado: tiempo libre (−)
4. el arroz con pollo de la Sra. Mercado / el arroz con pollo de todas las vecinas: bueno (+)
5. la esposa de Jacobo / Jacobo: contento (=)
6. Javier / Jacobo: disfrutar las comidas especiales de su madre (=)

Paso 3 En parejas, hagan por lo menos cuatro comparaciones entre cada uno de Uds. y un pariente. Utilicen comparaciones de igualdad y de desigualdad.

Reacciones y recomendaciones

ICONO	META COMUNICATIVA	PUNTOS CLAVE
REACCIONAR **R** RECOMENDAR	Reacciones y recomendaciones	• el subjuntivo en cláusulas nominales • los mandatos

Cristina y Diego

Las relaciones entre Cristina y Diego

Paso 1 Lea el siguiente párrafo sobre Diego y Cristina. Preste atención al uso del subjuntivo (**en negrita**) después de ciertas expresiones (*en letra cursiva*).

Marta, la hermana de Cristina, dice que *es increíble que* su hermana y Diego **sigan** saliendo juntos. Aunque *es obvio que* Diego y Cristina se quieren mucho, Diego dedica demasiado tiempo a su trabajo. A Cristina *le gusta que* Diego **haya tenido** éxito en su trabajo, pero no *le gusta que* él **pase** muchas noches y los fines de semana en la tienda. Marta *sugiere que* Cristina **salga** con otros chicos y **hable** con los amigos de Diego para ver si ellos pueden *convencerlo de que* no **trabaje** tanto. *No es bueno que* Marta se **meta** tanto en la vida privada de su hermana. A Cristina *le molesta que* su hermana le **haga** tantas sugerencias.

Paso 2 Ahora, termine las siguientes oraciones, basándose en el párrafo del **Paso 1** y utilizando el subjuntivo cuando sea necesario.

1. Es triste que Diego…
2. Es evidente que su trabajo…
3. La hermana de Cristina recomienda que…
4. Es importante que Cristina y Diego…

Paso 3 En parejas, háganles dos sugerencias a Diego y dos a Cristina para resolver sus problemas sentimentales.

Narración en el pasado

ICONO	META COMUNICATIVA	PUNTOS CLAVE
PASADO P	Narración en el pasado	• el pretérito • el imperfecto • los tiempos perfectos • **hace... que**

Laura y Manuel

Paso 1 Lea el siguiente párrafo sobre las relaciones sentimentales entre Laura y Manuel. Preste atención al uso del pretérito (**en negrita**) y del imperfecto (*en letra cursiva*).

Laura con el Cuerpo de Paz en los Andes

Después de graduarse de la universidad, Laura **se mudó** al Ecuador para trabajar en el Cuerpo de Paz. Cuando **llegó,** *estaba* un poco nerviosa, pero muy pronto se **acostumbró** a la vida andina. Un día mientras *trabajaba,* **vio** en el pasillo a un hombre muy guapo hablando con la directora de la clínica. Esa tarde Laura y Manuel **se conocieron** en una reunión y poco tiempo después **empezaron** a salir juntos. Los dos **pasaron** muchos fines de semana con los padres de Manuel en

San Rafael. La casa allí *era* muy linda, *tenía* jardines con rosas y muchas frutas exóticas. Laura *se sentía* tan a gusto con la familia de Manuel que casi *parecía* que *estaba* con su propia familia. Todo *estaba* bien hasta que **terminó** su contrato con el Cuerpo de Paz. Laura **tuvo** que volver a los Estados Unidos y Manuel **tuvo** que continuar su trabajo en el gobierno. Ha sido muy difícil para Laura y Manuel mantener estas relaciones sentimentales a larga distancia. Pero esperan verse pronto.

Paso 2   Contesten las siguientes preguntas sobre Laura y Manuel.

1. ¿Por qué se mudó Laura al Ecuador?
2. ¿Cómo se sentía cuando llegó?
3. ¿Cómo se conocieron Laura y Manuel?
4. ¿Cómo era la casa de los padres de Manuel?
5. ¿Por qué no se fue con Laura a los Estados Unidos Manuel?

Paso 3   Ahora, termine las siguientes oraciones. Luego, compártalas con un compañero / una compañera.

1. Cuando empecé a estudiar en esta universidad,… (descripción de sus sentimientos)
2. Cuando era niño/a, mi mejor amigo/a… (descripción de él/ella)
3. Una vez, cuando estaba de vacaciones,… (acción completa)
4. Esta mañana, después de levantarme,… (serie de acciones)

Hablar de los gustos

ICONO	META COMUNICATIVA	PUNTOS CLAVE
GUSTOS 6	Hablar de los gustos	• los verbos como **gustar** • los pronombres de complemento indirecto • el subjuntivo después de **me gusta que**

Sara le encanta el arte

Paso 1   Lea el siguiente párrafo sobre el interés de Sara en el arte mexicano. Preste atención a los usos de los verbos como **gustar (en negrita).**

A Sara siempre **le ha encantado** el arte. Ahora que vive en Austin, Texas, ha tenido la oportunidad de conocer el arte de México. A ella **le gusta** que haya muchas exposiciones de arte mexicano en los museos de Austin y **le fascinan** las artesanías mexicanas que Diego tiene en su tienda. **Le interesan** los grabados[1] de José Guadalupe Posada y **le fascina** la vida de Frida

[1]*engravings*

Sara con la directora de MexicArte

Kahlo. Hace un año y medio, la jefa de la emisora de radio donde trabaja Sara quería información sobre la nueva exposición del arte de Posada. Por eso mandó a Sara a entrevistar a la directora del Museo MexicArte. Las calaveras[2] de este artista **le encantan** a Sara, y su jefa lo sabía. La entrevista salió en el programa de NPR,[3] *Latino USA,* y **les gustó** mucho a todos. ¿Y a Ud. **le interesa** el arte mexicano?

[2]*skulls*   [3]*National Public Radio*

Paso 2 En parejas, escojan de cada columna la información que les parece apropiada para formar cinco oraciones sobre los gustos y las preferencias de Sara y los aficionados al arte mexicano.

Sara	+	encantar	+	las artesanías
los aficionados al		fascinar		mexicanas
arte mexicano		gustar		el arte
		interesar		los grabados de Posada
		molestar		la vida de Frida Kahlo
				las calaveras

Paso 3 Ahora, indiquen los gustos, las preferencias, las molestias, etcétera, de las siguientes personas en cuanto al arte. Usen un verbo diferente en cada oración. Pueden usar los verbos de la lista del **Paso 2** u otros verbos que se conjugan como **gustar.**

1. a mí
2. a mi mejor amigo/a
3. a mis profesores
4. a nosotros, los estudiantes

Hacer hipótesis

ICONO	META COMUNICATIVA	PUNTOS CLAVE
HIPÓTESIS H	Hacer hipótesis	• el pasado de subjuntivo • el condicional

Lo que haría Javier si pudiera

Paso 1 Lea el siguiente párrafo sobre los sueños de Javier. Preste atención al uso del pasado de subjuntivo (**en negrita**) y del condicional (*en letra cursiva*).

Aunque Javier se siente feliz en Austin, a veces se pone a soñar con los lugares donde *pasaría* tiempo si **pudiera.** Por ejemplo, le *gustaría* comprar un terreno[1] en Puerto Rico cerca de la finca de sus padres. De esta manera *podría* pasar los meses de diciembre y junio con la familia. Su madre *estaría* muy contenta y *dejaría* de presionarlo tanto. Ella siempre ha querido que

[1]*plot of land*

Javier sirve a algunos amigos en Ruta Maya.

todos sus hijos vivan cerca de ella. Pero si Javier **se quedara** en Puerto Rico todo el año, *tendría* menos oportunidades en su profesión. Por eso *sería* ideal mantener su apartamento en Austin y si **llegara** a ser rico y famoso, *compraría* un condominio en Venezuela también. Si **tuviera** un montón de dinero, *invitaría* a toda su familia y a sus amigos a pasar largas temporadas con él.

Paso 2   Complete el siguiente párrafo con la forma apropiada del pasado de subjuntivo o del condicional de los verbos entre paréntesis.

Si Javier _____ [1] (tener) mucho dinero _____ [2] (dejar) de trabajar en Ruta Maya y _____ [3] (dedicarse) a escribir. Si _____ [4] (poder), _____ [5] (escribir) una novela que le interesa escribir desde hace mucho tiempo. Si la novela _____ [6] (ser) muy popular y si _____ [7] (llegar) a tener gran éxito, Javier _____ [8] (firmar) un contrato con un agente importante y _____ [9] (poder) conocer a otros escritores famosos.

Paso 3   Ahora, termine las siguientes oraciones sobre sus propios sueños. Luego, compártalas con el resto de la clase.

1. Si yo pudiera conocer a cualquier persona famosa, me _____ (gustar) conocer a… porque…
2. Si yo pudiera ir a cualquier lugar exótico del mundo, _____ (ir) a… porque…

Hablar del futuro

ICONO	META COMUNICATIVA	PUNTOS CLAVE
FUTURO F	Hablar del futuro	• el futuro • el subjuntivo en cláusulas adverbiales

Los planes para Ruta Maya

Paso 1   Lea el párrafo en la página siguiente sobre algunos de los planes que tiene Sergio para Ruta Maya en preparación para un congreso que pronto tendrá lugar en Austin. Preste atención al uso del futuro (**en negrita**) y del presente de subjuntivo (*en letra cursiva*).

Con la ayuda de Francisco y Javier

Dos semanas antes del congreso **pondremos** unos nuevos cuadros pintados por los niños de Chiapas. Estos cuadros **llegarán** a fines de marzo. Cuando *lleguen* los cuadros, Javier y Francisco me **ayudarán** a colgarlos.[1] Tan pronto como *salga* el programa de eventos, lo **distribuiremos** por toda la ciudad. Estoy seguro de que los participantes **estarán** muy contentos de ver todo lo que tenemos planeado.

[1]*hang them*

Paso 2 Termine las siguientes oraciones, indicando lo que Ud. cree que pasará en cada situación.

1. Cuando pongan los cuadros de los niños de Chiapas, los clientes de Ruta Maya…
2. Cuando Sergio necesite ayuda con los cuadros, Javier y Francisco…
3. Tan pronto como lleguen los programas,…

Paso 3 Ahora, termine estas oraciones, diciendo lo que Ud. hará en las siguientes circunstancias. Luego, compártalas con un compañero / una compañera.

1. Cuando visite a mis padres la próxima vez,…
2. Tan pronto como pueda, mi profesor(a)…
3. Cuando tenga 70 años, yo…
4. Cuando saque A+ en la clase de español,…

Nuestro alrededor y cómo nos afecta

El Cono Sur

Santiago de Chile

Check out these exciting multimedia ancillaries to the *Metas* program:

 ActivityPak

 Online Learning Center

 Online *Manual*

 Music CD

Las obligaciones y el tiempo libre

CAPÍTULO 4A

Puntos clave

GUSTOS
G

Temas centrales

- el estrés
- el ocio
- el humor

En este capítulo, Ud. va a explorar el tema de las obligaciones, en cuanto a los estudios y el trabajo, y lo que se hace para pasarlo bien y relajarse.

Preguntas para considerar

- ¿Se siente Ud. estresado/a por sus obligaciones académicas y su trabajo?
- ¿Qué hace para aliviar el estrés?
- ¿Cuáles son las actividades que lo/la ayudan a relajarse?
- ¿Va Ud. a un lugar especial para escaparse de vez en cuando?
- ¿Qué importancia tiene el humor en su vida diaria?
- La escena que se ve en el cuadro muestra una forma de escaparse de la vida diaria en la Argentina. ¿Qué papel desempeñan la música y el baile en su vida?

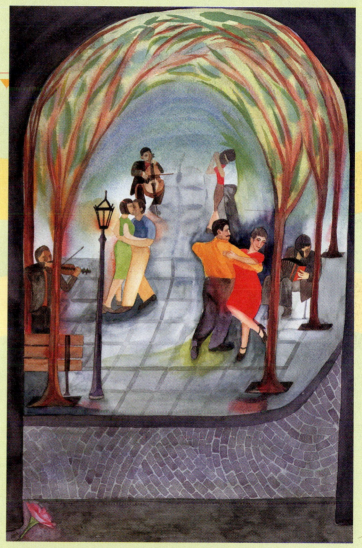

La Plaza Dorrego en Buenos Aires

165

La historia

Watch the **dibujo animado** related to this section in the *ActivityPak* on the *Online Learning Center* (**www.mhhe.com/metas**).

Hay que ser más fiesteros

Sergio y Laura

Situación: Sergio, Sara y Diego están hablando del fin de semana. Sergio tiene pensado[1] un fin de semana muy divertido y quiere hacer planes con los otros, pero va a ser un desafío convencer a Diego de que deje la tienda. Lea el diálogo y preste especial atención al uso del vocabulario nuevo **en negrita.**

SERGIO: Este fin de semana tengo que **reunirme con** el dueño del rancho donde pensamos realizar el próximo Festival de Música Latinoamericana.
¿Por qué no vamos todos y pasamos un fin de semana en el campo?

SARA: Yo, encantada. Estoy segura de que Javi y Laura estarán **dispuestos** a cambiar su horario para acompañarnos.

DIEGO: Suena padrísimo,[2] pero quiero **aprovechar** el fin de semana para **ponerme al día** en la tienda. Tengo un montón[3] de cosas que hacer.

SARA: ¡Qué **aguafiestas**! Con razón Cristina se queja de ti. **Trabajas como una mula** durante la semana, ¿y todavía piensas **desvelarte** por el trabajo todo el fin de semana?

DIEGO: Tengo mis obligaciones.

SERGIO: Hombre, aunque tú no lo creas, también tienes que **cargar las pilas** de vez en cuando. Se ve que estás **quemado.** Mira, nos quedaremos en una cabaña preciosa al lado del lago.

SARA: Podemos cocinar al aire libre, **relajarnos,** cantar y bailar—todas las cosas que a ti te gustaban antes de hacerte adicto al trabajo.

---

[1]tiene… *has planned*   [2]Suena… *Sounds awesome!*   [3]*pile*

DIEGO:	Es que la tienda…
SARA:	Ay, hombre, ¿qué pasó con el Diego que yo conocía, el que **charlaba** con sus amigos hasta las 4:00 de la **madrugada,** el que **se reía a carcajadas** de los **chistes** de Javi? Me preocupa que estés **agobiado** y no lo reconozcas.[4]
SERGIO:	Sí, primo, no importa el **éxito** de tu negocio ni el dinero que puedas ganar si no tienes equilibrio en tu vida.
DIEGO:	Déjenme pensarlo. Es verdad que me hace falta[5] un descansito.
SARA:	Contamos contigo, Diego. Te conviene cambiar de rutina, ser un poco más fiestero y **disfrutar de** la vida.
SERGIO:	Ya verás, primo, **lo pasaremos de maravilla.**
SARA:	Puedo llamar a Cristina para invitarla. ¿Quién sabe? Tal vez un fin de semana **animado** en el campo os ayude a mejorar vuestra «amistad».
DIEGO:	Ya, ya, Sara, no insistas… Mmm… está bien. **Pospondré** mi trabajo para acompañarlos, **¿satisfechos?**
SERGIO:	Sí, señor. Será el primer paso en recuperar al viejo Diego, ¿verdad Sara?
SARA:	¡Claro!

[4]no… *you don't recognize it* [5]me… *I need*

Actividades

A. La búsqueda de las metas comunicativas en contexto Identifique en el diálogo ejemplos de las siguientes metas comunicativas: Reacciones y recomendaciones (R), Narración en el pasado (P), Hablar de los gustos (G) y Hablar del futuro (F). Subraye cada palabra o frase que represente una (o una combinación) de estas metas comunicativas. Luego, escriba al margen la(s) letra(s) que corresponde(n) a cada ejemplo subrayado (R, P, G o F).

G/P
F

MODELOS: …todas las cosas que <u>a ti te gustaban</u>…
…lo <u>pasaremos</u> de maravilla.

B. Comprensión Conteste las siguientes preguntas, según el diálogo.

1. ¿Cree Ud. que Diego es muy fiestero? ¿Por qué sí o por qué no?
2. ¿Quién es más adicto al trabajo, Sara, Sergio o Diego? ¿Por qué?
3. ¿Qué plan tiene Sara para Diego y Cristina?
4. ¿Por qué cree Ud. que Diego por fin decide hacer planes con sus amigos?

C. Reacciones y recomendaciones Complete las siguientes oraciones sobre la conversación de Sergio, Diego y Sara, utilizando un conector en cada oración.

MODELO: A Sergio le interesa que Diego vaya al rancho porque sabe que su primo trabaja demasiado y necesita relajarse.

1. A Sergio le interesa…
2. A Sara le fastidia que Diego…
3. Es obvio que Diego…
4. Es interesante que Sergio…

Conectores

además
en cambio
para que + *subjuntivo*
por lo tanto
porque
puesto que
sin embargo
ya que

D. Diálogo   En parejas, preparen un diálogo que represente una de las siguientes situaciones y preséntenlo a la clase.

1. Vuelvan a crear el diálogo entre Sara, Diego y Sergio, utilizando sólo su memoria y sus propias palabras.

2. Sara tiene planes secretos para que se reconcilien Cristina y Diego. Ella llama a Cristina y trata de convencerla de que vaya al rancho con los otros amigos.

3. La madre de Diego lo llama, diciéndole que está preocupada porque lo ve muy agobiado. Diego le explica por qué tiene que trabajar tanto.

Vocabulario del tema

Para hablar de las obligaciones

aprovechar(se) (de)	to take advantage of
aumentar	to increase
desvelarse	to stay awake all night
disminuir	to decrease
madrugar	to get up early
mejorar	to improve (make better)
ponerse al día	to catch up
posponer	to postpone
(*like* **poner**)	
realizar	to accomplish, fulfill (a goal)
tener éxito	to be successful
trabajar como una mula	to work like a dog

Para describir el estado de ánimo

agobiado/a	overwhelmed
agotado/a	exhausted
angustiado/a	distressed
animado/a	in good spirits *lively*
desanimado/a	bummed
descansado/a	rested
dispuesto/a (a)	willing (to)
entusiasmado/a	enthusiastic
estresado/a	stressed (out)

De vacaciones: ¿Cómo carga Ud. sus pilas?

harto/a	fed up
hasta las narices	fed up to here
quemado/a	burned out
relajado/a	relaxed
renovado/a	renewed
satisfecho/a	satisfied
tenso/a	tense

Para hablar del tiempo libre

aliviar	to relieve
cargar las pilas	to recharge one's batteries
charlar	to chat
disfrutar de	to enjoy
entretener(se) (*like* tener)	to entertain (oneself)
estar de buen/mal humor	to be in a good/bad mood
pasarlo bien/mal	to have a good/bad time
relajarse	to relax
reunirse (me reúno) (con)	to get together (with)
tener mucha marcha	to have a lively social scene

Para hablar del humor

bromear	to joke around
levantar el ánimo	to lift the spirits
reírse (i, i) (me río) a carcajadas	to laugh out loud
sonreír (*like* reír)	to smile
tomarle el pelo a alguien	to pull someone's leg
la broma	practical joke
el chiste	joke

la risa	laughter
chistoso/a	funny
comiquísimo/a	hilarious
entretenido/a	entertaining
de mal gusto	in poor taste

Para describir las diversiones

el/la aguafiestas	party pooper
el bienestar	well-being
el chisme	gossip
el espectáculo	show, performance
la madrugada	early morning
los ratos libres	free time
la resaca	hangover
el recreo	recreation

Expresiones útiles para hablar del tiempo libre

¡Que lo pase/ pases/pasen bien!	
¡Que se divierta / te diviertas / se diviertan!	Have a good time!
¿Cómo lo pasó/ pasaste/pasaron?	How was it?, Did you have a good time?
Lo pasé muy bien / de maravilla / fatal.	I had a great time / a blast / a terrible time.

Actividades

A. **Vocabulario en contexto**

Paso 1   Indique quién hace las siguientes cosas: Ud., su madre, padre, hermano/a, hijo/a, amigo/a, compañero/a de cuarto, nadie, etcétera.

1. Les toma el pelo a los demás con frecuencia.
2. Les levanta el ánimo a los que están quemados.
3. Trabaja como una mula y no es capaz de relajarse.
4. Está dispuesto/a a desvelarse para ayudar a un amigo con un proyecto.
5. Sabe todos los chismes del mundo.
6. Piensa que es importantísimo tener éxito profesional.
7. Siempre sonríe y está animado/a.
8. Está agobiado/a porque con frecuencia pospone el trabajo que tiene que hacer.
9. Aprovecha sus ratos libres para ponerse al día con los estudios o el trabajo.

Paso 2   En parejas, compartan sus respuestas del **Paso 1.** Escojan dos situaciones y amplíen sus respuestas para dar ejemplos concretos de lo que hace la persona indicada en cada situación.

B. Decisiones

Paso 1   Conteste las siguientes preguntas, explicándole sus respuestas a un compañero / una compañera.

¿Qué haría yo?

	SÍ	NO
1. Después de haberse desvelado en una fiesta fantástica, ¿madrugaría Ud. al día siguiente para hacer ejercicio antes de asistir a su primera clase?	☐	☐
2. ¿Pospondría una entrevista para un trabajo importante si tuviera la oportunidad de asistir a un concierto de su grupo musical favorito?	☐	☐
3. ¿Iría a clase con una resaca tremenda?	☐	☐
4. ¿Estaría dispuesto/a a suspender sus estudios por un año para trabajar en Cancún?	☐	☐
5. ¿Gastaría más de 100 dólares en una de las siguientes cosas: un partido de fútbol, una obra de teatro de *Broadway* en Nueva York, un concierto, una botella de vino, un suéter, un masaje?	☐	☐
6. ¿Iría de compras para aliviar el estrés?	☐	☐
7. Después de trabajar como una mula todo el día, ¿iría a un lugar con mucha marcha para pasarlo bien?	☐	☐

Paso 2   Ahora, haga tres comparaciones entre Ud. y su compañero/a, basándose en las respuestas y explicaciones del **Paso 1.**

MODELO: Yo soy más tacaño que mi compañera porque yo nunca gastaría más de 100 dólares en un suéter.

SÍNTESIS

C. Preguntas personales   En parejas, contesten las siguientes preguntas utilizando palabras y frases del **Vocabulario del tema.** Mientras escucha a su compañero/a, reaccione con algunas expresiones de **Para conversar mejor.** Luego, compartan sus respuestas con el resto de la clase.

Para conversar mejor

¡Qué chévere/ guay/padre!	¡Qué suerte!	¡Fenomenal!
¡Qué chistoso!	¡Bárbaro!	Tienes razón.
¡Qué lío!	¿De veras?	Yo (A mí) también/
	¿En serio?	tampoco.

---

1. Describa a la persona más fiestera que Ud. conoce. ¿Qué le gusta hacer a esa persona en las fiestas? ¿Les molesta a los otros invitados lo que hace? Explique su respuesta.

2. ¿Qué hace el aguafiestas típico? ¿Es Ud. extrovertido/a o introvertido/a en una fiesta? ¿Ha sido alguna vez un(a) aguafiestas? Explique su respuesta.

3. ¿Es la música una parte importante de su vida? ¿Qué tipo de música le gusta oír cuando se siente estresado/a, nostálgico/a, de buen humor, triste?

Si pudiera conocer a cualquier cantante o músico, ¿a quién le interesaría conocer? ¿Por qué?

4. ¿Qué le gusta hacer para aliviar el estrés?

Si fuera el decano (*dean*) encargado de (*in charge of*) los servicios estudiantiles, ¿qué recursos ofrecería para ayudar a los estudiantes a disminuir el estrés?

¿Qué hará durante las próximas vacaciones para relajarse?

5. Para levantar el ánimo, ¿mira Ud. comedias o programas como *Jay Leno, The Daily Show,* etcétera? ¿Cuáles son los programas que le hacen reírse a carcajadas? En su opinión ¿cuáles son los programas de mal gusto? Explique.

6. ¿Es Ud. bueno/a para contar chistes? ¿Cuáles son las características de una persona que sabe contar chistes?

7. ¿Cómo reacciona Ud. cuando alguien le toma el pelo? ¿Es Ud. muy bromista? ¿Le gusta tomarles el pelo a los demás?

D. Problemas repentinos   Lea cada problema y, con la clase entera, hagan una lista de palabras nuevas de este capítulo y de los capítulos anteriores que los ayude a conversar con facilidad sobre cada problema repentino. Después, en parejas, preparen un diálogo espontáneo sobre cada problema.

1. Un consejero / una consejera y una persona que está quemada por el exceso de trabajo están en una sesión de terapia. El/La paciente se queja de su trabajo y el consejero / la consejera trata de convencerlo/la de que tome clases de baile o música para aliviar el estrés.

2. Un matrimonio —un(a) aguafiestas y un fiestero / una fiestera—, habla de cómo debe pasar el fin de semana. Una de las personas quiere ponerse al día en su trabajo y la otra quiere pasarlo bien.

3. Una persona muy bromista trata de levantarle el ánimo a un amigo / una amiga que está desanimado/a porque tiene que posponer sus vacaciones.

Nota cultural ▪ ¿Quiénes son los más fiesteros?

La primera vez que Diego recibió una invitación para ir a una fiesta en los Estados Unidos, se sorprendió mucho. ¡La invitación indicaba la hora en que iba a terminar la fiesta! Eso nunca pasaría en el mundo hispano, donde sí, se indica la hora en que comienza una fiesta (algo que no siempre se respeta), pero se considera de mala educación decirles a los invitados que tienen que irse a una hora determinada. La costumbre estadounidense puede resultar un choque cultural para los hispanos. De hecho, a Javier le molesta tanto que él se niega a ir a una fiesta si la invitación indica cuándo va a terminar.

En el mundo hispano, el invitado tiene derecho a quedarse todo el tiempo que quiera en una reunión o una fiesta, y el anfitrión tiene el deber de atenderlo. En el Ecuador, Laura asistió a una boda que empezó a las 7:00 de la noche y no terminó hasta las 7:00 de la mañana del día siguiente. ¡Qué diferente de las bodas estadounidenses que ella conocía! Pero en realidad, no parecía que los novios estuvieran enojados con sus invitados. Al contrario, se reían, cantaban y bailaban con los otros hasta que se fue la última persona. Sergio también prefiere las fiestas alegres y largas de su familia mexicana a las cenas cortas y secas que tiene con su familia de los Estados Unidos.

En fin, cada cultura es diferente y hay que respetar las costumbres de cada uno. Pero cuando Ud. vaya a una fiesta en un país hispano, ¡no se sorprenda si nunca termina!

Conversación en parejas

En parejas, escriban un diálogo en el que uno de Uds. haga el papel de un anfitrión / una anfitriona estadounidense que está cansado/a y quiere pedirles a sus invitados, de manera educada, que se vayan. La otra persona será un invitado hispano / una invitada hispana que no entiende las indirectas (*discreet hints*) de su anfitrión/anfitriona.

Puntos clave

Hablar de los gustos

En esta sección del capítulo, Ud. va a practicar la meta comunicativa **Hablar de los gustos.** Para hacerlo bien, hay que utilizar las estructuras gramaticales (los puntos clave) de la siguiente tabla que pertenecen a la meta comunicativa. Antes de continuar, estudie las explicaciones de estas estructuras gramaticales en las páginas amarillas (335–341).

LA META COMUNICATIVA DE ESTE CAPÍTULO		
ICONO	**META COMUNICATIVA**	**PUNTOS CLAVE**
GUSTOS G	Hablar de los gustos	• los verbos como **gustar** • los pronombres de complemento indirecto • el subjuntivo después de **me gusta que**

Ponerlo a prueba

En la siguiente narración, Sergio habla de su amor por la música. Llene los espacios en blanco con la forma apropiada del verbo entre paréntesis, junto con el pronombre de complemento indirecto adecuado.

La música siempre ha sido una parte importante de mi vida. De niño, (a mí) _____[1] (encantar) las canciones folclóricas que me cantaba mi madre. A ella _____[2] (emocionar) cantarlas hasta hoy en día. Por mi experiencia bicultural, tengo gustos eclécticos.

Puesto que a mis hermanos y a mí _____[3] (importar) preservar nuestra herencia hispana, tratamos de mantenernos al día en cuanto a los cantantes y grupos hispanos como Ricardo Arjona, Jarabe de Palo, los Tigres del Norte, Manu Chao y otros. Pero cuando me pongo nostálgico _____[4] (apetecer) oír la música de los años 70 y la llamada «nueva canción», especialmente la música de los cubanos Silvio Rodríguez y Pablo Milanés, de la argentina Mercedes Sosa y del grupo chileno Inti Illimani.

En cuanto a la música «*country*» estadounidense, a mi primo Diego _____[5] (fascinar) Tim McGraw. No sé por qué, pero esa música a mí _____[6] (aburrir). Pero cuando los dos sentimos mucho estrés, la música siempre _____[7] (relajar). Creo que por eso la escogí como carrera. ¿Y a ti? ¿Qué tipo de música más _____[8] (interesar)?

Expresiones útiles*

Para hablar de lo que le gusta

me apetece(n)	*I feel like*
me cae(n) bien/fenomenal	*I really like (person or people)*
me conviene(n)	*It's good (a good idea) for me to*
me da(n) ganas de	*I feel like*
me emociona(n)	*I'm excited by*
me encanta(n)	*I love, really like*
me fascina(n)	*I'm fascinated by*
me importa(n)	*I care about*
me interesa(n)	*I'm interested in*

Para expresar lo que no le gusta

me aburre(n)	*I'm bored by*
me cae(n) mal/fatal	*I don't like (person or people)*
me da(n) asco	*I'm disgusted by*
me disgusta(n)	*I'm annoyed by*

---

*Note that for all of these **gustar**-like constructions, if they are immediately followed by **que** + *verb phrase,* the verb in that following verb phrase must be in the subjunctive.

Me molesta *que* mis vecinos *hagan* **ruido después de la medianoche.**
but
Me molesta *el ruido.* (followed by a noun)
and
Me molesta *desvelarme* **por el ruido que hacen mis vecinos.** (followed by an infinitive)

me fastidia(n) } me molesta(n) }	*I'm bothered by*
me preocupa(n)	*I'm worried about*

Para expresar indiferencia

me da igual	*I don't care, it's all the same to me*
me da(n) lo mismo } me es igual no me importa(n) }	*I don't care (about)*
no me interesa(n)	*I'm not interested (in)*

Actividades

Las siguientes actividades le darán la oportunidad de practicar cómo expresar los gustos.

A. ¡A bailar! ¡A cantar!   Lea el siguiente párrafo sobre Sergio y conteste las preguntas.

Cuando Sergio tenía 18 años, su amor por la música se convirtió en amor por el baile, incluso tomó clases para aprender a bailar tango. Desde entonces, no pasa ni una semana sin ir a algún club para su terapia preferida: bailar salsa, merengue o *jitterbug*. Para él, su bienestar físico y emocional depende del movimiento y de los ritmos que lo hacen sentir vivo.

1. ¿Por qué le conviene a Sergio bailar muy a menudo?
2. ¿Por qué cree Ud. que le aburriría a Sergio ejercer (*to hold*) un trabajo convencional?
3. ¿A Ud. le gusta bailar? ¿Le interesa aprender los bailes de moda? Explique sus respuestas.
4. ¿Por qué les disgusta a algunas personas mayores cierta música moderna, como el rock, el rap o el reggaetón*?
5. Si su pareja no supiera bailar, ¿le fastidiaría a Ud.? Explique su respuesta.
6. ¿Hay ciertas canciones que le emocionan porque le recuerdan algún momento sentimental o emocionante de su pasado? ¿Cuáles son? ¿Hay otras canciones que le molesta oír porque le resultan demasiado tristes por los recuerdos que evocan? ¿Cómo son esas canciones?

B. La nocturnidad   Se dice que los argentinos nunca duermen. Buenos Aires es una ciudad de mucha marcha. Muchos extranjeros que visitan esta capital porteña quedan alucinados por su intensa actividad nocturna. Pero Buenos Aires tiene competencia. Madrid y Nueva York también tienen mucha movida.

Paso 1   Lea los siguientes anuncios sobre la vida nocturna en Buenos Aires, Madrid y Nueva York.

---

*El reggaetón** es una versión hispana del hip hop, mezclada con estilos tradicionales de música latina. Nació en Puerto Rico en los años 90 y pronto se extendió por todo el mundo hispano.

La marcha mundial

Buenos Aires

A medianoche termina la primera sesión designada para los chicos menores de 18 años y empieza la marcha de verdad. Los boliches[1] porteños antes se quedaban abiertos hasta las 5:00, pero hace cuatro años, una nueva ley requiere que cierren a las 3:00.

¡OJO!

Cuidado con los patovicas.[2] Son personal que ofrece servicio de seguridad para los locales de baile pero recientemente han sido muy agresivos hacia los clientes jóvenes.

Madrid

En general, los lugares para ir a bailar abren a las 20 horas, pero este horario es para la juventud, menores de 16 años. Los jóvenes tienen que salir a las 23:00 cuando abren otra vez para los mayores. Las discotecas suelen permanecer abiertas hasta las 3:00 ó 4:00 aunque los sábados y domingos se extiende hasta las 5:00.

¡OJO!

Mucha gente que vive cerca de las discotecas se queja de «la contaminación[5] sonora» que causan las discotecas madrileñas.

Nueva York

Las discotecas de Nueva York están casi vacías hasta las 22 horas, pero a partir de la medianoche empieza la bulla[3] y sigue hasta que cierran las puertas a las 4:00. Van los mayores de 18 ó 21 años.

¡OJO!

En las discos más de moda los sacabullas[4] determinan quién entra y quién no. Así que es recomendable vestirse de moda y esperar que tenga suerte. Es una movida muy esnob.

[1]*disco bars* [2]*bouncers* [3]*commotion* [4]*bouncers* [5]*pollution*

Paso 2 En parejas, formen oraciones completas con los elementos entre las diagonales. Luego, reaccionen a cada oración, añadiendo el porqué de sus reacciones. Sigan el modelo.

MODELO: los vecinos madrileños / molestar / el ruido que producen las discotecas

Es necesario que… porque… →

A los vecinos madrileños les molesta el ruido que producen las discotecas.

Es necesario que los vecinos se quejen con las autoridades, porque tienen el derecho de dormir tranquilos por la noche.

1. los madrileños jóvenes / molestar / el horario restrictivo

   No es justo que… porque…

2. los sacabullas en los clubes neoyorquinos / importar / la apariencia de los clientes

   Es frustrante que… porque…

3. los chicos argentinos menores de 18 años / encantar / bailar

   No les gusta que… porque…

4. los padres de los jóvenes / preocupar / la agresividad de los patovicas argentinos

   Es importante que… porque…

5. las mujeres / convenir / vestirse a la última moda si quieren entrar en los clubes de Nueva York

   Es ridículo que… porque…

Paso 3 En grupos pequeños, hablen de un lugar con mucha marcha en su ciudad. ¿Tienen que vestirse bien para entrar? ¿Cómo está decorado el lugar? ¿Quién frecuenta ese lugar? ¿Por qué es tan popular?

Paso 4 Escriba un anuncio para la gente joven de su ciudad sobre un lugar nuevo con mucha marcha.

C. Viva el teatro

Paso 1 Lea el siguiente artículo sobre la popularidad del teatro en la Argentina. Luego, en parejas, contesten las preguntas.

¡Viva el teatro!

En una época en que los argentinos no pueden permitirse grandes lujos, comprar una entrada, entrar en una sala y esperar la magia que se esconde tras el telón está poniéndose de onda.[1] Una saludable onda que es el tema de conversación para el café después de la función y para el resto de la semana, y que a cambio no exige grandes gastos. Hay espectáculos con localidades desde 10 pesos... un peso menos de lo que cuesta ir al cine...

[1]de... de moda

1. ¿Por qué cree Ud. que a los argentinos les interesa tanto el teatro?
2. A muchos argentinos les fascina tanto el teatro que toman clases de teatro. ¿Le gustaría a Ud. tomar clases de teatro? ¿Haría de «*extra*» en una película si le ofrecieran la oportunidad? ¿Le gustaría ser actor / actriz? Explique sus respuestas.
3. ¿Cree Ud. que los norteamericanos irían al teatro más si les costara lo mismo que una entrada al cine? Explique.
4. ¿A Ud. y a sus amigos les interesa mucho el teatro? ¿Por qué sí o por qué no?
5. ¿Le gusta ver películas como *Rent, The Producers, The Phantom of the Opera*, etcétera, que han recreado obras de teatro de *Broadway*?

Paso 2 Entre sus familiares y sus amigos, ¿hay a quienes les interesan los acontecimientos culturales? Indique su nivel de interés o desinterés, utilizando los siguientes verbos: **gustar, aburrir, fascinar, no interesar, disgustar, encantar.** Luego, comparta sus respuestas con un compañero / una compañera. ¿Le sorprenden sus respuestas? Explique.

Mis padres: el ballet
Mis amigos: la ópera
Yo: las exposiciones en los museos

Mi mejor amigo/a: el teatro
Mi profesor(a): las películas extranjeras
Mi abuelo/a: la música clásica

Paso 3   Como clase, hagan una lista de los eventos culturales que tendrán lugar en su ciudad o universidad en el futuro cercano. Después, en parejas, imagínense que los padres de uno de Uds. quieren regalarles entradas para un evento cultural. ¿A qué tipo de evento o a cuál de los eventos de la lista asistirán? Para llegar a un acuerdo, comenten sus gustos, usando los siguientes verbos: **aburrir, encantar, fastidiar, interesar, molestar.** Finalmente, compartan su selección con el resto de la clase. ¿Cuál es el evento al que más estudiantes quieren asistir?

Rincón cultural

Lugares fascinantes

El Cono Sur

La Patagonia, Argentina

1. **La Patagonia, Argentina**   Esta zona inmensa al extremo sur del país sirve de frontera con Chile. (Hay una Patagonia chilena también.) Aunque compone una tercera parte del territorio argentino, sólo el 5 por ciento de la población habita la región. Es un terreno muy diverso con llanas desiertas,[1] un distrito de lagos y montañas (los Andes). Allí se han encontrado importantes restos de dinosaurios. Charles Darwin pasó por la Patagonia y fue uno de los lugares que más le intrigó, y las famosas aventuras de Butch Cassidy y el Sundance Kid los llevaron a la Patagonia para escaparse de las autoridades. Estos compraron tierra en Cholila, donde construyeron una casa y una pequeña tienda. También robaron varios bancos en Santa Cruz y en San Luis. Se quedaron allí por cinco años hasta 1907, cuando vendieron la casa y se escaparon a la cordillera.[2] A Butch Cassidy le gustaban las montañas de la Patagonia porque le recordaban el paisaje de su estado natal, Utah. La naturaleza de la Patagonia la hace un destino para los más atrevidos. Hay muchas opciones para hacer actividades al aire libre: pescar, montar a caballo, montar en bicicleta, hacer andinismo,[3] esquiar y navegar en kayac. Entre

[1]llanas… *deserted plains*   [2]*mountain range*   [3]hacer… *hiking*

los varios parques nacionales están el Parque Nacional Nahuel-Huapi, un bosque petrificado de 15.000 hectáreas creado para preservar la flora y la fauna nativas de la zona; el Parque Nacional Los Glaciares con el famoso Glaciar Moreno, uno de los pocos glaciares del mundo que sigue avanzando; y la Cueva de las Manos, donde las paredes están marcadas de huellas de manos humanas que datan de cerca de 7370 a.C.

El Observatorio Paranal, Chile

2. **El Observatorio Paranal, Chile**   Este observatorio está situado encima del Cerro[4] Paranal, una montaña de 2.635 metros en el Desierto de Atacama en el norte de Chile. Este lugar se considera el más seco del mundo, lo cual lo hace el lugar perfecto para poner un observatorio. Es poco probable que los seres humanos quieran vivir allá y hace falta una zona aislada para que no haya contaminación de luz para el observatorio. El Observatorio Paranal es un centro internacional de astronomía. Allí se encuentra el telescopio más grande y avanzado del mundo. Científicos de todas partes del mundo van allí para realizar investigaciones astronómicas. ¿Quién sabe? Tal vez algún día desde el Paranal encuentren vida en otro planeta.

Montevideo, Uruguay

3. **Montevideo, Uruguay**   El centro de la vida política, económica y cultural del Uruguay es Montevideo. Fundada en 1726, hoy en día es una ciudad cosmopolita donde se concentra más de la mitad de la población uruguaya. Se sitúa en la orilla oriental[5] del Río de la Plata, que divide el Uruguay y la Argentina. El centro histórico es la Ciudad Vieja. Allí se encuentra el Mausoleo de Artigas (la tumba del héroe de la independencia uruguaya, José Gervasio Artigas) en la Plaza Independencia, y el Palacio Salvo, que, con veintiséis pisos, fue el edificio más alto de Sudamérica cuando se inauguró en 1927. Otra zona de interés es el Barrio Sur, donde a principios del siglo XIX unos esclavos fugitivos del Brasil se instalaron, estableciendo las bases de la cultura afrouruguaya.

Montevideo goza de un magnífico puerto natural, lo cual hace de esta ciudad un importante centro de comercio. El Mercado del Puerto era uno de los mejores mercados del continente cuando se inauguró en 1868. Ahora ofrece parrillas[6] típicas con las famosas carnes uruguayas, y se encuentran algunos restaurantes elegantes también. Los sábados por la tarde hay un ambiente de fiesta, con artistas, artesanos y músicos. Montevideo ofrece una vida cultural muy activa y sofisticada. Los montevideanos se pueden entretener en los bares de tango, candombe (música afrouruguaya) y rock; en los cines internacionales; en los múltiples teatros; y, por supuesto, viendo partidos de fútbol—la pasión nacional.

[4]*Hill*   [5]*orilla… eastern shore*   [6]*informal restaurants that serve grilled meats*

Las Cataratas del Iguazú

4. Las Cataratas del Iguazú Estas impresionantes cataratas, más grandes que las del Niágara, se encuentran en la frontera entre la Argentina, el Brasil y el Paraguay. El español Álvar Núñez Cabeza de Vaca las «descubrió» en 1541. Quedó impresionado no sólo por esas fabulosas cascadas, sino también por la naturaleza que las rodeaba. Vio un bosque lleno de orquídeas, begonias, pájaros exóticos y 500 clases diferentes de mariposas. Las cataratas entran a formar parte del Río Iguazú —cuyo nombre significa «grandes aguas» en guaraní[7]— con una fuerza tremenda, creando nubes de vapor de 30 metros de altura. Dentro de las nubes el juego de luz solar crea arcos iris[8] radiantes. Una de las cascadas que forman las cataratas se conoce como «La Garganta del Diablo».

[7]lengua indígena de la zona   [8]arcos... *rainbows*

LOS PAÍSES DEL CONO SUR				
	LA ARGENTINA	**CHILE**	**EL PARAGUAY**	**EL URUGUAY**
Gobierno	república federal	república unitaria	república unitaria	república democrática y unitaria
Ciudades principales	Buenos Aires, Córdoba, Rosario	Santiago, Concepción, Valparaíso	Asunción, San Lorenzo, Ciudad del Este	Montevideo, Salto, Paysandú, Las Piedras
Lengua(s) oficial(es)	el español	el español	el español, el guaraní	el español
Moneda	el peso	el peso	el guaraní	el peso

Actividades

A. Primero, busque en el mapa del Cono Sur los cuatro lugares descritos en la sección anterior. Luego, indique el grado de interés (del 1 al 4) que Ud. tiene en visitar estos lugares.

B. Túrnese con un compañero / una compañera para describir uno de los lugares fascinantes con sus propias palabras. Incluyan las cosas que les interesan a los visitantes de ese lugar y den sus recomendaciones para pasarlo bien allí. Luego, escriban algunas comparaciones entre los dos lugares que Uds. acaban de describir.

C. En parejas, imagínense que van a hacer un reportaje sobre algunos de estos lugares para el periódico universitario. Pónganse de acuerdo en cuáles son los dos lugares que más les gustaría visitar y sobre los que van a escribir el artículo. Expliquen por qué escogieron esos lugares.

D. Mi viaje   Escriba un relato sobre un viaje imaginario que Ud. hizo a uno de los lugares fascinantes del Cono Sur. Siga el siguiente bosquejo.

Iba a ir a… porque…
Pero decidí ir a… porque…
El viaje fue… Primero… Luego… Entonces… Finalmente…
Si mis amigos piensan ir a… recomiendo que…

Lo hispano en los Estados Unidos

La música latina

La música latina tiene cada vez más importancia en los Estados Unidos. En ciudades como Austin, Miami, Nueva York, San Francisco y hasta Bethlehem, Pennsylvania, hay grupos que tocan ritmos hispanos procedentes

En un club de tango, Nueva York

de[1] diferentes lugares. Del Caribe se importan el son, el chachachá, la guaracha (hoy llamados genéricamente «la música salsa»), el merengue y la cumbia; del Cono Sur, el tango; de México, los corridos y el mariachi; de los Andes, la música folclórica andina y de España, el flamenco. Uno puede ver a estos grupos tocando en las calles, en clubes populares, en festivales de música y en películas y programas de televisión.

Estos grupos no están simplemente copiando la música que se desarrolla en el mundo hispano, sino que también han creado sus propias versiones de esta música. En Texas la música tejana, una expresión de la cultura mexicanoamericana, tiene mucha popularidad. En Nueva York, la mezcla del jazz con ritmos caribeños transformó estos últimos y produjo la música que ahora se conoce como «la música salsa».

En los últimos años ha habido una explosión en cuanto a la popularidad de los artistas hispanos en este país, especialmente en cuanto a los que han empezado a cantar en inglés como Shakira y Enrique Iglesias. Otros cantantes como Maná, Don Omar y Dominic Marte combinan los ritmos y sonidos de su herencia con la música popular de su época para crear una música nueva y rica con su propio estilo. A menudo, estos cantantes hispanos ocupan el primer lugar en las listas de la música más popular y ganan importantes premios como los *Grammys*. Además de estos cantantes famosos, hay otros artistas que crean diferentes géneros de música: rap, hip hop, reggeatón, música mariachi, etcétera. Por medio de la música, se ve cada vez más la influencia de las culturas hispanas en este país.

[1]procedentes... *coming from*

Actividad de Internet

Busque la página Web oficial sobre uno/a de los siguientes cantantes hispanos para poder contestar las preguntas.

Bisbal	Ricky Martin
Tego Calderón	Alejandro Sanz
Celia Cruz	Shakira
Juanes	Julieta Venegas
Los Kumbia Kings	Daddy Yankee

1. ¿Dónde nació? Si nació en los Estados Unidos, ¿de dónde es su familia?
2. ¿Cuándo y cómo empezó a cantar?
3. ¿Cuáles son los títulos de algunos de sus CDs y cuál es su canción más popular?
4. ¿Qué estilo de música canta o compone?
5. ¿Qué premios ha ganado?
6. Si su página Web lo permite, escuche algunas muestras de su música. ¿Qué le gusta de su música a Ud.? ¿Qué no le gusta? ¿Por qué?

Lectura

Alfonsina Storni nació en Suiza en 1892, pero emigró con su familia a la Argentina a los 3 años. Estudió para maestra rural, pero a los 20 años se mudó a Buenos Aires y empezó a escribir. En 1916, publicó su primer poemario, *La inquietud del rosal*, seguido por *Irremediablemente* (1919) y *Languidez* (1920). Fue la primera mujer incluida en la elite literaria de Buenos Aires. Sus ensayos, artículos periodísticos y ficción de esa época de su vida revelan una preocupación por la situación de la mujer, la cual empezó también a manifestarse en su poesía. *El mundo de siete pozos* (1934) y *Mascarilla y trébol* (1938) son poemarios que muestran su preocupación por el estado cultural de la mujer en el siglo XX. Al publicarse este último libro, Storni ya se encontraba deprimida y de mala salud. En octubre de 1938, se suicidó, ahogándose en el mismo mar al que tantas veces había cantado en su poesía.

Antes de leer

Para comentar   En grupos de tres, contesten las siguientes preguntas.

1. Cuando Ud. quiere escaparse de sus problemas, ¿qué hace? ¿adónde va? ¿Prefiere estar solo/a o con sus amigos?

2. ¿Cómo es el lugar adonde va para escaparse? Si no tiene ningún lugar así, describa cómo sería para Ud. el «lugar ideal para escaparse».

Yo en el fondo del mar

En el fondo del mar
hay una casa
de cristal.

A una avenida
de madréporas[1]
da.

Un gran pez de oro,
a las cinco,
me viene a saludar.

Me trae
un rojo ramo[2]
de flores de coral.

Duermo en una cama
un poco más azul
que el mar.

Un pulpo
me hace guiños[3]
a través del cristal.

En el bosque verde
que me circunda[4]
—din don… din dan—
se balancean y cantan
las sirenas
de nácar verdemar.[5]

Y sobre mi cabeza
arden,[6] en el crepúsculo,[7]
las erizadas puntas[8] del mar.

[1]*reef-building coral*   [2]*bouquet*   [3]*Un… An octopus winks at me*   [4]*me… surrounds me*   [5]*nácar… sea green mother-of-pearl*
[6]*burn*   [7]*twilight*   [8]*erizadas… spiny points (thorns)*

Después de leer

A. Comprensión y análisis Conteste las siguientes preguntas, según el poema.

1. ¿Dónde tiene lugar el poema?
2. ¿Qué se imagina la poeta?
3. ¿Cómo es el lugar que describe? ¿Es un lugar que le gustaría visitar a Ud.?
4. ¿Cuáles son los colores que se mencionan en el poema? ¿Qué animales se nombran? ¿Es el poema muy visual? Explique por qué sí o por qué no.
5. En su opinión, ¿cuál es el punto principal del poema? ¿Cómo se siente Ud. al leerlo?
6. Si Ud. viviera en el lugar que describe la poeta, ¿cómo se sentiría?
7. ¿Cómo cambia su reacción al poema al saber que la poeta se suicidó en el mar?

B. El lenguaje poético

Paso 1 Storni usó imágenes muy concretas para expresar su mensaje en este poema. Indique los cinco sustantivos y los cinco adjetivos que Ud. cree que expresan mejor el mensaje central del poema.

Paso 2 Ahora, escoja el verso que, en su opinión, expresa mejor el mensaje central del poema. Con sus propias palabras, indique qué significa el verso, qué emociones evoca en Ud. y explique por qué lo escogió.

C. El escapismo

Paso 1 El poema describe un lugar ideal, imaginario en este caso, para escaparse de las preocupaciones del mundo. Cuando uno se siente estresado/a es natural que quiera escaparse a un lugar o hacer ciertas cosas para olvidarse de las obligaciones y presiones. Revise las siguientes listas de actividades y lugares. Luego, indique qué actividades hace o adónde va para aliviar el estrés.

ACTIVIDADES	LUGARES
☐ beber	☐ un bar
☐ charlar con los amigos	☐ un café
☐ comer	☐ la casa de mis padres
☐ escribir en un diario	☐ un centro comercial
☐ fumar cigarrillos	☐ un cine
☐ meditar	☐ un gimnasio
☐ mirar programas (no) tontos en la tele	☐ un parque
☐ oír música	☐ una playa / un lago
☐ ¿ ?	☐ una tienda de videojuegos
	☐ ¿ ?

Paso 2 Túrnese con un compañero / una compañera para explicar por qué estas actividades y lugares lo/la ayudan a combatir el estrés. Expliquen también si creen que esos hábitos son beneficiosos o dañinos para la salud mental o física.

Paso 3 Hagan un plan de escape para un fin de semana, considerando los gustos de los/las dos. Decidan adónde irán, qué harán, qué no harán y por qué. Compartan su plan con la clase. ¿En qué son similares o diferentes los planes de escape? ¿Quién tiene el plan más original, interesante, divertido, etcétera?

D. La poesía y yo Leer poesía es una experiencia muy individual; cada persona tiene una reacción única y personal al leer un poema. La poesía nos habla a través de las imágenes, los símbolos, las metáforas y, sobre todo, las emociones. A veces es difícil poner en palabras nuestra experiencia con la poesía; es más fácil responder de igual manera: con imágenes, símbolos, metáforas y emociones. Pensando en «Yo en el fondo del mar», indique cuáles de los siguientes adjetivos asocia Ud. con el poema. Luego, comparta y explique sus respuestas con tres compañeros de clase.

alegre	estresado/a	pacífico/a
bello/a	juguetón/juguetona	rebelde
cerrado/a	musical	relajante
deprimente	nostálgico/a	vivo/a

E. Yo, poeta El poema de Alfonsina Storni es una fantasía de cómo sería vivir en el fondo del mar. Es un poema muy sencillo con imágenes muy concretas. Piense en un lugar donde a Ud. le gusta relajarse. Escriba un poema original, describiendo este lugar. Mantenga el estilo que usó Storni en «Yo en el fondo del mar»: frases cortas, vocabulario concreto, imágenes vivas.

¡A escribir!

A. **Lluvia de ideas** Entreviste a cinco de sus compañeros de clase en preparación para su ensayo sobre lo más estresante de la vida universitaria y sus recomendaciones para aliviar o prevenir el estrés. Hágales las siguientes preguntas y tome apuntes para su ensayo.

1. ¿Cuáles son los aspectos más positivos de su vida este semestre/trimestre?
2. ¿Qué cosas le causan estrés?
3. ¿Qué le gusta hacer para aliviar el estrés y relajarse?

B. **Composición: Recomendaciones** Escriba un artículo para su periódico universitario dirigido a los estudiantes del primer año en el que describa el estrés que sufren los estudiantes de hoy y ofrezca consejos para aliviarlo. Siga el bosquejo.

1. escoger un título preliminar
2. escribir un párrafo introductorio explicando las cosas positivas que a los estudiantes les gusta hacer durante el semestre/trimestre
3. describir las posibles causas del estrés entre los estudiantes universitarios, incluyendo las que sufren los estudiantes que trabajan y estudian a la vez
4. ofrecer sugerencias para prevenir el estrés y actividades para relajarse
5. escribir una conclusión
6. reflexionar sobre el título y cambiarlo si quiere

C. **Diálogo** Lea el artículo de un compañero / una compañera y luego inventen los/las dos un diálogo entre dos consejeros/as en el que hablen de cómo se están preparando para ayudar a los estudiantes estresados que lleguen a su oficina al final del semestre/trimestre.

Hablando del tema

Antes de empezar a conversar con sus compañeros de clase sobre los siguientes temas, prepare una ficha para la conversación, otra para el debate y otra para la reacción ante la cita. Vea la explicación de las fichas en el **Apéndice 1.**

A. Conversación: Cómo relajarse Revise las expresiones en **Para conversar mejor.** Luego, en parejas o grupos de tres, conversen sobre los siguientes puntos.

> ## Para conversar mejor
>
> | | |
> |---|---|
> | En cambio… | Me encantaba(n)… |
> | ¿En serio? | Me fascina(n)… |
> | Era más/menos… que | Qué bueno que… |
> | Es necesario que… | Sería fenomenal… |

- ¿Qué le gusta a Ud. hacer para pasarlo bien? ¿Desempeña la música un papel importante en su tiempo libre? ¿Qué tipo de música le gusta oír?
- Haga una comparación entre lo que hace en su tiempo libre ahora y lo que hacía cuando estaba en la secundaria.
- Si fuera rico/a, ¿adónde iría para escaparse de sus obligaciones diarias? ¿Qué haría allí?

B. Debate: La tecnología Revise las expresiones en **Para debatir mejor.** Después, prepare tres argumentos a favor y tres en contra del tipo de vida que ha creado la alta tecnología. Luego, presente sus argumentos en un debate. No sabrá qué lado tendrá que defender.

> ## Para debatir mejor
>
> | A FAVOR | EN CONTRA |
> |---|---|
> | Eso es. | Eso no tiene sentido. |
> | Estoy de acuerdo. | ¿Hablas en serio? |
> | Muy bien dicho. | Lo siento, pero… |
> | No cabe duda. | Todo lo contrario. |

«La tecnología, que se creía que iba a mejorar la vida, ha aumentado el nivel de estrés en la vida diaria».

C. Reacción: La mejor terapia: reírse Revise las expresiones en **Para reaccionar mejor.** Luego, reaccione ante la siguiente cita. Añada razones que apoyen sus opiniones.

REACCIONAR
RECOMENDAR

Para reaccionar mejor

Creo/opino/supongo que…   Es posible que…
Es absurdo/ridículo que…   Es verdad que…
Es bueno/malo que…   No tiene sentido.

«Reírse a carcajadas es mejor que cualquier receta farmacéutica o terapia psicológica para aliviar el estrés. Para promover más risa entre la gente, hay un certificado profesional que entrena a expertos en la risa para ayudar a la gente a reírse».

La Plaza Dorrego en Buenos Aires

D. Volver a considerar En este capítulo Ud. exploró el tema de las obligaciones, en cuanto a los estudios y el trabajo, y lo que se hace para pasarlo bien y relajarse. En parejas, contesten las siguientes preguntas. Noten cómo ha mejorado su habilidad de expresarse sobre estos temas.

- ¿Se siente Ud. estresado/a por sus obligaciones académicas y su trabajo?
- ¿Qué hace para aliviar el estrés?
- ¿Cuáles son las actividades que lo/la ayudan a relajarse?
- ¿Va Ud. a un lugar especial para escaparse de vez en cuando?
- ¿Qué importancia tiene el humor en su vida diaria?
- La escena que se ve en el cuadro muestra una forma de escaparse de la vida diaria en la Argentina. ¿Qué papel desempeñan la música y el baile en su vida?

SÍNTESIS

E. La Plaza Dorrego en Buenos Aires En parejas, hablen del cuadro con todos los detalles posibles, tratando de utilizar todas las metas comunicativas.

DESCRIBIR D   C COMPARAR   REACCIONAR R RECOMENDAR   GUSTOS G   PASADO P   FUTURO F

La contribución cultural de los inmigrantes

Apoyando la selección (soccer team) *nacional en Puerto Madryn, Argentina*

Puntos clave

SÍNTESIS

Temas centrales
- la creación de un ambiente cómodo fuera de su país de origen
- las contribuciones de los inmigrantes a una sociedad
- las «guerras sucias» y los desaparecidos

En este capítulo, Ud. va a explorar los temas de la contribución de los inmigrantes a las tradiciones culturales del Cono Sur y las «guerras sucias».

Preguntas para considerar

- La Argentina es un verdadero crisol (*melting pot*) de inmigrantes. ¿Qué elementos de este crisol se puede ver en la foto? ¿Es bueno tener esa mezcla de influencias en un solo país? Explique su respuesta.

- ¿Cuáles son los elementos culturales que llevamos con nosotros a cualquier parte del mundo cuando viajamos?

- ¿Es una ventaja vivir en una sociedad en donde los antepasados de la mayoría de la población fueron inmigrantes? Explique.

- Se asocian el tango y los gauchos con la Argentina. ¿Qué sabe de la historia de estos dos símbolos de ese país?

- ¿Recuerda Ud. algo que aprendió en otras clases sobre las dictaduras militares del Cono Sur? Explique.

La entrevista

Listen to this interview in the **La entrevista** section of this chapter on the *Online Learning Center* (**www.mhhe.com/metas**).

Imágenes del Cono Sur

El barrio italiano, «La Boca», en Buenos Aires

Situación: Para su programa de radio, Sara entrevista a la profesora María Silvina Persino, directora del Departamento de Estudios Latinoamericanos, sobre un congreso auspiciado por ese departamento que se llama «Imágenes del Cono Sur: Percepción y realidad».

SARA: Bienvenida, profesora Persino. ¡Qué bueno que hayan organizado este congreso! Tengo entendido que habrá algo para todos los **gustos.**

PERSINO: Es cierto, Sara. Hablando de gustos, podemos comenzar por los gustos **culinarios.**

SARA: Sí. Veo que habrá demostraciones de cocina, donde uno puede aprender a hacer **exquisitas empanadas.** También habrá una charla sobre el ritual del **mate.**

PERSINO: Así es. Y comenzamos todo con un **asado** al aire libre, porque no hay nada como un buen **bife** acompañado de unos **renombrados** vinos chilenos. De música, tenemos un cuarteto de tango.

SARA: ¡Fenomenal! Bueno, en cuanto a las charlas, la que más me fascina es la de la inmigración al Cono Sur. No creo que la mayoría de la gente sepa que el 90 por ciento de la **población** argentina es descendiente de inmigrantes.

PERSINO: Tienes razón, Sara. En la Argentina, por ejemplo, hay italianos, alemanes, **árabes, coreanos,** españoles, **galeses,** ingleses, **irlandeses, judíos,** japoneses y **rusos,** que llegaron al país por varias razones. Se va a comentar la contribución cultural de estos grupos a la Argentina.

SARA: ¿Se encuentra esa diversidad étnica y cultural en otros países del Cono Sur?

PERSINO: Pues sí, quizá no con la misma amplitud que tiene en la Argentina. Sin embargo, en el Uruguay, hay muchos descendientes de italianos, y, hasta una comunidad **afrodescendiente.** También hay comunidades alemanas considerables en Chile y en el Paraguay.

SARA: ¿Y qué influencia han tenido tantos idiomas diferentes en el español del Cono Sur?

PERSINO: Pues, en la Argentina tenemos lo que llamamos «el **lunfardo**», un término que se refiere al conjunto de palabras de otros idiomas que han entrado en el español argentino. Otro dato interesante en cuanto a los idiomas es que en el Paraguay, aunque sólo el 3 por ciento de la población es indígena, el 90 por ciento habla el **guaraní,** además del español.

SARA: ¡Qué fascinante! Bueno, el tema más difícil del congreso será el de las dictaduras militares de los años 60 y 70, las varias «Guerras sucias» y la gente que «despareció» durante ellas. Sé que cada día habrá una película que servirá de introducción a esas charlas.

PERSINO: Seguramente ya muchos han visto *La historia oficial,* que, entre otras cosas, trata de la adopción de bebés de personas desaparecidas por familias de militares. Sugiero que no se pierdan la película chilena *Machuca* ni la argentina *Kamchatka,* que también tratan de lo que ocurría en esa época.

SARA: Finalmente, ¿nos puede comentar algo sobre la exposición fotográfica «El poder del lugar»?

PERSINO: Claro. El Cono Sur es una zona de contrastes geográficos alucinantes. Hay fotos de los Andes, las **pampas,** la Patagonia y del **Desierto** de Atacama en Chile. También veremos los contrastes de los espacios urbanos creados por los inmigrantes en Buenos Aires. Hay fotos de los salones de té **galeses;** del barrio La Boca, con su **ambiente** italiano; de la comunidad **judía** en Once, con su antigua industria textil, y de los barrios de los inmigrantes más recientes, los **coreanos.**

SARA: La verdad es que el evento será extraordinario. Gracias por organizarlo y hablar con nosotros hoy.

PERSINO: Gracias a Uds.

Actividades

A. Comprensión   Conteste las preguntas según la entrevista.

1. El congreso incluirá una parte culinaria. ¿Cuáles son las comidas y bebidas típicas del Cono Sur que los participantes podrán probar?

2. Antes de escuchar la entrevista, ¿sabía Ud. que el 90 por ciento de la población de la Argentina era descendiente de inmigrantes? ¿De dónde llegaron algunos de esos inmigrantes?

3. ¿Cuál será el tema más difícil del congreso?

4. El 50 por ciento de la población de la Argentina vive en la provincia de Buenos Aires. Los espacios urbanos creados por los inmigrantes proveen un ambiente fascinante en la gran ciudad. ¿Cuáles son algunas de las indicaciones de la presencia de los inmigrantes en la Buenos Aires de hoy?

B. ¿Qué opina Ud.? Indique si Ud. está de acuerdo o no con las siguientes afirmaciones. Luego, comparta sus respuestas con un compañero / una compañera.

	ESTOY DE ACUERDO.	NO ESTOY DE ACUERDO.
1. Me fascinan las comidas y bebidas de otros países.	☐	☐
2. Asistiría a una presentación sobre la historia del tango.	☐	☐
3. Sé algo sobre Salvador Allende y Augusto Pinochet.	☐	☐
4. He visto la película *La historia oficial.*	☐	☐
5. He visto la película *Evita.*	☐	☐
6. Si mi familia inmigrara a otro país, comería en McDonald's y Wendy's por razones nostálgicas.	☐	☐
7. Me encantaría viajar al Cono Sur.	☐	☐

C. Conversación En parejas, contesten las siguientes preguntas. Expliquen sus respuestas y apóyenlas con ejemplos concretos.

1. ¿De dónde vienen sus antepasados? ¿Hay alguna costumbre o comida del país de sus antepasados que se conserve como parte de un rito en su familia?

2. ¿Le gusta ver películas que tratan de los momentos difíciles de su país? Por ejemplo, ¿ha visto *Gone with the Wind* sobre la Guerra Civil, *JFK* sobre el asesinato del presidente Kennedy, *4th of July,* sobre la guerra en Vietnam o *Farenheit 911* sobre la guerra en Irak? ¿Cree que es una buena idea aprender la historia a través de las películas?

3. Si Ud. pudiera visitar los Andes, las pampas, la Patagonia, el Desierto de Atacama o Buenos Aires, ¿cuál visitaría? Explique.

Vocabulario del tema

Para hablar de la contribución de los inmigrantes

el ambiente	atmosphere
la convivencia	coexistence
la costumbre	custom
la diversidad	diversity
la nostalgia	nostalgia
el ritual	ritual

Para hablar de la experiencia de ser inmigrante

acostumbrarse	to become accustomed to
consolar (ue)	to comfort
experimentar	to experience
extrañar	to miss (*someone or something*)
huir	to flee
inmigrar	to immigrate
pertenecer	to belong

proveer	to provide	el lunfardo	group of words in Argentine Spanish that come from other languages
recrear	to recreate	los mapuches	indigenous people of Chile
		el/la paisano/a	fellow countryman

Para hablar de las comidas

el asado	mixed grilled meats
el bife	steak
la cocina	cuisine
la empanada	pastry turnovers
el gusto	taste
el mate	a special herb tea
la torta	cake
amargo/a	bitter
culinario/a	culinary
exquisito/a	exquisite
renombrado/a	renowned
sabroso/a	delicious

Para hablar de la composición étnica

el gaucho	cowboy
el guaraní	indigenous language of Paraguay

afrodescendiente	of African descent
árabe	Arab
coreano/a	Korean
galés/galesa	Welsh
irlandés/irlandesa	Irish
judío/a	Jewish
ruso/a	Russian

Para hablar de los lugares

el barrio	neighborhood
la costa	coast
el desierto	desert
el espacio	space
el paisaje	landscape
la pampa	grassy plains
el salón de té	teahouse

Actividades

A. **Vocabulario en contexto** En parejas, completen las siguientes afirmaciones con la palabra correcta. Después, indiquen si están de acuerdo o no con lo que dicen.

	ESTAMOS DE ACUERDO.	NO ESTAMOS DE ACUERDO.
1. A muchos norteamericanos les sorprendería _____ (el ritual / la diversidad) cultural de los países del Cono Sur.	☐	☐
2. Nos encanta _____ (el ambiente / la costumbre) cosmopolita que _____ (la nostalgia / la convivencia) de múltiples culturas crea en las ciudades grandes.	☐	☐
3. A nuestros padres les interesan las tradiciones _____ (culinario / amargo) de nuestros antepasados; hay varios platos especiales que se sirven en reuniones familiares.	☐	☐
4. A muchos inmigrantes les _____ (consolar / proveer) comer la cocina de su país de origen cuando _____ (extrañar / inmigrar) su país de origen.	☐	☐

	ESTAMOS DE ACUERDO.	NO ESTAMOS DE ACUERDO.
5. Normalmente me gustan los tés de hierba, así que me interesaría probar _____ (la torta / el mate) si fuera al Uruguay.	☐	☐
6. A mí no me gustaría _____ (el mate / el asado) argentino porque me da asco el bife.	☐	☐
7. Si viajara al Paraguay, me fascinaría aprender a hablar _____ (el lunfardo / el guaraní).	☐	☐
8. Cuando estoy en un país extranjero, me siento más cómodo/a entre mis _____ (paisanos / mapuches).	☐	☐

PASADO **B. De viaje**   Lea las descripciones de tres lugares del Cono Sur y
P   de los tres viajeros. En grupos de tres, escojan uno de los viajeros e inventen una historia sobre lo que le pasó durante su viaje. Presten atención a la profesión y características de su viajero/a y traten de incluir el vocabulario nuevo sobre la comida y el ambiente en su historia. Sigan el bosquejo y añadan descripciones y detalles usando el imperfecto.

1. **Punta del Este, Uruguay**   Es una ciudad que está en la costa del Océano Atlántico y es un lugar favorito de los ricos y famosos para veranear. Se considera como «la Riviera de Sudamérica». La playa está rodeada de bellos bosques de pinos, y las olas, de más de diez pies de altura, son perfectas para hacer surfing. Hay grandes mansiones, pistas de golf y tenis y casinos lujosos. Se puede hacer una excursión fascinante a Isla de Lobos, que se encuentra a seis millas y media de Punta del Este. Esta isla es una reserva biológica donde hay más de 500.000 lobos marinos,[1] razón por la cual recibe ese nombre.

2. **Viña del Mar, Chile**   Es una ciudad balnearia[2] que fue fundada hace más de 100 años. Tiene lujosas villas de comienzos del siglo XX con torrecillas miradores[3] que dan al mar,[4] así como casas modernas de estilo elegante. Cada mes de febrero se celebra allí el gran Festival de Música de Viña del Mar, en el que tocan músicos hispanos de todo el mundo. Este festival es tal vez la reunión de estrellas hispanas más grande del mundo.

3. **Buenos Aires, Argentina**   Es la capital del país y es conocida como «el París de Sudamérica». Se puede encontrar cafés en casi todas las esquinas, desde los más elegantes y caros hasta los más sencillos. En el centro de la ciudad hay más de 70 cines. Las representaciones teatrales en Buenos Aires, por otro lado, son más numerosas que en París o Nueva York. La vida nocturna es alucinante. Se dice que en la calle Corrientes, la calle principal, nunca se duerme. ¡Las discotecas y los clubes no cierran hasta las 5:00 de la madrugada!

[1]lobos... *sea lions*   [2]*resort*   [3]torrecillas... *little watchtowers*   [4]dan... *face the sea*

- Arturo Pérez, un escritor atrevido y presumido, fue a Punta del Este.
- Teresa Palacios, una estudiante tiquismiquis y pesada, viajó a Viña del Mar.
- Carolina Izquierda, una cocinera cursi e indiscreta, visitó Buenos Aires.

Su viaje a… fue…

Primero… Luego, comió… y decidió probar… Entonces… Más tarde… Le interesó… Le sorprendió… Quizás le molestó… Finalmente…

Como pueden ver, el viaje a… fue…

C. El mate: Un ritual de la amistad

Paso 1   Lea la siguiente descripción del mate y lo que significa para la gente del Cono Sur.

Un gaucho con su mate

Quizás más que cualquier otra actividad, el ritual del mate refleja la esencia del Cono Sur. Es una práctica cultural que cruza las fronteras entre profesiones, etnicidades, géneros y clases sociales. El mate se hace de yerba mate, una hierba amarga[1] similar al té, y se toma sobre todo en compañía de amigos en un ritual elaborado que tiene sus raíces en la época precolombina. Es típico utilizar un recipiente especial que también se llama «un mate». Se pasa este recipiente de persona a persona y cada uno bebe el mate por una bombilla.[2]

No es simplemente otra bebida caliente como el café o el té: el mate tiene sus propios mitos y tradiciones. El ritual del mate enfatiza la importancia de convivir con los amigos, colegas y familiares. Provee un momento para conversar y relajarse. Simboliza la amistad, el respeto, el cariño y la generosidad. Una invitación a tomar mate es una señal de que a uno lo han aceptado en el grupo, y sería de mala educación negarse a[3] tomarlo.

[1]*bitter*   [2]*a type of straw with a filter that strains the mate leaves*   [3]*negarse… to refuse*

Paso 2   Contesten las siguientes preguntas en grupos de cuatro.

1. ¿Por qué creen Uds. que a las personas del Cono Sur les gusta el mate?
2. ¿Qué les parece la tradición de tomar mate? ¿Les molestaría compartir la misma bombilla con otras personas? Expliquen.
3. ¿Cuáles son algunas de las comidas y bebidas de su país que son similares a las empanadas, el asado, el mate del Cono Sur?
4. Si Uds. inmigraran a la Argentina, ¿qué ritual practicarían para aliviar su nostalgia para su propio país?
5. Hoy en día los cafés son muy populares en este país. En los cafés de su ciudad, ¿se ve más gente conectada al Internet o conversando entre amigos? ¿Promueve la cultura norteamericana el intercambio social o la soledad?

Puntos clave

▲▲▲▲▲▲▲▲▲▲▲▲▲▲▲▲▲▲▲▲▲▲▲▲▲▲▲▲▲▲▲▲▲▲▲▲▲

GUSTOS
G   SÍNTESIS

En esta sección del capítulo, Ud. va a seguir hablando de los gustos, pero trabajará con las otras metas comunicativas también. Antes de continuar, estudie las explicaciones de las estructuras gramaticales en las páginas amarillas (335–341).

Actividades

A. Los inmigrantes

Paso 1 Se estima que el 90 por ciento de la población argentina es descendiente de inmigrantes, mayormente europeos. Mire la tabla para ver cuándo y por qué llegaron ciertos grupos y otros datos interesantes y lea los datos interesantes en la página siguiente.

LA INMIGRACIÓN A LA ARGENTINA		
GRUPO	**CUÁNDO LLEGARON**	**POR QUÉ LLEGARON**
alemanes	siglo XIX años 30 y 40	por razones económicas por la persecución nazi y la Segunda Guerra Mundial

árabes
  (especialmente:
  sirios y libaneses)
	finales del siglo
	  XIX
		primero, cristianos que huían
		  de la persecución del
		  imperio turco
		después, por razones económicas

coreanos	años 60 ola más importante, años 80	primero, por la guerra en Corea después, por razones económicas
españoles	años 40	por la Guerra Civil Española
galeses	años 1850	por la dominación política y la persecución religiosa de los ingleses
italianos	años 40	por el fascismo
judíos	años 1880	por la persecución religiosa y social por parte de la Rusia zarista

- Los primeros españoles en llegar a territorio argentino llegaron con el fin de establecer una colonia en 1531.

- Durante el siglo XIX, hubo esfuerzos activos, delineados en la Constitución de 1853, por promover la inmigración europea a la Argentina. Se buscaban pobladores para colonizar el interior del país y «librar» las pampas de sus habitantes nativos.

- La mayoría de los galeses se estableció en Chabut, una zona de la Patagonia y se dedicó a la agricultura.

- En la guía telefónica de Buenos Aires, hay una página entera con el apellido coreano, Kim. Algunos argentinos opinan que los coreanos mantienen un mundo aparte y no se asimilan bien a la cultura nacional.

- La Argentina tiene la población judía más grande de Latinoamérica, y en términos globales, la octava. En Buenos Aires, el Barrio Once, tradicionalmente judío, era famoso por su industria textil.

- La Boca es un barrio italiano famoso por sus restaurantes y ambiente festivo. En Buenos Aires, hay más pizzerías que en Roma.

- El 4 de septiembre se conoce como el «Día del Inmigrante». Es una fiesta nacional.

Paso 2   Utilizando la información del **Paso 1,** trabajen en parejas para terminar las siguientes oraciones. Presten atención al tiempo verbal apropiado para cada oración. Luego, compartan sus respuestas con la clase.

1. A los italianos que huyeron de Italia en los años 30 y 40 no _____ (gustar)… Ahora, a los argentinos de descendencia italiana _____ (encantar)…

2. A los galeses que llegaron a la Argentina _____ (molestar)… Ahora, a un turista galés _____ (interesar) visitar…

3. A los judíos rusos _____ (importar)… Ahora, a un judío de este país probablemente _____ (sorprender)…

4. A los coreanos que llegaron después de la guerra de Corea, _____ (asustar)… En cuanto a la comunidad coreana en la Argentina, a mí _____ (intrigar)…

B. Carlos Gardel y el tango

Paso 1   Llene los espacios en blanco con la forma correcta de **ser** o **estar,** según el contexto. Preste atención al tiempo verbal. Luego, compare sus repuestas con las de un compañero / una compañera.

Las raíces del tango se encuentran en el candombe, un tipo de baile africano. Los primeros tangos aparecieron en barrios pobres de Buenos Aires a finales del siglo XIX. Allí la gente empezó a imitar e improvisar un baile nuevo que combinaba pasos y ritmos del candombe y de la habanera cubana. Pronto se hizo tan popular que llegó hasta París en 1907. Al principio, el tango se consideraba inmoral, y bailarlo en público _____[1] escandaloso. Para 1913 la «tangomanía» se había extendido por Europa, y de repente _____[2] de moda una nueva manera de vestir que reflejaba el estilo de los bailarines de tango.

Carlos Gardel

El cantante más famoso de todos los tiempos _____³ Carlos Gardel, cuya familia _____⁴ de Francia. _____⁵ muy popular como cantante y como actor en películas como *Tango Bar* y *Tango Broadway*. Su talento musical _____⁶ legendario. También, _____⁷ guapo y elegante, y para muchos _____⁸ un símbolo sexual. Desafortunadamente, mientras volaba sobre Medellín, Colombia, su avión se estrellóª y Gardel murió. Todo el mundo quedó devastado al perder a su ídolo. Aunque durante años el tango _____⁹ un poco olvidado, gracias a películas como *The Scent of a Woman*, *Evita* and *Assasination Tango* protagonizados por Al Pacino, Madonna y Robert Duvall respectivamente, su popularidad _____¹⁰ resurgiendo.

ªse… *crashed*

 Paso 2 Hagan algunas comparaciones entre Carlos Gardel y Elvis Presley.

COMPARAR

 C. Machuca

PASADO

P

Paso 1 Mire el cartel y lea la reseña de la premiada película chilena *Machuca*.

Es 1973 en Santiago, Chile, y gracias a la elección del nuevo presidente socialista, Salvador Allende, muchos sueñan con romper las fronteras sociales y económicas tradicionales y crear una sociedad más inclusiva. Todo empieza cuando un grupo de alumnos pobres dirigido por algunos curas que apoyan las ideas socialistas de Allende llega al colegio privado de niños ricos. Entre ellos está Pedro Machuca, quien forma una amistad íntima con Gonzalo Infante, un niño de 11 años de un barrio rico. Juntos, se defienden durante el recreo y exploran su ciudad y el campo. Es un momento idílico que pronto verá su fin, cuando el golpe de estado[1] encabezado por el militar conservador Augusto Pinochet derroca a Allende el 11 de septiembre de 1973. ¿Podrá su amistad sobrevivir el miedo, la desconfianza y el odio que divide al país entero?

[1]golpe… *coup*

Paso 2 En parejas, llenen los espacios en blanco con el pasado del verbo indicado. Luego, imagínense las reacciones de los varios personajes de la película.

1. Cuando el gobierno socialista de Allende _____ (proponer) que los pobres asistieran a la misma escuela privada que los ricos, la situación _____ (ponerse) imposible. Pero Gonzalo y Machuca _____ (hacerse) amigos a pesar de la diferencia social.
   a. Los socialistas decían: «Es bueno que todos los niños… »
   b. Los padres ricos decían: «No me gusta que mis hijos… »

2. Al principio, cada uno de los chicos _____ (estar) asombrado de ver cómo _____ (vivir) el otro: Machuca con su familia entera en un solo cuarto, sin baño, en un poblado ilegal en las afueras de Santiago; Gonzalo en una casa de lujo, con su propio cuarto lleno de libros, carteles y juguetes.
   a. Machuca pensaba: «Es increíble que Gonzalo… »
   b. Gonzalo pensaba: «Es horrible que toda la familia de Machuca… »

3. Pero muy pronto los dos _____ (olvidarse) de sus diferencias porque _____ (tener) que preocuparse por otras cosas más importantes, como sus primeros amores o la manera de sobrevivir en el colegio. Otros niños, menos abiertos, _____ (burlarse) de su amistad.
   a. Un niño rico y cruel dijo: «Miren los novios, Gonzalo y Machuca. Ojalá que… »
   b. La hermana mayor de Gonzalo le dijo: «¡Qué imbéciles son! Tengo una fiesta con mis amigos esta noche y no quiero que tu amigo… »

4. Gonzalo, Machuca y Silviana, una vecina de Machuca, _____ (encontrarse) en medio de una demostración derechista. Silviana _____ (pelearse) con una mujer arrogante que _____ (ser) la madre de Gonzalo.
   a. Silviana pensó: «Es insoportable que esta mujer… »
   b. La madre de Gonzalo pensó: «Esa niña asquerosa me escupió (*spit*) en la cara. Es repugnante que esas personas… »

Paso 3 En grupos de tres o cuatro, comenten lo siguiente.

1. Silviana, la vecina de Machuca, quien les interesa a los dos niños, se burla de ellos por leer cuentos de *Lone Ranger and Tonto.* Silviana opina que el blanco y el indio jamás podrán ser amigos, pero Gonzalo insiste en que sí lo pueden ser. ¿Están Uds. de acuerdo con Silviana o no? Expliquen.

2. Al final de la película se ven los ataques sangrientos de los militares de Pinochet contra la gente del barrio pobre donde vive Machuca. De repente Gonzalo se da cuenta de que su vida estará en peligro si sigue visitando el barrio de su amigo. ¿Qué pasará con su amistad?

Rincón cultural

▲▲▲▲▲▲▲▲▲▲▲▲▲▲▲▲▲▲▲▲▲▲▲▲▲▲▲▲▲▲▲▲▲▲

Un momento histórico

Las «guerras sucias» y el terrorismo estatal en el Cono Sur

Revise el **Vocabulario útil** y lea el resumen sobre las guerras sucias y el terrorismo estatal en el Cono Sur.

Vocabulario útil

asesinar	to assassinate	**la dictadura**	dictatorship
encarcelar	to jail	**el escuadrón**	squad
extraditar	to extradite	**el golpe de estado**	coup
hacer + *inf.*	to order (*something to be done*)	**la izquierda**	(political) left
protestar (por)	to protest (against)	**derechista**	right-wing
recurrir (a)	to resort (to)	**detenido/a**	detained
torturar	to torture	**estatal**	state (*adj.*)
la derecha	(political) right	**izquierdista**	left-wing

Una manifestación de familiares de desaparecidos en Santiago de Chile

Durante la segunda mitad del siglo XX, los cuatro países del Cono Sur tuvieron en diferentes momentos gobiernos militares de la extrema derecha que mantuvieron a sus ciudadanos bajo la represión y terror estatal. En la Argentina, entre 1976 y 1983 una junta militar prohibió toda actividad política y emprendió una «guerra sucia» contra la izquierda y contra cualquier opositor al régimen, real o sospechado. Sus tácticas resultaron en más de 30.000 «desaparecidos», personas que fueron detenidas por los militares y luego eliminadas, víctimas de los escuadrones de la muerte. Muchos de los desaparecidos eran estudiantes jóvenes y hay evidencia de que bebés nacidos en la cárcel fueron adoptados por personas que apoyaban el régimen militar después de la muerte de sus padres biológicos.

En Chile, el 11 de septiembre de 1973, un golpe de estado, encabezado por militares derechistas y apoyado por los Estados Unidos, puso fin al gobierno socialista, legítimamente elegido, de Salvador Allende e instaló la dictadura del General Augusto Pinochet. Su junta militar, que duró hasta 1990, hizo encarcelar, torturar y asesinar a miles de chilenos y estableció por lo menos seis campos de concentración para sus opositores.

Entre 1973 y 1984, el Uruguay sufrió una dictadura militar con consecuencias similares. En el Paraguay, la dictadura militar de Alfredo Stroessner, de 1954 a 1989, fue también extremadamente represiva.

Los países del Cono Sur colaboraron, entre sí, con otros gobiernos represivos del continente y con el apoyo de los Estados Unidos por medio del «Plan Cóndor», en una campaña internacional de asesinatos y espionaje.

EL IMPACTO DE LAS GUERRAS SUCIAS EN EL CONO SUR DE HOY

- Una de las grandes preguntas ha sido qué hacer con los que participaron en las torturas y otras violaciones de derechos humanos. Recientemente se han hecho grandes esfuerzos con resultados notorios para castigar a los culpables. En 2000, Augusto Pinochet fue extraditado a Chile desde Inglaterra, su país de exilio, para presentarse ante la justicia chilena. En 2005, el capitán argentino Ricardo Miguel Cevallos fue sentenciado a 17.011 años de cárcel por sus crímenes.

- Muchas de las organizaciones y actividades dedicadas a combatir las injusticias fueron iniciadas por mujeres. En la Argentina, desde 1977, las «Madres de la Plaza de Mayo» caminan todos los jueves frente al palacio presidencial en protesta silenciosa por sus hijos desaparecidos. En Chile, las esposas de desaparecidos se han reunido para bailar solas la «cueca», un baile tradicional de pareja, para protestar por la injusta ausencia de sus maridos.

- Se estima que hay todavía unos 500 jóvenes que viven sin saber que son hijos de padres desaparecidos y que fueron dados en adopción ilegal. La organización «Abuelas de la Plaza de Mayo» trabaja para encontrar a esos jóvenes y ponerlos en contacto con sus familias biológicas. Las abuelas recurrieron a científicos del Massachusetts Institute of Technology (MIT) para obtener mejores análisis genéticos. Los resultados de esa colaboración han tenido un impacto fuerte a nivel global en la medicina forense.

- Una de las maneras más efectivas de superar un trauma es por medio de la expresión artística. Se han hecho y se siguen haciendo importantes películas sobre los horrores de la época. Hay varios movimientos y grupos artísticos dedicados a recordar lo que pasó para que los países afectados reflexionen sobre el pasado y progresen al futuro. En la Argentina, el «Teatro por la identidad» se dedica a luchar por los hijos de los desaparecidos. En Chile, durante la dictadura, 200 mujeres empezaron a crear «arpilleras», telas bordadas con escenas que contaban las historias horrorosas del momento. Muchas de estas fueron sacadas clandestinamente del país y se vendieron para informar al mundo de lo que pasaba en Chile. Hoy, estas obras atestiguan las fuertes emociones y el poder de resistencia de las mujeres.

Actividades

A. Comprensión   Conteste las siguientes preguntas.

1. ¿Cómo eran las dictaduras militares en el Cono Sur durante los años 70 y 80? ¿Cuál era su postura política?

2. ¿En qué consistía la guerra sucia de la Argentina?

3. ¿Quiénes eran los desaparecidos?

4. ¿Cómo llegó Augusto Pinochet al poder en Chile?

5. ¿Se han castigado a los líderes culpables de las atrocidades cometidas durante esa época?

6. ¿Cómo se llaman algunas de las organizaciones que luchan por remediar los daños cometidos por el estado durante esa época?

7. ¿Cómo han ayudado esas organizaciones a la medicina forense?

8. ¿Cómo se usa el arte para explorar el sufrimiento de lo que se vivió en ese momento?

B. ¿Qué dirían?   En parejas, completen las siguientes oraciones como si Uds. fueran las personas designadas.

UNA ABUELA DE LA PLAZA DE MAYO

1. Es horrible que…

2. Si yo pudiera,…

UN JOVEN CHILENO IZQUIERDISTA DURANTE LA DICTADURA DE PINOCHET

3. Me asusta que…

4. Si tuviéramos más libertad de expresión,…

UN JOVEN ARGENTINO DE HOY

5. Me parece triste que… Sin embargo, creo que…

6. Si yo fuera hijo/a de un desaparecido,…

Un artista hispano

Florencio Molina Campos

El gaucho ocupa un lugar mítico en el imaginario nacional argentino. Este vaquero montaba a caballo por las pampas argentinas, cuidando el ganado, jugando a naipes y emborrachándose en las pulperías.[1] En el siglo XIX, Domingo Sarmiento retrató al gaucho como un indolente y peligro nacional en su ensayo fundamental *Facundo*. Luego en ese mismo siglo, el gaucho pasó a representar la independencia y la esencia argentina en obras de la literatura gauchesca, como «Martín Fierro», poema épico de José Hernández, y la novela *Don Segundo Sombra* de Ricardo Güiraldes. Hoy el gaucho prácticamente ya no existe, el 90 por ciento de los argentinos vive en zonas urbanas, pero sigue siendo un símbolo nacional.

[1]*saloons*

El truco*

El pintor de gauchos Florencio Molina Campos nació en Buenos Aires en 1891. Desde muy joven mostró aptitudes para el dibujo. A los 35 años tuvo su primera exposición en la Sociedad Rural Argentina, donde el presidente de la Argentina, Marcelo T. Alvear, admiró sus obras y le consiguió trabajo como profesor de dibujo en el Colegio Nacional Nicolás Avellaneda. A partir de entonces su profesión de pintor empezó a florecer. Son renombradas sus caricaturas campestres del universo gaucho, sus vestimentas, costumbres y vida. Su representación de las actividades del gaucho se caracteriza por la gracia, el humor, la precisión de los detalles y el respeto hacia el sujeto.

Algunos críticos han comentado la visión novelesca del campo argentino y sus paisanos en su obra; sus cuadros dialogan con la visión del gaucho expresada en la literatura gauchesca.

De 1931 a 1936 y luego entre 1940 y 1945 en miles de hogares y negocios argentinos se podía encontrar un almanaque[2] con las caricaturas campestres de Molina Campos. Al mismo tiempo expuso sus obras en prestigiosas galerías de los Estados Unidos y la Argentina. De hecho, pasó varios años en los Estados Unidos y sus pinturas se hallaban en las colecciones personales de personas como Dwight D. Eisenhower, Nelson Rockefeller, Will Rogers y Walt Disney. Molina Campos tuvo una íntima relación con Walt Disney, a quien aconsejó en varias películas. En 1958, regresó a su país de origen y falleció[3] el 16 de noviembre en Buenos Aires.

[2]*almanac* [3]*he passed away*

Actividad

En parejas, hagan lo siguiente.

1. Muchas veces las caricaturas se burlan de la gente. Expliquen cómo representa Molina Campos a los gauchos.

2. Busquen en el Internet algunos de los cuadros de Molina Campos. Describan uno de ellos con muchos detalles y luego utilicen su imaginación para hacer una comparación entre esa escena y una escena de un vaquero (*cowboy*) estadounidense de la misma época.

3. El vaquero ha sido y sigue siendo parte del mito nacional de los Estados Unidos y ha capturado la imaginación de escritores y cineastas desde hace muchos años. ¿Cómo ha sido representado el vaquero estadounidense en las películas y libros? Basándose en lo que han leído y han visto en los cuadros de Molina Campos, hagan una comparación entre el gaucho argentino y el vaquero estadounidense.

*«El truco» es el juego de naipes más popular de la Argentina. Como en el *poker,* se puede engañar el adversario.

La música uruguaya

Generalmente, cuando se trata de la música del Cono Sur, sin duda lo primero en que se piensa es el tango. Por supuesto que en el Cono Sur hay muchos otros estilos musicales: la música folclórica, la música de protesta de los años 60 y 70 conocida como «La nueva canción», la música clásica, el rock en español y otros. Lo que muchos no saben es que el tango mismo

Unos tambores típicos del candombe, Montevideo, Uruguay

proviene del candombe, un género musical de origen afrouruguayo que llegó con los esclavos que fueron llevados forzadamente a ese país a mediados del siglo XVIII. El candombe ha sobrevivido hasta hoy y se encuentra no sólo en muchas grabaciones de música uruguaya, sino también en la vida actual del país. Hoy es muy común ver grupos de gente tocando candombe en las calles de distintos barrios.

Aunque el candombe ha experimentado algunas transformaciones, mantiene dos de sus características originales: la forma de tocar y los instrumentos básicos. Estos instrumentos son los tamboriles o tambores. Los hay de tres tamaños distintos, cada uno con una voz diferente: piano, chico y repique. Cada cual cumple una función rítmica determinada que tiene que ver con el lenguaje propio del candombe. Muchos músicos se han inspirado en el ritmo particular del candombe, y han creado diferentes composiciones a lo largo del siglo XX y hasta hoy.

«Candombe del Piedras» es el resultado de un proyecto muy especial: *Esperando salir,* un CD de canciones escritas por jóvenes encarcelados en el Uruguay y tocadas por músicos profesionales. El proyecto lo llevó a cabo Proyectos Culturales, una organización no gubernamental de Montevideo, Uruguay, que trabaja con niños y adolescentes de poblaciones marginadas o que están en conflicto con la ley, privados de libertad e internados en centros carcelarios. Proyectos Culturales les ofrece a estos adolescentes programas culturales, artísticos y pedagógicos, incluyendo talleres de arte y prensa.

Actividades

A. Antes de cantar En la canción «Candombe del Piedras», se oyen los sentimientos de un joven encarcelado. Como no tiene licencia* para salir, se ha quedado en la cárcel aburrido, pensando en su familia. «El Piedras» se refiere a la parte del complejo penitenciario donde está encarcelado el joven. Conteste las siguientes preguntas.

1. ¿Qué palabras expresan la nostalgia que uno siente cuando no puede ver a su familia por mucho tiempo?

(Continúa.)

---

*Se refiere a un permiso para salir de la cárcel por un tiempo corto, según la gravedad del delito y la buena conducta del encarcelado mientras cumple su sentencia judicial.

2. ¿Qué harán los encarcelados para pasar el tiempo? Si Ud. estuviera en la cárcel, ¿cómo se sentiría y qué haría para pasar el tiempo?

3. ¿Sabe de alguna canción, poema, libro o película que trate de la experiencia de estar encarcelado? ¿Cuál es y qué temas trata?

B. **¡A cantar!**   Escuche la canción «Candombe del Piedras» que se puede encontrar en el CD *Estampillas musicales* o en el *ActivityPak* en el *Online Learning Center* (**www.mhhe.com/metas**).

Candombe del Piedras

Es de mañana, estamos todos.
Miro pa'[1] 'fuera y veo poco.
Poquito a poco me rompo el
   coco.[2]
Sin la licencia me como el
   bocho.[3]

Todos los días la misma
   historia
Con la rutina, así es la vida,
Ladrando[4] un poco
Acá en el Piedras.

Fumando solo,
Fumando un pucho,[5]
Tranquilo y nada.
Que pasa el tiempo,
Que falta poco,
Pa' la licencia,
Pa' estar en casa.

Con mi familia,
Que extraño mucho.
Tengo las ganas
De estar en casa.

Así es la historia
Acá en el Piedras.
Nos despedimos,
Tocando[6] un poco.
[*Se repite varias veces.*]

[1]para   [2]me… pienso demasiado   [3]me… siento mucha angustia   [4]solicitando algo insistentemente sin obtener respuesta
[5]cigarrillo   [6](doble sentido) tocando el instrumento; escapándose de la cárcel

C. **Después de cantar**   En parejas, contesten las siguientes preguntas sobre la canción «Candombe del Piedras».

1. ¿Qué instrumentos musicales se escuchan en esta canción?

2. ¿Cuáles son las palabras clave que los/las ayudaron a entender el tema principal?

3. ¿Qué palabras expresan cómo se siente el autor de la canción?

4. ¿Qué emociones evoca la canción en Uds.?

5. ¿Les gustó la canción? ¿el ritmo? ¿la voz del cantante? Expliquen.

Lectura

▲▲▲▲▲▲▲▲▲▲▲▲▲▲▲▲▲▲▲▲▲▲▲▲▲▲▲▲▲▲

El detective Cayetano Brulé

La entrevista que va a leer lo/la ayudará a comprender cómo el exitoso escritor chileno, Roberto Ampuero, creó su famoso detective Cayetano Brulé, el protagonista de su serie de novelas policíacas.

Ampuero nació en Valparaíso, Chile en 1953. Empezó a estudiar literatura en Santiago de Chile, pero tras el golpe de estado de Augusto Pinochet en 1973 tuvo que abandonar su país natal. Vivió en Cuba (1973–1979) donde continuó sus estudios de literatura. Desencantado con la dictadura de Castro, se fue a Alemania donde trabajó como periodista durante la Guerra Fría. Ha vivido también en Suecia, y desde 2000 habita en los Estados Unidos donde actualmente da clases en la Universidad de Iowa.

Además de las cinco novelas populares sobre el detective Cayetano Brulé, Ampuero ha escrito otros libros de gran interés: *El hombre golondrina* (1997, libro de cuentos), *Nuestros años verde olivo* (1999, novela sobre su experiencia en Cuba) y *Los amantes de Estocolmo* (2003). El más reciente, *Halcones de la noche* (2004), ha tenido tanto éxito de ventas como sus novelas anteriores.

Antes de leer

A. Para comentar Con un compañero / una compañera, conteste las siguientes preguntas. Luego, comente sus respuestas con el resto de la clase.

1. Cuando quiere relajarse y escaparse de los temas académicos, ¿qué tipos de libros le gusta leer: novelas policíacas, románticas, de ciencia ficción?

2. ¿Ha leído libros o ha visto películas sobre algunos detectives famosos como Sherlock Holmes, Hercule Poirot (de Agatha Christie), el Inspector Clouseau (de La Pantera Rosa)? ¿Cuáles son las características de esos detectives?

3. ¿Le fascinan los programas como *Bones, CSI, Law and Order* y *Cold Case*? Explique.

4. ¿Por qué son tan populares las novelas y los programas policíacos?

5. ¿Le interesaría ser detective? ¿Por qué sí o por qué no?

6. ¿Cree que la labor de un escritor / una escritora es difícil?

7. ¿De dónde cree Ud. que vienen las ideas para los libros que han tenido tanto éxito comercial?

B. Acercándose al tema Lea el título de la ficha a la izquierda y las nueve palabras asociadas con las características de un buen detective latinoamericano. Con un compañero / una compañera, decida si los espacios en blanco requieren un sustantivo, un verbo o un adjetivo. Luego, complete las oraciones con la forma apropiada de las palabras de la ficha.

1. En el momento de crear mi detective, fue difícil representar al latinoamericano «auténtico» porque somos tan _____.

Un buen detective latinoamericano		
el polo	el recorrido[1]	la síntesis
chilenizarse	dominar	gesticular
comodísimo/a	diverso/a	húmedo/a

[1]*tour*

2. Mi personaje tenía que expresar una _____ de las diferentes culturas latinas y quería a alguien que uniera los dos _____ extremos de nuestro continente: el Caribe _____ y caliente, por un lado, y el Cono Sur, que limita con el Polo Sur, por otro.

3. Como soy chileno y viví en Cuba, mi detective tenía que ser un cubanochileno que _____ las claves culturales de ambos extremos.

4. Cayetano Brulé es un cubano que _____ gradualmente. Ha aprendido que en Chile, tiene que bajar la voz y _____ menos que cuando está en Cuba.

5. En vez de llevar su guayabera (*typical loose-fitting dress shirt of the Caribbean*) _____, en Chile se viste más formal.

6. Cayetano Brulé ha sido tan popular que estamos preparando una guía, la *Ruta Cayetano Brulé,* para orientar el _____ de lectores por Valparaíso.

Entrevista con Roberto Ampuero

ENTREVISTADORA: ¿Cómo llegó a la idea de crear su famoso detective Cayetano Brulé?

AMPUERO: Yo deseaba escribir novelas de suspenso policial, pero con un detective latinoamericano. Debía ser un personaje auténtico de nuestra cultura, alguien que no fuese <u>karateka</u>, disparador certero[1] ni seductor irresistible como Arnold Schwarzenegger, Bruce Willis o Tom Cruise, sino un latinoamericano común y corriente. Y ahí surgió la primera dificultad: ¿Quién representa al latinoamericano «auténtico» si somos tan diversos? ¿Un mexicano de rasgos mestizos? ¿Un cubano descendiente de africanos? ¿Un boliviano hijo de

[1] disparador… *sharpshooter*

aymaras? ¿Un brasileño del sur, rubio y de ojos azules? ¿Un argentino con aspecto mediterráneo?ᵛ Mi personaje tenía que expresar una síntesis y pensé que esa síntesis, incompleta porque América Latina es muy variada, podía representar a alguien que uniera los dos polos extremos de nuestro continente: el Caribe húmedo y caliente, por un lado, y el Cono Sur, que limita con el Polo Sur, por otro. Como soy chileno y viví en Cuba, me dije: Cayetano Brulé debe ser un cubanochileno que domine las claves culturales de ambos extremos, o no será un buen detective.

ENTREVISTADORA: Para chilenizarse,² ¿qué ha tenido que hacer Cayetano? ¿Qué cambios incorporó para tornarse gradualmente más chileno?

AMPUERO: Cayetano tuvo que desprenderse de su guayabera y adoptar traje y corbata, imitar el «cantaíto» chileno al hablar, que es diferente del cubano, bajar el tono de voz y gesticular menos,ᵛ tuvo que recurrir más al «usted» en lugar de tutear, y ajustó su vocabulario al de los chilenos. Por ejemplo, «guagua» significa «bebé» para los chilenos pero «ómnibus» para los cubanos. «Pila» significa «batería» en Chile y «llave de agua³» en Cuba. «Burujón», no lo entiende ningún chileno; significa «montón» para los cubanos. En fin, tanto en Chile como en Cuba se habla español, pero hay diferencias tremendas en la entonación y en ciertas palabras, todo lo cual puede afectar gravemente el sentido de lo que se quiere comunicar.

ENTREVISTADORA: ¿Cuáles son algunos de los aspectos culturales concretos que le hacen sentir a Cayetano que está en Cuba o definitivamente que ha llegado a Chile?

AMPUERO: Cayetano ama la cocina, y en los restaurantes encuentra de inmediato una diferencia clara. En Chile prefieren carne de vacuno,⁴ pescados, mariscos, frutas como uva, melón, sandía o chirimoya⁵ y verduras. Y la pastelería tiene influencia alemana. En los restaurantes cubanos para turistas abundan el puerco asado, los frijoles y el arroz, el plátano frito, la yuca y la malanga,⁶ frutas tropicales como el mango o la guayaba,⁷ y su pastelería es de origen francés.

Como mencioné antes, los chilenos son formales al vestir, hablan en tono bajo, sin gesticular mucho y tratan de no llamar la atención; los cubanos son más extrovertidos, hablan fuerte y son espontáneos. Además, racialmente, los cubanos son más diversos debido a

---

² hacerse chileno   ³llave... *faucet*   ⁴res   ⁵*green-skinned fruit with sweet, white, pulpy center and black seeds*   ⁶*a root vegetable*   ⁷*guava*

que en la Isla se mezclaron españoles, africanos y chinos, mientras que los chilenos surgieron del encuentro entre españoles e indígenas, y representan una población de características homogéneas, con fuerte influencia europea en algunas zonas.

Y la música de ambos mundos es diametralmente[8] opuesta. En el Caribe está impregnada de la influencia africana, con fuerte presencia de tambores y trompetas, mientras en la música tradicional chilena hay preponderancia de la guitarra, el charango[9] y el acordeón.

ENTREVISTADORA: Cuando va a Chile a participar en una feria de libros, ¿qué hace para disfrutar de su tiempo allá?

AMPUERO: Primero tengo que explicar qué hago en una ciudad tan lejana como Iowa City. Pero siempre me instalo en una casa que tengo en Olmué, bella ciudad rural en el centro de Chile. Es una zona con clima idéntico al de California. Allí se dan las manzanas, las uvas, las fresas y los aguacates que se encuentran en los supermercados estadounidenses, y se produce el gran vino chileno. Es curioso, el clima y el paisaje del norte de Chile son como en Arizona, el centro como en California, y el sur como en Vermont. Olmué está a medio camino entre el puerto de Valparaíso y la cordillera de los Andes, que ahí alcanza los 20.000 pies. Me gusta recorrer las calles torcidas y empinadas[10] de Valparaíso, que tiene cerros poblados como San Francisco, California, y una enorme bahía en el Pacífico.[v] Cuando voy a Chile y termino mis entrevistas, me reúno con familiares y amigos, y esas reuniones son con almuerzo o cena y la gente le brinda[11] tiempo al recién llegado. Quieren saber cómo es la vida y la gente en Estados Unidos, y cuándo regresaré a Chile, porque los chilenos, como los estadounidenses, creen que su país es el mejor lugar del mundo para vivir.

ENTREVISTADORA: ¿Es verdad que va a preparar una guía turística con los lugares que frecuenta Cayetano en sus novelas? ¿Puede describir uno de sus lugares favoritos?

AMPUERO: Cayetano Brulé ha vendido 200.000 libros sólo en Chile y muchos de sus lectores viajan a Valparaíso y desean conocer la casa donde vive, la oficina donde trabaja y los locales que frecuenta. Allí piden los platos que él ordena. Estamos trabajando en la *Ruta Cayetano Brulé* para orientar el <u>recorrido</u> de lectores

[8]totalmente [9]*a small guitarlike instrument* [10]torcidas… *twisted, steep* [11]ofrece

por Valparaíso. Hay un restaurante, «La Cuisine», que tiene siempre una mesa reservada para él, ya que es allí donde el detective se sentó y comió en una novela. La primera vez que visité ese local no me dejaron sentarme a la mesa de mi protagonista, pues estaba reservada para otras personas. Pero sospecho que el lugar predilecto de Cayetano es el «Café Turri», que queda en una casona neovictoriana del Cerro Concepción de Valparaíso. Desde sus terrazas con ventanales se tiene un panorama espectacular de la bahía con sus barcos, las casas en los cerros y las callejuelas[12] estrechas.[v]

[12]*alleyways*

Después de leer

A. Comprensión   Conteste las siguientes preguntas, según la entrevista.

1. ¿Qué dilema tuvo Ampuero cuando quiso crear un detective latinoamericano? ¿Cómo lo resolvió?

2. ¿Por qué ha podido crear un cubanochileno con tanta autoridad y autenticidad?

3. En parejas, describan las diferencias culturales entre Chile y Cuba, basándose en los siguientes aspectos.

   la comida   la mezcla racial y étnica
   la forma de vestir   la música
   el lenguaje

4. Ampuero hace muchas comparaciones entre Chile y los Estados Unidos. ¿Cuáles son?

5. ¿Qué hace el autor cuando visita su país natal?

6. ¿Por qué piensa Ampuero escribir una guía turística? ¿Qué dice esto sobre la popularidad del personaje ficticio Cayetano Brulé?

B. El editor exigente   El editor de la revista le pide a la entrevistadora que le haga una pregunta más a Roberto Ampuero. Quiere que le pregunte algo sobre su vida en los Estados Unidos. Ampuero hizo el doctorado en la Universidad de Iowa y ha enseñado en Middlebury College en Vermont. También ha viajado bastante por los Estados Unidos. Escriba una respuesta a la siguiente pregunta como si Ud. fuera Roberto Ampuero, manteniendo el tono general y la manera de hablar del autor chileno.

«Si Cayetano Brulé tuviera que investigar un caso en este país, ¿adónde lo mandaría? Explique.»

C. Nosotros, escritores Imagínense que Ud. y su compañero/a de clase van a escribir una novela policíaca realizada en la ciudad donde Uds. estudian.

Paso 1 Creen los personajes y los lugares clave para su novela.

1. ¿Cómo sería el/la detective de su novela?
2. ¿Qué tipo de crimen investigaría?
3. ¿Quiénes serían los personajes principales de su novela? Descríbanlos.
4. ¿En qué lugares tendría lugar la acción de su novela? Descríbanlos.

Paso 2 Compartan sus ideas con otra pareja. Analicen las ideas de sus compañeros y luego háganles sugerencias para mejorar su novela.

Paso 3 La descripción de los lugares es muy importante en una obra literaria. Completen las siguientes dos escenas de su novela, una que describa su ciudad y la otra un restaurante.

1. Cuando [nombre de su detective] llegó a… , inmediatamente notó que… . Había… , y la ciudad tenía… .
2. Después de entrevistar a los dos sospechosos, [nombre de su detective] fue a… para tomar una copa y comer. [Nombre del lugar] era… .

Paso 4 Compartan sus escenas con otra pareja.

D. Para conversar En grupos de cuatro, comenten los siguientes temas, basándose en la entrevista con Ampuero.

1. Pensando en las descripciones de lo que experimenta el detective Brulé cuando viaja entre Cuba y Chile, ¿cómo compararía Brulé el ambiente de Cuba o Chile con el ambiente de su ciudad o pueblo? Hagan comparaciones, usando las mismas categorías que emplea Ampuero.
2. Ampuero describe algunas cosas que hace cuando regresa a Chile. Si Uds. vivieran muy lejos de donde están ahora, ¿qué cosas harían de inmediato al regresar? ¿Por qué harían estas cosas?
3. Ampuero dice: «…los chilenos, como los estadounidenses, creen que su país es el mejor lugar del mundo para vivir». ¿Creen Uds. que este país es el mejor lugar del mundo para vivir? ¿Por qué? Si no, ¿cuál creen que es el mejor lugar para vivir? También, ¿por qué pensarán los chilenos que su país es el mejor lugar del mundo para vivir? ¿Qué les interesa a Uds. de la vida en Chile?

Yo experto/a

Escoja una persona, un lugar o un tema cultural mencionado en esta unidad para investigar más a fondo. Debe incluir en su reportaje por lo menos cuatro de las metas comunicativas. Puede presentar su investigación en un informe escrito o hacer una presentación oral delante de la clase. Siga las indicaciones en el **Apéndice 2: Yo experto/a** como guía para su reportaje.

PERSONAS	LUGARES	TEMAS
Salvador Allende	la Argentina	el candombe
Roberto Ampuero	La Boca, Buenos Aires	las contribuciones de los inmigrantes a una sociedad
Cayetano Brulé	Buenos Aires	
«Martín Fierro»	las Cataratas de Iguazú	los desaparecidos
Carlos Gardel	Chile	los gauchos
Las Madres de la Plaza de Mayo	el Observatorio Paranal, Chile	el guaraní
	el Paraguay	las guerras sucias
Florencio Molina Campos	Punta del Este, Uruguay	el mate
Augusto Pinochet	el Uruguay	la novela policíaca
Mercedes Sosa	Valparaíso, Chile	la «nueva canción»
Alfonsina Storni	Viña del Mar, Chile	el tango
		la vida nocturna

Ahora que Ud. ha terminado la **Unidad 4,** complete los ejercicios correspondientes del *ActivityPak* en el *Online Learning Center* (**www.mhhe.com/metas**) para repasar el vocabulario, gramática y temas culturales de esta unidad.

El mundo actual[1]

La región andina

Tejedoras Kusikuy de Bolivia

Check out these exciting multimedia ancillaries to the *Metas* program:

ActivityPak   **Online Learning Center**

Online *Manual*   **Music CD**

[1]current

¿Cómo influyen en nosotros los problemas del mundo?

Puntos clave

Temas centrales
- los problemas actuales
- la gente indígena
- el activismo

En este capítulo, Ud. va a explorar el tema del mundo actual y cómo influyen en nosotros los problemas del mundo.

Preguntas para considerar

- ¿Cuáles son los problemas sociales más importantes de hoy?

- ¿Qué puede hacer el individuo para participar activamente en su sociedad?

- ¿Cómo nos afectan personalmente los acontecimientos mundiales?

- ¿Qué importancia tiene la política en su vida diaria?

- La escena que se ve en el cuadro representa un pueblo boliviano durante una campaña presidencial. ¿Cómo cambia el ambiente en su universidad y su ciudad durante las campañas nacionales y locales?

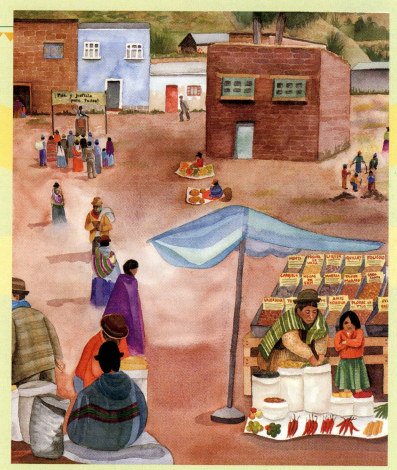

Un pueblo boliviano

La historia

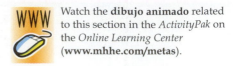
Watch the **dibujo animado** related to this section in the *ActivityPak* on the *Online Learning Center* (www.mhhe.com/metas).

Este mundo nuestro

Dos pueblos donde Laura trabajaría si aceptara el trabajo con Luis Alberto.

Situación: Laura, Sergio y Javier están en Ruta Maya hablando de un correo electrónico que Laura acaba de recibir. Su amigo Luis Alberto quiere que ella colabore con él en un proyecto de Médicos Sin Fronteras. Lea el diálogo y preste especial atención al uso del vocabulario nuevo **en negrita.**

LAURA: Mira el correo electrónico que llegó de mi amigo Luis Alberto.

SERGIO: ¿El que trabajó contigo en la clínica en el Ecuador?

LAURA: Sí, sí. Es un hombre a quien admiro mucho. Ahora está **haciendo de voluntario** con Médicos Sin Fronteras y quiere que **colabore con** él en un proyecto en Bolivia y Colombia.

SERGIO: ¡Qué padre!

JAVIER: ¿Qué harías para ayudarlo si fueras?

LAURA: Tiene un proyecto relacionado con las mujeres mayores cuyo conocimiento de las medicinas tradicionales está por perderse. Podría estudiar con ellas y **enterarme de** sus prácticas.

JAVIER: Me parece ideal. Pues, está bien claro que tienes que ir, ¿no?

LAURA: Sí, pero tengo un pequeño inconveniente —mi papá. Se pone inquieto cada vez que le hablo de mis planes de viajar al extranjero.

SERGIO: Le preocupan los **secuestros,** el **narcotráfico,** el **terrorismo,** etcétera, ¿verdad?

LAURA: Exacto.

JAVIER: Por desgracia,[1] hoy en día el peligro se puede encontrar en cualquier lugar del mundo.

LAURA: Ya lo sé, pero ahora más que nunca quiere que los suyos estén cerca de él.

SERGIO: Es irónico que te haya criado para ser una persona **idealista** con un verdadero deseo de combatir las **injusticias** del mundo, y que ahora que eres adulta se haya vuelto tan protector y hasta un poco **alarmista.**

LAURA: Sí, es frustrante. Siempre nos animaba a ser **activistas** en la **política.**

[1]Por... *Unfortunately*

SERGIO: Mira, Laura, él tiene que entender que esta es una oportunidad **impresionante** para ti. Además te ayudaría un montón con tu tesis doctoral. Si yo fuera tú, iría sin pensarlo dos veces.

JAVIER: ¡Tengo una idea! Dile a tu padre que tu gran amigo y protector, Javier Mercado Quevedo, te va a acompañar. Podría escribir un artículo sobre las **luchas** por los **derechos humanos** allí y, además, me encantaría volver a Colombia… y sería fabuloso conocer Bolivia.

LAURA: ¿En serio, irías conmigo?

JAVIER: Bueno, por lo menos podría pasar contigo las primeras semanas y así tu padre se tranquilizaría.

SERGIO: **Vale la pena** presentarle la idea de ir acompañada de tu propio guardaespaldas,[2] ¿verdad?

LAURA: Puede que funcione.

[2]*bodyguard*

Actividades

A. La búsqueda de las metas comunicativas en contexto Identifique en el diálogo ejemplos de las siguientes metas comunicativas: Descripción (D), Reacciones y recomendaciones (R), Narración en el pasado (P), Hablar de los gustos (G), Hacer hipótesis (H) y Hablar del futuro (F). Subraye cada palabra o frase que represente una (o una combinación) de estas metas comunicativas. Luego, escriba al margen la(s) letra(s) que corresponde(n) a cada ejemplo subrayado (D, P, G, H, R o F).

P

H, H

MODELOS: ¿El que <u>trabajó</u> contigo…

…¿<u>qué harías</u> tú para ayudarlo <u>si fueras</u>?

B. Comprensión Conteste las siguientes preguntas, según la situación.

1. ¿Quién es Luis Alberto y qué le propone a Laura?
2. ¿Qué haría Laura si fuera a trabajar con Luis Alberto?
3. ¿Por qué no quiere el padre de Laura que ella vaya a Bolivia y Colombia?
4. ¿Por qué resulta irónico que el padre de Laura proteste?
5. ¿Está Ud. de acuerdo con Javier cuando dice: « …hoy en día el peligro se puede encontrar en cualquier lugar del mundo»? Explique.
6. ¿Qué le sugiere Javier a Laura? ¿Qué le parece a Ud. su idea?
7. ¿Si Ud. fuera Laura, ¿qué haría? Explique.

Conectores

además
en cambio
para que + *subjuntivo*
por lo tanto
porque
puesto que
sin embargo
ya que

REACCIONAR
R
RECOMENDAR

C. Reacciones y recomendaciones Termine las oraciones en la siguiente página sobre la situación, utilizando un conector en cada oración.

MODELO: Es bueno que Laura…
Es bueno que Laura pueda regresar a Sudamérica puesto que le fascinó su último viaje allí. Sin embargo, debe tratar de tener en cuenta los sentimientos y preocupaciones de su papá.

1. Qué bueno que Javier…

3. Es obvio que Luis Alberto…

2. El padre de Laura no cree que…

D. Diálogo   En parejas, preparen un diálogo que represente una de las siguientes situaciones y preséntenlo a la clase.

1. Vuelvan a crear la situación entre Sergio, Laura y Javier, utilizando sólo su memoria y sus propias palabras.

2. Preparen un diálogo en el que Laura hable con su padre, pidiéndole consejos sobre la oferta de trabajo. Ella también debe tratar de convencerlo de que no es malo que ella vaya a Bolivia y Colombia.

Vocabulario del tema

Para hablar de los problemas actuales

la amenaza	threat
el analfabetismo	illiteracy
la apatía	apathy
los derechos humanos	human rights
la desnutrición	malnutrition
la explotación	exploitation
la gente indígena (*but* los indígenas)	indigenous people
la guerra	war
el hambre (*but* mucha hambre)	hunger
la huelga	strike
la injusticia	injustice
la manifestación	demonstration
el narcotráfico	drug traffic; drug trafficking
la pobreza	poverty
la polémica	controversy
el prejuicio	prejudice
el secuestro	kidnapping; hijacking
el SIDA	AIDS
el subdesarrollo	underdevelopment
el terrorismo	terrorism

Para hablar de las soluciones

afrontar	to confront
brindar	to offer

—Es el arma más terrible. Ojalá el hombre no la utilice jamás. Acabaría con la raza humana . . .

En su opinión, ¿cuál es el arma más terrible de la humanidad?

colaborar (con)	to help; work (with)
desarrollar	to develop
donar	to donate
elegir (i, i) (elijo)	to elect
enterarse (de)	to become informed (about)
financiar	to finance
hacer de voluntario/a	to volunteer
llevar a cabo	to carry out *realizar*
postularse	to run for office
promover (ue)	to promote
respetar	to respect

salvar	to save (*someone, something*)	los recursos	resources
valer (*irreg.*) la pena	to be worth it	la tolerancia	tolerance
		el tratamiento	treatment

Para hablar de una situación

la alimentación	nourishment	alarmante	alarming
el bienestar	well-being	chocante	shocking
la campaña	campaign	desafiante	challenging
el/la ciudadano/a	citizen	desilusionante	disappointing
la diversidad	diversity	horripilante	horrifying
el esfuerzo	effort	impresionante	impressive
la inversión	investment	inquietante	disturbing
el/la líder	leader		
la lucha	fight; struggle		
la paz	peace		
la política	politics; policy		

COGNADOS: **activista, alarmista, altruista, egoísta, extremista, idealista, oportunista, optimista, pesimista**

Actividades

A. Vocabulario en contexto En parejas, lean las siguientes oraciones e indiquen si están de acuerdo con ellas o no. Expliquen sus opiniones.

	ESTOY DE ACUERDO.	NO ESTOY DE ACUERDO.
1. Una de las causas principales de la pobreza es el analfabetismo.	☐	☐
2. Los estudiantes universitarios de hoy sufren de apatía; no les importan los acontecimientos mundiales.	☐	☐
3. Pronto se encontrará una cura para el SIDA.	☐	☐
4. El nivel de la desnutrición infantil en este país es alarmante.	☐	☐
5. Una manera de combatir los problemas sociales es pedirles a todos los estudiantes universitarios que hagan de voluntarios dos horas por semana mientras están en la universidad.	☐	☐
6. Los países desarrollados respetan más los derechos humanos que los países en vías de desarrollo.	☐	☐
7. Es importante enseñar a los niños la tolerancia por la diversidad de culturas que hay en este país.	☐	☐
8. La prensa de este país debe dar más reportes sobre otros países para que la gente se entere de lo que pasa en el resto del mundo.	☐	☐

B. Unas estadísticas alarmantes   Reaccione ante los siguientes datos, utilizando expresiones como **Es horripilante que…** , **Es inquietante que…** y **Es chocante que…** . Luego, recomiende algunas soluciones posibles a estos problemas, utilizando los nuevos verbos de este capítulo como **llevar a cabo, promover** y **desarrollar.**

1. A pesar de la pobreza mundial, en los Estados Unidos se gastan cada año 11 millones de dólares en helados y más de 100 millones en alimentos para mascotas.

2. En La Paz, Bolivia, unos 400.000 niños trabajan y viven en la calle, y según datos de la organización *Save the Children*, podría haber un total de 250 millones de menores que son explotados laboralmente en todo el mundo.

3. A nivel global hay unos 855 millones de personas analfabetas, y más de 150 millones de niños en los países en vías de desarrollo que comienzan la escuela pero no la terminan.

4. Según la Organización de Naciones Unidas para la Agricultura y la Alimentación (FAO), cada día mueren de hambre 40.000 niños más de 1.500 por hora.

5. Según la Cruz Roja Internacional, anualmente muere un promedio de 56.726 personas debido a desastres naturales. Pero en 2004, más de 220.000 personas perdieron la vida en un solo desastre natural, el peor maremoto (*tsunami*) en 100 años.

C. Preguntas personales   En parejas, contesten las siguientes preguntas, utilizando palabras y frases del **Vocabulario del tema** y reaccionando con las expresiones de **Para conversar mejor.** Luego, compartan sus respuestas con el resto de la clase.

Para conversar mejor

¡Qué horror!	No es justo.
¡Qué lástima!	(No) Estoy de acuerdo.
¡Qué verguenza!	(No) Es verdad.
A mí tampoco.	¡Ojalá!
¿De veras?	Tiene(s) razón.
¿En serio?	Yo también.

---

1. ¿Han experimentado personalmente algún prejuicio o han visto de cerca el maltrato de alguien por ser diferente? ¿Qué pasó? ¿Cómo reaccionaron Uds.?

2. ¿Les interesa a sus compañeros universitarios la política local o existe apatía ante los problemas de su ciudad o región?

3. ¿Cuáles son algunas de las recomendaciones que Uds. le harían al gobernador / a la gobernadora de su estado/provincia para resolver los problemas de su estado/provincia?

4. En su opinión, ¿cuáles son dos de los problemas más desafiantes que los futuros líderes del mundo tendrán que afrontar? Expliquen.

5. ¿Les interesa a Uds. la política del resto del mundo? ¿Leen la prensa más de lo que la leían antes de los eventos horripilantes del 11 de septiembre de 2001 u otros eventos alarmantes, para estar enterado/a de los eventos mundiales? Expliquen.

6. En cuanto a su actitud hacia los problemas del mundo actual, ¿son Uds. activistas, alarmistas, extremistas, idealistas, optimistas o pesimistas? Expliquen.

D. **Problemas repentinos**   Lea cada problema y, con la clase entera, hagan una lista de palabras nuevas de este capítulo y de los capítulos anteriores que los ayude a conversar con facilidad sobre cada problema repentino. Después, en parejas, preparen un diálogo espontáneo sobre cada problema.

1. Ud. está tratando de reclutar (*recruit*) a un(a) estudiante para que haga de voluntario/a en Latinoamérica. El/La estudiante teme no saber suficiente español para trabajar allí.

2. Su primo/a anuncia que ha vendido todas sus posesiones para ir al Perú y trabajar con la gente indígena. Apoye su decisión o trate de convencerlo/la de que es una locura total lo que quiere hacer. Su primo/a responde a sus reacciones.

3. Ud. sufre de un fuerte dolor del estómago y va al médico / a la médica. En vez de darle a Ud. una receta farmacéutica, le da plantas medicinales que debe hervir (*boil*) y beber dos veces al día. Converse con el médico / la médica sobre este tratamiento y sus opiniones al respecto.

Nota cultural ▪ La vida política de los jóvenes hispanos

Para muchos jóvenes hispanos, el activismo político es una parte importante de la vida diaria. A un nivel general, los jóvenes se mantienen al día en cuestiones de política de manera consistente. Creen que es importante leer el periódico y mirar el noticiero[1] en la televisión. No sólo saben cuál es la situación de su propia nación, sino que también están muy enterados de la política internacional. En los cafés y los bares que frecuentan los jóvenes, es común oír fuertes discusiones sobre la situación mundial, además de conversaciones sobre los deportes, el cine y los últimos chismes.

Sin embargo, el interés en la política con frecuencia va más allá de la conversación. Es muy común que los estudiantes universitarios y de escuela secundaria participen en huelgas generales y manifestaciones para protestar contra ciertas injusticias como, por ejemplo, la subida[2] del precio de los boletos de autobús, la matrícula de las clases o los impuestos, o cuando algún político comete un fraude. Además, no es raro ver protestas contra las intervenciones estadounidenses en Latinoamérica o en otras partes del mundo. Las acciones de los jóvenes, a veces pacíficas, a veces más agresivas, demuestran una fuerte creencia en el poder de la voz del pueblo.

[1]*newscast* [2]*rise*

(Continúa.)

Conversación en parejas

1. ¿Se mantienen Uds. al día en cuestiones de política? ¿Cómo se enteran de lo último?

2. ¿En qué actividades políticas participan Uds.?

3. ¿Han participado alguna vez en alguna manifestación o huelga para protestar contra algo? ¿Por qué participaron? ¿Cuáles fueron los resultados de esa manifestación o huelga?

4. ¿Cuáles son las mejores maneras de protestar contra la injusticia? ¿Por qué creen así?

Puntos clave

Hacer hipótesis

En esta sección del capítulo, Ud. va a practicar la meta comunicativa **Hacer hipótesis.** Para hacerlo bien, hay que utilizar las estructuras gramaticales (los puntos clave) de la siguiente tabla que pertenecen a la meta comunicativa. Antes de continuar, estudie las explicaciones de estas estructuras gramaticales en las páginas amarillas (341–344).

LA META COMUNICATIVA DE ESTE CAPÍTULO		
ICONO	**META COMUNICATIVA**	**PUNTOS CLAVE**
HIPÓTESIS **H**	Hacer hipótesis	• el pasado de subjuntivo • el condicional

Ponerlo a prueba

En el siguiente diálogo, Laura habla con su consejera sobre su posibilidad de viajar a Bolivia y Colombia. Conjugue los verbos entre paréntesis para expresar situaciones hipotéticas.

LAURA: Dra. Ruiz, me urge[a] tomar una decisión sobre el proyecto en Bolivia y Colombia.

[a]me… *it's urgent for me*

DRA. RUIZ: Si hicieras ese viaje, Laura, no _____[1] (terminar) la tesis hasta finales de febrero. Pero una tesis con la información que _____[2] (poder) juntar allí sería mucho más valiosa.

LAURA: _____[3] (Entrevistar) a las curanderas,[b] _____[4] (sacar) muchas fotos y _____[5] (ver) de cerca cómo utilizan las plantas medicinales. Y si mi amigo Luis Alberto me _____[6] (presentar) en una facultad de medicina, podría hablar con otros farmacéuticos a quienes les interesa la medicina alternativa.

DRA. RUIZ: Si yo _____[7] (ser) tú, hablaría con la oficina de estudios de posgrado. A lo mejor si entregas la tesis en febrero, todavía podrás graduarte en mayo. Con esta información creo que ya podrás tomar la decisión.

LAURA: De acuerdo. No sé qué _____[8] (hacer) sin su ayuda. Mil gracias.

[b](herbal) healers

Expresiones útiles

Para hablar del mundo actual

actualmente	*currently*
desgraciadamente	*unfortunately*
francamente	*frankly*
seguramente	*surely*
verdaderamente	*truly*
de hecho	*in fact*
el hecho de que + *subjuntivo**	*the fact that*
en cuanto a	*as far as . . . is concerned*
hoy (en) día	*nowadays*

Actividades

Las siguientes actividades le darán la oportunidad de hacer hipótesis, utilizando el condicional y el pasado de subjuntivo.

A. La cadena En parejas, formen una serie de oraciones hipotéticas, utilizando la última cláusula de la oración anterior para formar la cláusula hipotética de la próxima oración como en el modelo en la página siguiente. A ver hasta qué punto cada pareja lleva su serie de oraciones.

---

*Traditionally, the phrase **el hecho de que** has always been followed by the subjunctive. In *Metas* and elsewhere, however, you may notice it followed by the indicative. This shift in usage seems to be due in part to influences from the English language and in part to the fact that some native Spanish speakers report choosing between the subjunctive and the indicative according to how certain or uncertain they are of the truth or validity of the statement following the phrase.

MODELO: Si Laura fuera a Bolivia y Colombia, su padre estaría inquieto.
Si su padre estuviera inquieto, Laura lo calmaría.
Si Laura calmara a su padre, ella podría pasarlo bien en su viaje.
Si ella pudiera pasarlo bien en su viaje...

1. Si Laura decidiera colaborar con Luis Alberto, su novio Manuel...
2. Si Laura pospusiera la tesis,...
3. Si Laura entrevistara a las curanderas,...
4. Si yo decidiera hacer de voluntario/a en Latinoamérica, mis padres...
5. Si mi mejor amigo/a y yo tuviéramos un montón de dinero,...

B. **¿Qué diría y qué haría... ?** En parejas, comenten lo que Uds. harían en las siguientes situaciones. Utilicen las **Expresiones útiles** de arriba cuando sea posible.

1. si su madre o padre se postulara para líder de este país
2. si Ud. y sus amigos tuvieran que luchar en una guerra
3. si Ud. fuera pacifista durante una guerra internacional
4. si un voluntario de la Cruz Roja tratara de reclutarlo/la para ir a Bolivia
5. si sus compañeros de clase quisieran protestar contra el precio de la matrícula de esta universidad
6. si viera a una persona con hambre en la calle
7. si se enterara de que un buen amigo / una buena amiga tiene SIDA
8. si Ud. estuviera en un avión secuestrado

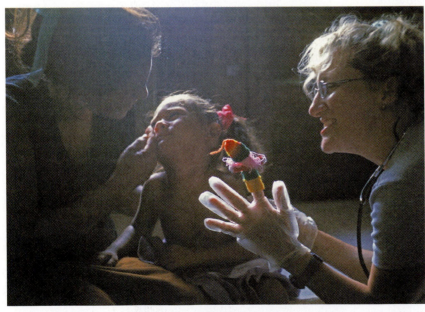

Una médica voluntaria trata de calmar a una niña en Honduras.

C. Carreras internacionales

Paso 1 Lea la definición de una organización no gubernamental y la descripción de ciertos trabajos internacionales que desempeñan dos personas.

Una organización no gubernamental (ONG) es una organización sin fines de lucro[1] que no se asocia a ningún gobierno nacional ni organización legal internacional y que se dedica a una causa determinada. Algunas ONGs trabajan a nivel mundial mientras que otras se dedican a causas nacionales o locales. Algunas ONGs cuyos nombres Ud. reconocería son:

[1]sin... *non-profit*

Amnistía Internacional
Centro Internacional de Derechos
    Humanos
Defensa de los Niños Internacional

Greenpeace
Hábitat para la Humanidad
Médicos Sin Fronteras

ANA GASPAR

Ana Gaspar es médica y trabaja para Médicos Sin Fronteras. Viaja a muchos lugares donde hay situaciones críticas que tienen que ver con la salud. Cuando viaja, se queda en lugares humildes y trabaja largas horas sin el estímulo de una buena recompensa[2] financiera. Pero le encanta el trabajo.

RICARDO FONSECA

Ricardo Fonseca es ingeniero y trabaja para una compañía multinacional que vende sus servicios a países en vías de desarrollo. Cuando viaja, vuela en primera clase y se queda en hoteles de lujo. Gana mucho. Le fascina trabajar en lugares exóticos.

[2]*reward*

Paso 2 Llene los espacios en blanco con la forma apropiada de los verbos entre paréntesis. Luego en parejas, indiquen si Ana o Ricardo diría cada afirmación y expliquen por qué.

	ANA	RICARDO
1. Si alguien me _____ (invitar) a trabajar en un país africano, lo haría sin pensarlo dos veces.	☐	☐
2. Si yo tuviera que trabajar en un lugar peligroso, lo _____ (hacer) porque en mi trabajo me darían una buena recompensa.	☐	☐
3. Si no _____ (poder) ayudar a los demás, no me sentiría orgulloso/a de mí mismo/a.	☐	☐
4. Si los países en vías de desarrollo _____ (seguir) mis consejos, la calidad de vida de sus ciudadanos mejoraría.	☐	☐
5. Si _____ (tener) la oportunidad de hacerlo, pasaría el resto de mi vida viajando.	☐	☐

Paso 3 En parejas, hablen sobre el trabajo internacional que les gustaría hacer si pudieran. Piensen en cómo sería su vida si tuvieran ese trabajo. Pueden usar algunas de las siguientes preguntas para iniciar la conversación.

1. Si tú _____ (poder), ¿con qué compañía u organización _____ (trabajar)?

2. Si _____ (trabajar) con [nombre de compañía], ¿a qué países _____ (ir)? ¿Cómo _____ (viajar)?

3. Si (no) _____ (ganar) mucho dinero, ¿en qué tipo de lugar _____ (vivir)?

4. Si _____ (tener) hijos, ¿los _____ (llevar) contigo? ¿Cómo _____ (ser) su vida?

5. Si..., ¿ ?

D. ¿Cómo puedo yo cambiar el mundo?

Paso 1 Ahora, lea la siguiente tabla tomada de la revista española *Quo* en la que se comenta cómo el ciudadano / la ciudadana común y corriente puede ayudar a cambiar la situación mundial.

Sin esfuerzo

Ser solidario no sólo es dar dinero para ayudar en situaciones puntuales de necesidad. Es más, la mayoría de las organizaciones no gubernamentales dirigen campañas en las que podrás participar sin apenas esfuerzo y, en muchos casos, sin tener que realizar ninguna aportación económica.

Totalmente gratis

A. Ceder ropa usada La organización Humana tiene en toda España contenedores que recogen ropa usada para enviarle a los países más pobres.

B. Enviar cartas Puedes enviar cartas y faxes de protesta a los gobiernos de todo el mundo cuando estos violen los derechos humanos. Amnistía Internacional tiene una red de voluntarios que se encarga[1] incluso de escribir la misiva en tu nombre y Survival la recoge de tu puño y letra[2] y luego la envía.

C. Donar libros Algunas organizaciones recogen libros usados y los envían a los países donde más los necesitan. Solidarios para el Desarrollo y Libros para el Mundo tiene en estos momentos campañas abiertas.

D. Dar medicinas Muchas farmacias recogen medicinas que no estén caducadas.[3] También Farmacéuticos Mundi recoge las donaciones que hagas.

Por poco dinero

E. Optar por el comercio justo En la mayoría de las ciudades existen tiendas de Comercio Justo que garantizan que sus productos han sido fabricados con métodos que respetan los derechos de los trabajadores y que en ningún caso se ha usado para su elaboración mano de obra infantil.[4]

F. Apadrinar[5] un niño Por unas 18 euros[6] al mes tendrás la posibilidad de apadrinar un niño con el que podrás cartearte[7] y al que ayudarás para que asista a la escuela y reciba asistencia sanitaria. Ayuda en Acción, Intervida y *Reach International* realizan este trabajo.

[1]se… *is in charge* [2]de… *in your own handwriting* [3]*expired* [4]mano… *child labor* [5]*Sponsoring* [6]*23.00 U.S. dollars* [7]*comunicarte por escrito*

Paso 2 ¿Serían efectivas de verdad estas sugerencias? En parejas, conjuguen el verbo entre paréntesis para completar cada situación hipotética y luego terminen las oraciones, dando por lo menos tres posibles resultados de cada situación hipotética.

1. Si todos los estudiantes de esta universidad _____ (donar) libros a una biblioteca local,…

2. Si el/la líder de este país _____ (recibir) miles de cartas y faxes protestando en contra de…

3. Si _____ (tener, nosotros) mucha ropa que ya no usáramos,…

4. Si todas las personas de este país _____ (donar) veinte dólares en medicinas a los países pobres,…

5. Si más personas _____ (optar) por el comercio justo,…

6. Si cada familia de clase media o media alta de este país _____ (apadrinar) a un niño pobre,…

REACCIONAR
R
RECOMENDAR

Paso 3 **¿Soluciones viables?** Imagínese que Ud. acaba de leer «Sin esfuerzo» en una revista y tiene ideas adicionales sobre cómo ayudar a cambiar el mundo. Escríbale una carta a la editora de la revista y sugiérale por lo menos otras dos medidas (*measures*) que la gente pudiera tomar, y explique por qué darían mejor o igual resultado que las sugerencias de «Sin esfuerzo».

Rincón cultural

Lugares fascinantes

La región andina

Machu Picchu, Perú

1. **Cuzco y Machu Picchu, Perú**   Situada a unos 3.000 metros sobre el nivel del mar, Cuzco fue la capital del imperio inca antes de que los españoles la conquistaran en 1533. Hoy Cuzco es símbolo de la mezcla racial y cultural del Perú y todavía se puede oír hablar tanto el quechua como el español en sus calles y apreciar las ruinas de edificios y paredes incas, sobre las que los españoles construyeron iglesias barrocas y casas coloniales. La Catedral y la Iglesia de la Merced contienen colecciones magníficas del arte colonial, mientras que las ruinas de Coricancha, un edificio que en la época de los incas estaba recubierto de oro, y el Museo de Arqueología dan testimonio de la grandeza del imperio inca. Si Ud. tiene la oportunidad de visitar Cuzco, es imprescindible que tome un día para bajar a Machu Picchu. Estas ruinas en lo alto de los Andes fueron una vez un centro importante de la civilización inca. En 1911, un profesor de la Universidad de Yale, Hiram Bingham, descubrió este lugar arqueológico. Allí se puede admirar el Templo Mayor, una plaza sagrada, acueductos, fuentes y otras maravillas arquitectónicas. Aunque es difícil llegar allí, algunos de los que visitan Machu Picchu consideran la experiencia como algo mágico e intensamente espiritual.

Cartagena de Indias, Colombia

2. **Cartagena, Colombia**   Esta ciudad caribeña, fundada en 1533 por el español Pedro de Heredia, llegó a ser uno de los puertos españoles más importantes de la época. Por su estratégica posición geográfica, con una bahía protegida de los vientos, sufría ataques frecuentes de piratas y otros conquistadores, lo cual motivó la construcción de una gran muralla,[1] dos castillos (San Felipe de Barajas y San Fernando de Bocachica) y otras defensas. Por eso se le dio a Cartagena el nombre de «la Ciudad Heroica». Hoy en día es una de las ciudades amuralladas mejor conservadas del mundo. La arquitectura militar y religiosa (La Catedral, la Iglesia Santo Domingo, el Convento de San Pedro Claver) y los museos (el Museo de Oro, el Museo Arqueológico, el Museo Colonial y el Museo de Arte

[1]*city wall*

Moderno) más las preciosas playas conocidas por la variedad de colores que cambian según la hora del día hacen de esta bella ciudad caribeña un lugar de gran interés turístico. También hay una rica vida cultural: el Festival Internacional del Cine, que tiene lugar en marzo; la Fiesta de los Acordeones, que se celebra en agosto; y el Festival de Jazz, bajo la luna en diciembre. Gabriel García Márquez, ganador del Premio Nobel de Literatura en 1982, vivió en Cartagena durante varias épocas de su vida y hoy en día pasa algún tiempo allí en su casa, donde ritualmente escribe en las primeras horas de la mañana en su despacho[2] que da al mar. Está claro por qué esta bella ciudad histórica sirve de inspiración al gran escritor.

Las Islas Galápagos, Ecuador

3. **Las Islas Galápagos, Ecuador**   A unas 500 millas de la costa ecuatoriana está el archipiélago de las Islas Galápagos, formadas de piedra volcánica, que a pesar de su apariencia austera ofrecen una enorme variedad de flora y fauna. Fue en estas islas donde el científico Charles Darwin empezó a formular su teoría de la evolución en 1835. En 1959, se constituyó el Parque Nacional Galápagos y allí trabajan organizaciones como la Fundación Charles Darwin para conservar los tesoros naturales. Es un ecosistema diverso y complejo donde animales marinos y terrestres cohabitan. Entre las especies que se encuentran allí hay delfines, pingüinos, orcas, ballenas azules y jorobadas,[3] focas,[4] iguanas marinas y una extraordinaria variedad de pájaros. Y, por supuesto, no nos podemos olvidar de la gigantesca tortuga galápago, que llega a pesar hasta 550 libras y vivir hasta 150 años. Hoy la flora y la fauna de las islas se encuentran amenazadas por la introducción de otras especies y por la intervención humana. El gobierno ecuatoriano junto con la UNESCO y la Unión Mundial para la Conservación están tomando medidas importantes para proteger las islas. Por ejemplo, en 1998 se creó la Reserva Marina, de 133.000 kilómetros cuadrados, una de las áreas protegidas más extensas del mundo.

La Paz con el Nevado Illimani al fondo

4. **La Paz, Bolivia**   Situada a dos millas sobre el nivel del mar, La Paz es la capital más alta del mundo. Allí se puede encontrar una mezcla fascinante de lo viejo y lo moderno: viejas casas e iglesias coloniales dentro de barrios modernos con discotecas, cines y restaurantes eclécticos. En el centro de la ciudad está el Mercado de Brujas, donde se puede comprar una variedad de cosas dedicadas a la magia —amuletos y pociones— igual que joyería de plata y dulces tradicionales. Por su altura, La Paz es una ciudad bastante fría. Si Ud. piensa visitar esta ciudad, incluya en su itinerario varios días de descanso al principio para recuperarse de los efectos a veces graves del sorroche —enfermedad provocada por el cambio de altitud y la falta de oxígeno en las alturas. Puede provocar fuertes dolores de cabeza, escalofríos y vómitos. No muy lejos de la capital, a unos 13.000 pies sobre el nivel del mar, queda el lago navegable más alto del mundo, el Lago Titicaca. Dentro del lago están las islas del Sol y de la Luna, con sus palacios, jardines y templos de la civilización inca.

[2]*office*   [3]*humpbacked*   [4]*seals*

LA REGIÓN ANDINA				
	BOLIVIA	**COLOMBIA**	**EL ECUADOR**	**EL PERÚ**
Gobierno	república unitaria	república democrática y unitaria	república democrática y unitaria	república democrática y unitaria
Ciudades principales	La Paz, Sucre, Santa Cruz, Cochabamba	Bogotá, Medellín, Cali, Barranquilla	Quito, Guayaquil, Cuenca, Portoviejo	Lima, Cuzco, Arequipa, Trujillo
Lengua(s) official(es)	el español, el quechua, el aymara	el español	el español	el español, el quechua
Otras lenguas		el chibcha	el quichua	el aymara
Moneda	el boliviano	el peso	el dólar estadounidense	el nuevo sol

Actividades

A. Primero, busque en el mapa de la región andina los cuatro lugares descritos en la sección anterior. Luego, indique el grado de interés (del 1 al 4) que Ud. tiene en visitar estos lugares.

B. Túrnese con un compañero / una compañera para describir uno de los lugares fascinantes con sus propias palabras. Incluya lo que Ud. haría si estuviera en ese lugar ahora mismo. Luego, haga recomendaciones para pasarlo bien allí. Finalmente, colabore con su compañero/a para escribir una comparación entre los dos lugares que Uds. acaban de describir.

C. Imagínese que Ud. y su compañero/a son guías de turismo. Pónganse de acuerdo para elegir uno de los lugares fascinantes de la región andina que los siguientes grupos de turistas norteamericanos deben visitar: Donald Trump y su familia, Arnold Schwarzenegger y Maria Shriver, ¿ ? (escojan dos personas famosas). Tengan en cuenta los gustos de cada grupo.

D. Mi viaje   Escriba un relato sobre un viaje imaginario que Ud. hizo a uno de los lugares fascinantes de la región andina. Siga el siguiente bosquejo.

Iba a ir a… porque…
Pero decidí ir a… porque…
El viaje fue… Primero… Luego… Entonces… Finalmente…
Si mis amigos piensan ir a… recomiendo que…
Si volviera a… algún día…

Lo hispano en los Estados Unidos

El poder político de los hispanos

La Representante Loretta Sánchez (D-Santa Ana, California)

Todos sabemos que los Estados Unidos son un país de inmigrantes. Según Ricardo Romo, un experto en la historia mexicanoamericana, en los Estados Unidos se está empezando a reconocer que la asimilación cultural es un proceso complementario que va en dos direcciones. Antes era unidireccional. Muchos inmigrantes decidieron acostumbrarse a la vida estadounidense y dejar su propia identidad cultural. Pero a diferencia de los inmigrantes de hace 30 ó 40 años, los inmigrantes actuales se esfuerzan por hacerse miembros activos de la sociedad de su nuevo país sin sacrificar su identidad étnica. Por eso, hoy en día es evidente por todas partes de los Estados Unidos una gran riqueza en cuanto a idiomas, arte, comida, música y baile. Con los más de 37 millones de hispanos en los Estados Unidos (un 14 por ciento de la población total), el poder adquisitivo y político de este grupo es cada día más evidente. De hecho, después de México, España y Colombia, los Estados Unidos es el país más grande de habla española. Según Romo, para el año 2040, uno de cada cuatro estadounidenses será hispano.

En cuanto a los negocios, hay compañías de mercadotecnia[1] que desarrollan campañas de publicidad en inglés y en español para atraer al público hispano en los Estados Unidos. Y es significativo que en las elecciones presidenciales de los años 2000 y 2004, los dos candidatos principales se dirigían a los hispanos en español. Pero hoy en día los candidatos no pueden contar con el voto hispano en bloque. Hay necesidades e intereses diversos entre esta población. No hay duda que cada día los hispanos tienen más visibilidad, lo cual significa que esa comunidad merece mayor atención en todos los aspectos.

[1]*marketing*

Actividad de Internet

Busque información en el Internet sobre dos de los siguientes políticos hispanos. Luego, conteste las preguntas.

Henry Bonilla	Mel Martínez	Linda y Loretta Sánchez
Mario Díaz-Balart	Eddie Pérez	Nydia Velázquez
Ed Garza	Bill Richardson	Antonio Villaraigosa
Alberto González	Ken Salazar	

1. ¿De qué estado viene?
2. ¿De dónde son sus antepasados?
3. ¿Cuál es su puesto político?
4. ¿Cuáles son algunas de sus contribuciones políticas?

Lectura

José Cardona-López, un colombiano radicado en los Estados Unidos, es profesor de literatura hispanoamericana en la Texas A&M International University. Ha dictado cursos de creación literaria en la Escuela Española de Middlebury College y ha publicado varias obras literarias, incluyendo la novela *Sueños para una siesta* (1986), los volúmenes de cuentos *La puerta del espejo* (1983), *Todo es adrede* (1993), *Siete y tres nueve* (2003) y el libro de investigaciones *Teoría y práctica de la nouvelle* (2003). Su cuento «El candidato» trata de un personaje político que se preocupa más por su imagen y por su individualidad que por el trabajo que realizaría si fuera elegido.

Antes de leer

A. Para comentar En grupos de tres, contesten las siguientes preguntas.

1. ¿Han escuchado Uds. alguna vez un buen discurso político u otro muy aburrido? ¿Qué características se asocian con un buen discurso político?

2. ¿Conocen a un político / una mujer político a quien admiran? ¿Por qué lo/la admiran? Si no conocen a ninguno, en su opinión, ¿cómo debe ser un buen político?

3. Muchas veces durante las campañas políticas, el público se cansa de la retórica de los candidatos porque sabe que no puede contar con sus promesas. ¿Qué opinan Uds. de la siguiente afirmación?

   «Las palabras son baratas, pero la acción cuesta».

El candidato		
la campaña	el ensayo[1]	el pecho[2]
eliminar	esconderse	inaugurar
entumecido/a[3]	obsesionado/a	ubicuo/a

[1]*rehearsal* [2]*chest* [3]*numbed*

B. Acercándose al tema Lea el título de la ficha a la izquierda y las nueve palabras asociadas con los candidatos. Con un compañero / una compañera, decida si los espacios en blanco requieren un sustantivo, un verbo o un adjetivo. Luego, escoja la palabra apropiada de la ficha para completar las oraciones.

1. Aicardo Umaña inició su candidatura a la presidencia de la república con una _____ para eliminar el déficit, pavimentar calles y repartir juguetes en diciembre.

2. En sus discursos, Aicardo constantemente usa la palabra **yo** (*Yo* soy tal, *yo* haré esto, *yo* prometo, etcétera) y empuja con vigor el índice (*index finger*) derecho contra su _____ cuando dice el yo.

3. Una vez en un discurso de 90 minutos para _____ una exposición, el narrador le contó 86 yoes. La mano del candidato terminó _____.

4. El narrador concluye que su manera de señalarse a sí mismo cuando pronuncia el **yo** es un movimiento que ha requerido mucho _____.

5. El narrador está _____ con contar el número de veces que Aicardo dice: «yo» en cada discurso que da.

6. Cuando asiste a los discursos de Aicardo, el narrador _____ detrás de un árbol para que el candidato no lo vea.

7. En todas las fotos que salen en la prensa, se ve ese _____ dedo fusilándole el pecho, y la boca abierta como una O mayúscula (*upper case*).

El candidato

Después de no verlo por casi quince años, ahora Aicardo Umaña se ha convertido en candidato a la presidencia de la república. Su ascenso hasta la candidatura lo inició con campañas para pavimentar calles de barrios y <u>periféricos</u> de la capital y para repartir juguetes en diciembre. Fue diputado,[1] más tarde senador, y en algunas reuniones internacionales presentó <u>ponencias</u> para que el país pudiera salir del subdesarrollo. Ahora, por la televisión promete, cito:[2] «eliminar el déficit en nuestra <u>balanza de pagos</u> y de paso rescatar al país de las pezuñas de apátridas noches infaustas», fin de cita.[3]

Recuerdo que él tenía vena de candidato para todo, de líder. En el colegio ayudó a organizar el voluntariado infantil de la Cruz Roja y el cuerpo de los *Boy Scouts*. En cada izado[4] de la bandera a cargo de nuestro curso era el animador, el orador y el declamador de turno. Aicardo es abogado y en Francia estudió política internacional. Luego que el doctor Severo Umaña dejó la embajada, le <u>costeó</u> a Aicardo, su hijo, un viaje de seis años por todos los países de Europa. ¡Cómo hubiera sido de bueno encontrármelo en Roma! Hubiéramos[5] bebido vino entre las ruinas del Foro y después él hubiera[6] dicho un discurso lleno de <u>floripondios</u> junto a algo que tocó César Augusto, mientras dos gatos y yo lo escuchábamos. Bueno, por lo menos nos habría sobrado risa.[7]

¿Quién(es)? ¿Dónde? ¿Qué pasó?

Durante estos dos últimos años he seguido paso a paso su carrera de candidato presidencial, pero me he tomado el cuidado de no presentármele,* de no dejarme ver de él. Lo he visto por la televisión haciendo su campaña. Con esa sonrisa de foto de cumpleaños[v] instalada

[1](*congressional*) *delegate*   [2](*I*) *quote*   [3]fin… *end quote*   [4]*raising*   [5]Habríamos   [6]habría   [7]nos… *there would have been extra laughter to go around*

---

*El uso de **presentármele** en este contexto quiere decir: «presentarme ante él».

en su cara robusta, dice: «Yo soy tal, yo haré esto, yo prometo, yo haré lo otro, hasta yo podría, seré yo quien, si yo hubiera sido escuchado, yo dije». Y empuja con vigor el índice derecho contra su pecho cuando dice el yo.[v]

He concluido que su manera de señalarse a sí mismo cuando pronuncia el yo es un movimiento que ha requerido mucho <u>ensayo</u>. Me lo imagino todas las mañanas ante el espejo, en práctica de su única gimnasia digital. Antes que diga el yo, su mano derecha ya está empuñada[8] y el índice dispuesto a disparársele. Llega el yo y es como el instante cero para los cohetes espaciales en Houston:[v] el índice de Aicardo va directo al esternón.[9] De acuerdo con la cantidad de <u>yoes</u> que diga en su intervención, su mano derecha permanecerá empuñada o no todo el tiempo. Una ocasión, en un discurso de noventa minutos para inaugurar una exposición internacional de cañas para saxofones altos le conté ochenta y siete yoes. Creo que ese día su mano terminó entumecida.

Cuando lo entrevistan por la radio no puedo mirarle su mano derecha con el índice tieso,[10] pero alcanzo a escuchar el ruido seco y afelpado[11] de la punta digital sobre la corbata, a la altura del esternón. En las plazas públicas, que es donde estoy más cerca de él, su mano permanece por horas a la intemperie[12] de la tarde y de mis ojos. No hago más que mirarla y contar los yoes que él dice. A veces mi conteo adquiere el ritmo del corazón del atleta que está a punto de culminar alguna prueba de fondo, y debo contar a pares con el fin de no quedarme atrás. Por el temor a que él de pronto perciba mi mirada y entonces responda mirándome, siempre me escondo detrás de un árbol[v] o me hago en el marco de una puerta. A decir verdad, le temo más a los ojos de Rosita, su esposa. Mientras él habla, ella está a su lado con un ramo de flores. Sonríe, estira el cuello y <u>gira</u> la cabeza como un periscopio.[v] En casa le dirá a Aicardo que allá estaba Fulanito de Tal o Sutanito de Cual.[13] Además, como no es mucha la gente que asiste a las plazas, cada vez debo mantenerme más escondido.

La campaña electoral está por terminarse y Aicardo ha llegado a la completa punta de su publicidad. A diario la prensa lo muestra en grandes fotos y posando de mil maneras, menos su índice y su boca. Ese dedo está siempre fusilándole el pecho,[v] y la boca abierta como una O mayúscula, subrayando la vocal del consabido[14] yo.

En las fotos está de *smoking*[v] en un lujoso salón y brinda con champaña, de sport y casco amarillo carga un niño y mira una obra que construyen, de saco y corbata en una conferencia o en una mesa redonda, todo de blanco en un campo de golf, en traje de baño en la piscina de su casa. Precisamente en la última foto que le vi estaba asomado al borde de su piscina. Acababa de terminar la braceada,[15] el cabello chorreaba mucha agua. Tenía la boca abierta, como haciendo un gesto de vencedor. Los brazos en palanca para levantar el cuerpo, la pierna izquierda ya sobre el borde. El índice derecho estaba recto y dirigido hacia arriba, en actitud bélica.[v] ¡Cómo me reí de ese dedo! Me reí hasta cuando miré su pecho. Recordé que siendo jóvenes, los dos fuimos muchas veces a balnearios, y que jamás le vi un lunar grande en el pecho. Seguí mirándole el

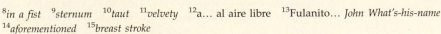

[8]*in a fist*   [9]*sternum*   [10]*taut*   [11]*velvety*   [12]*a... al aire libre*   [13]*Fulanito... John What's-his-name*
[14]*aforementioned*   [15]*breast stroke*

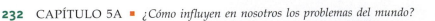

pecho, observándolo con mucho detalle. Vi una <u>mancha</u> redonda, oscura, un bajo relieve sobre el esternón. Esa mancha era nada menos que un hueco profundo en la piel que a lo mejor le llegaba hasta la espalda.^v

¿Quién(es)? ¿Dónde? ¿Qué pasó?

Después de leer

A. Comprensión

Paso 1   Conteste las siguientes preguntas, según el cuento.

1. ¿Quién es Aicardo Umaña? ¿Qué relación tiene con el narrador?
2. ¿De qué manera se preparó Aicardo Umaña para ser candidato presidencial?
3. Cuando Aicardo estaba en Europa, ¿se encontró con el narrador en Roma? ¿Cómo lo sabe Ud.?
4. ¿Qué movimiento hace Aicardo que le fascina al narrador?
5. ¿Con qué palabra que dice el protagonista corresponde ese movimiento?
6. ¿Qué papel desempeña la esposa del candidato?
7. ¿Qué ve el narrador en las fotos del candidato?
8. ¿Qué ve en la foto del candidato sin camisa cuando este salía de la piscina?

Paso 2   Haga un resumen oral del cuento con sus propias palabras para un compañero / una compañera.

 B. El editor exigente   Un editor ha leído el cuento y pide que se hagan algunos cambios. Imagínese que Ud. es el autor José Cardona-López y escriba un párrafo adicional según la sugerencia del editor, manteniendo el tono general del artículo.

«Me interesa saber algo más sobre la esposa del candidato. ¿Cómo se ve? ¿Cómo se viste? ¿Qué hace para la campaña de su esposo? ¿Cómo son sus relaciones con su esposo? ¿Influye mucho en las decisiones que toma su esposo?»

C. Para comentar   En grupos de tres, contesten las siguientes preguntas. Luego, compartan sus respuestas con el resto de la clase.

1. ¿Qué promesas hace Aicardo Umaña como candidato presidencial? ¿Cuáles son algunas de las promesas que hacen los candidatos políticos en este país?
2. ¿Creen Uds. que los candidatos tienen la intención de cumplir con sus promesas? En general, ¿son confiables los políticos? Expliquen sus respuestas.
3. Aicardo Umaña tiene un hueco grande en el pecho, producto de las múltiples veces que se ha golpeado con el índice al decir la palabra **yo.** Debe de haber dicho esa palabra muchísimas veces para tener tal hueco. ¿Qué nos quiere decir el narrador con esta caracterización del candidato? ¿Cómo es Aicardo Umaña en el fondo? ¿Es muy similar o muy diferente de los políticos que Uds. conocen? Expliquen.

Conectores

además
en cambio
para que +*subjuntivo*
por lo tanto
porque
puesto que
sin embargo
ya que

D. Reacciones y recomendaciones

Paso 1   Reaccione a las siguientes situaciones que tuvieron lugar en el cuento. Explique su reacción, usando un conector apropiado y siguiendo el modelo. **¡OJO!** Preste atención especial a los tiempos verbales de las oraciones originales y a los de sus reacciones.

MODELO: El narrador tiene una fascinación con Aicardo Umaña.
              Qué raro que al narrador le fascine tanto Aicardo ya que este parece ser una persona muy superficial.

1. El narrador no quiere hablar con Aicardo, ni que Aicardo lo vea durante sus discursos.
2. Aicardo Umaña se ha preparado toda la vida para ser candidato presidencial.
3. Aicardo Umaña estudió política internacional en Francia.
4. Aicardo Umaña dijo la palabra **yo** 87 veces durante uno de sus discursos.
5. Rosita, la esposa de Aicardo, observa el público mientras habla su esposo.
6. Aicardo tiene una mancha grande en el pecho.

Paso 2   ¿Qué le parece el estilo de Aicardo Umaña? Imagínese que Ud. es experto/a en publicidad y va a ayudar a Aicardo a mejorar su imagen pública. Dele recomendaciones concretas sobre cómo cambiar su mensaje y su estilo para causar mejor impresión en los ciudadanos de su país.

E. ¿Los líderes nacen o se hacen?

Paso 1   ¿Por qué y para qué entran las personas en la política? Ponga las siguientes razones en orden del 1 (la más importante) al 9 (la menos importante). Después, comparta sus respuestas con un compañero / una compañera.

_____para ayudar a las personas   _____para pasar a la historia
        de pocos recursos   _____por dinero
_____para cambiar el mundo   _____por poder
_____para combatir las injusticias   _____por fama
_____para relacionarse con   _____por responsabilidad cívica
        personas famosas

Paso 2   ¿Qué hacen las personas para prepararse para una carrera política? Complete las siguientes oraciones con un compañero / una compañera.

1. Estudian…   4. Se inscriben en…
2. Trabajan en…   5. Hacen de voluntarios en…
3. Participan en organizaciones   6. Tratan de conocer a…
        como…

Paso 3 ¿Cómo será el candidato ideal del futuro? En grupos de cuatro, contesten las siguientes preguntas.

1. ¿Cómo será el candidato ideal para las próximas elecciones nacionales de este país?

2. ¿Qué profesión tendrá? ¿Será político / mujer político, abogado/a, hombre/mujer de negocios, actor/actriz, profesor(a), algo más?

3. ¿Qué cualidades personales tendrá?

4. ¿Qué le interesará?

5. ¿Qué le molestará?

6. ¿Existe hoy en día un político / una mujer político local, nacional o internacional a quien Uds. admiren? ¿Quién es, cómo es y cuáles son las cualidades que hacen que esta persona sea buena para la política?

¡A escribir!

A. Lluvia de ideas En grupos pequeños, hagan una lista de los problemas actuales que les parezcan urgentes a nivel local, nacional e internacional.

B. Composición: Persuasión Escriba un discurso como si fuera un escritor / una escritora de discursos para el presidente / la presidenta de su universidad, dirigido a los estudiantes que se gradúan de la universidad este año. Describa algunos de los problemas actuales que van a enfrentar en el mundo real y hábleles de cómo pueden involucrarse en la política, explicándoles por qué vale la pena participar activamente en ella. Siga el bosquejo.

1. escoger un título preliminar

2. escribir un párrafo introductorio sobre el mundo que van a enfrentar

3. describir las posibles causas de los problemas

4. darles una idea de cómo pueden participar y resolver esos problemas

5. escribir una conclusión

6. reflexionar sobre el título y cambiarlo si quiere

C. Diálogo En grupos de tres, lean el discurso de sus compañeros y luego decidan cuál de los tres es más apropiado y se acerca más a la personalidad y filosofía del presidente / de la presidenta de su universidad.

Hablando del tema

Antes de empezar a conversar con sus compañeros de clase sobre los siguientes temas, prepare una ficha para la conversación, otra para el debate y otra para la reacción ante la cita. Vea la explicación de las fichas en el **Apéndice 1.**

SÍNTESIS

A. Conversación: Problemas actuales   Revise las expresiones de **Para conversar mejor.** Luego, en parejas o grupos de tres, contesten las siguientes preguntas.

Para conversar mejor

Debe… / tiene que…	Me molesta(n) (que…)
En mi caso…	Me preocupo que…
Es evidente que…	No creo que…
Francamente…	No me gusta (que…)

- ¿Cuáles son los problemas actuales más graves?
- En su opinión, ¿hay alguna situación social o política actual que sea la más urgente?
- ¿Qué les gustaría que hiciera el gobierno para solucionar los problemas actuales? ¿Qué les molesta en cuanto a cómo el gobierno de este país maneja estos problemas ahora?
- ¿En qué circunstancias se volverían Uds. revolucionarios/as? ¿Qué harían?

B. Debate: La globalización   Revise las expresiones de **Para debatir mejor.** Después, prepare tres argumentos a favor y tres en contra del valor de la globalización. Luego, presente sus argumentos en un debate. No sabrá qué lado tendrá que defender.

Para debatir mejor

A FAVOR	EN CONTRA
Así es.	De ninguna manera.
Exacto.	Lo siento, pero…
Podría ser.	No sabes lo que dices.
Tienes razón.	Temo que estés equivocado/a.

«La globalización es una de las manifestaciones más positivas del progreso, y la gente de los países en vías de desarrollo debe aceptar que sus tradiciones tienen que ceder a los conocimientos avanzados del mundo desarrollado».

C. Reacción: La apatía política Revise las expresiones de **Para reaccionar mejor.** Luego, reaccione ante la siguiente cita. Añada razones que apoyen sus opiniones.

> ## Para reaccionar mejor
> Creo/opino/supongo que…   Es posible que…
> Es horrible que…   Es una desgracia que…
> Es normal que…   ¡Qué vergüenza!

«Sólo el 20 por ciento de los jóvenes estadounidenses votó en las elecciones presidenciales de 2004, y todo parece indicar que esta apatía seguirá creciendo».

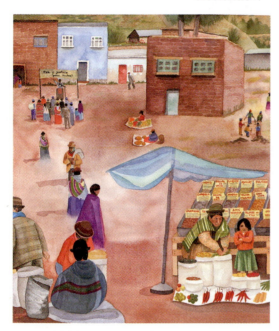

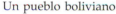
Un pueblo boliviano

D. Volver a considerar En este capítulo, Ud. exploró el tema del mundo actual y cómo influyen en nosotros los problemas del mundo. En parejas, contesten las siguientes preguntas. Noten cómo ha mejorado su habilidad de expresarse sobre estos temas.

- ¿Cuáles son los problemas sociales más importantes de hoy?

- ¿Qué puede hacer el individuo para participar activamente en su sociedad?

- ¿Cómo nos afectan personalmente los acontecimientos mundiales?

- ¿Qué importancia tiene la política en su vida diaria?

- La escena que se ve en el cuadro representa un pueblo boliviano durante una campaña presidencial. ¿Cómo cambia el ambiente en su universidad y su ciudad durante las campañas nacionales y locales?

 SÍNTESIS

E. Un pueblo boliviano En parejas, hablen del cuadro con todos los detalles posibles, tratando de utilizar todas las metas comunicativas.

 DESCRIBIR D   COMPARAR C   REACCIONAR R RECOMENDAR   GUSTOS G   PASADO P   FUTURO F

El poder de la cultura indígena

La Santusa, *de José Sabogal (1888–1956)*

Puntos clave

SÍNTESIS

Temas centrales
- los movimientos políticos de los indígenas
- 500 años de maltrato y explotación
- la medicina tradicional
- el poder de la cultura indígena

En este capítulo, Ud. va a explorar el tema de los indígenas de Latinoamérica.

Preguntas para considerar

- ¿Cree Ud. que el número de líderes indígenas elegidos en Latinoamerica aumentará en el futuro? Explique.

- ¿Cómo conserva la gente indígena su identidad ante tanto discrimen y tanta presión?

- ¿Cree que podemos aprender algo de las culturas indígenas? Explique.

- En el cuadro se ve una mujer indígena. ¿Cómo se imagina Ud. que es su vida?

Listen to this interview in the **La entrevista** section of this chapter on the *Online Learning Center* (**www.mhhe.com/metas**).

La entrevista

Los Andes en el siglo XXI

Una manifestación en La Paz, Bolivia

Situación: Para su programa de radio, Sara entrevista al profesor Oswaldo Huamani sobre un congreso que se realizará en la universidad sobre los indígenas: «Los Andes en el Siglo XXI».

SARA: Gracias por estar con nosotros hoy, profesor. El congreso suena interesantísimo. ¿Por qué lo organizaron?

HUAMANI: Como Ud. sabe, los movimientos políticos de los **indígenas** han ganado una **fuerza** tremenda en los últimos años. Hasta tenemos un presidente indígena hoy, Evo Morales, en Bolivia. Pensamos que sería bueno que todos conocieran mejor a la gente indígena —su cultura, sus **creencias,** su vida **actual.**

SARA: En el congreso, se tratará una variedad de temas. ¿Nos podría hablar de algunos de esos temas?

HUAMANI: Sí, cómo no. Habrá algunas charlas sobre las actividades y los logros políticos de los indígenas. Aunque estos son los **habitantes** originarios de esa zona y en muchas partes representan la mayoría, han **sufrido** más de 500 años de **maltrato** y **explotación.** Pero, tienen una fuerte conciencia política y están encontrando maneras de **resistir** y cambiar su situación.

SARA: ¿Cómo enfrentan los indígenas su situación? ¿Cómo conservan su identidad como **pueblo** ante tanto **discrimen** y tanta **presión**?

HUAMANI: Hay varias vías de expresión y acción políticas y culturales. Por ejemplo, en el Ecuador, la Confederación de Nacionalidades Indígenas del Ecuador [la CONAIE] coordina las luchas políticas y sociales de muchos pueblos y **tribus.** También en el Ecuador, la Universidad Intercultural de las Nacionalidades y Pueblos Indígenas ofrece una educación de alto nivel que corresponde a las necesidades de las poblaciones indígenas.

SARA: Entonces, ¿cuál va a ser el aspecto, digamos, cultural, del congreso?

HUAMANI: Bueno, primero queremos dejar claro que los países **andinos** son países sobre todo **mestizos** —una mezcla de lo indígena con lo español—, no sólo en cuestiones étnicorraciales sino también culturales. Tenemos una exposición de la obra de pintores importantes como Gonzalo Endara Crow y Oswaldo Guayasamín. Sus obras enfatizan el **poder** de la cultura indígena y el impacto del **mestizaje** en el Ecuador.

SARA: En el programa del congreso he visto una charla sobre las medicinas tradicionales que me llama la atención.

HUAMANI: Esa sí va a ser fascinante. Un **chamán** de una tribu **amazónica** del Perú hablará de los conocimientos médicos tradicionales del Amazonas. También comentará sobre la **amenaza** de compañías farmacéuticas internacionales que tratan de **explotar** los recursos de la zona.

SARA: ¿Qué espera Ud. que aprenda la gente en este congreso?

HUAMANI: Queremos enfatizar que los indígenas de los Andes son fuertes y orgullosos, con una cultura rica y viva que hay que respetar. No viven, digo,[1] no vivimos en un pasado histórico remoto, sino que manejamos carros, vemos televisión, nos comunicamos por Internet, al mismo tiempo que mantenemos vivos nuestro lenguaje, nuestras creencias y nuestras tradiciones culturales. Como todos, tratamos de **sobrevivir** en el siglo XXI, sin perder nuestra integridad, y tenemos mucho que **aportar** al mundo.

SARA: Muchísimas gracias, profesor.

HUAMANI: A Uds.

[1]*I mean*

Actividades

A. Comprensión Conteste las siguientes preguntas, según la entrevista.

1. ¿Cuáles son cuatro de los temas que se tratarán en el congreso?
2. ¿Por qué es importante hablar de la gente indígena y la política hoy en día?
3. ¿Por qué están interesadas en el Amazonas algunas compañías farmacéuticas?
4. Según el profesor Huamani, ¿qué es lo más importante del congreso?

B. ¿Qué opina Ud.? Indique si Ud. está de acuerdo o no con las siguientes afirmaciones. Luego, comparta sus opiniones con un compañero / una compañera.

	ESTOY DE ACUERDO.	NO ESTOY DE ACUERDO.
1. Ya no hay mucha gente indígena en Latinoamérica.	☐	☐
2. Es importante que modernicemos las culturas tradicionales por medio de la educación y la tecnología.	☐	☐
3. Podemos aprender mucho de las culturas tradicionales.	☐	☐

	ESTOY DE ACUERDO.	NO ESTOY DE ACUERDO.
4. A mí me gustaría vivir un tiempo en una comunidad indígena de los Andes.	☐	☐
5. Es importante preservar las lenguas indígenas.	☐	☐

C. Conversación En parejas, contesten las siguientes preguntas.

1. ¿Creen Uds. que la elección de líderes indígenas en Latinoamérica puede ser problemático para este país? Expliquen.

2. ¿Creen que los problemas que enfrentan los indígenas latinoamericanos son similares a los que enfrentan los nativoamericanos de este país? Expliquen.

3. Entre el Ecuador, Bolivia y el Perú, ¿cuál es el país que le interesa más?

Vocabulario del tema

Para hablar del mundo andino

el Amazonas	the Amazon (region)
la amenaza	threat
el/la campesino/a	peasant
el chamán	shaman, medicine man
la creencia	belief
el/la criollo/a	person of Spanish descent in the Americas
los derechos humanos	human rights
el discrimen	discrimination
la explotación	exploitation
la fuerza	strength
la gente indígena (*but* los indígenas)	indigenous people
la guerrilla	guerrilla warfare/ movement
los guerrilleros	guerrilla fighters
el habitante	inhabitant
el maltrato	mistreatment
el mestizaje	cultural, ethnic, and racial blending
el/la mestizo/a	person of mixed Spanish and indigenous heritage
el poder	power
el pueblo	town; people

la presión	pressure
el resentimiento	resentment
la sierra	highlands
la soberanía	sovereignty
la tribu	tribe

Para hablar de la gente indígena

aportar	to contribute
resistir	to resist
sobrevivir	to survive
sufrir	to suffer
temer	to fear

Para describir la situación de la gente indígena

actual	current
alentador(a)	encouraging
amazónico/a	pertaining to the Amazon
andino/a	Andean
conmovedor(a)	moving
dirigente	ruling
excluido/a	excluded
marginado/a	marginalized
poderoso/a	powerful
popular	popular; pertaining to the common people

Actividades

A. Vocabulario en contexto   En parejas, lean las siguientes oraciones e indiquen si están de acuerdo con ellas o no. Expliquen sus opiniones.

	ESTOY DE ACUERDO.	NO ESTOY DE ACUERDO.
1. Los pueblos tradicionales aportan mucho al mundo entero.	☐	☐
2. Es impresionante que las culturas indígenas de los Andes hayan sufrido tantos años de discrimen y de presiones exteriores.	☐	☐
3. Ver protestas políticas de las clases populares, tradicionalmente excluidas del proceso político, es alentador para mí.	☐	☐
4. Es probable que los mestizos en la sierra andina sufran más discrimen y explotación que los indígenas.	☐	☐
5. En los países andinos, los criollos son las personas más poderosas.	☐	☐
6. Si yo fuera un campesino indígena, sentiría mucho resentimiento hacia las personas en el poder.	☐	☐
7. Los pueblos indígenas deberían tener soberanía porque son los habitantes originarios de la zona.	☐	☐
8. Yo estoy dispuesto/a a aceptar creencias diferentes. Consultaría a un chamán si yo estuviera enfermo/a y no encontrara ninguna cura en la medicina moderna.	☐	☐
9. Actualmente, hay personas que viven marginadas en mi país.	☐	☐
10. En mi país, no se permite ningún abuso contra los derechos humanos.	☐	☐

B. La fotografía de Martín Chambi

Paso 1   Complete el siguiente párrafo con el vocabulario apropiado para saber algunos datos sobre el fotógrafo indigenista, Martín Chambi.

Las sociedades de la sierra _____ (amazónico / andino)[1] se dividen en tres grupos étnicos: los criollos, los mestizos y los indígenas. Tradicionalmente, los criollos forman la clase _____ (dirigente / bajo)[2], los _____ (indígena / mestizo)[3] son la clase media y media baja y los _____ (indígena / mestizo)[4] ocupan el nivel más bajo de la escala social. En respuesta a las _____ (tratamiento / injusticia)[5] sociales sufridas por este último grupo, a finales del siglo XIX y principios del siglo XX, en varios países latinoamericanos surge el *indigenismo,* un

Una familia tradicional, de Martín Chambi

movimiento filosófico, político y artístico. Influidos por el marxismo, los indigenistas criticaban la _____ (explotación / resentimiento)[6] y marginalización de los indígenas, y proponían maneras de darles más _____ (amenaza / poder)[7] político y económico a los indígenas. En sus expresiones artísticas, buscaban retratar la vida íntima y verdadera de los indígenas. En la fotografía, el máximo representante es el peruano Martín Chambi (1891–1973), un mestizo que proveyó una visión _____ (conmovedor / marginado)[8] de Cuzco, Perú, sus habitantes y el mundo andino de su momento.

Paso 2 En parejas, miren la foto que tomó Chambi de unos indígenas de la región de Cuzco y contesten las siguientes preguntas.

1. ¿Cómo son las personas de la foto? Descríbanlas con muchos detalles.

2. ¿Cómo será la vida diaria de esta familia? ¿Qué hará para ganarse la vida?

3. ¿Qué aspectos de la cultura indígena se representan en la foto?

4. ¿Son orgullosas estas personas? Expliquen su respuesta.

C. Un pueblo indígena actual

Paso 1 Lea el siguiente párrafo sobre Otavalo, Ecuador.

En Otavalo, Ecuador, a unas 90 millas al norte de Quito, viven los otavaleños, famosos por sus tejidos,[1] como suéteres y tapices, y por su aptitud para el negocio local e internacional. Siendo tal vez el pueblo indígena más próspero de Latinoamérica, los otavaleños tienen un alto nivel de educación y viajan por todo el mundo para vender sus productos. Aunque a veces los mayores se quejan de que la actual generación está perdiendo su conocimiento del quichua, la lengua indígena predominante del Ecuador, casi todos los otavaleños lo hablan y se enorgullecen de preservar su cultura. Dondequiera que estén,[2] hasta abogados, médicos y hombres de negocios a menudo visten su ropa tradicional. Tanto los hombres como las mujeres se recogen el pelo en una larga trenza[3] en la espalda. Cada sábado se realiza un renombrado mercado en el centro de Otavalo, donde se vende de todo: artesanías, tejidos y joyería para los turistas; verduras, frutas y animales para la gente local.

Unas otavaleñas con su vestido típico: azul, blanco, collar (necklace) dorado, etcétera

[1]*weaving*   [2]*Dondequiera… Wherever they are*   [3]*braid*

Paso 2 En parejas, terminen las siguientes oraciones, pensando en el pueblo otavaleño.

1. Es obvio que los otavaleños _____ (respetar)…

2. Para los mayores, es desilusionante que los jóvenes no _____ (querer)…

3. Dado que muchos pueblos indígenas sufren de una pobreza extrema, es alentador que los otavaleños _____ (ser)…

4. En cuanto a su forma de vestir, es maravilloso que muchos profesionales otavaleños _____ (mantener)…

5. Es importante que todos los pueblos indígenas _____ (enfrentar)…

Paso 3 Utilizando la información de la **Actividad B,** hagan cuatro comparaciones entre la gente indígena de Cuzco, Perú, de la época de Chambi, y los otavalenõs de hoy. Antes de hacer sus comparaciones, hagan una lista de diez palabras del **Vocabulario del tema** que podrán utilizar.

Paso 4 Imagínense que por medio de un sueño, una de las personas de la foto de Chambi se acerca a hablar con una de las personas de la foto de los otavaleños. Preparen un diálogo en el que cada una de esas personas habla de su propia vida. Incluyan comparaciones, reacciones e hipótesis en su diálogo.

Puntos clave

En esta sección del capítulo, Ud. va a seguir practicando la meta comunicativa **Hacer hipótesis,** pero trabajará con las otras metas comunicativas también. Antes de continuar, estudie las explicaciones de las estructuras gramaticales en las páginas amarillas (341–344).

Actividades

A. La medicina tradicional: ¿Debemos respetarla o rechazarla?

Paso 1 Lea el artículo en la página siguiente. Mientras lee, busque cognados que lo/la ayuden a entender mejor el tema.

LA MEDICINA TRADICIONAL:
¿Debemos respetarla o rechazarla?

Hierbas medicinales, La Paz, Bolivia

Por siglos los indígenas del Amazonas han recurrido a sus alrededores para buscar tratamientos para las enfermedades. Normalmente, cada tribu cuenta con un chamán que usa plantas tropicales y ritos elaborados para curar una variedad de enfermedades. Hasta hace poco, la medicina occidental calificaba a estos chamanes de embusteros,[1] pero, últimamente varias escuelas de medicina norteamericanas han empezado a ofrecer cursos en el Amazonas para que los médicos, enfermeros y farmacéuticos aprendan de la sabiduría tradicional de los chamanes.

Sin embargo, este interés también trae problemas. Muchas compañías farmacéuticas internacionales han llegado al Amazonas para explotar los recursos naturales y buscar curas para las enfermedades que afligen a los países desarrollados. Las tribus se quejan de que las compañías hagan acuerdos con los gobiernos nacionales pero no con las tribus, que no respeten sus prácticas tradicionales, que los dejen sin recursos para atender a su propia gente y que sólo les interesen las plantas que tienen un valor monetario. Es más, alegan que el dinero generado con sus propios recursos nunca llega a manos de las tribus. Según se estima, las tribus amazónicas reciben sólo un 0,001% del dinero que se obtiene de la venta de sus plantas. Además, las tribus temen perder[2] su cultura y su modo de vida, por el contacto excesivo con culturas más modernas y poderosas. Para aquellas, la globalización no es positiva porque amenaza su mera[3] existencia.

[1]*tricksters* [2]temen... *are afraid of losing* [3]*mere*

Paso 2 En parejas, terminen las siguientes oraciones haciendo el papel de la persona indicada.

UNA ESTUDIANTE DE MEDICINA

1. Me fascina que…

2. Si yo _____ (poder) estudiar con un chamán,…

UN CHAMÁN

3. Me molesta que…

4. Si nosotros _____ (tener) más poder y control,…

LA PRESIDENTA DE UNA COMPAÑÍA FARMACÉUTICA

5. Es importantísimo que…

6. Si nuestra compañía _____ (descubrir) en el Amazonas una cura para el cáncer,…

Paso 3 Los miembros del Pacto Andino (Bolivia, Colombia, el Ecuador, el Perú y Chile) están desarrollando leyes modelo para la conservación y el uso sostenible de materia biológica. Estas leyes les darán más poder a las naciones y tribus locales del Amazonas para que todas puedan controlar y

beneficiarse más de los recursos naturales de la zona. En parejas, terminen las siguientes oraciones para decir qué pasará cuando se cumplan esas leyes.

1. Cuando _____ (haber) más leyes para proteger los derechos de las tribus,…

2. A menos que _____ (desarrollarse) un buen plan de uso sostenible para estos recursos, la gente del Amazonas…

3. Con tal de que las tribus _____ (tener) más control sobre la venta de sus plantas regionales,…

4. Con estas leyes, antes de que las compañías multinacionales _____ (explotar) los recursos de una zona,…

5. Tan pronto como _____ (haber) más cooperación entre las compañías y las tribus,…

B. **Como si fuera Dios**

Paso 1 En parejas, completen los siguientes párrafos con la forma apropiada de los verbos entre paréntesis desde la perspectiva de las personas indicadas. **¡OJO!** Se usa el pasado de subjuntivo después de la frase **Como si** para describir una situación contraria a la realidad, desde la perspectiva de la persona que habla.

EL CHAMÁN DE UNA TRIBU AMAZÓNICA

Las compañías multinacionales no respetan nuestros derechos. Se comportan como si _____ (ser)[1] los dueños de la selva. Nos tratan como si nosotros no _____ (saber)[2] nada de medicina. Entran en nuestras tierras como si _____ (tener)[3] el derecho de quitarnos nuestras plantas. Además, sacan plantas y no las reemplazan, como si no _____ (importar)[4] preservar la selva.

UN REPRESENTANTE DE UNA COMPAÑÍA FARMACÉUTICA

Las tribus son irrazonables. Primero, nos piden dinero como si nosotros _____ (tener)[5] todo el dinero del mundo. Nos miran con sospecha, como si _____ (ser)[6] criminales. Es como si nuestras inversiones no _____ (afectar)[7] al mundo. Cuando tratamos de organizar programas para mejorar su calidad de vida, los rechazan como si nosotros _____ (querer)[8] transformar completamente su cultura.

Paso 2 En parejas, piensen en una situación o persona controvertible en su universidad, ciudad o país. Describan a una de las personas involucradas en esa controversia, usando oraciones con **como si**. Usen una variedad de verbos.

MODELO: El profesor se dirigió a la clase como si fuera el hombre más sabio del mundo.

C. La gente indígena del Ecuador y Bolivia En los países latinoamericanos, la gente indígena lucha por preservar su cultura y dignidad. El Ecuador y Bolivia ofrecen importantes ejemplos del activismo de los grupos nativos.

Paso 1 Lea la información sobre la gente indígena de los Andes y termine las oraciones que siguen.

LA DISTRIBUCIÓN ÉTNICA EN BOLIVIA Y EL ECUADOR	
BOLIVIA	**EL ECUADOR**
55% indígena (30% quechua, 25% aymara)	25% indígena
30% mestizo	65% mestizo
15% otro	10% otro

1. Desde 2003, los indígenas bolivianos protagonizan la llamada «Guerra del gas», protestando por la política neoliberal de privatizar este recurso nacional y permitir a las compañías extranjeras su explotación. Las protestas provocaron la renuncia del presidente del momento, Gonzalo Sánchez de Losada.

   a. Fue impresionante que… ya que…

   b. Si Bolivia _____ (mantener) más control sobre sus propios recursos naturales, no _____ (tener) que depender del capital extranjero.

   c. Si el presidente de los Estados Unidos _____ (tener) que renunciar,…

2. En 2005, Evo Morales, un aymara, fue elegido el primer presidente indígena de cualquier país andino.

   a. Fue alucinante que un indígena… porque…

   b. Si una persona que no fuera blanca _____ (postularse) para líder de este país,…

   c. Si más personas nativoamericanas _____ (involucrarse) en la política de este país,…

3. En 2001, un grupo de indígenas tomó poder del Palacio del Congreso en Quito, Ecuador, para protestar contra el aumento del precio del aceite para cocina y del transporte público.

   a. Fue inquietante para el gobierno que la gente indígena… puesto que…

   b. Si el gobierno _____ (escuchar) más a la gente antes de implementar cambios injustos,…

   c. Si los estudiantes de mi universidad _____ (tomar) control de las oficinas de la administración,…

Paso 2 En 2003, se abrió en el Ecuador la Universidad Intercultural de las Nacionalidades y Pueblos Indígenas, con la meta de preservar el conocimiento y la cultura indígenas del país. Con un compañero / una compañera, termine las siguientes hipótesis sobre este acontecimiento importante.

1. Si más gente indígena _____ (educarse),…

2. Si nosotros _____ (saber) más sobre la gente indígena,…

3. Si yo _____ (poder) estudiar en el Ecuador,…

4. Si _____ (respetarse) más las culturas indígenas,…

D. Evo Morales

Evo Morales

Paso 1 Lea el siguiente párrafo sobre Evo Morales.

Uno de los hechos más interesantes de la elección de Evo Morales, un indígena aymara, a la presidencia de Bolivia en 2005 fue el apoyo que recibió incluso de los sectores no indígenas. De hecho, un número sorprendente de criollos votó por él en vez de su mayor opositor, el ex presidente Tuto Quiroga. Para ganar la confianza de tantos grupos diferentes, Morales tuvo que probar que él sería un buen presidente para todos los bolivianos. ¿Qué habrá prometido para convencer a los diferentes grupos?

Paso 2 En parejas, lean las siguientes descripciones de algunos de los problemas que confronta Bolivia. Después, preparen una reacción y una promesa para el futuro como si Uds. fueran Evo Morales.

1. En las culturas andinas, la hoja de coca se usa para hacer té y se mastica (*it is chewed*) para aliviar el soroche. Por la guerra estadounidense contra las drogas, los indígenas que antes se ganaban la vida cultivando la coca para usos tradicionales, ahora no pueden sostener a su familia.
   REACCIÓN: PROMESA:

2. Las compañías multinacionales quieren tomar control de los recursos naturales, como el gas.
   REACCIÓN: PROMESA:

3. Todavía hay problemas de discrimen por género en Bolivia. Más niños que niñas van a la escuela y el 19 por ciento de las mujeres son analfabetas, en comparación con el 7 por ciento de los hombres.
   REACCIÓN: PROMESA:

4. Bolivia no tiene suficientes recursos para combatir el SIDA o prevenir otras enfermedades como la tuberculosis o la malaria.
   REACCIÓN: PROMESA:

5. Bolivia es uno de los países más pobres de Latinoamérica. Para colmo de males, el 10 por ciento más rico de la población gana 25 veces más al año que el 40 por ciento más pobre.
   REACCIÓN: PROMESA:

6. Siempre ha habido mucha corrupción en los gobiernos criollos. Hay una percepción general de que los políticos se hacen más ricos a cambio del bienestar económico de la nación.
REACCIÓN: PROMESA:

Rincón cultural

▲▲▲▲▲▲▲▲▲▲▲▲▲▲▲▲▲▲▲▲▲▲▲▲▲▲▲▲▲▲

Un momento histórico

Sendero Luminoso

Revise el **Vocabulario útil** y lea el resumen sobre Sendero Luminoso.

Vocabulario útil			
asesinar	to assassinate	**el/la senderista**	member of
saquear	to sack, pillage		Sendero
volar	to blow up		Luminoso
	(*with a bomb*)	**aislado/a**	isolated
el/la	drug trafficker		
narcotraficante			

En 1980, el Perú tuvo sus primeras elecciones democráticas después de trece años de gobierno militar. Pero, en Chuschi, un pueblo pequeño del distrito andino de Ayacucho, los miembros de Sendero Luminoso, en vez de votar, quemaron los boletos electorales. Así fue cómo este Sendero Luminoso, o simplemente «Sendero», como se conoce popularmente, anunció el comienzo de su asalto revolucionario al gobierno peruano. Compuesto principalmente de estudiantes radicales de tendencias maoístas y de gente de clase media, Sendero se había organizado durante los años 60, bajo el nombre del Partido Comunista del Perú (PCP) y el liderazgo de un profesor de filosofía, Abimael Guzmán (también conocido como «el Presidente Gonzalo»). Sendero lanzó sus ataques guerrilleros en contra del estado con un programa de actividades terroristas que duró hasta 1992. Estos rebeldes luchaban al principio en las zonas rurales de los Andes, con sede en la región de Ayacucho, y después en las ciudades también. Volaron fábricas y torres electrónicas, asesinaron a líderes políticos y civiles y saquearon pueblos enteros en su intento de crear lo que el Presidente Gonzalo llamaba el «río de sangre» que libraría al país del capitalismo y del imperialismo extranjero y que prepararía el terreno para el establecimiento de una utopía

Un cartel de protesta a favor de Sendero Luminoso

maoísta. La intensa intervención militar del gobierno, como respuesta, aumentó el terror en que vivía el país. Aunque algunos indígenas y gente de la clase baja, sobre todo jóvenes universitarios, abrazaron la misión de Sendero, Sendero nunca pudo ganar la confianza y apoyo de la mayoría de los pobres. Más bien, la gente indígena y otros grupos marginados se encontraron en el medio —víctimas del terrorismo de Sendero por un lado, y de los contraataques violentos del gobierno por otro. Después de más de diez años de terror, en 1992, el presidente del momento, Alberto Fujimori, declaró estado de ley marcial y Guzmán fue capturado, poniendo fin a la etapa más sangrienta del movimiento guerrillero.

EL IMPACTO DE SENDERO LUMINOSO EN EL PERÚ DE HOY

- Hoy en día Sendero Luminoso todavía existe, pero está bastante debilitado y ya no aterroriza al país como antes. Sin embargo, de vez en cuando se oye de ataques cometidos por el grupo. Algunos creen que actualmente Sendero está tratando de reorganizarse en zonas aisladas de los Andes y establecer colaboraciones con narcotraficantes (acusación que se le hacía también durante su reino de terror).

- En 2003, la Comisión de la Verdad y la Reconciliación (CVR), establecida por el presidente Alejandro Toledo para investigar las atrocidades de la época, publicó su informe. La comisión confirmó que 69.280 personas murieron o desaparecieron a consecuencia de la violencia guerrillera y estatal. En un esfuerzo por entender a profundidad ese momento histórico, la comisión publicó historias personales de personas afectadas por todo el país.

- El informe del CVR también hizo recomendaciones para ayudar a la nación y a los ciudadanos a recuperarse del trauma colectivo. Entre las medidas inauguradas por la comisión están una lista Provisional de Personas Desaparecidas, un archivo de más de 1.700 fotos que documentan los horrores de la época y una serie de iniciativas dedicadas a tratar la salud mental de las víctimas.

- Varias obras artísticas se han dedicado a retratar la tragedia nacional. Entre ellas se destacan la novela *Lituma en los Andes,* de Mario Vargas Llosa, las películas *La boca del lobo,* de Francisco Lombardi, y *Paloma de papel*, de Fabrizio Aguilar, y obras de teatro tales como *Adiós Ayacucho* y *¿Hasta cuándo corazón?,* ambas del Grupo Cultural Yuyachkani.

Actividades

A. **Comprensión**   Conteste las siguientes preguntas, según la lectura.

1. ¿Qué es Sendero Luminoso? ¿Cuáles son sus tendencias políticas?
2. ¿Quién fue el líder del grupo? ¿Dónde está ahora?
3. ¿Cuáles son algunos de los hechos cometidos por Sendero Luminoso?

4. ¿En qué época se sintió más la fuerza y violencia de Sendero Luminoso?

5. ¿Sigue activo el grupo ahora? Explique.

6. ¿Qué es la Comisión de la Verdad y la Reconciliación? ¿Qué hace?

7. ¿Por qué es importante que escritores y artistas creen obras que retratan esa época?

B. ¿Qué dirían? En parejas, terminen las siguientes oraciones como si Uds. fueran las personas designadas.

UN SENDERISTA

1. Es posible que…

2. Si yo pudiera,…

UN CAMPESINO

3. Es preocupante que…

4. Si no hubiera tanta violencia…

UNA ARTISTA PERUANA DE HOY

5. Me parece triste que… Sin embargo, creo que…

6. Si yo hubiera creado obras criticando a Sendero Luminoso,…

Un artista hispano

Gonzalo Endara Crow

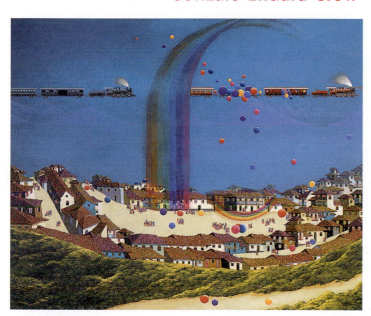

Después de la noche, *de Gonzalo Endara Crow*

Gonzalo Endara Crow nació en Quito, Ecuador, en 1936. Ganador de muchos premios nacionales e internacionales, Endara Crow participa por medio de su arte en el surrealismo y en la corriente literaria del realismo mágico,* cuyo representante más famoso es el escritor colombiano Gabriel García Márquez.

El arte de Endara Crow es una maravilla de colores y fantasía, pero a la vez representa la realidad americana. Muestra un mundo donde conviven lo tradicional y lo moderno, la realidad y la imaginación, la vida material y la vida espiritual. Su pintura es verdaderamente mestiza, mezclando lo indígena campesino tradicional con lo occidental moderno. El protagonista de sus obras de arte es un anónimo pueblo colonial andino. Es un pueblo en el que el tiempo se ha detenido, donde la modernidad pasa por encima de él.

(Continúa.)

---

*El realismo mágico es un movimiento literario en el que se combinan hechos de la vida diaria con imágenes de la fantasía y del subconsciente.

En los cuadros de Endara Crow, cada color y cada objeto tienen un valor simbólico. El conjunto artístico forma una fábula que narra la vida de los pueblos ecuatorianoandinos. Fíjese en el cuadro *Después de la noche* (página 251) y piense en la simbología de los colores y objetos representados.

Actividades

A. Identifique y explique el simbolismo de los siguientes objetos en el cuadro *Después de la noche*.

OBJETO	SIMBOLISMO
1. _____ el tren de colores brillantes	a. el mestizaje
2. _____ el tren negro	b. la esperanza
3. _____ los habitantes del pueblo	c. el amanecer (*dawn*)
4. _____ los globos (*balloons*)	d. la felicidad
5. _____ los arcos iris	e. la noche

B. Conteste las siguientes preguntas, según el cuadro y la lectura sobre el arte de Endara Crow.

1. ¿Por qué vuelan (*fly*) los trenes por encima del pueblo? ¿Por qué cree Ud. que no se representa ninguna estación de trenes?

2. ¿Qué cree que implica el título del cuadro, *Después de la noche*?

3. ¿Por qué son tan pequeñas las personas y por qué parecen todas iguales?

4. ¿Qué aspectos de la vida de un pueblo pequeño nunca se ven afectados por el tiempo? ¿Qué cosas nunca cambiarán?

5. ¿Opina Ud. que la modernización siempre mejora la vida humana? Dé ejemplos para apoyar su opinión.

La música andina

Un hombre tocando una quena en Cuzco, Peru

Una gran parte de la música andina refleja la fuerte influencia de las diversas culturas indígenas de la región. Para crear una música distintiva y reconocible por el mundo entero, se han combinado instrumentos tanto europeos como autóctonos.[1] Aunque los instrumentos de los indios precolombinos eran muy variados, predominaban los instrumentos de viento. Entre los que todavía se usan hoy en día están las zampoñas o sikus,[2] la quena[3] y las tarkas, una flauta rectangular. La preferencia andina por los tonos altos, para imitar los sonidos de la naturaleza, influyó en la modificación de instrumentos europeos para que se acomodaran mejor a los gustos andinos. Esto

[1]*native* [2]*pan pipes* [3]*a notched flute*

se aprecia en el uso del violín y en la creación del charango, una suerte[4] de guitarra andina.

En «Himno al Inca», Ud. escuchará la quena y el charango al principio, acompañados por la guitarra, el bombo (un tambor típico de la región) y otros instrumentos de percusión. En la primera parte, cuyo ritmo vuelve al fin de la canción, se oye el ritmo y los acordes típicos del huayno, un estilo de canción y baile andino, mezclado con la cumbia, un ritmo colombiano. Después, la canción se transforma para reflejar la fuerte influencia africana que hay en la costa del Perú. En esta parte, se oye la guitarra, el bajo eléctrico, el güiro (un instrumento de percusión caribeño) y el cajón —una caja de madera que primeramente era un cajón de pescado en el que el músico se sentaba y pegaba con las manos.

[4]kind

Actividades

A. Antes de cantar Va a escuchar «Himno al Inca», una canción cuyo tema tiene que ver con el sufrimiento y la valentía de la cultura indígena desde la conquista. Aunque alude al gran imperio inca, que dominaba la mayor parte de la región cuando llegaron los españoles, «Himno al Inca» es un homenaje a todos los grupos indígenas que han sobrevivido hasta hoy. Conteste las siguientes preguntas.

1. ¿Ha oído Ud. alguna vez alguna canción de la región andina? ¿Le gustó? ¿Dónde o en qué ocasión la oyó?

2. ¿Qué tipo de vocabulario espera encontrar en una canción cuyo título es «Himno al Inca»?

3. ¿Conoce algunas canciones contemporáneas que combinen estilos de los años 80 ó 90 con la música rap, por ejemplo?

B. ¡A cantar! Escuche la canción «Himno al Inca» que se puede encontrar en el CD *Estampillas musicales* o en el *ActivityPak* en el *Online Learning Center* (**www.mhhe.com/metas**).

Himno al Inca

Incansable alma indígena	Imperdonable la conquista	Aymara y Aguaruna
Incandescente obsidiana	Incalculable la miseria	Quechua, Urus y Huambisa
Impenetrable su tristeza	Invisible su existencia	Mestizo, Ayacucho y Ancash
Incomparable su belleza	Inevitable su cultura	Mascho-Piro del Río Purú
		[*Se repite dos veces más.*]

C. Después de cantar En parejas, contesten las siguientes preguntas sobre la canción «Himno al inca».

1. ¿Qué instrumentos musicales se oyen en la canción?
2. ¿Cuáles son las palabras clave que los/las ayudaron a entender el tema principal?
3. ¿Qué palabras expresan cómo se siente el autor de la canción?
4. ¿Es el tema romántico, cotidiano, nostálgico, de protesta social o algo diferente?
5. ¿Qué emociones evoca la canción en Uds.?
6. ¿Les gustó la canción? ¿el ritmo? ¿la voz del cantante? Expliquen.

Lectura

Carmen Ollé es una de las escritoras peruanas más destacadas hoy en día. Ha publicado poesía, cuentos y novelas, incluyendo *Noches de adrenalina* (poesía, 1981), *Todo orgullo humea la noche* (poesía y prosa, 1988), *¿Por qué hacen tanto ruido?* (narrativa, 1992), *Las dos caras del deseo* (novela, 1994), *Pista falsa* (1999) y *Una muchacha bajo paraguas* (2001). También, ha hecho periodismo cultural para el diario *El Comercio* de Lima y ha dictado talleres literarios sobre poesía y narrativa.

A Ollé le interesan mucho los asuntos y la vida de las mujeres en el Perú. En el cuento que Ud. va a leer, Ollé imagina los pensamientos de María Elena Moyano, una heroína nacional, después de su muerte a manos del grupo guerrillero Sendero Luminoso.

Nota histórica ■ María Elena Moyano

María Elena Moyano nació en Lima en 1958. Fue renombrada[1] por su obra en Villa El Salvador, un pueblo joven[2] fundado en 1973, en el mismo lugar donde ella se había criado. Moyano creía en la habilidad de la gente organizada de triunfar sobre sus problemas. Por eso, trabajó en varias organizaciones de base,[3] incluyendo la Federación Popular de Mujeres de Villa El Salvador (FEPOMUVES), una de las organizaciones de mujeres más importantes de Latinoamérica y de la que fue presidenta. Estableció Vaso de Leche, un programa cuyo objeto es asegurar que todos los niños tengan suficiente leche.

(Continúa.)

[1]*renowned* [2]pueblo... *shantytown* [3]de... *grassroots*

También abrió los «comedores populares», que son esfuerzos a nivel de barrio donde se cocinan y distribuyen raciones de comida a bajo costo a los que las necesiten. Por sus esfuerzos activistas, en 1991 fue nombrada «personalidad del año» por el periódico *La República*.

Sin embargo, su activismo amenazaba a Sendero Luminoso. Moyano creía que los problemas sociales se resuelven por vías pacíficas y democráticas, pero Sendero Luminoso trabajaba por medio de la revolución armada. Ya que Moyano lograba cambios positivos trabajando con el gobierno, los líderes de Sendero Luminoso temían que ella les quitara el apoyo de las clases populares.

De hecho, Moyano y sus compañeras hicieron una manifestación masiva el 14 de febrero de 1992 en contra de la violencia provocada por Sendero Luminoso. El día después, frente a sus dos hijos, Moyano fue asesinada por senderistas, mientras su familia asistía a un evento auspiciado por Vaso de Leche. Tenía apenas 33 años.

Antes de leer

A. Para comentar   En grupos de cuatro, contesten las siguientes preguntas.

1. ¿Cuáles son algunas de las organizaciones terroristas de hoy? ¿Saben Uds. de alguna que opera en algún país de habla hispana? ¿Cómo son estas organizaciones? ¿Cuáles son sus metas? ¿Cómo usan la violencia?

2. Por otra parte, ¿qué organizaciones tratan de ayudar a la humanidad? ¿Qué hacen los programas como *Meals on Wheels, Habitat for Humanity, The Salvation Army, Big Brothers / Big Sisters*? ¿A quiénes tratan de ayudar? ¿Están Uds. involucrados en alguna organización como estas?

3. ¿Quiénes son los héroes y heroínas de nuestra época? Piensen en personas como Nelson Mandela, Che Guevara, la Madre Teresa, César Chávez, el Subcomandante Marcos. ¿Quiénes son? ¿Qué problemas enfrentaron? ¿Qué soluciones ofrecieron?

María Elena Moyano		
el/la activista	la choza[1]	la manifestación
advertir[2]	asesinar	desafiar[3]
abandonado/a	alquilado/a	desierto/a

[1]*hut*   [2]*to warn*   [3]*to challenge*

B. Acercándose al tema   Lea el título de la siguiente ficha y las nueve palabras asociadas con María Elena Moyano. Con un compañero / una compañera, decida si los espacios en blanco requieren un sustantivo, un verbo o un adjetivo. Luego, complete las oraciones con la forma apropiada de las palabras de la ficha.

1. La _____ política María Elena Moyano se preparaba para ir a una fiesta, el día después de participar en una _____ en contra de la violencia terrorista de Sendero Luminoso.

(Continúa.)

2. Sus amigos le _____ que era muy peligroso, pues, los líderes de Sendero la querían _____.

3. Moyano recordaba cómo, de niña, vivía en una _____ en Villa El Salvador, en una zona _____ en el sur de Lima.

4. Moyano quería _____ a sus enemigos.

Ángel del desierto

En esta sección, conocemos a Moyano, sus compañeros, su causa y el ambiente en que planeaban sus actividades.

VOCABULARIO

Me lo advirtieron mil veces mis amigos, las mujeres de la federación,* mi familia y un profesor que me visitó en el último <u>escondite</u>.

—No vas a ninguna fiesta, María Elena— me ordenó Diana, mi compañera de ruta, una madre de familia con la que tomamos el colegio Pachacútec en protesta por los abusos de los profesores, conocida como la «Comandante Cero».[†]

—No puedo desairar[1] a mi pueblo— respondí, —me esperan las compañeras de los Clubes de madres, del Vaso de Leche, de los Comedores populares. En esa fiesta haremos públicas las amenazas de Sendero Luminoso. Yo no les tengo miedo.

—Los líderes necesitan asomarse a la muerte[2] para sobrevivir— agregó el profesor.

—Linda frase— le contesté, —pero no se meterán conmigo.[3]

—Estás enamorada de ti misma, como todos los políticos— insistió el maestro.

Estábamos sentados en el suelo a una mesa que, en realidad, era un cajón de frutas, y bebíamos té con limón en una casita abandonada al borde de un acantilado.[4] No tenía una cama decente, sólo un colchón de paja,[5] tampoco luz ni agua.[v]

VISUALIZAR

VERIFICAR ¿Quién(es)? ¿Dónde? ¿Qué pasó?

En esta sección, Moyano habla de sus memorias de niña cuando su madre, con gran dificultad, ayudó a fundar un pueblo en el desierto para los pobres.

VOCABULARIO

Las incomodidades me recordaban el día que con treinta familias pobres invadimos <u>un arenal</u> al sur de Lima, camino a las playas de los ricos: con los palos, las esteras[6] y los paquetes, mi madre llevaba todo el peso.

[1]humillar [2]asomarse… *to face death* [3]no… *they won't try anything with me* [4]*sewer*
[5]colchón… *straw mattress* [6]*mats*

*Se refiere a la Federación Popular de Mujeres de Villa El Salvador (FEPOMUVES). Vea la **Nota histórica** en las páginas 254–255.

[†]Se refiere a Diana Miloslavich Tupac, otra activista de Villa El Salvador y gran amiga de Moyano, quien luego editó su autobiografía.

Cuatro críos de entre 13 y 5 años marchábamos detrás de mamá, peleándonos por cargar[7] nuestra «casa». Lo peor era el viento que silbaba fuerte y el frío colándose por las esteras de la choza. Para darnos ánimo, mamá <u>apuntaba</u> con el dedo hacia la oscuridad del terral donde levantaríamos la sala, nuestros dormitorios, la escalera de caracol[8] del segundo piso. Nadie nos volvería a echar de ninguna casa alquilada.

Ocupar <u>un trozo</u> del desierto no fue fácil. La policía disparó[9] sobre los invasores, nos desalojaron varias veces pero volvimos con las esteras y los palos, una y otra vez, hasta que el gobierno nos reubicó[10] en este desierto y acá fundamos Villa El Salvador.

¿Quién(es)? ¿Dónde? ¿Qué pasó?

En esta sección, Moyano describe el horror de su asesinato a manos de Sendero Luminoso.

Para los terroristas yo era una espía del régimen,[11] una soplona,[12] por eso me la tenían jurada.[13] Según ellos, yo había traicionado[14] la causa popular.

Los jóvenes piensan que los mártires son ángeles frustrados. Quizá tengan razón, desafié a mis enemigos sin armas, los reté sola.[15] El día de la fiesta vi a mis niños de lejos por última vez, por suerte su padre impidió que corrieran hacia mí. Entonces empezó todo: fue como un grito que no llegué a dar y me reventó[16] en el pecho. Primero las balas,[17] luego una bomba sobre mi cadáver caliente. Un puñado de cenizas[18] y una esta-tua de <u>bronce</u> en la plaza de la comunidad, es todo lo que quedó de mí.

[7]*carry* [8]*escalera… spiral staircase* [9]*shot* [10]*relocated* [11]*espía… spy for the regime (government)*
[12]*snitch* [13]*me… they had it in for me* [14]*betrayed* [15]*los… I took them on alone* [16]*explotó*
[17]*bullets* [18]*ashes*

¿Quién(es)? ¿Dónde? ¿Qué pasó?

En esta sección, Moyano reflexiona sobre su muerte.

VOCABULARIO

La gente se pregunta qué hubiera llegado a ser si no moría[19] en la «pollada»,* los militares creen que se libraron de una agitadora social, los comunistas de una soplona. Hubiera sido ministra, embajadora, ¿acaso presidenta de la República? Como mujer, no me habrían elegido, estoy segura, en el Perú hay mucho machismo.

En estas pampas[20] están mis huellas,[21] sobre mi pedestal estoy siempre vigilante. De día quisiera bajarme para jugar con las niñas que salen de la escuela. De noche me gustaría acompañar a las barrenderas[22] en su camino diario con la escoba a cuestas.[23]

Doce años después de mi muerte, hasta el jefe de Sendero cuestiona por qué me dinamitaron.

—Exceso inútil porque incluso a los muertos se les respeta— dice

VOCABULARIO

ahora desde su celda[24] el muy hipócrita. Sin embargo, a mí no me engaña. Volar un cadáver en mil pedazos es matar un símbolo. Pero a una mujer de arena como yo no la pueden matar.

A veces me parece escuchar un grito que me sube desde el estómago a la boca, pero es sólo el viento soplándome a la cara, el viento que me trae arena.

[19]qué… *what I would have become if I hadn't died* [20]*plains* [21]*footprints* [22]*street sweepers* [23]a… *on their shoulder* [24]*cell*

VERIFICAR

¿Quién(es)? ¿Dónde? ¿Qué pasó?

---

*Una «pollada» es una fiesta o reunión grande, de carácter popular, en la cual se sirve pollo cocinado a leña o al carbón. Los pobres hacen polladas para recaudar fondos (*raise money*).

Después de leer

A. Comprensión y análisis

Paso 1 Conteste las siguientes preguntas, según la lectura.

1. ¿Qué le aconsejaron los amigos a Moyano? ¿Cuál fue su respuesta?

2. ¿Cómo era la casa donde conversaban?

3. ¿Cómo era la casa donde Moyano se crió? ¿Cómo era la casa que su mamá decía que pronto iban a construir?

4. ¿Cómo dice la narradora que se enfrentó a sus enemigos? ¿Quiénes eran esos enemigos?

5. ¿Qué pasó con sus hijos el día de su muerte?

6. ¿Por qué dice Moyano que nunca habría llegado a ser presidenta si hubiera vivido?

7. ¿Qué dijo doce años después el líder de Sendero Luminoso sobre el asesinato de Moyano?

8. ¿En qué estado físico está la narradora ahora? ¿Desde dónde habla?

9. ¿Qué significa el título, «Ángel del desierto»?

Paso 2 Vuelva a contar la historia de María Elena Moyano con sus propias palabras.

 B. El editor exigente Imagínese que Ud. es Carmen Ollé. Un editor ha leído su cuento y le sugiere lo siguiente para mejorarlo.

«Debe añadir tres o cuatro oraciones describiendo con más detalles la reacción de los hijos y del marido de Moyano ante su asesinato».

Escriba estas oraciones según la sugerencia del editor, manteniendo el tono general del cuento de Ollé.

C. Los esfuerzos comunitarios En parejas, lean las siguientes afirmaciones sobre algunos datos mencionados en la lectura y terminen las oraciones que siguen.

1. El objeto del programa Vaso de Leche es proveer de leche a todos los niños del Perú.

    a. Qué bueno que…

    b. Si _____ (existir) este programa en todos los países,…

    c. A menos que _____ (tomar) un vaso de leche al día, los niños…

2. En los «comedores populares», las personas de un barrio pobre juntan sus recursos y cocinan para todos.

    a. Es impresionante que…

    b. Si una persona en Villa El Salvador tiene hambre,…

    c. Cuando menos personas sufran de hambre, los comedores populares…

(Continúa.)

3. Sendero Luminoso y otros grupos terroristas a menudo les hacen daño a los que supuestamente protegen.

   a. Es horripilante que…

   b. Si no _____ (haber) existido el grupo Sendero Luminoso, María Elena Moyano…

   c. En cuanto _____ (dejar) de existir grupos terroristas,…

D. Un héroe / una heroína María Elena Moyano es considerada como una heroína nacional en el Perú.

Paso 1 En grupos de tres, hagan lo siguiente.

1. Preparen una lista de los problemas que le preocupaban a Moyano.

2. Hagan una lista de las actividades que hacía Moyano para ayudar a su gente.

3. Preparen una lista de adjetivos que describan a Moyano.

Paso 2 En grupos de cuatro, contesten las siguientes preguntas.

1. ¿Qué es un héroe? Según lo define un diccionario, es una persona admirada por su valentía, nobleza o logros, especialmente en una guerra. En su opinión, ¿es adecuada esta definición? Expliquen.

2. ¿Qué características de una heroína tenía Moyano? ¿Por qué creen Uds. que Sendero Luminoso la consideraba como una amenaza?

3. Piensen en algunos superhéroes/superheroínas. ¿Qué características tienen? ¿Por qué son tan populares entre la gente joven?

4. ¿Quiénes son los héroes / las heroínas actuales? ¿Conocen Uds. a una persona no famosa a quien consideran como un héroe / una heroína? ¿Qué hace esta persona que la hace heroica?

5. Si Martin Luther King, hijo, y Gandhi vivieran todavía, ¿cómo reaccionarían ante la realidad mundial del Siglo XXI?

E. Las presidentas En grupos de cuatro, contesten la siguiente pregunta. Después, compartan los detalles de su conversación con el resto de la clase.

En la lectura, Moyano dice: «Como mujer, no me habrían elegido [presidenta], estoy segura, en el Perú hay mucho machismo». En 2006, Michelle Bachelet fue elegida presidenta de Chile y otros países de Latinoamérica también han elegido presidentas, como Violeta Chamorro en Nicaragua. De hecho, a nivel mundial tanto países muy avanzados como países en vías de desarrollo han elegido líderes femeninos. Sin embargo, en los Estados Unidos parece ser muy difícil que una mujer llegue a ser presidenta. ¿Cómo se puede explicar que las posibilidades para las mujeres en la esfera política parecen tan limitadas en los Estados Unidos?

Yo experto/a

Escoja una persona, un lugar o un tema cultural mencionado en esta unidad para investigar más a fondo. Debe incluir en su reportaje por lo menos cuatro de las metas comunicativas. Puede presentar su investigación en un informe escrito o hacer una presentación oral delante de la clase. Siga las indicaciones en el **Apéndice 2: Yo experto/a** como guía para su reportaje.

PERSONAS	LUGARES	TEMAS
Víctor Hugo Cárdenas	Ayacucho, Perú	la CONAIE
José Cardona-López	Bolivia	la Guerra del gas
Martín Chambi	Cartagena, Colombia	la guerrilla en los países andinos
Gonzalo Endara Crow	Cuzco, Perú	la medicina tradicional
Alberto Fujimori	el Ecuador	la música andina
Oswaldo Guyasamín	Las Islas Galápagos, Ecuador	los otavaleños
Abimael Guzmán	La Paz, Bolivia	el Pacto Andino
Evo Morales	Machu Picchu, Perú	el Palacio del Congreso en Quito, Ecuador
María Elena Moyano	Otavalo, Ecuador	Sendero Luminoso
Carmen Ollé	Villa El Salvador	la vida política de los jóvenes hispanos

 Ahora que Ud. ha terminado la **Unidad 5,** complete los ejercicios correspondientes del *ActivityPak* en el *Online Learning Center* (**www.mhhe.com/metas**) para repasar el vocabulario, gramática y temas culturales de esta unidad.

COSTA RICA

15 COLONES

El porvenir

Centroamérica

El futuro, algunos niños de Managua, Nicaragua

Check out these exciting multimedia ancillaries to the *Metas* program:

 ActivityPak

 WWW **Online Learning Center**

 Online *Manual*

Music CD

¿Qué nos espera en el futuro?

Puntos clave

FUTURO
F

Temas centrales
- predicciones para el futuro
- la tecnología
- los desafíos del siglo XXI

Un sueño virtual

En este capítulo, Ud. va a explorar el tema del mundo del futuro.

Preguntas para considerar

- ¿Qué aspectos tecnológicos cambiarán la vida para siempre?
- ¿Cuáles son los problemas más graves del medio ambiente y cómo se resolverán en el siglo XXI?
- ¿Qué tipo de formación profesional y experiencia práctica necesitará la gente joven para poder resolver los problemas globales?
- ¿Encontraremos vida en otros planetas?
- La escena que se ve en el cuadro representa a una niña guatemalteca obsesionada con el Internet. ¿Cómo cambiarán las comunidades aisladas del mundo con el acceso al Internet?

La historia

Watch the **dibujo animado** related to this section in the *ActivityPak* on the *Online Learning Center* (**www.mhhe.com/metas**).

Preparativos

Francisco, Sergio y Javier ayudan con los preparativos para el congreso.

Situación: Sergio está hablando con los demás para que le echen una mano con los últimos detalles para el congreso, «Las Américas en el siglo XXI», que se realizará pronto en Austin. Lea el diálogo y preste especial atención al uso del vocabulario nuevo **en negrita**.

SERGIO: Es **asombroso** que ya esté listo casi todo para el congreso, aunque todavía hay algunas cositas que tendré que hacer antes de que lleguen los participantes.

DIEGO: No te preocupes, primo. Tengo tiempo **disponible** esta semana también.

SARA: Diego, se ve que emplear a Francisco para ayudarte en Tesoros ha **impactado** muy positivamente tu vida. ¡Qué guay!

SERGIO: Sí, ha estado aquí en Ruta Maya todos los días ofreciéndome consejos y pasándolo bien.

DIEGO: Sí. Le debo mucho a Laura por haberme presentado a Fran.

SARA: Y Cristina estará súper contenta. Me da mucho gusto veros juntos de nuevo.

DIEGO: Laura siempre me decía que Francisco era un clónico mío y también **predijo** que mi **desastrosa** adicción al trabajo cambiaría tan pronto como Francisco entrara en mi vida.

SARA: Pues, yo también tengo poderes de vidente,[1] y **predigo** que la fama internacional del promotor Sergio Wilson Flores llegará hasta la Tierra del Fuego después de que vea la gente cuán **innovador** e **ingenioso** es este hombre.

SERGIO: No me **enriqueceré** ni me haré famoso si no cumplo con mis obligaciones.

SARA: Bueno, guapo, puedes contar con nosotros para ayudarte.

DIEGO: Sí, cuando lleguen los carteles anunciando el congreso, Javi los pondrá en Ruta Maya. Vimos el programa antes de que se imprimiera[2] y es verdaderamente impresionante.

[1]*clairvoyant* [2]*se… it was printed*

SARA:	Asistiré a todos los discursos sobre los **desastres naturales.** Sabéis cuánto me fascina todo lo que tiene que ver con el tiempo y la tecnología para prevenir[3] tales desgracias.
SERGIO:	Aunque estaré agobiadísimo con el entretenimiento, tan pronto como pueda escaparme, asistiré a las conferencias sobre el comercio justo[4] y el desarrollo sostenible.[5]
DIEGO:	Hay tantas cosas que me interesan. Va a ser un poco frustrante tratar de asistir a todas las conferencias.
SERGIO:	No habrá problema, porque tenemos el personal y la capacidad de grabarlo todo. Así que en caso de que no puedan asistir a todas las conferencias, tendré el CD **disponible** en cuanto termine el congreso.
SARA:	¡Qué maravilla! Este congreso será alucinante.

[3]*prevent*   [4]comercio… *fair trade*   [5]desarrollo… *sustainable development*

Actividades

A. La búsqueda de las metas comunicativas en contexto   Identifique en el diálogo ejemplos de las siguientes metas comunicativas: Descripción (D), Narración en el pasado (P), Reacciones y recomendaciones (R) y Hablar del futuro (F). Subraye cada palabra o frase que represente una (o una combinación) de estas metas comunicativas. Luego, escriba al margen la(s) letra(s) que corresponde(n) a cada ejemplo subrayado (D, P, R o F).

P
F

MODELOS: …<u>ha impactado</u> muy positivamente tu vida.
<u>Asistiré</u> a todos los discursos sobre los desastres naturales.

B. Comprensión   Conteste las siguientes preguntas, según el diálogo.

1. ¿Le queda mucho trabajo por hacer a Sergio antes del congreso?
2. ¿Por qué tiene Diego tiempo para ayudar a su primo?
3. ¿Qué aspectos del congreso les interesan a los amigos? ¿Le interesa a Ud. alguno de esos temas?
4. Si alguien no puede asistir a todas las conferencias que quiere, ¿qué puede hacer?

REACCIONAR
R
RECOMENDAR

C. Reacciones y recomendaciones   Termine las siguientes oraciones sobre el diálogo, utilizando un conector en cada oración.

MODELO: A Sergio le encanta que…
A Sergio le encanta que venga gente de todo el continente porque podrá hacer nuevos contactos.

1. Es fabuloso que Francisco…
2. Es obvio que Diego…
3. Es gracioso que Sara…
4. Qué bueno que Sergio…

D. Diálogo   En parejas, preparen un diálogo que represente una de las siguientes situaciones y preséntenlo a la clase.

1. Vuelvan a crear el diálogo entre los amigos, utilizando sólo su memoria y sus propias palabras.
2. Preparen un diálogo entre Diego y Cristina, en el que hablen sobre cómo les ha cambiado la vida el hecho de que Francisco empezara a trabajar en la tienda y qué harán durante el congreso para pasarlo bien.

Conectores

aunque
en cambio
para que + *subjuntivo*
por lo tanto
porque
puesto que
sin embargo
ya que

Vocabulario del tema

Para hablar del futuro

adivinar	to guess, divine
alcanzar	to reach, attain
aportar	to contribute
avanzar	to advance
curar	to cure
eliminar	to eliminate
enriquecer	to enrich
impactar	to impact
predecir (*like* decir)*	to predict
preguntarse	to wonder, ask oneself
reemplazar	to replace
sobrevivir	to survive

¿Por qué es chistosa esta tira cómica? ¿Qué nos revela del futuro?

Para describir el futuro

asombroso/a	astonishing
desastroso/a	disastrous
disponible	available
inesperado/a	unexpected
ingenioso/a	ingenious
inimaginable	unimaginable
inminente	imminent
innovador(a)	innovative
insalubre	unhealthy
intrigante	intriguing
milagroso/a	miraculous
pacífico/a	peaceful
poderoso/a	powerful
polémico/a	controversial
provechoso/a	helpful, beneficial

COGNADOS: **catastrófico/a, comunitario/a, genético/a, humanitario/a**

Para hablar de los problemas ambientales

la basura	garbage
el bosque lluvioso	rain forest
la contaminación	pollution
el crecimiento	growth
la deforestación	deforestation
el desastre natural	natural disaster
el huracán	hurricane
la inundación	flood
el maremoto	tidal wave (tsunami)
la sequía	drought
el terremoto	earthquake
el tornado	tornado
el reciclaje	recycling
la sobrepoblación	overpopulation

Para hablar de la tecnología

el aparato	device
el avance	advance
la brecha digital	digital (information) gap
la informática	computer science
la novedad	new development
el teletrabajo	telecommuting

COGNADOS: **el ciberespacio, el Internet, la página Web, la realidad virtual**

---

*Predecir is conjugated like **decir** except in the future and conditional: **prediciré, predecirás, predecirá,...; predeciría, predecirías, predeciría,...**

Actividades

A. ¿Se realizará antes del año 2050?

Paso 1   Indique si Ud. cree que las siguientes predicciones se realizarán o no para el año 2050.

	SÍ	NO
1. El 25 por ciento de la población hará su trabajo por medio del teletrabajo.	☐	☐
2. Habrá un maremoto desastroso en la costa de California.	☐	☐
3. Toda la comida insalubre dejará de ser popular.	☐	☐
4. Se descubrirá la cura para el cáncer por medio de una planta del bosque lluvioso de Centroamérica.	☐	☐
5. Los que hayan hecho inversiones en las compañías de reciclaje serán ricos.	☐	☐
6. Debido a la sobrepoblación y la explotación de los recursos naturales, la deforestación será tan intensa que los bosques lluviosos dejarán de existir.	☐	☐
7. El Internet, en vez de ser un instrumento poderoso para unir a los seres humanos, será la causa de más conflictos mundiales.	☐	☐

Paso 2   Si Ud. indicó en el **Paso 1** que una de las predicciones no se realizará para el año 2050, ¿cree que es posible que se realice después? ¿Cuándo y en qué condiciones podrá realizarse?

B. Me pregunto cómo me sentiré cuando...

Paso 1   Para el año 2050, habrá muchos cambios significativos en el mundo, ¿no? En parejas, conversen sobre las cosas que puedan ocurrir en los próximos años. Pregúntense cómo se sentirán cuando se presenten las siguientes situaciones. Pueden utilizar los adjetivos de la lista en sus respuestas.

agobiado/a	asustado/a	emocionado/a
aliviado/a	cauteloso/a	enojado/a
alucinado/a	confundido/a	nostálgico/a
apenado/a	deprimido/a	preocupado/a
asqueado/a	desilusionado/a	satisfecho/a

MODELO: —¿Cómo te sentirás cuando sepas que sólo puedes tener un hijo a causa de la sobrepoblación?
—Cuando yo sepa que sólo puedo tener un hijo a causa de la sobrepoblación, me sentiré deprimida porque siempre he querido tener una familia numerosa.

¿Cómo te sentirás...

1. cuando el teletrabajo reemplace el trabajo de la oficina?

2. cuando la deforestación cause grandes problemas ecológicos?

3. cuando haya paz en el mundo?

4. cuando los extraterrestres tomen control de la Tierra?

(Continúa.)

5. cuando se inventen electrodomésticos (*appliances*) robóticos que hagan todos los quehaceres de la casa?

6. cuando la contaminación sea tan grave que todos tenemos que llevar máscara de oxígeno todos los días?

Paso 2   Ahora, explíquele a su compañero/a cómo será la vida cuando tengan lugar los siguientes acontecimientos. Puede utilizar las palabras de la lista, si quiere.

alarmante	emocionante	preocupante
alucinante	fascinante	relajante
degradante	horripilante	repugnante
deprimente	intrigante	sorprendente

MODELO: Cuando ofrezcan viajes semanales a la luna, la vida será relajante, porque habrá otro lugar para descansar de la vida cotidiana.

¿Cómo será la vida…

1. cuando ofrezcan viajes semanales a la luna?

2. cuando no se pueda comprar nada en las tiendas porque todo se comprará a través del Internet?

3. cuando los coches lleven un sistema antiaccidentes?

4. cuando todo el mundo pueda asistir a Harvard o a cualquier universidad a través del Internet y la realidad virtual?

5. cuando aumente tanto la basura que no hay dónde echarla?

6. cuando haya cura para el SIDA y el cáncer?

C. Preguntas personales   En parejas, contesten las siguientes preguntas, utilizando palabras y frases del **Vocabulario del tema**. Mientras escuchan a su compañero/a, reaccionen con algunas de las expresiones de **Para conversar mejor.** Luego, compartan sus respuestas con el resto de la clase.

Para conversar mejor

¿En serio?	¡Qué chévere/guay/padre!
(No) Estoy de acuerdo.	¡Qué barbaridad!
Me sorprende que creas eso.	¡Qué horror!
Puede ser.	¿Tú crees?

1. Algunas universidades han hecho un gran esfuerzo para que los estudiantes tomen conciencia del valor de vivir en un ambiente en el que se reconoce que hay que hacer algo más que reciclar para impactar el futuro. ¿Hay grupos estudiantiles en su universidad que busquen soluciones que van más allá del reciclaje para resolver los problemas ambientales? Explique qué hacen. Si no existen tales grupos, ¿qué podría hacer Ud. para que los estudiantes tomen conciencia de los problemas ambientales?

2. ¿Cuántas horas diarias pasa Ud. delante de la computadora? ¿Cree Ud. que su vida virtual ha impactado negativamente sus relaciones sociales con seres de carne y hueso? ¿Cree que la moralidad no existe o que es diferente en el ciberespacio por el anonimato de los usuarios?

3. Si Ud. pudiera asistir a clases y aprender las mismas materias a través del Internet, ¿lo haría? Explique. ¿Cree que las computadoras reemplazarán a los profesores algún día? ¿Qué puede aportar la tecnología a la enseñanza? ¿Qué avances tecnológicos cambiarán la vida de sus hijos/nietos?

D. Problemas repentinos   Lea cada problema y, con la clase entera, hagan una lista de palabras del **Vocabulario del tema** de este capítulo y de los capítulos anteriores que los ayude a conversar con facilidad sobre cada problema repentino. Después, en parejas, preparen un diálogo espontáneo sobre cada problema.

1. Ud. acaba de volver de Costa Rica, donde trabajaba de voluntario/a para salvar los bosques lluviosos. Hable con un(a) congresista que no quiere que el gobierno siga dándole ayuda financiera a este proyecto.

2. Un amigo le muestra a Ud. dos aparatos innovadores que le permiten saber las necesidades de su querido perro Fifí y su preciosa gata Lola. Los aparatos se llaman «el Miaulingüe»* y «el Guaulingüe»* y pueden interpretar hasta 200 sentimientos agrupados en seis categorías: alegría, frustración, tristeza, peligro, preocupación y autoexpresión. Ud. cree que es la idea más absurda que ha escuchado en su vida.

3. Ud. es un(a) vidente muy conocido/a. Hable con su cliente sobre la mala suerte que le va a llegar por no haber reciclado absolutamente nada a lo largo de su vida. El/La cliente reacciona ante la predicción del / de la vidente.

Nota cultural ▪ El Internet en el mundo hispano

Tanto en Latinoamérica como en España se encuentran cibercafés y tiendas pequeñas desde donde uno puede mandar mensajes por e-mail y buscar información a través del Internet. Las ventajas del Internet también se encuentran en lugares inesperados. Por ejemplo, en un pueblo costarricense en medio del bosque lluvioso, hay una escuela primaria donde hay muy pocos libros para los estudiantes, pero sí hay un salón con doce computadoras. En muchos pueblos, hay oficinas y negocios pequeños desde donde cualquier persona puede mandar y recibir e-mail.

Además del uso personal, el Internet sirve como foro para proveerle información a un público internacional. Por ejemplo, los zapatistas (miembros del Ejército Zapatista de Liberación Nacional que representa a los indígenas de Chiapas, México) denunciaron a través del Internet el trato injusto que recibían los indígenas, y la activista guatemalteca Rigoberta Menchú tiene su propia página Web. En la Argentina, la Asociación Madres de la Plaza de Mayo (organización cuyos miembros son madres de las personas que desaparecieron durante la dictadura militar de 1976–1983) también tiene su propia página. Esta es una manera eficaz de informar al público acerca de las necesidades y los derechos de la gente.

(Continúa.)

---

*En español los gatos dicen: «Miau, miau»; los perros dicen: «Guau, guau».

También el Internet puede ser un buen medio para ganarse la vida. Piense en el proyecto PEOPLink, fundado por el estadounidense Daniel Salcedo. Artesanos latinoamericanos, africanos y asiáticos pueden usar el servicio para venderle sus productos directamente al público por medio del Internet. PEOPLink lleva computadoras, modems y cámaras de video a los pueblos y les enseñan a los artistas a mercadear y vender sus productos. Se calcula que los artesanos ganan un 20 por ciento más por medio de PEOPLink que cuando venden a las compañías internacionales. Muchas indias kunas de Panamá, por ejemplo, venden sus tradicionales «molas» por medio de PEOPLink.

Con el mismo ánimo de ayudar a los países en vías de desarrollo, la compañía tecnológica Hewlett Packard inició *World e-Inclusion,* un programa que se dedica a cerrar la brecha tecnológica entre los países desarrollados y los que están en vías de desarrollo. Provee de computadoras, programas y asesoría técnica a comunidades aisladas para así ayudarlas a comunicarse con el resto del mundo, buscar información, vender sus productos en el Internet, etcétera.

Conversación en parejas

En parejas, inventen un diálogo en el que uno/a de Uds. es dueño/a de un café tradicional. Su compañero/a trata de convencerlo/la de que convierta su café en un cibercafé. ¿Cuáles son las ventajas y desventajas de hacerlo?

Puntos clave

Hablar del futuro

En esta sección del capítulo, Ud. va a practicar la meta comunicativa **Hablar del futuro.** Para hacerlo bien, hay que utilizar las estructuras gramaticales (los puntos clave) de la siguiente tabla que pertenecen a la meta comunicativa. Antes de continuar, estudie las explicaciones de estas estructuras gramaticales en las páginas amarillas (344–348).

LA META COMUNICATIVA DE ESTE CAPÍTULO		
ICONO	**META COMUNICATIVA**	**PUNTOS CLAVE**
FUTURO	Hablar del futuro	• el futuro • el subjuntivo en cláusulas adverbiales

Ponerlo a prueba

Diego quiere colaborar con PEOPLink para buscar nuevas artesanías para su tienda. Diego y Laura conversan sobre el viaje que él hará a Guatemala con un miembro de la organización. Complete su diálogo con la forma correcta de los verbos entre paréntesis. **¡OJO!** El diálogo habla del futuro e incluye conjeturas e hipótesis que emplean conjugaciones en el futuro.

DIEGO: Cuando Martín y yo _____[1] (llegar) a Guatemala, _____[2] (reunirse) con un grupo de artesanos mayas.

LAURA: ¡Qué interesante! ¿Has estudiado el maya quiché para comunicarte con la gente indígena?

DIEGO: Creo que los líderes _____[3] (ser) bilingües. De todas maneras, con tal de que yo _____[4] (mantener) la mente abierta y les _____[5] (demostrar) que respeto su cultura, seguramente _____[6] (llevarse, nosotros) bien.

LAURA: ¿Qué tipos de artesanía _____[7] (importar) para la tienda?

DIEGO: A menos que _____[8] (haber) problemas en la aduana, _____[9] (traer, yo) máscaras, tejidos y objetos de plata y de jade. En cuanto _____[10] (regresar, nosotros), tú, Javi, Sergio y Sara _____[11] (saber) todos los detalles.

LAURA: ¡_____[12] (Venir, tú) con muchas aventuras que contar!

Actividades

Las siguientes actividades le darán la oportunidad de practicar el futuro y de utilizar las cláusulas adverbiales.

---

*A SPACE and THE CD are mnemonic devices. They are created from the first letter of each of the conjunctions in these lists. See pp. 346–347 of the **Explicación gramatical** section in the yellow pages for more information about these conjunctions.

A. La bola de cristal

Paso 1   Ahora que el semestre está por terminar, habrá cambios en la vida de los cinco amigos. ¿Qué les pasará? En grupos de tres, consulten su bola de cristal y predigan lo que les pasará en el futuro.

1.   Cuando Javier y Laura _____ (irse) juntos a Bolivia y Colombia,…

2.   En cuanto Sara _____ (entregar) la tesis,…

3.   Tan pronto como Diego y Cristina _____ (casarse),…

4.   Cuando Sergio _____ (ser) famoso y bien conocido en el mundo de la producción de eventos musicales,…

Paso 2   Ahora, en parejas, hagan predicciones sobre el futuro de los siguientes temas para el año 2050. ¿En qué se parecerán a su estado actual? ¿En qué serán diferentes?

1.   la apariencia física de los jóvenes 4.   la gente indígena 7.   la política

2.   la exploración espacial   5.   el romance   8.   la medicina

3.   el tiempo libre   6.   la tecnología   9.   la familia

Paso 3   Ahora, escriba tres predicciones sobre su propio futuro. Puede hablar de su apariencia física cuando sea mayor, de su futura vida amorosa, de su familia, trabajo, diversiones, etcetera. Luego, comparta sus predicciones con un compañero / una compañera. Su compañero/a reaccionará ante sus predicciones, utilizando frases como **No creo que… , Es posible que… , Dudo que… , Supongo que… .**

B.   ¿Adicto/a al Internet?

Paso 1   ¿Conoce Ud. a alguna persona adicta al Internet? ¿Cómo es? En parejas, comenten cómo ayudar a alguien que sufre de esta adicción.

Paso 2   En parejas, lean los siguientes trozos de noticias tomados de un periódico hispano. Luego, completen las oraciones con la forma correcta de los verbos entre paréntesis.

1.   *Netahólicos Anónimos,* un grupo en línea que tiene un programa de doce pasos muy similar a los doce pasos de *Alcohólicos Anónimos,* ofrece esta oración de la serenidad: «Concédeme la serenidad de saber cuándo desconectarme».

a.   En caso de que una persona adicta al Internet _____ (necesitar) ayuda para resistir la tentación de conectarse, hay una oración que puede darle la fuerza que necesite.

b.   Tan pronto como la persona adicta al Internet _____ (pronunciar) la oración de la serenidad, pudo desconectarse y salir de la casa.

c.   Cuando las personas adictas _____ (asistir) a las reuniones de gente que sufre de los mismos problemas, se sienten apoyadas y comprendidas.

2. Algunos de los síntomas de un *netahólico* / una *netahólica*: Cuando no está en línea, exhibe agitación psicomotriz (ciberataques), tiene sueños o fantasías relacionados con el Internet o exhibe movimientos involuntarios de teclear con los dedos.

    a. Cuando Alfonso _____ (estar) en línea por más de cuatro horas, empieza a sufrir de agitaciones psicomotrices.

    b. Hasta que no _____ (admitir) que es adicto al Internet, Alfonso seguirá teniendo estos síntomas sin remedio.

    c. Tan pronto como su esposa _____ (reconocer) que Alfonso sufría de ciberataques, llamó a un psicólogo para concertar una cita.

Paso 3   En parejas, imagínense que Ud. y su compañero/a son psicólogos especializados / psicólogas especializadas en el tratamiento de las adicciones. Han decidido tratar a Julio, un *netahólico* de 17 años, con hipnosis para cambiar varios aspectos de su comportamiento peligroso. Terminen las siguientes oraciones para decirle a Julio qué hará o qué le pasará en cuanto se despierte de la hipnosis.

1. Julio, la próxima vez que _____ (querer) prender la computadora…
2. A menos que _____ (tener) que hacer investigaciones para las tareas…
3. No _____ (jugar) a los videojuegos a menos que…
4. Cuando _____ (despertarse) de esta hipnosis…

PASADO

C. Dos desastres naturales   En parejas, imagínense que hicieron de voluntarios/as después del huracán Katrina en Nueva Orleans en 2005, o después del maremoto en Tailandia en 2004. Preparen un resumen de su experiencia. Recuerden que el pretérito adelanta la acción a través del tiempo y el imperfecto se usa para añadir detalles y emoción sin avanzar la acción. Utilicen algunas de las siguientes palabras en su descripción.

SUSTANTIVOS: el agua potable, los daños, la distribución, los donativos, el equipo, la esperanza, la fuerza, la pérdida, la reconstrucción

VERBOS: alcanzar, alimentar, brindar, colaborar, construir, devastar, donar, llevar a cabo, proteger, sobrevivir

ADJETIVOS: alucinante, asombroso/a, chocante, deprimente, desastroso/a, devastador(a), horripilante, inimaginable, inquietante, poderoso/a, preocupante, provechoso/a

MODELO: Llegamos a (Nueva Orleans / Tailandia) e inmediatamente fuimos a un campamento a…
Primero… Luego… Entonces… Más tarde… Finalmente…
Como pueden ver, nuestra experiencia en (Nueva Orleans / Tailandia) fue…

D. Una estrella panameña

Paso 1   Lea la siguiente información sobre Rubén Blades.

Rubén Blades nació en la ciudad de Panamá en 1948 y ahora vive entre ese país y los Estados Unidos. En los Estados Unidos, es reconocido por su arte como cantante. Ha grabado más de veinte CDs como solista y ha recibido cuatro premios *Grammy*. Como actor, ha participado en unas veintisiete películas y programas de televisión.

(Continúa.)

Rubén Blades

Lo que quizás se conoce menos de Blades en este país es su trabajo social y político. Se graduó de la Escuela de Leyes de Harvard en 1985, fue candidato presidencial en Panamá en 1994 (pero no ganó) y, en 2000, fue nombrado Embajador Mundial contra el Racismo por las ONU. Es un hombre de mucho talento, dedicado tanto a la creación artística como al activismo humanitario.

REACCIONAR
R
RECOMENDAR
Paso 2 En parejas, hagan tres reacciones a la información que acaban de leer sobre Rubén Blades. Usen algunas de las palabras de **Vocabulario del tema** como **Es asombroso que…**, **Qué intrigante que…**, **Es inesperado que…**. Acuérdense de que para reaccionar al pasado, tendrán que usar el pasado de subjuntivo.

Paso 3 ¿Qué hará Rubén Blades en su tiempo libre, y cuáles serán sus planes para el futuro? Use su imaginación y el futuro de probabilidad para contestar las siguientes preguntas. Piense en varias respuestas posibles para cada pregunta.

1. ¿Qué hará los fines de semana?
2. ¿Qué hará cuando visita Panamá?
3. ¿Qué música oirá cuando quiere relajarse?
4. ¿Con qué políticos mundiales estará en contacto?
5. ¿Quiénes serán las estrellas de Hollywood que admira?
6. ¿Qué más querrá hacer en su vida?

Rincón cultural

Lugares fascinantes

Centroamérica

El Canal de Panamá

1. **El Canal de Panamá** La construcción de este inmenso canal empezó en 1904 y terminó diez años después. Además de ser una maravilla de la ingeniería moderna, ofrece otros atractivos. Un visitante puede ver cómo pasan los barcos por las esclusas[1] de Miraflores, Pedro Miguel y Gatún. Al lado del canal, hay algunos jardines botánicos, un zoológico[2] y caminos ecológicos. En medio del canal, hay un lago artificial, creado por la presa[3] Gatún, que contiene la Isla Barro Colorado, un bosque lluvioso donde se encuentra el Instituto de Investigación Tropical Smithsonian.

[1]locks   [2]zoo   [3]dam

Tikal, Guatemala

El Lago de Nicaragua

Un lagarto de Jesucristo

2. **Tikal, Guatemala**   Es la ciudad mejor restaurada de todas las ruinas de la civilización maya. En esa ciudad silvestre[4] se encuentran pirámides, templos y plazas enormes; el complejo en sí es tan grande que uno necesita varios días para visitarlo todo. Las excavaciones arqueológicas han revelado dentro de los edificios tumbas de reyes con joyas, instrumentos y escritura jeroglífica. La mayoría de las tumbas data del siglo VIII d.C., y hay evidencia de que Tikal había sido ocupado desde 400 a.C.

3. **El Lago de Nicaragua**   Con una extensión de 8.157 km cuadrados, este es el lago más grande de Centroamérica y uno de los diez más grandes del mundo. También es el único lago de agua dulce[5] donde habitan tiburones.[6] En la parte sur del lago se encuentra un archipiélago de 38 islas que se conoce como «Solentiname». En 1965, el sacerdote católico y poeta Ernesto Cardenal estableció en Solentiname una vivienda colectiva para artistas, poetas y artesanos. Estos convivían y colaboraban con los más de 1.000 habitantes campesinos nativos de las islas. El proyecto se basaba en los principios de la justicia social y la colaboración comunitaria de la llamada «Teología de la Liberación».

4. **El Parque Nacional Tortuguero, Costa Rica**
Santuario de flora y fauna, Tortuguero sirve de vivienda a siete especies de tortuga, tres tipos de mono, perezosos[7] y otros mamíferos y más de 300 especies de pájaro. También hay lagartos[8] de un metro de extensión que parecen pequeños dinosaurios. De pequeños, estos lagartos pueden correr sobre el agua, así que se conocen como «lagartos de Jesucristo». Este es sólo uno de los muchos parques nacionales de Costa Rica dedicados a la conservación de la naturaleza y el ecoturismo.

[4]de la selva   [5]de… *freshwater*   [6]*sharks*   [7]*sloths*   [8]*lizards*

CENTROAMÉRICA		
COSTA RICA	**EL SALVADOR**	**GUATEMALA**
Gobierno república unitaria	república democrática	república democrática, unitaria y representativa
Ciudades principales San José, Cartago, Puerto Limón	San Salvador, Santa Ana, San Miguel	Ciudad de Guatemala, Quetzaltenango
Lengua oficial el español	el español	el español
Otras lenguas el inglés criollo		varias lenguas mayas
Moneda(s) el colón	el dólar estadounidense	el quetzal, el dólar estadounidense
HONDURAS	**NICARAGUA**	**PANAMÁ**
Gobierno república constitucional democrática	república unitaria	república democrática
Ciudades principales Tegucigalpa, San Pedro Sula, La Ceiba	Managua, León, Granada	Ciudad de Panamá, Colón
Lengua oficial el español	el español	el español
Otras lenguas el negro-caribe	el misquito, el inglés	el inglés criollo
Moneda(s) el lempira	el córdoba	el balboa, el dólar estadounidense

Actividades

A. Primero, busque en el mapa de Centroamérica los cuatro lugares descritos en la sección anterior. Luego, indique el grado de interés (del 1 al 4) que Ud. tiene en visitar estos lugares.

B. Túrnese con un compañero / una compañera para describir uno de los lugares fascinantes con sus propias palabras. Luego, imagínese que Ud. está organizando un viaje a ese lugar y diga lo que hará cuando llegue. Finalmente, colabore con su compañero/a para escribir una comparación entre los dos lugares que Uds. acaban de describir.

C. En parejas, imagínense que desean hacer voluntarismo. Pónganse de acuerdo sobre los dos lugares que más les gustaría visitar para hacer de voluntarios/as. Expliquen por qué escogieron esos lugares.

D. Mi viaje   Escriba un relato sobre un viaje imaginario que Ud. hizo a uno de los lugares fascinantes de Centroamérica. Siga el siguiente bosquejo.

Iba a ir a… porque…
Pero decidí ir a… porque…
El viaje fue… Primero… Luego… Entonces… Finalmente…
Si mis amigos piensan ir a… recomiendo que…
Si yo volviera algún día a…

Lo hispano en los Estados Unidos

Las «Ciudades Hermanas»

Una nueva señal en Somoto, Nicaragua

Ciudades Hermanas Internacional fue creada por el Presidente Dwight D. Eisenhower en el año 1956 con un propósito doble: fomentar la comprensión entre los pueblos del mundo y preservar la paz mundial. Quería involucrar a individuos y organizaciones municipales en una diplomacia civil con la esperanza de formar relaciones personales que disminuyeran la posibilidad de futuros conflictos mundiales. Hoy en día, hay 1.200 ciudades en los Estados Unidos hermanadas con 5.000 ciudades alrededor del mundo. En general, las afiliaciones tienen más éxito cuando ambas ciudades son similares en tamaño, tienen intereses similares y modos de vida parecidos. La relación entre ciudades hermanas les da a los ciudadanos de las dos ciudades la oportunidad de hacer intercambios culturales, profesionales y académicos.

Un ejemplo de una afiliación muy exitosa es la de Guanajuato, México, y Ashland, Oregon. La relación formal entre estas dos ciudades empezó en 1969. Guanajuato y Ashland tienen muchísimo en común. En primer lugar, las dos se ubican en las montañas. También tienen universidades públicas muy importantes con programas de bellas artes conocidos. Pero lo más importante que tienen en común es que cuentan con una rica vida cultural. Ambas ciudades patrocinan festivales culturales famosos. Ashland tiene el Festival Shakespeariano cada verano, mientras que Guanajuato recibe cada octubre a miles de personas de todo el mundo que asisten al famosísimo Festival Cervantino.

Otras relaciones entre ciudades hermanas son las de Austin, Texas, y Lima, Perú; Aspen, Colorado, y San Carlos de Bariloche, Argentina; Punta Arenas, Chile, y Bellingham, Washington; Santo Domingo, República Dominicana, y Manhattan, New York. ¿Sabe Ud. si su ciudad tiene una ciudad hermana en el mundo hispano?

Actividad de Internet

Busque información en el Internet sobre un par de las ciudades hermanas ya mencionadas o uno de los siguientes pares de ciudades centroamericanas y estadounidenses: San José, California, y San José, Costa Rica; Bangor, Maine, y Cancasque, El Salvador; Madison, Wisconsin, y Managua, Nicaragua.

1. ¿Cuándo iniciaron sus relaciones?
2. ¿Qué tienen en común las dos ciudades en cuanto al clima, festivales, monumentos, universidades, turismo, industrias, arte, música, deportes?
3. ¿Cuáles son algunos de los intercambios culturales o profesionales que han tenido éxito?
4. ¿Qué ciudad centroamericana sería una buena candidata para ciudad hermana de su ciudad? ¿Por qué cree Ud. que sería provechosa esta relación?
5. De todas las ciudades que Ud. ha conocido a través de **Lugares fascinantes** en este libro, ¿cuál le parece la mejor para ciudad hermana de su ciudad natal? ¿Cuáles son las características de una buena ciudad hermana?

Lectura

El cuento que va a leer, «Primer encuentro», fue escrito por el salvadoreño Álvaro Menéndez Leal, conocido también por su pseudónimo «Menén Desleal». Este cuento de ciencia ficción relata el primer contacto entre seres de dos planetas distintos.

Antes de leer

A. Para comentar: Los OVNIs*

Paso 1   Lea las opiniones de las siguientes personas sobre la existencia de los OVNIs.

---

*OVNI quiere decir: «Objeto volador no identificado».

> **Claro que hay OVNIs.** Los imagino redondos, llenos de luces. Y si existen extraterrestres, no tienen aspecto humano. Deben de ser más grandes y mejores que nosotros, pero no son verdes ni nada. Los de las fotos parecen ciencia ficción.
>
> **Mari Carmen Segovia**
> **21 años, niñera[1]**

> **¿Sí que hay OVNIs...?** Quizás exista vida vegetal o incluso animal en otros planetas. Ya he tenido la oportunidad de leer algunos artículos sobre el caso Roswell y he visto las fotos de los presuntos extraterrestres. A mí, la verdad, me parece que son muñecas.[2]
>
> **Belén Rodríguez**
> **24 años, agente de viajes**

[1]*babysitter* [2]*dummies*

Paso 2 En parejas, contesten las siguientes preguntas, explicando sus opiniones.

1. ¿Creen Uds. que hay vida en otros planetas?
2. ¿Creen en los OVNIs?
3. ¿Creen que los extraterrestres nos han visitado ya?
4. ¿Habrá relaciones pacíficas entre los planetas?
5. ¿Les interesa la ciencia ficción?

El primer encuentro

el encuentro	gesto	la nave[1]
asustar	descender	rogar
diplomático/a	espantoso/a	inminente

[1]*(space) ship*

B. Acercándose al tema Lea el título de la ficha a la izquierda y las nueve palabras asociadas con el primer encuentro con extraterrestres. Con un compañero / una compañera, decida si los espacios en blanco requieren un sustantivo, un verbo o un adjetivo. Luego, escoja la palabra apropiada de la ficha para completar las oraciones.

1. La visita de habitantes de otros mundos era _____. Todos sabían que vendrían.
2. El gobierno preparó a los ciudadanos para recibir a los visitantes con cortesía y les _____ que les hablaran de manera muy _____. Quería que el primer _____ fuera agradable y placentero.
3. Cuando _____ llegó, nadie se movió por miedo de que los visitantes interpretaran cualquier movimiento como un _____ hostil.
4. Pero a pesar de la buena preparación, cuando la primera figura _____ de la nave, su _____ forma _____ al representante que lo esperaba.

Primer encuentro

No hubo explosión alguna. Se encendieron, simplemente, los retro-cohetes,[1] y la nave se acercó a la superficie[2] del planeta. Se apaga-ron los retrocohetes y la nave, entre polvo[3] y gases, con suavidad poderosa, se posó.[4]v

Fue todo.

Se sabía que vendrían. Nadie había dicho cuándo; pero la visita de habitantes de otros mundos era inminente. Así, pues, no fue para él una sorpresa total. Es más:[5] había sido entrenado, como todos, para recibirlos. «Debemos estar preparados —le instruyeron en el Comité Cívico—; un día de estos (mañana, hoy mismo…), pueden descender de sus naves. De lo que ocurra en los primeros minutos del encuentro dependerá la dirección de las futuras relaciones interespaciales… Y quizás nuestra supervivencia. Por eso, cada uno de nosotros debe ser un embajador dotado[6] del más fino tacto, de la más cortés de las diplomacias».

Por eso caminó sin titubear[7] el medio kilómetro necesario para llegar hasta la nave. El polvo que los retrocohetes habían levantado le molestó un tanto; pero se acercó sin <u>temor</u> alguno, y sin temor alguno se dispuso a esperar la salida de los lejanos visitantes, preocupado únicamente por hacer de aquel primer encuentro un trance grato[8] para dos planetas, un paso agradable y placentero.

Al pie de la nave pasó un rato de espera, la vista fija en el metal <u>dorado</u> que el sol hacía destellar[9] con reflejos que le herían los ojos; pero ni por eso parpadeó.[10]

Luego se abrió la escotilla,[11] por la que se proyectó sin tardanza una estilizada escala[12] de acceso.

No se movió de su sitio, pues temía que cualquier movimiento suyo, por inocente que fuera, lo interpretaran los visitantes como un gesto hostil. Hasta se alegró de no llevar sus armas consigo.

[1]*retro-rockets (for decelerating)* [2]*surface* [3]*dust* [4]*se… landed* [5]*Es… What's more* [6]*endowed* [7]*sin… without hesitating* [8]*trance… pleasant moment* [9]*sparkle* [10]*pero… but not even that made him blink* [11]*hatch* [12]*ladder*

Lentamente, oteando,[13] comenzó a insinuarse,[14] al fondo de la escotilla, una figura.

Cuando la figura se acercó a la escala para bajar, la luz del sol le pegó de lleno.[15] Se hizo entonces evidente su horrorosa, su espantosa forma.[v]

Por eso, él no pudo reprimir[16] un grito de terror.

Con todo, hizo un <u>esfuerzo</u> supremo y esperó, fijo en su sitio, el corazón al galope.[17]

La figura bajó hasta el pie de la nave, y se detuvo frente a él, a unos pasos de distancia.

Pero él corrió entonces. Corrió, corrió y corrió. Corrió hasta avisar a todos, para que prepararan sus armas: no iban a dar la bienvenida a un ser con *dos* piernas, *dos* brazos, *dos* ojos, *una* cabeza, *una* boca… [v]

---

[13]*looking things over*   [14]aparecer   [15]le… *revealed him fully*   [16]*suppress*   [17]al… a toda velocidad

¿Quién(es)? ¿Dónde? ¿Qué pasó?

Después de leer

A. Comprensión

Paso 1   Conteste las siguientes preguntas, según el cuento.

1. ¿Esperaba el protagonista la llegada de seres de otro mundo?
2. Según el Comité Cívico, ¿cómo se debía recibir a los visitantes?
3. ¿Cómo reaccionó el protagonista cuando vio al visitante?
4. ¿Cómo era el visitante? ¿Quién o qué era?

Paso 2   En parejas, hagan un resumen del cuento. Incluyan tantos detalles como puedan.

B. El editor exigente
Un editor ha leído el cuento y pide que se hagan algunos cambios. Imaginándose que Ud. es el autor Álvaro Menéndez Leal, escriba un párrafo adicional, según una de las sugerencias del editor y manteniendo el tono general del cuento.

1. «Me interesa saber más sobre el protagonista. ¿Cómo es su apariencia física? ¿Cuál es su profesión? ¿Qué edad tiene? ¿Tiene familia?»
2. «¿Qué pasó cuando el protagonista llegó a su pueblo? ¿Cómo reaccionaron los demás? ¿Creyeron lo que les contó? ¿Qué hicieron con los recién llegados?»

C. Ud. y la ciencia ficción

Paso 1   Comente lo siguiente sobre Ud. y la ciencia ficción.

1. Describa un programa de televisión, un libro o una película que trate el tema de una visita de extraterrestres que Ud. ha visto o leído.
2. ¿Cómo se describen las relaciones entre los extraterrestres y los seres humanos en ese programa, libro o película?

(Continúa.)

3. ¿Qué características tienen los diferentes extraterrestres? ¿En qué se parecen a los seres humanos? ¿En qué son diferentes?

4. ¿Qué papel desempeña la Tierra en las relaciones interespaciales? ¿Qué papel desempeña este país?

5. ¿Cree Ud. que ese programa, libro o película ofrece una visión factible (*feasible*) de las relaciones interespaciales del futuro? ¿Qué diferencias habrá entre esa visión y lo que Ud. cree que sucederá?

Paso 2 Comparta sus respuestas con un compañero / una compañera. ¿Tienen Uds. la misma visión del futuro?

D. El primer encuentro Escriba un diálogo en el que Ud. narre el primer encuentro entre un ser humano y un extraterrestre que acaba de llegar a la Tierra. ¿Cómo será ese encuentro? ¿placentero? ¿difícil? ¿horripilante? ¿ ? ¡Use su imaginación!

E. Las noticias de la llegada Imagínese que Ud. es un(a) habitante del planeta representado en «Primer encuentro». El día después de la llegada de los seres humanos a su planeta, Ud. lee los siguientes titulares en el periódico local y los comenta con dos amigos. En grupos de tres, preparen una reacción, una recomendación y una hipótesis para cada titular.

1. POR FIN LLEGAN LOS VISITANTES DE OTRO PLANETA

   a. reacción   b. recomendación   c. Si yo/ellos…

2. EL CIUDADANO QUE LOS ENCONTRÓ SE ASUSTÓ ANTE LA APARIENCIA HORRIPILANTE DE LOS VISITANTES

   a. reacción   b. recomendación   c. Si yo/ellos…

3. TIENEN SÓLO DOS PIERNAS, DOS BRAZOS, DOS OJOS, UNA CABEZA Y UNA BOCA

   a. reacción   b. recomendación   c. Si yo/ellos…

4. EL CIUDADANO QUE LOS ENCONTRÓ DESCANSA EN UN HOSPITAL PSIQUIÁTRICO

   a. reacción   b. recomendación   c. Si yo/él…

5. DICEN QUE VIENEN EN PAZ, PERO NO DEBEMOS CONFIAR EN ELLOS

   a. reacción   b. recomendación   c. Si yo/ellos…

F. La inmigración y la discriminación Imagínese otro planeta que es mucho más avanzado que el nuestro. Allí los seres tienen mejor calidad de vida que la de aquí. Hay más trabajo con mejores sueldos, más acceso a la educación, un sistema médico más avanzado, etcétera.

Aquí en la Tierra se experimentan muchos problemas: la pobreza, el hambre, el desempleo, las enfermedades, etcétera. Por eso, Ud. y su familia deciden emigrar al nuevo planeta en busca de una nueva vida. Pensando en lo que Ud. haya leído y comentado este semestre en cuanto a la experiencia de los inmigrantes, conteste las siguientes preguntas.

1. ¿Cómo se sentirá Ud. al dejar a sus amigos y a otros familiares? ¿Qué les prometerá?

2. ¿Cómo se sentirá cuando tenga que dejar sus viejas costumbres y aprender otras nuevas?

(Continúa.)

3. Ya que los del nuevo planeta consideran que la Tierra es un planeta inferior y subdesarrollado, a los seres humanos se les ofrecen sólo los trabajos menos deseados. Ud. hizo estudios universitarios en la Tierra, pero ¿cómo se sentirá cuando tenga que hacer trabajos manuales? ¿Cómo se preparará para hacerlos?

4. ¿Qué hará si tiene que aprender un nuevo idioma porque está prohibido que hable su lengua materna?

5. ¿Cómo se sentirá si lo/la acusan de criminal, si lo/la marginan de la sociedad dominante o si lo/la tratan como un ser inferior?

6. ¿Cómo enfrentará esos prejuicios?

¡A escribir!

A. **Lluvia de ideas**   En grupos pequeños, hagan una lista de los avances que se lograrán en el futuro en las siguientes áreas: (1) la informática, (2) la exploración espacial, (3) la clonación y el uso de células madre (*stem cells*) y (4) el medio ambiente y la habilidad de anticipar los desastres naturales.

B. **Composición: Una propuesta**   Con los avances tecnológicos en estas áreas habrá dilemas morales y éticos que tendremos que enfrentar. Imagínese que Ud. forma parte de un club estudiantil que discute cuestiones éticas desde varias perspectivas. El club quiere proponer un curso sobre la tecnología y la ética que sea obligatorio para todos los estudiantes de su universidad. Siga el bosquejo.

1. escoger un título preliminar

2. escribir un párrafo introductorio presentando la idea del grupo y anticipando los distintos elementos de la propuesta

3. describir la necesidad del curso incluyendo cuáles son los avances que podrían causar problemas

4. describir las cuestiones éticas y morales que se discutirán en el curso

5. describir algunos de los materiales que se usarán en el curso, como libros, películas, periódicos, revistas, sitios en el Internet, etcétera (Especifique algunos nombres.)

6. escribir una conclusión que explique por qué el grupo cree que ese curso, no sólo se debe ofrecer, sino que debe ser obligatorio

7. reflexionar sobre el título y cambiarlo si quiere

C. **Diálogo**   En grupos de tres, lean las propuestas de sus compañeros y luego escojan la que sería más apropiada para el programa piloto de su universidad.

Hablando del tema

Antes de empezar a conversar con sus compañeros de clase sobre los siguientes temas, prepare una ficha para la conversación, otra para el debate y otra para la reacción ante la cita. Vea la explicación de las fichas en el **Apéndice 1.**

A. Conversación: La tecnología comunicativa Revise las expresiones de **Para conversar mejor.** Luego, en parejas o en grupos de tres, contesten las siguientes preguntas.

> ### Para conversar mejor
>
> Creo/opino/supongo que…   Es posible que…
> Dudo que…   Hay que tener en cuenta que…
> Es evidente que…   No creo que…

- ¿Cuáles son las ventajas y desventajas de la tecnología comunicativa (la televisión, la radio, el Internet) a nivel global?

- ¿Creen Uds. que la tecnología comunicativa ha unido o ha dividido a la gente a nivel global? ¿Creen que tiene la capacidad de romper fronteras políticas y culturales? ¿O es que la brecha digital fortalece estas fronteras?

- Dado el hecho de que los canales de televisión, las emisoras de radio y los periódicos nacionales más importantes se controlan por las mismas compañías y gobiernos, los cuales tienen sus propios intereses económicos y políticos, ¿creen Uds. que el Internet puede ser un espacio más democrático que los otros medios de comunicación? Expliquen.

- ¿Es la censura un problema en cuanto a la televisión, la radio, la prensa o el Internet? Expliquen.

B. Debate: Las clases virtuales Revise las expresiones de **Para debatir mejor.** Después, prepare tres argumentos a favor y tres en contra del valor de una licenciatura (*bachelor's degree*) virtual. Luego, presente sus argumentos en un debate. No sabrá qué lado tendrá de defender.

> ### Para debatir mejor
>
> **A FAVOR**   **EN CONTRA**
> Eso es.   Eso no tiene sentido.
> Estoy de acuerdo.   Lo siento, pero…
> Muy bien dicho.   ¿Hablas en serio?
> No cabe duda.   Todo lo contrario.

«Una licenciatura obtenida a través de un programa virtual es tan valiosa como una licenciatura que se obtiene asistiendo a clases en vivo».

C. Reacción: El poder del dinero privado   Revise las expresiones de **Para reaccionar mejor.** Luego, reaccione ante la siguiente cita. Añada razones que apoyen sus opiniones.

Para reaccionar mejor

Es alarmante que…	Es inimaginable que…
Es asombroso que…	Es probable que…
Es evidente que…	Es vergonzoso que…

«Después del maremoto en Tailandia y del huracán Katrina, el sector privado fue más efectivo en ofrecer ayuda que el sector gubernamental. Estamos llegando al punto en que ya no podemos contar con nuestros gobiernos. Son los ricos como Bill Gates y Oprah Winfrey quienes nos van a salvar en los momentos más desastrosos».

Un sueño virtual

D. Volver a considerar   En este capítulo, Ud. exploró el tema del mundo del futuro. En parejas, contesten las siguientes preguntas. Noten cómo ha mejorado su habilidad de expresarse sobre estos temas.

- ¿Qué aspectos tecnológicos cambiarán la vida para siempre?
- ¿Cuáles son los problemas más graves del medio ambiente y cómo se resolverán en el siglo XXI?
- ¿Qué tipo de formación profesional y experiencia práctica necesitará la gente joven para poder resolver los problemas globales?
- ¿Encontraremos vida en otros planetas?
- La escena que se ve en el cuadro representa a una niña guatemalteca obsesionada con el Internet. ¿Cómo cambiarán las comunidades aisladas del mundo con el acceso omnipresente al Internet?

E. Un sueño virtual   En parejas, hablen del cuadro con todos los detalles posibles, tratando de utilizar todas las metas comunicativas.

La globalización

Reflexiones sobre la paz, *de Yelba Ubau*

En este capítulo, Ud. va a explorar el tema de la globalización.

Preguntas para considerar

- ¿Cree Ud. que la globalización es un fenómeno positivo para el mundo? Explique.

- ¿Cree que es posible erradicar la pobreza mundial antes del año 2025? Explique.

- ¿Cree que el consumerismo rampante es necesario para el desarrollo de una economía fuerte? Explique.

- ¿Le importa saber de dónde vienen los productos que Ud. usa? Explique.

- ¿Qué siente Ud. al contemplar el cuadro que se ve en esta página?

Puntos clave

SÍNTESIS

Temas centrales

- la globalización y la colaboración mundial

- la erradicación de la pobreza

- el comercio justo

- la revaluación de las artesanías de las mujeres

- la revolución sandinista

La entrevista

Listen to this interview in the **La entrevista** section of this chapter on the *Online Learning Center* (**www.mhhe.com/metas**).

La globalización y las culturas indígenas

Una artesana guatemalteca

Situación: Para su programa de radio, Sara entrevista a la doctora Mari Luz Sosa, una socióloga venezolana que estudia los efectos de la globalización en las culturas indígenas.

SARA: Hoy la socióloga venezolana Mari Luz Sosa está con nosotros para hablar de los efectos de la **globalización** en las sociedades indígenas de Centroamérica. Sus estudios, así como los de otros, ponen en duda el beneficio de la globalización para las comunidades locales. Bienvenida, Dra. Sosa.

DRA. SOSA: Gracias por invitarme, Sara. Pues sí, mucha gente entiende que la globalización es un proceso de expansión rápida del **capital** a nivel global hecha posible por los avances tecnológicos. Se habla del **enriquecimiento** del mundo y de la desaparición de **fronteras,** pero con frecuencia los proponentes de la globalización **subestiman** sus efectos dañinos en las poblaciones indígenas.

SARA: Algunos dicen que quienes se benefician de la globalización es la **élite** y que los que **proveen** la **mano de obra** siempre se quedarán excluidos de las ventajas y los beneficios de la globalización.

DRA. SOSA: La **prioridad** tiene que ser el **reconocimiento** de que una economía global impacta todos los aspectos de la vida, y que la **supervivencia** de la diversidad cultural vale mucho. Por ejemplo, puede que **a corto plazo** una comunidad se enriquezca por las **inversiones** económicas de una compañía multinacional, pero que **a largo plazo,** pierda su autonomía e **iniciativa** propias. Nosotros queremos **encontrar caminos** para **rescatar** y revalorizar nuestras tradiciones.

SARA: He leído mucho sobre los esfuerzos de las organizaciones no gubernamentales, la **ONU** e incluso de algunas universidades de la necesidad de **tomar conciencia** de lo que podemos hacer para **fomentar** una colaboración mundial más **justa** para todos. Hablando de esfuerzos, ¿nos puede decir algo sobre su trabajo con «Colores del Pueblo»?

DRA. SOSA: «Colores del Pueblo» es una organización **sin fines de lucro** que se especializa en vender productos **artesanales** y **agrícolas** orgánicos de Latinoamérica. Practicamos los valores del **comercio justo** para **asegurar** que los productores reciban una buena compensación por su trabajo. También promovemos el **desarrollo sostenible** en las comunidades donde trabajamos.

SARA: Sé que aquí, a nivel nacional, los productos de comercio justo son cada vez más populares... Bueno, casi se nos acaba el tiempo. Antes de despedirnos, cuéntenos algo sobre *su* presentación en el próximo congreso «Las Américas en el Siglo XXI».

DRA. SOSA: Con mucho gusto. Mi presentación, titulada «Manos de mujer», incluirá demostraciones de tejidos, de danzas y de algunas ocupaciones **cotidianas** de las mujeres indígenas de Centroamérica.

SARA: Estoy segura de que la belleza de sus tejidos y la capacidad expresiva y comunicativa de las artesanas les llamarán la atención a muchos.

DRA. SOSA: Creo que es importante enfatizar que no son solamente las mujeres mayores del pueblo las que se ocupan de mantener las tradiciones. Ahora muchas mujeres jóvenes buscan su identidad por medio de las tradiciones culturales de su gente. Eso es lo que más me emociona.

SARA: Tengo muchas ganas de asistir a la presentación. Gracias, Dra. Sosa.

DRA. SOSA: A Uds.

Actividades

A. Comprensión   Conteste las siguientes preguntas, según la entrevista.

1. ¿Por qué dice la Dra. Sosa que la globalización no es siempre positiva para todos?
2. Cuando se habla de los efectos de la globalización, ¿cuál debe ser la prioridad, según la Dra. Sosa?
3. ¿Qué hace la organización «Colores del Pueblo»?
4. ¿Sobre qué será la presentación de la Dra. Sosa en el congreso?
5. ¿Por qué es interesante la actividad de las mujeres jóvenes?

B. ¿Qué opina Ud.?   Indique si Ud. está de acuerdo o no con las siguientes afirmaciones. Luego, comparta sus opiniones con un compañero / una compañera.

	ESTOY DE ACUERDO.	NO ESTOY DE ACUERDO.
1. Es importante estudiar la globalización y sus efectos.	☐	☐
2. Sería interesante aprender sobre la política y la economía a nivel global.	☐	☐
3. Es importante saber de dónde vienen los productos que usamos.	☐	☐

	ESTOY DE ACUERDO.	NO ESTOY DE ACUERDO.
4. Es necesario usar productos de comercio justo.	☐	☐
5. Los países pobres son pobres porque su gobierno y sus clases dirigentes son corruptos.	☐	☐

C. Conversación   En parejas, contesten las siguientes preguntas.

1. ¿Debemos aceptar el hecho de que la globalización es el futuro del mundo? Expliquen.

2. ¿Creen Uds. que la exportación de trabajos domésticos a otros países es bueno para este país y para los países más pobres porque sus habitantes pueden ganarse la vida con las oportunidades que les presenta el trabajo que hacen para nosotros? Expliquen.

3. ¿Debemos encontrar caminos para salvar los aspectos únicos de las culturas del mundo? Expliquen.

4. ¿Tendrán menos importancia las fronteras entre los países en el mundo del futuro gracias a la globalización? Expliquen.

Vocabulario del tema

Para hablar de la globalización

asegurar	to assure
beneficiar(se)	to benefit
convivir	to live with
depender (de)	to depend
encontrar caminos	to find paths, ways
erradicar	to erradicate
fomentar	to promote, foster
ganarse la vida	to earn a living
garantizar	to guarantee
invertir	to invest
proveer	to provide
recaudar fondos	to raise money
rescatar	to rescue
subestimar	to underestimate
tomar conciencia	to take notice

Para hablar de la economía y política globales

el capital	(economic) capital
la codicia	greed
el comercio justo	fair trade

la conciencia	consciousness
el consumismo	consumerism
el desarrollo sostenible	sustainable development
la desigualdad	inequality
la élite	elite
el enriquecimiento	enrichment
el/la filántropo/a	philanthropist
la frontera	border
la globalización	globalization
el ingreso	income
la iniciativa	initiative
la inversión	investment
la mano de obra	labor
la Organización de Naciones Unidas (ONU)	United Nations
la prioridad	priority
el reconocimiento	recognition
la supervivencia	survival
el trato	treatment

Para describir la globalización y el futuro

agrícola	agricultural	consciente	conscious
artesanal	artisan	cotidiano/a	daily
a corto plazo	in the short run	corrupto/a	corrupt
a largo plazo	in the long run	filantrópico/a	philanthropic
capacitado/a	trained	justo/a	just, fair
codicioso/a	greedy	sin fines de lucro	nonprofit

Actividades

A. **Vocabulario en contexto**   En parejas, escojan la palabra apropiada para completar las siguientes oraciones e indiquen si están de acuerdo con ellas o no. Luego, expliquen sus opiniones.

	ESTOY DE ACUERDO.	NO ESTOY DE ACUERDO.
1. El _____ (consumismo / desarrollo sostenible) rampante en algunos países es una de las causas principales de la desigualdad.	☐	☐
2. La vigilancia de las _____ (superviviencia / frontera) nacionales debe ser una prioridad.	☐	☐
3. Comprar productos de comercio justo ayuda a los trabajadores _____ (agrícola / codicioso).	☐	☐
4. Para salvar el medio ambiente, debemos _____ (fomentar / garantizar) el desarrollo sostenible en las zonas rurales.	☐	☐
5. Es necesario _____ (erradicar / tomar conciencia de) la desigualdad a nivel mundial.	☐	☐
6. Es el deber (*duty*) del gobierno _____ (depender de / rescatar) las víctimas de desastres naturales.	☐	☐
7. _____ (El ingreso / La inversión) de capital en los países pobres beneficia a todos.	☐	☐
8. Para que podamos obtener productos más baratos, debemos buscar la _____ (mano de obra / codicia) en otros países.	☐	☐
9. Debemos tratar de _____ (ganarse la vida / encontrar caminos) para asegurar que el mundo del futuro sea un mundo más justo.	☐	☐

B. Los objetivos de desarrollo de la ONU para el milenio

Paso 1   Lea la lista de los ocho objetivos principales de una iniciativa de la ONU. Los objetivos han galvanizado esfuerzos sin precedentes para ayudar a los más pobres del mundo.

Paso 2   Ahora, en parejas, terminen las siguientes afirmaciones para hablar del futuro de los objetivos.

1. _____ (Erradicar, nosotros) la pobreza y el hambre a nivel global con tal de que…

2. Para que se _____ (lograr) la enseñanza primaria universal,…

3. Antes de que se _____ (reducir) la mortalidad infantil,…

4. _____ (Haber) igualdad entre los géneros tan pronto como…

5. A menos que _____ (garantizar, nosotros) la sostenibilidad del medio ambiente,…

6. En cuanto se _____ (establecer) una asociación mundial para el desarrollo,…

Paso 3   Lea lo que han hecho algunos filán tropos.

Algunos filántropos ya han comenzado a invertir en posibles soluciones a los problemas mundiales. El archimillonario Bill Gates ha anunciado que su fundación donará 900 millones de dólares a la lucha contra la tuberculosis. Bono, el cantante de U2, promueve una iniciativa mediante la que empresas como American Express, Armani, Converse o GAP lanzarán una línea de productos que destinarán el 40 por ciento de sus ingresos a la lucha contra el SIDA. Bono también ha encabezado una campaña popular para erradicar la pobreza en África mediante la cancelación de la deuda externa de los países más pobres del mundo.

Paso 4   Uno no tiene que ser rico y famoso para empezar a cambiar el mundo. Trabajando en grupos de tres, hagan el papel de un comité local, encargado de efectuar los cambios necesarios para que se cumpla uno de los ocho objetivos alistados en el **Paso 1.** Preparen un informe en el que especifiquen cinco cosas que harán a nivel local para ayudar a realizar ese objetivo antes de 2015. Usen conjunciones como **para que, cuando** y **después de que** en tres de sus oraciones.

C. El comercio justo

Paso 1 Lea el siguiente artículo sobre el comercio justo.

«Antes de que termines de desayunar esta mañana, habrás dependido de la mitad del mundo».

—Martin Luther King, hijo.

Una reflexión interesante. Y también deprimente, cuando te das cuenta de que todas las personas de las que has dependido para obtener tu café y tu muesli están siendo explotadas y oprimidas, casi con toda seguridad, por el injusto equilibrio de poderes existente en el comercio mundial.

Pero, ¿qué puedes hacer tú? En este momento, puedes hacer dos cosas: Puedes comprar productos de Comercio Justo. Y puedes hacer oír tu voz.

Comercio Justo es un movimiento internacional en crecimiento que garantiza que los productores de los países pobres consigan un trato justo. Esto implica un precio justo para sus productos que cubra el costo de producción y garantice unos ingresos de supervivencia, contratos a largo plazo que proporcionen una seguridad real y, para muchos, apoyo para adquirir el conocimiento y las habilidades que necesitan para desarrollar sus negocios e incrementar las ventas.

Comercio Justo y la campaña por un Comercio con Justicia

El movimiento de Comercio Justo es una de las respuestas más importantes a los problemas a los que se enfrentan los productores de materias primas.[1] Proporciona a los consumidores la oportunidad de utilizar su poder de compra para inclinar la balanza, por poco que sea, a favor de los pobres. Sin embargo, el Comercio Justo, por sí solo, no puede abordar la crisis a la que se enfrentan millones de pequeños agricultores y productores que ven su supervivencia amenazada por los bajos precios y la competencia desleal[2] de los países ricos.

Esto sólo se puede conseguir cambiando las injustas reglas del comercio internacional de manera que beneficien no sólo a las ricas multinacionales sino también a los pequeños productores.

Mientras tanto, para cientos de miles de personas, Comercio Justo significa la diferencia entre la existencia precaria y la posibilidad de hacer planes de futuro. [...]

[1]materias... *raw materials* [2]*unfair*

Paso 2 En parejas, indiquen quién tendría las siguientes reacciones al leer el artículo del **Paso 1. ¡OJO!** Puede haber más de una respuesta correcta.

a. una campesina salvadoreña

b. el jefe de una compañía multinacional

c. un sacerdote

d. una estudiante de un país rico

1. _____ «Fue asombroso enterarme de que había tanta injusticia en el mundo».

2. _____ «Es inimaginable que les paguemos más a los productores y tengamos buenas ganancias todavía».

3. _____ «Es desastroso para mi familia que los precios sigan bajando».

4. _____ «Si mis decisiones impactaran a los negocios, compraría sólo productos de comercio justo, pero no estoy convencida de eso».

5. _____ «Usar productos de comercio justo es un acto humanitario y compasivo».

6. _____ «Es problemático para nosotros porque si les pagamos más a los productores, tendremos que subir los precios de estos productos en nuestro país».

7. _____ «Algunos de los consumidores de los países ricos no están conscientes de que ayudan a perpetuar mi pobreza».

Paso 3   En parejas, contesten las siguientes preguntas.

1. ¿Qué opinan Uds. de las ideas expresadas en el artículo? (Usen algunas palabras del **Vocabulario del tema** en su respuesta.)

2. ¿Son populares en su universidad los productos de comercio justo? ¿Prestan atención al origen de los productos que usan? ¿Hay productos que no compren o lugares en donde prefieran no comprar porque saben que a esos negocios no les importa el comercio justo? Expliquen.

3. ¿Tienen los países ricos la responsabilidad de apoyar a los países pobres? ¿O es que los países en vías de desarrollo tienen la responsabilidad de cambiar sus propios sistemas de manejar su economía? ¿Creen que los países ricos ya hacen lo suficiente para ayudar a los países pobres? Expliquen.

4. En su opinión, ¿es buena o mala la globalización? Expliquen.

Puntos clave

▲▲▲▲▲▲▲▲▲▲▲▲▲▲▲▲▲▲▲▲▲▲▲▲▲▲▲▲▲▲▲▲▲

En esta sección del capítulo, Ud. va a seguir practicando la meta comunicativa **Hablar del futuro,** pero trabajará con las otras metas comunicativas también. Antes de continuar, estudie las explicaciones de las estructuras gramaticales en las páginas amarillas (344–348).

Actividades

A. Hacer de voluntario/a

Paso 1   Lea los anuncios en la siguiente página sobre algunas oportunidades para dedicar su tiempo, conocimiento, empatía, creatividad y generosidad a los demás.

¡Más allá de la playa!

Pasa el verano haciendo de voluntario en el bosque lluvioso de Costa Rica.

- Investigaciones sobre los pájaros, monos y tortugas costarricenses
- Identificación de orquídeas
- Proyectos de ecoturismo
- Colaboración en el desarrollo de agricultura orgánica

«Aprendimos tanto de la naturaleza y de la generosidad de la gente. Esta experiencia cambió cómo entendemos nuestro lugar en el mundo. ¡Gracias, Costa Rica!»

Claudia, Albany, NY, EE UU

¡Tu grano de arena* para un futuro mejor!

Ven a Antigua a trabajar con niños guatemaltecos.

- Dar clases de español básico a niños de primaria
- Atender a los niños de un orfanato
- Dar clases de arte a adolescentes
- Ofrecer instrucción en basquetbol

«Los niños son increíbles —me enseñaron a ver el mundo con ojos diferentes. Ha sido una experiencia alucinante».

Gabriel, Reno, NV, EE UU

Paso 2 Imagínense que Ud. y un compañero / una compañera han decidido participar en estos programas. Uno/a de Uds. (estudiante A) irá a Costa Rica; el otro / la otra (estudiante B) irá a Guatemala. Háganse las siguientes preguntas y sean creativos en sus respuestas.

PREGUNTAS PARA EL/LA ESTUDIANTE A

1. Cuando _____ (estar) en Costa Rica, ¿en cuál de los cuatro proyectos trabajarás?
2. Para que _____ (poder) comunicarte bien con los costarricenses, ¿qué harás para repasar tu español?
3. Antes de que _____ (empezar) el programa, ¿qué harás para estar en buenas condiciones físicas?
4. Tan pronto como _____ (terminar) el proyecto, ¿volverás directamente a casa o seguirás viajando?

PREGUNTAS PARA EL/LA ESTUDIANTE B

1. Antes de que _____ (ir) a Guatemala, ¿qué tienes que hacer?
2. Con tal de que la agencia te _____ (permitir) escoger el grupo con el que quieres trabajar, ¿con qué edad estarás más cómodo/a?
3. En caso de que _____ (tener) que dar clases de arte, ¿qué materias llevarás de casa para estar preparado/a?
4. En cuanto _____ (llegar) a Antigua, ¿qué harás para integrarte en la cultura guatemalteca?

---

*La expresión **aportar tu grano de arena** quiere decir: «*to do your part* (*to contribute your grain of sand*)». Se usa para referirse a un proyecto grande al que todos contribuyen un poco para realizarlo. Si todos **aportamos nuestro grano de arena...**

Paso 3 Escriba una tarjeta postal como si fuera un(a) estudiante que pasa sus vacaciones haciendo de voluntario/a en Costa Rica o Guatemala. Hable sobre su experiencia allí y trate de convencer al destinatario (*recipient*) de la tarjeta postal de que haga lo mismo en sus próximas vacaciones.

B. Una universidad para el futuro

Paso 1 Lea el siguiente párrafo sobre la Universidad para la Paz.

La Universidad para la Paz fue fundada en 1980 bajo el auspicio de la ONU. Ofrece un programa universitario para personas interesadas en promover y obtener la paz mundial. Su objetivo principal es: «promover entre todos los seres humanos un espíritu de entendimiento, tolerancia y coexistencia pacífica, estimular la cooperación entre los pueblos y ayudar a disminuir los obstáculos y amenazas a la paz y el progreso mundiales». La sede está en Costa Rica, país conocido por su compromiso con la paz y la democracia, y hay academias e instituciones afiliadas en muchos otros países.

MUESTRA DE CURSOS OFRECIDOS

- La ley internacional y los derechos humanos
- Los recursos naturales y el desarrollo sostenible
- El género y la paz
- La paz en la educación
- Los niños, la juventud y los conflictos armados
- La psicología de la violencia y la paz

Paso 2 En grupos de cuatro, contesten las siguientes preguntas, según el párrafo.

1. ¿Qué les interesa a Uds. de esta universidad? ¿Qué cursos les interesan? Expliquen.
2. Si tuvieran la oportunidad de estudiar un semestre en esta universidad u otra similar, ¿lo harían? Expliquen.
3. Si hubiera más universidades como esta, ¿cambiaría el mundo? ¿De qué forma cambiaría? Expliquen.
4. ¿Se ofrecen en su universidad especialidades como las que ofrece la Universidad para la Paz? ¿Cuáles son?

Paso 3 En parejas, hagan el papel de un(a) estudiante que empezará a estudiar en la Universidad para la Paz el próximo año. Terminen sus pensamientos respecto a sus expectativas sobre el futuro.

1. Tan pronto como _____ (llegar) a la universidad,…
2. Antes de que _____ (terminar) mis estudios,…
3. En cuanto yo _____ (graduarse),…
4. Después de que mis compañeros y yo _____ (hacer) una pasantía (*internship*) en la ONU, _____ (estar) preparados para…
5. Cuando _____ (obtener) mi licenciatura,…

Paso 4 Escoja uno de los cursos mencionados en el **Paso 1,** o invente otro curso, y escriba una descripción del curso para el catálogo de la universidad. Su descripción debe explicar qué se estudiará, qué se hará y cuáles son las expectativas del curso. **¡OJO!** Debe usar el futuro en su descripción.

C. Romero

Paso 1 Lea la siguiente reseña de la película *Romero*.

Romero, *con Raúl Julia*

Romero se basa en la historia verídica del arzobispo Óscar Arnulfo Romero, un sacerdote salvadoreño que se transforma de un humilde clérigo en un poderoso y querido líder político. Ardiente defensor de los derechos humanos frente a la tiranía de los gobiernos militares de El Salvador, Romero lucha junto al pueblo salvadoreño para mejorar las condiciones de vida de los desposeídos. Durante tres años, domingo tras domingo, sus homilías llegan a convertirse en un elemento político de enorme magnitud. Son retransmitidas por la mayoría de las emisoras de radio del país y analizadas al día siguiente en los periódicos. Por ser un hombre que busca incesantemente la justicia en defensa de los más necesitados recibe amenazas de la extrema derecha y de la ultraizquierda. Por estar al lado de los débiles, lo llaman subversivo. Trágicamente, es asesinado con un disparo al corazón, por los escuadrones de la muerte del gobierno, mientras celebra una misa.

PASADO
P

Paso 2 Cambie al pasado la narración de la reseña de la película. **¡OJO!** Preste atención al uso del pretérito y el imperfecto.

GUSTOS
G

Paso 3 En parejas, combinen los elementos y terminen las siguientes oraciones sobre lo que leyeron en el **Paso 1. ¡OJO!** Conjuguen los verbos en el pasado.

1. los oprimidos / encantar / escuchar las homilías por radio porque…
2. las catorce familias salvadoreñas más ricas / molestar / la amenaza contra su bienestar personal porque…
3. el arzobispo Romero / interesar / resolver los problemas pacíficamente porque…
4. la gente pobre / faltar / los recursos para sobrevivir porque…
5. los escuadrones de la muerte / convenir / eliminar a los que hablaban contra la tiranía de los militares porque…
6. todo el mundo / doler / saber del asesinato del arzobispo Romero porque…

HIPÓTESIS
H

Paso 4 En parejas, digan qué haría el arzobispo Romero, o qué pasaría, sobre los siguientes temas si Romero viviera todavía.

Si Romero viviera todavía,…

1. la pobreza en que sigue viviendo la gente indígena de Latinamérica…
2. el terrorismo mundial en nombre de la religión…
3. los objetivos de desarrollo del milenio de la ONU…

D. Dos Nobeles centroamericanos

Paso 1 Lea las siguientes biografías de dos centroamericanos que han recibido el Premio Nobel.

Óscar Arias Sánchez

Rigoberta Menchú

Óscar Arias Sánchez nació en Heredia, Costa Rica, en 1940. Tuvo una niñez y una juventud privilegiadas. Hizo sus estudios universitarios en Costa Rica y luego se doctoró en ciencias políticas en la Universidad de Essex en Inglaterra. Al regresar a su país natal, fue profesor de ciencias políticas en la Universidad de Costa Rica y ocupó varios puestos en el gobierno hasta 1986, cuando fue elegido presidente de Costa Rica. Debido a su famoso «Plan Arias», que acabó con la guerra civil de Nicaragua y estableció un acuerdo de paz entre los guerrilleros y las autoridades de El Salvador, a Arias le fue otorgado[1] el Premio Nobel de la Paz en 1987. Actualmente trabaja en su Fundación Arias Para la Paz y el Progreso Humano, fundado con el dinero que él recibió del Premio Nobel.

Rigoberta Menchú nació en Chimel, un pueblo de la selva de Guatemala, en 1959. Es india maya de la tribu quiché. Durante su niñez, trabajó con sus padres cosechando algodón y café para la gente rica de las grandes fincas del sur del país. Después, pasó a la Ciudad de Guatemala para trabajar como sirvienta doméstica. Heredó de su padre una gran conciencia social. Debido a las confrontaciones constantes entre la gente indígena y las facciones de descendencia europea de su país, Menchú vio muchas atrocidades que la impactaron de manera personal. Después de pasar ocho años exiliada en México, regresó a Guatemala para participar de manera íntegra en la defensa de su gente. Su trabajo le mereció el Premio Nobel de la Paz en 1992. Usó su dinero para crear la Fundación Rigoberta Menchú Tum, dedicada a la lucha por la justicia social y los derechos humanos de los indígenas de Centroamérica.

Paso 2 En parejas, escriban tres o cuatro oraciones para hacer una comparación entre Óscar Arias y Rigoberta Menchú. Utilicen expresiones como **más… que, menos… que** y **tanto… como**.

Paso 3 La mitad de la clase representará La Fundación Arias Para la Paz y el Progreso Humano, y la otra mitad representará La Fundación Rigoberta Menchú Tum. En grupos de tres, preparen una lista de tres o cuatro proyectos que su fundación financiará el año que viene. Tengan en cuenta las cuestiones sobre Centroamérica que han estudiado en este capítulo y prepárense para explicarles a sus compañeros cómo estos proyectos resolverán ciertos problemas.

[1]*awarded*

Rincón cultural

Un momento histórico

La revolución sandinista

Revise el **Vocabulario útil** y lea el resumen sobre la revolución sandinista.

En el aniversario de la revolución, Managua, Nicaragua

En 1979, el Frente Sandinista de Liberación Nacional (FSLN) ganó una guerra civil en contra de la tiranía de la familia Somoza y tomó control del gobierno de Nicaragua. Los sandinistas, encabezados por Daniel Ortega, formaron una junta dirigente heterogénea, pero con claras disposiciones marxistas. Heredaron una difícil situación nacional. La deuda externa llegaba a los $1,6 mil millones de dólares, y unas 50.000 personas (el 2 por ciento de la población) habían muerto durante la guerra. Inmediatamente, la junta inició procesos de reforma agraria, de recuperación y reestructuración económica y de mejoramiento de los servicios sociales, tales como la educación, la salud y la vivienda. También hubo esfuerzos serios para mejorar la situación de la mujer en Nicaragua. Sin embargo, el nuevo gobierno enfrentó varias dificultades, tanto nacionales como internacionales. Se reconoce que bajo el gobierno sandinista se cometieron abusos contra los derechos humanos. Preocupados por la expansión del comunismo en Latinoamérica, los Estados Unidos intervinieron en forma de un bloqueo económico y la organización de un grupo guerrillero, los llamados «contras» (contrarrevolucionarios). Con el apoyo económico y militar de los Estados Unidos, los contras realizaron una guerrilla que era, en efecto, una guerra encubierta de los Estados Unidos contra Nicaragua.

En 1987, el Presidente de Costa Rica, Óscar Arias Sánchez, convocó a una reunión de los presidentes de Guatemala, El Salvador, Honduras y Nicaragua para proponer medidas para lograr la paz en la región. Estas medidas incluían el cese de fuego entre los sandinistas y los contras. Los esfuerzos de Arias le ameritaron el Premio Nobel de la Paz y los sandinistas tomaron a pecho su promesa de llevar a cabo elecciones nacionales.

En 1990, hubo elecciones democráticas, y para sorpresa de muchos, ganó la candidata de la oposición, Violeta Chamorro. Algunos opinan que los sandinistas perdieron más por el estado pésimo de la economía y el cansancio de los ciudadanos con la guerrilla que por la insatisfacción con los ideales sandinistas.

EL IMPACTO DE LA REVOLUCIÓN SANDINISTA EN LA NICARAGUA DE HOY

- Los escritores más importantes de Nicaragua, el sacerdote católico y poeta Ernesto Cardenal, la poeta y novelista Gioconda Belli y el novelista Sergio Ramírez, fueron miembros activos de la revolución sandinista (Cardenal fue miembro del primer gabinete y Ramírez llegó a ser vicepresidente en 1984). Estos intelectuales son fuertes voces políticas a nivel nacional e internacional hoy en día.

- El FSLN es todavía una fuerza política importante en Nicaragua. En 2002, Daniel Ortega, el ex presidente sandinista, se postuló de nuevo para la presidencia, y perdió por 11 puntos electorales. Pero se postuló otra vez en 2006 y ganó.

- En 1980, el pintor chileno Víctor Canifrú pintó una serie de murales con temas revolucionarios en la Avenida Bolívar, en Managua. La alcaldía municipal durante el régimen de Chamorro los mandó destruir, un acto que algunos llamaron «muralcidio». En 2005, un grupo de artistas jóvenes se juntó para proponer un nuevo arte urbano para reemplazar los murales perdidos. Su iniciativa se llama «Murales de octubre».

Actividades

A. Comprensión   Conteste las siguientes preguntas, según la lectura.

1. ¿Cuándo llegaron al poder los sandinistas? ¿Quién era su líder principal?

2. ¿En qué situación estaba el país al principio del gobierno sandinista? ¿Qué medidas tomaron los sandinistas para mejorar la situación?

3. ¿Cuál fue la actitud de los Estados Unidos ante el nuevo régimen? ¿Por qué fue así?

4. ¿Cómo terminó el gobierno sandinista?

5. ¿Es importante todavía la presencia sandinista en Nicaragua hoy en día? Explique.

6. ¿Qué intelectuales nicaragüenses formaron parte de la revolución?

7. ¿Qué es el proyecto «Murales de octubre»?

  B. ¿Qué dirían?   En parejas, terminen las siguientes oraciones como si Uds. fueran las personas designadas.

UNA SANDINISTA

1. Es posible que…

2. Si yo pudiera,…

3. Es preocupante que…

4. Si no hubiera tanta violencia,…

UNA ARTISTA NICARAGÜENSE DE HOY

5. Me parece triste que… Sin embargo, creo que…

6. Si yo pudiera pintar un mural en Managua,…

Unas artistas hispanas

Las indias kunas de Panamá y sus molas

Dos molas panameñas

A nivel global, los artistas más desconocidos y olvidados son los artesanos, los hombres y mujeres que trabajan en lo que se llama «el arte folclórico» o «la artesanía». Aunque esta se considera como «arte menor», ocupa un lugar muy importante en cualquier comunidad. Aporta mucho a la economía de una región y sirve para mantener las tradiciones, creencias y leyendas de cualquier cultura. Se puede decir que el trabajo de los artesanos sirve para unir el pasado, el presente y el futuro de un pueblo.

También es importante señalar que, mientras el mundo del arte formal suele estar dominado por los hombres, el mundo artesanal les brinda oportunidades a ambos sexos. Las indias kunas, por ejemplo, se han hecho famosas a nivel global por sus molas coloridas, telas bordadas de muchos colores brillantes que se aplican al frente y al dorso de sus blusas tradicionales. Los kunas habitan el archipiélago de Kuna Yala (o San Blas), un grupo de 300 islas en la costa noreste de Panamá. La sociedad es matrilineal y las molas forman la mayor parte del ingreso de cualquier familia.

Los diseños distintos de las molas se hacen con varios niveles de telas de diferentes colores. Las telas de encima se cortan y se cosen para revelar los colores de abajo. Los temas más típicos son mitológicos, religiosos, de animales, del mar, de personas o de diseños geométricos. Los kunas asocian la calidad de una mola con la simetría, el número de telas usadas, la complejidad del diseño y la perfección del cosido que debe ser casi invisible a simple vista.

Hoy es posible comprar molas en tiendas de artesanía en países desarrollados y aun por el Internet. Hay varias compañías de comercio justo que trabajan con las indias kunas para ayudarlas a vender sus molas. La globalización del mercado se demuestra hasta en los cambios de diseños —¡ahora se encuentran molas con diseños de elefantes y jirafas!

Actividad

En parejas, contesten las siguientes preguntas.

1. Miren las dos molas en la página 300. ¿Qué representan sus diseños? ¿Les gustan a Uds.? Expliquen.

2. ¿Por qué creen que las molas les interesan a los extranjeros?

3. ¿Por qué es raro que haya elefantes o jirafas en algunas molas?

4. ¿Qué artesanías son típicas de su región? Si un(a) turista quisiera comprar algo típico de su región, ¿qué le recomendarían que comprara? Expliquen.

5. ¿Han hecho Uds. algún tipo de artesanía alguna vez? ¿Qué hicieron? ¿Cuándo lo hicieron?

6. ¿Hay algo que sirva para unir el pasado, el presente y el futuro en este país? ¿Qué es?

La música guatemalteca

Una marimba, Antigua, Guatemala

La marimba es un xilofón largo, de madera, que se usa por toda Centroamérica y en las costas de Colombia y el Ecuador. En Guatemala, el sonido de la marimba inspira un sentido de orgullo nacional y de nostalgia, especialmente entre los guatemaltecos exiliados. Probablemente la marimba llegó a esa zona a principios del siglo XVI, traída por esclavos africanos que sabían cómo hacerla y tocarla. Desde entonces, han aparecido tres tipos de marimba principales. La marimba de tecomate[1] es la más vieja y la más parecida a las marimbas que se encuentran en el sur de África. Otra es la marimba sencilla. Estas dos se usaban sobre todo para interpretar música religiosa. La tercera, que Ud. escuchará en la canción «Monseñor Mario Molina», es la marimba doble o cromática. Con esta, la marimba dejó de ser exclusividad de la Iglesia y empezó a usarse en ambientes seculares. Desde los años 70, la música de marimba es la forma musical más prestigiosa de Guatemala, hecho que se puede apreciar en las obras maestras ejecutadas en la llamada «marimba de concierto».

A consecuencia de la violencia de la guerra civil de los años 80, la marimba volvió a sus raíces espirituales como una manera de fortalecer las relaciones entre la Iglesia y las comunidades indígenas que sufrían bajo la opresión gubernamental y guerrillera.

[1]marimba… *gourd marimba*

Actividades

A. Antes de cantar La canción «Monseñor Mario Molina» fue escrita por el Padre José Augustín Mateo Suar, un sacerdote de la iglesia del Quiché en Guatemala para darle la bienvenida a un nuevo obispo a la diócesis en 2005. El grupo que toca la canción se compone de jóvenes músicos adolescentes. Tocan dos marimbas: una grande tocada por cuatro músicos y una tenor, tocada por tres músicos. Hay también un bajo, conchas de tortuga (*turtle shells*) y tambores. Conteste las siguientes preguntas.

1. ¿Qué tipo de vocabulario espera Ud. encontrar en una canción con la cual se celebra la llegada de un nuevo obispo?

2. ¿Conoce Ud. algunas canciones religiosas populares? ¿de qué tipo? ¿de qué tradición cultural vienen? ¿Por qué cree Ud. que la música es importante para muchas religiones?

3. ¿Prefiere oír música contemporánea en los servicios religiosos en vez de canciones tradicionales? Explique.

4. La marimba es un instrumento musical de las clases populares. ¿Qué efecto cree Ud. que tiene el uso de la marimba en los servicios religiosos dirigidos a la gente indígena en particular?

B. ¡A cantar! Escuche la canción «Monseñor Mario Molina» que se puede encontrar en el CD *Estampillas musicales* o en el *ActivityPak* en el *Online Learning Center* (**www.mhhe.com/metas**).

Monseñor Mario Molina

[*Coro*]
Hoy la iglesia del Quiché
se alegra con su pastor
Monseñor Mario Molina
que ha venido a guiar nuestro pueblo.
            [*Se repite.*]

Gracias damos al Padre
por enviarnos un obispo
quien con el pueblo santificará
a la Iglesia. [*al coro*]

Auxilia[1] con tu gracia Padre
a tu hijo elegido
su ministerio sea edificar
a tu Iglesia. [*al coro*]

María, Madre de Dios
acompaña en la misión
a nuestro obispo en la construcción
del Reino. [*al coro*]

[1]*Ayuda*

C. Después de cantar En parejas, contesten las siguientes preguntas sobre la canción «Monseñor Mario Molina».

1. ¿Qué instrumentos musicales se oyen en la canción?

2. ¿Cuáles son las palabras clave que lo/la ayudaron a entender el tema principal?

3. ¿Cómo se siente la gente con la llegada del Monseñor Mario Molina?

4. ¿Qué emociones evoca la canción en Uds.?

5. ¿Les gustó la canción? ¿el ritmo? ¿las voces del coro? Expliquen.

Lectura

▲▲▲▲▲▲▲▲▲▲▲▲▲▲▲▲▲▲▲▲▲▲▲▲▲▲▲▲

La escritora Gioconda Belli nació en Managua, Nicaragua, en 1948. Además de ser renombrada poeta, novelista y ensayista, ha estado siempre muy involucrada en la política de su país. Durante los años 60, trabajó con los sandinistas. Como escritora ha ganado un sinnúmero de premios, incluyendo el prestigioso premio literario de Casa de las Américas en 1978 por su colección de poemas, *Línea de fuego*. Sus numerosas publicaciones incluyen, además, *De la costilla de Eva* (poesía, 1987), *La mujer habitada* (novela, 1988) y *Waslala, Memorial al futuro* (novela, 1996).

Antes de leer

Para comentar   En grupos de tres, contesten las siguientes preguntas.

1. ¿De qué forma habría sido diferente su vida si hubiera nacido en otro país o durante otro siglo? Puede especular, por ejemplo, sobre cómo habría sido nacer en uno de los países que estudiaron este semestre/trimestre o en un tiempo antes de la llegada de Cristóbal Colón a América.

2. ¿Cuánto control tiene una persona sobre la sociedad en la que vive? ¿Puede una persona impactar sus alrededores? ¿de qué manera?

Uno no escoge

Uno no escoge el país donde nace;
pero ama el país donde ha nacido.

Uno no escoge el tiempo para venir al mundo;
pero debe dejar huella[1] de su tiempo.

Nadie puede evadir[2] su responsabilidad.

Nadie puede taparse[3] los ojos, los oídos,
enmudecer y cortarse las manos.[v]

Todos tenemos un deber de amor por cumplir,
una historia que nacer
una meta que alcanzar.

No escogimos el momento para venir al mundo:
Ahora podemos hacer el mundo
en que nacerá y crecerá
la semilla[4] que trajimos con nosotros.

[1]dejar... *leave a mark*   [2]*avoid*   [3]*cover*   [4]*seed*

A. Comprensión y análisis   En parejas, contesten las siguientes preguntas.

1. ¿Qué es lo que uno no escoge, según el poema?
2. ¿Qué significa el verso: «pero debe dejar huella de su tiempo»?
3. ¿Qué es «la semilla que trajimos con nosotros»?
4. En su opinión, ¿cuál es el tema principal del poema? ¿Está Ud. de acuerdo con Belli?

B. El lenguaje poético

Paso 1   Belli usó muchas imágenes e ideas muy concretas para expresar su mensaje en este poema. Escoja los cinco sustantivos y los cinco verbos que Ud. cree que expresan mejor el mensaje central del poema.

Paso 2   Ahora, escoja el verso que, en su opinión, expresa mejor el mensaje central del poema. Con sus propias palabras, explique qué significa el verso y por qué lo escogió.

Paso 3   ¿De qué manera es «poético» el poema? Es decir, aunque recurre a imágenes concretas y un lenguaje muy sencillo, ¿cómo logra Belli hacer que suenen sus palabras a poesía? ¿por medio de la estructura, la melodía de las palabras, etcétera?

C. La poesía y yo   Leer poesía es una experiencia muy individual; cada persona tiene una reacción única y personal al leer un poema. La poesía nos habla a través de las imágenes, los símbolos, las metáforas y conexiones con nuestras experiencias. A veces es difícil expresar por escrito nuestro entendimiento de un poema; es más fácil responder de igual manera con conexiones con la vida real. Pensando en «Uno no escoge», explique qué asociaría Ud. con el poema en las siguientes categorías. Luego, comparta sus respuestas con un compañero / una compañera.

1. películas que presentan a una persona o un grupo que trata de cambiar su país o comunidad
2. canciones o cantantes que comunican una conciencia social y un deseo de cambiar el mundo
3. libros que hablan de personas que han impactado su sociedad
4. personas famosas que en este momento trabajan para mejorar su comunidad, su país o el mundo entero

D. El amor por la patria   En grupos de tres, contesten las siguientes preguntas.

1. Belli dice que uno ama el país donde nace. ¿Está Ud. de acuerdo con esa afirmación? ¿Qué es lo que uno normalmente ama de su país? ¿Ama Ud. el país donde nació?
2. También sugiere que uno tiene la obligación de trabajar para mejorar el país donde nació. ¿Está Ud. de acuerdo? ¿De qué manera trabaja o podría trabajar para mejorar su país natal?
3. ¿Hay amores peligrosos? ¿Es decir, es posible ser demasiado patriótico o nacionalista?

E. Yo, poeta Piense en un problema de su universidad, comunidad o país que le gustaría resolver. Utilizando el mismo estilo directo, y lenguaje sencillo, del poema de Belli, escriba un poema corto en el que trate de convencer a otras personas de que trabajen para resolver el problema.

Yo experto/a

▲▲▲▲▲▲▲▲▲▲▲▲▲▲▲▲▲▲▲▲▲▲▲▲▲▲▲▲▲▲▲▲▲▲

Escoja una persona, un lugar o un tema cultural mencionado en esta unidad para investigar más a fondo. Debe incluir en su reportaje por lo menos cuatro de las metas comunicativas. Puede presentar su investigación en un informe escrito o hacer una presentación oral delante de la clase. Siga las indicaciones en el **Apéndice 2: Yo experto/a** como guía para su reportaje.

PERSONAS	LUGARES	TEMAS CULTURALES
Óscar Arias Sánchez	el Canal de Panamá	los artesanos indígenas
Gioconda Belli	El Salvador	Colores del Pueblo
Rubén Blades	Tikal, Guatemala	el comercio justo
Víctor Canifrú	Honduras	los «contras»
Ernesto Cardenal	el Lago de Nicaragua	el desarrollo sostenible
Violeta Chamorro	el Parque Nacional Tortuguero, Costa Rica	el FSLN
Rigoberta Menchú		la globalización
Álvaro Menéndez Leal		las indias kunas y sus molas
Daniel Ortega		la música centroamericana
Sergio Ramírez		los sandinistas
Óscar Arnulfo Romero		la Universidad para la Paz

 Ahora que Ud. ha terminado la **Unidad 6,** complete los ejercicios correspondientes del *ActivityPak* en el *Online Learning Center* (**www.mhhe.com/metas**) para repasar el vocabulario, gramática y temas culturales de esta unidad.

Explicación gramatical

LOS PUNTOS CLAVE

Descripción

The following grammar summaries on (A) agreement, (B) **ser** and **estar,** (C) past participles used as adjectives, and (D) uses and omission of articles will help you give more accurate descriptions in Spanish.

A. Agreement

Although you learned about subject/verb agreement and noun/adjective agreement when you first started to learn Spanish, you may still have problems with agreement **(la concordancia),** especially when the person, place, or thing continues to be alluded to in a longer text. At this point, you are probably able to assign adjectives the correct gender when they are close to the noun they modify, but you may lose sight of the gender if the sentence continues. Note the following examples.

> *Incorrect:* Las rosas amarillas que Javi le dio a Sara eran **bonitos.**
> *Correct:* **Las rosas amarillas** que Javi le dio a Sara eran **bonitas.**

Remember that adjectives agree in number and gender with the nouns they modify. Adjectives ending in **-e** agree in number only (**un chico amable, una chica amable**). The plural is formed by adding **-s** to nouns and adjectives that end in a vowel (**la rosa roja, las rosas rojas**) and **-es** to nouns and adjectives that end in a consonant (**un joven alto, unos jóvenes altos**).

One roadblock to students' mastery of agreement is the existence of words that are not obviously masculine or feminine. The following lists contain some common nouns and rules that should help you.

1. Most nouns that end in **-a** or that refer to females are feminine.

la brisa	la madre	la mujer	la reina

2. Most nouns that end in **-o** or that refer to males are masculine.

el libro	el padre	el rey	el viento

3. Most nouns that end in **-ción, -sión, -d, -z, -ie, -is** and **-umbre** are feminine.

la actitud	la incertidumbre	la superficie
la canción	la pensión	la universidad
la costumbre	la realidad	la virtud
la crisis	la serie	la voz

4. Most nouns that end in **-l, -n, -r,** and **-s** are masculine.

el amor	el fin	el mes
el árbol	el interés	el papel
el camión	el jamón	el perfil
el color	el lunar	el tenedor

5. Even though they end with **-a,** many words ending in **-ma, -pa,** and **-ta** are masculine.

el clima	el drama	el planeta	el programa
el cometa*	el idioma	el poema	el sistema
el diploma	el mapa	el problema	el tema

6. Feminine nouns that begin with a stressed **a-** or stressed **ha-** use masculine articles when they are singular, but feminine articles when they are plural. Remember that these feminine nouns always use feminine adjectives.

el agua fría	las aguas frías
un alma gemela	unas almas gemelas
un hacha larga	unas hachas largas

- Note that this rule applies only when the stress is on the first syllable, hence: **la atmósfera, la audición.**

- Also note that the word **arte** is generally masculine when it appears in the singular and feminine when it appears in the plural, hence: **el arte moderno, las artes gráficas.**

7. Some common words are shortened from their original feminine form. Although the shortened form ends in **-o,** the gender is still feminine.

la fotografía → la foto	la motocicleta → la moto

8. Many nouns ending in **-e** don't follow any specific gender rules. The gender of these nouns must be memorized. Most nouns ending in **-ante** or **-ente** that refer to a person can be masculine or feminine, depending upon the gender of the person to whom they refer.

el café	el/la estudiante
la gente	el/la gerente

9. Nouns and adjectives ending in **-ista** can be either masculine or feminine, depending on the gender of the person to whom they refer.

el/la artista	el presidente progresista
el/la dentista	la mujer realista
el/la periodista	

10. Finally, there are some nouns that do not follow any of the preceding rules. You will have to memorize their gender as you encounter them. Here are a few you may already know.

la cárcel	la mano	la miel	la sal

el arroz

---

*Note that **el cometa** means *comet,* but **la cometa** means *kite.*

¡A practicar!

A. For each of the following words, indicate the number of the corresponding rule of gender found in the preceding explanation.

1. _____ el águila
2. _____ el archivo
3. _____ la crisis
4. _____ la cumbre
5. _____ el día
6. _____ la flor
7. _____ la foto
8. _____ la luz
9. _____ la mano
10. _____ la moto
11. _____ la mujer
12. _____ la nariz
13. _____ el pan
14. _____ el papel
15. _____ la playa
16. _____ la voz

B. Indicate the appropriate articles and adjectives for each of the following sentences.

1. _____ gente de mi barrio es muy _____ (simpático).
2. _____ aguas de los dos lagos son _____ (frío).
3. _____ fotos de mi novio, Francisco, son _____ (bonito).
4. _____ problema con _____ voz de Margarita es que es muy _____ (bajo).
5. _____ canciones que Leo canta son _____ (fabuloso).
6. _____ crisis con _____ clima en California es _____ (malo).
7. _____ nariz de Pepe, mi hermano menor, es muy _____ (largo).
8. _____ mapa de _____ ciudad que queremos visitar es _____ (pequeño).
9. _____ sol en las montañas es muy _____ (fuerte).
10. _____ árboles que están en _____ jardín son _____ (gigantesco).

B. Ser and estar

The irregular verbs **ser** and **estar** are used when describing people, places, and things. Here are some of the more common uses of **ser** and **estar**.

Ser

1. to express inherent characteristics or the perceived norm with adjectives (I)

   Eva Perón **era** una mujer **elegante** y **sofisticada.**

   Ana **es** médica.

2. with **de** to indicate origin (O)

   José **es de** Costa Rica.

3. with **de** to indicate possession (PO)

   Las flores **son de** Camila.

4. to indicate time (T) and date (D)

   Eran las 11:00 cuando Sara llegó.

   Mañana **es el 15 de septiembre.**

5. to express where an event takes place (E)

¿Dónde **es** el examen final?

El concierto **es** en ese teatro.

Estar

1. to express the location of a physical entity (L)

¿**Dónde está** el bolígrafo?

La foto **está en mi coche.**

2. to express a condition, such as health, mental state, or a change from the perceived norm (C)

La profesora no puede hablar porque **está cansada.**

Los niños **estaban** más animados ayer.

Mariola, ¡**estás lindísima** hoy!

3. to form the progressive (P)

El atleta **estaba sudando** (*sweating*) profusamente.

María **está estudiando** con Pepe.

Note how the use of **ser** or **estar** in the following sentences changes their meaning.

1.	La paella **es** muy rica.	*Paella is delicious. (It always is.)*
	La paella **está** muy rica.	*The paella tastes delicious. (this paella that I'm eating now)*
2.	Horacio **es** nervioso.	*Horacio is nervous. (He is a nervous person.)*
	Héctor **está** nervioso.	*Héctor is nervous. (Something must have happened to make him nervous.)*
3.	Susana **es** guapa.	*Susana is pretty. (She's a pretty woman.)*
	Lola **está** muy guapa.	*Lola looks very pretty. (She looks especially pretty today.)*
4.	Ramón **es** aburrido.	*Ramón is boring. (He's a boring person.)*
	Pepe **está** aburrido.	*Pepe is bored. (right now)*
5.	Paco **es** listo.	*Paco is smart. (He's an intelligent person.)*
	Juana **está** lista.	*Juana is ready. (She's ready to begin/go.)*

¡A practicar!

A. Select the correct word or phrase from those given to complete each of the following sentences.

1. La familia de Diego es (en México / cerca de San Antonio / de México / tristes).

2. Los padres de Sergio estaban (ricos / de San Francisco / norteamericanos / preocupados).

(Continúa.)

3. Laura creía que Sara era (tímida / en otra tienda / llorando / con ella).

4. Sara estaba (joven / tomando un café / cruel / una trabajadora) cuando oyó las noticias.

5. Javier es (periodista / en Ruta Maya / frustrado / escribiendo un artículo).

B. Indicate the letter(s) (from the list of common uses of **ser** and **estar** at the beginning of this section) that explain(s) why **ser** or **estar** is used in each of the following sentences.

I = description of inherent characteristics	E = event
	L = location
O = origin	C = description of state or
PO = possession	condition
T = time	P = progressive
D = date	

1. _____ *Soy* de Miami. ¿Y tú?

2. _____ ¿*Está* pensando en mudarse a Puerto Rico?

3. _____ Su casa natal *está* en San Juan.

4. _____ Tengo que irme; ya *son* las 3:30.

5. _____ La reunión *es* en la casa de Cristina.

6. _____ *Estamos* preparados para el examen.

7. _____ *Era* la 1:00 cuando Laura llegó al laboratorio.

8. _____ Ellos *son* de Cuba pero sus antepasados *eran* de España.

9. _____ La reunión *fue* en la oficina del presidente.

10. _____ *Es* una mujer muy lista y capaz.

11. _____ El coche rojo *es* de Diego.

12. _____ Marisol *estaba* muy contenta de oír la voz de su esposo.

13. _____ *Estuvo* estudiando durante tres horas.

14. _____ Los muebles antiguos *son* de sus abuelos.

15. _____ Hoy *es* el 30 de abril.

C. Fill in the blanks with the correct form of **ser** or **estar.**

Los cinco amigos viven en Austin, la capital de Texas. Austin _____[1] una ciudad de tamaño mediano, aunque _____[2] experimentando un gran cre-cimiento[a] en la población. Austin _____[3] conocido por su actividad en el campo de la música, por eso le gusta a Sergio vivir allí. Muchos de los conciertos _____[4] en la Calle Seis, que _____[5] muy cerca del centro de la ciudad. Uno de los lugares más tradicionales para ir a escuchar nueva música _____[6] el Continental Club. A veces toca allí un grupo de música cubana. Bueno, en realidad los músicos de este grupo _____[7] estudiantes de los Estados Unidos. Pero los muchachos _____[8] muy dedicados; el año pasado fueron a Cuba a estudiar con músicos cubanos para perfeccionar su estilo. La chica que canta con ellos tiene una voz increíble. Ella _____[9] de Dallas, pero su español _____[10] tan bueno que parece _____[11] cubana. Este

[a]*growth*

viernes, el grupo presentará un concierto de nueva música. El concierto
_____¹² en el Club Palmeras, una salsateca importante. El club _____¹³ de
un primo de uno de los músicos. Los miembros del grupo _____¹⁴ muy
emocionados porque va a _____¹⁵ un promotor musical de Nueva York
para escucharlos. También _____¹⁶ nerviosos, pero _____¹⁷ seguro que todo
saldrá bien.

C. Past participles used as adjectives

The past participle can be used as an adjective to modify a noun. This type
of adjective is frequently used with **estar,** as it often describes the state or
condition that results from an action or change. Remember that the rules of
agreement apply.

1. Regular past participles are formed by adding **-ado** to the stem of **-ar**
   verbs and **-ido** to the stem of **-er** and **-ir** verbs.

   Laura está **frustrada** con Sara.
   Diego y Sergio estaban **sorprendidos** porque había tanta gente en el
   café aquel día.
   Javier estaba **dormido** durante la reunión porque era **aburrida.**

2. Some verbs have irregular past participles, whereas others simply add
   a written accent to maintain the appropriate stress.

COMMON IRREGULAR PAST PARTICIPLES		ADDED ACCENT
abrir: abierto	morir: muerto	caer: caído
cubrir: cubierto	poner: puesto	creer: creído
decir: dicho	resolver: resuelto	leer: leído
descubrir: descubierto	romper: roto	oír: oído
escribir: escrito	ver: visto	traer: traído
hacer: hecho	volver: vuelto	

¡A practicar!

Fill in the blanks with the appropriate form of the past participle of the verbs
in parentheses.

Cuando Laura llegó a su laboratorio el domingo pasado, se llevó una
sorpresa. La puerta, que normalmente está _____¹ (cerrar) con llave,
estaba _____² (abrir). Con mucha precaución, Laura entró en el laboratorio y descubrió que todo estaba _____³ (hacer) un desastre. Había
muchas probetasᵃ _____⁴ (romper) y papeles _____⁵ (tirar) por
el piso, y algunos de los ratones de prueba estaban _____⁶ (morir).
Otras jaulas,ᵇ de algunos animales que se habían escapado, estaban
_____⁷ (abrir). Laura llamó inmediatamente a la policía. Era obvio
que alguien había entrado en el laboratorio maliciosamente, tal vez con la
intención de robar algo. Y qué lástima porque el trabajo de muchas personas estaba totalmente _____⁸ (perder). Hasta hoy, el caso no está
_____⁹ (resolver) todavía.

ᵃ*test tubes*   ᵇ*cages*

D. Uses and omission of articles

Definite articles

In Spanish, the definite article (**el/la/los/las**) is necessary in many cases in which no article is used in English. Although you will find exceptions, the following rules will serve as a general guideline to help you decide whether or not to use the definite article.

1. The definite article is needed before nouns that refer to concepts and abstract things and to nouns used in a general sense.

El amor nos ayuda a sobrevivir.	*Love helps us to survive.*
Los deportes son importantes para **la gente joven.**	*Sports are important for young people.*
El dinero puede causar problemas en vez de resolverlos.	*Money can cause problems instead of solving them.*

2. The definite article is used with nouns that refer to a general group.

La gente sin recursos necesita nuestra ayuda.	*People without resources need our help.*
Los inmigrantes han aportado mucho a nuestro país.	*Immigrants have contributed a lot to our country.*

3. The definite article is used for dates, seasons, meals, and hours.

Vamos a México **el 3 de enero** para pasar **el invierno** en la playa.	*We're going to Mexico on January third to spend the winter at the beach.*
Sirven **la cena** a eso de **las 8:00** de **la noche.**	*They serve dinner at about 8:00 P.M.*

4. The definite article is used in place of a possessive adjective for parts of the body and clothing.

Me puse **las sandalias** para ir a la playa.	*I put on my sandals to go to the beach.*
Rafael se lavó **la cara** con agua fría para despertarse.	*Rafael washed his face with cold water to wake up.*

5. The definite article precedes most professional titles or titles of respect, including **señor(a) (Sr[a].)** and **doctor(a) (Dr[a].)** when talking about people. The masculine plural article **los** is used with the singular surname when referring to a family.

La Sra. Romo fue a ver al **Dr.** Peña.	*Mrs. Romo went to see Dr. Peña.*
Los Rivera y **los Smith** son amigos.	*The Riveras and Smiths are friends.*

6. The definite article is used before names of sciences, skills, school subjects, and languages when they are the subjects of a sentence or the object of a preposition other than **de** or **en.** When languages are objects of a verb, the article is not used.

	El español es mi clase favorita, pero tengo problemas con **la conjugación** de los verbos.	*Spanish is my favorite class, but I have problems with verb conjugations.*
but	Estoy tomando **historia, matemáticas** y **español.**	*I'm taking history, math, and Spanish.*
	El libro de **alemán** cuesta más de 40 dólares.	*The German book costs more than $40.00.*

7. The definite article is used with **cama, cárcel, colegio, escuela, guerra, iglesia,** and **trabajo** when they are preceded by a preposition.

Si vuelves de **la escuela** antes de las 3:30, todavía estaré en **la iglesia.**	*If you return from school before 3:30, I will still be in church.*

8. The masculine singular definite article **el** forms a contraction with the prepositions **de** and **a.** These are the only such contractions in Spanish.

	No encuentro las llaves **del coche.**	*I can't find the car keys.*
but	No encuentro las llaves **de la casa.**	*I can't find the house keys.*
	Ayer fui **al centro comercial** para comprar zapatos.	*Yesterday I went to the mall to buy shoes.*
but	Ayer fui **a la zapatería,** pero no me gustaron los precios de allí.	*Yesterday I went to the shoe store, but I didn't like the prices there.*

Indefinite articles

In Spanish, the indefinite article (**un/una/unos/unas**) is used less frequently than in English. Therefore, the rules in Spanish deal mostly with the omission of the article.

1. No indefinite article is used after the verb **ser** when referring to professions, nationalities, or political and religious affiliations. But whenever these items are modified by an adjective, the indefinite article must be used.

No quiere ser **administradora.**	*She doesn't want to be an administrator.*
Era republicano, pero ahora es **un demócrata apasionado.**	*He was a Republican, but now he's a fervent Democrat.*

2. No indefinite article is used before **otro/a, medio/a, cierto/a, mil, cien,** or **ciento.**

No hay **otra manera** de hacer la receta excepto con **media libra** de tomates frescos.	*There's no other way to make the recipe except with a half pound of fresh tomatoes.*
El libro cuesta **mil** ciento cincuenta **pesos.**	*The book costs one thousand one hundred fifty pesos.*

¡A practicar!

For the following narration, indicate the appropriate definite or indefinite article, according to the context of the story. ¡OJO! In some cases, no article is required.

_____¹ primo de Sara es _____² maestro en _____³ escuela secundaria cerca de _____⁴ frontera[a] entre España y Portugal. Enseña _____⁵ inglés y _____⁶ matemáticas. En total tiene _____⁷ cien estudiantes de _____⁸ inglés y _____⁹ ciento veinte de _____¹⁰ matemáticas.

_____¹¹ Sr. Garrudo es _____¹² jefe de estudios[b] de _____¹³ secundaria e insiste en que _____¹⁴ maestros lleguen _____¹⁵ hora antes de que empiecen _____¹⁶ clases para hablar sobre _____¹⁷ mejor manera de ayudar a _____¹⁸ estudiantes con _____¹⁹ problemas de _____²⁰ aprendizaje.[c] Es _____²¹ administrador comprensivo y dedicado a _____²² desarrollo académico y psicológico de _____²³ estudiantes de su escuela. Él cree de todo corazón[d] que _____²⁴ dedicación, _____²⁵ paciencia y _____²⁶ amor son _____²⁷ componentes necesarios para asegurar[e] _____²⁸ éxito[f] de todos _____²⁹ estudiantes.

[a]border [b]jefe... principal [c]learning [d]de... wholeheartedly [e]ensure [f]success

Comparación

When describing people, places, things, emotions, and actions, we often compare them with others that are the same or different. In this section, you will review (A) comparisons of equality. (B) comparisons of inequality, (C) irregular comparative forms, and (D) superlatives.

A. Comparisons of equality

When you compare people, places, and things that are equal, use the following formulas.

1. **tan** + *adjective* + **como** (Note that the adjective always agrees with the noun it modifies.)

   Laura es **tan lista como** Sergio.
   Javi y Jacobo son **tan ambiciosos como** su padre.

2. **tan** + *adverb* + **como**

   Javier habla **tan rápido como** Sara.
   Laura duerme **tan profundamente como** Sara.

3. **tanto/a/os/as** + *noun* + **como** (Note that **tanto** agrees in number and gender with the noun it modifies.)

   Su tío tiene **tanto dinero como** su padre.
   Cristina ha traído **tantos regalos como** Diego.
   Marisol tiene **tantas amigas como** Sean.

4. *verb* + **tanto como**

Felipe **gasta tanto como** yo.
Jorge no **come tanto como** su hermano.

B. Comparisons of inequality

When you compare people, places, or things that are not equal, use the following formulas.

1. **más/menos** + *adjective, adverb,* or *noun* + **que**

Marisol estaba **más contenta** con el Hotel Regina **que** tú.
Uds. viajan **más frecuentemente que** nosotros.
Este plan tiene **menos actividades que** el otro.

2. *verb* + **más/menos** + **que**

Pablo siempre **paga menos que** Roberto.
Por lo general, los europeos **fuman más que** los norteamericanos.

3. **más de/menos de** + *number*

El viaje a Madrid le costará **menos de 1.000 dólares.**
Hay **más de 55 personas** apuntadas (*signed up*) para esta excursión.

C. Irregular comparative forms

Some adjectives have an irregular comparative form.

bueno/a → mejor	*better*
malo/a → peor	*worse*
viejo/a → mayor	*older; greater*
joven → menor	*younger; lesser*

Esta clase es **mejor que** la del semestre pasado.
Carolina es **menor que** Sara pero **mayor que** Claudia.
Los efectos del terremoto (*earthquake*) son **peores que** los del huracán.

D. Superlatives

Superlative comparisons rank one member of a group as the highest or lowest example of its kind. In general, superlatives are formed as follows.

definite article + *noun* + **más/menos** + *adjective* + **de**

Pancho es **el estudiante más entretenido** (*entertaining*) **de** todos.

¡OJO! Irregular forms precede the noun in this type of comparison. **Más/menos** is not used in these constructions.

Dormir en la playa es **la peor idea del** mundo porque hay muchos mosquitos.

¡A practicar!

A. Write comparisons in complete sentences, using your imagination, the clues given, and the information from the following chart.

NOMBRE	EDAD	HERMANOS	SALARIO	COCHE
Javier	28	1	$2.000/mes	1990 Volkswagen
Laura	27	3	$1.200/mes	2006 Toyota Prius
Diego	32	3	$6.000/mes	Mercedes Benz

1. Laura / Diego / tener hermanos
2. Laura / Javier / joven
3. el coche de Javier / el coche de Laura / bueno
4. Diego / Javier / ganar dinero
5. Javier / Laura / rico
6. Laura / Diego / salir a comer
7. Javier / Diego / tomar el autobús

B. Translate the following sentences into Spanish.

1. Diego is the most serious of the five friends.
2. I think Austin is the most beautiful city in Texas.
3. Javier is the best person for giving advice.
4. Sara is the youngest one in her family.
5. That place is the best café in the city, but its bathrooms are the worst.

Reacciones y recomendaciones

When reacting to situations or making recommendations in Spanish, you will often need to use the subjunctive mood. To help you master the concepts of the subjunctive, this section contains a review of (A) present subjunctive forms, (B) past subjunctive forms, (C) the use of the subjunctive in noun clauses, and (D) formal and informal commands.

A. Formation of the present subjunctive

1. The present subjunctive is formed by dropping the **-o** from regular present-tense first-person singular indicative forms, then adding **-e** endings to **-ar** verbs and **-a** endings to **-er/-ir** verbs.

FORMATION OF THE PRESENT SUBJUNCTIVE					
AYUDAR **ayudo → ayud-**		**LEER** **leo → le-**		**VIVIR** **vivo → viv-**	
ayude	ayudemos	lea	leamos	viva	vivamos
ayudes	ayudéis	leas	leáis	vivas	viváis
ayude	ayuden	lea	lean	viva	vivan

2. Verbs that undergo spelling changes or that are irregular in the first-person singular indicative retain this irregularity throughout the present subjunctive.

conocer: conozco → conozca, conozcas, conozca,…
escoger: escojo → escoja, escojas, escoja,…
salir: salgo → salga, salgas, salga,…

3. There are only six irregular verbs in the present subjunctive. Note that the first letters of the infinitives of these irregular verbs, taken together, spell out the word DISHES.

dar: dé, des, dé, demos, deis, den
ir: vaya, vayas, vaya, vayamos, vayáis, vayan
saber: sepa, sepas, sepa, sepamos, sepáis, sepan
haber: haya, hayas, haya, hayamos, hayáis, hayan
estar: esté, estés, esté, estemos, estéis, estén
ser: sea, seas, sea, seamos, seáis, sean

4. Stem-changing **-ar** and **-er** verbs do not undergo a stem change in the subjunctive for the **nosotros** and **vosotros** forms. Stem-changing **-ir** verbs, however, do retain a stem change for those forms.

-ar: sentarse (ie) me siente, nos sentemos, os sentéis
-er: volver (ue) vuelva, volvamos, volváis
-ir: pedir (i, i) pida, pidamos, pidáis
    sentir (ie, i) sienta, sintamos, sintáis
    morir (ue, u) muera, muramos, muráis

B. Formation of the past subjunctive

1. The past subjunctive of all verbs is formed by dropping the **-ron** from the third-person plural preterite form* and replacing it with endings that include **-ra**.† Note the written accents on the first-person plural forms.

---

*See the next section, **Narración en el pasado** (pp. 325–335), for a review of preterite forms.
†An alternative ending that includes **-se** is also possible, but it's much less common. Here's an example of **escribir** conjugated in this manner: **escribieron → escribiese, escribieses, escribiese, escribiésemos, escribieseis, escribiesen.**

FORMATION OF THE PAST SUBJUNCTIVE					
AYUDAR **ayudaron → ayuda-**		**COMER** **comieron → comie-**		**VIVIR** **vivieron → vivie-**	
ayuda**ra**	ayudá**ramos**	comie**ra**	comié**ramos**	vivie**ra**	vivié**ramos**
ayuda**ras**	ayuda**rais**	comie**ras**	comie**rais**	vivie**ras**	vivie**rais**
ayuda**ra**	ayuda**ran**	comie**ra**	comie**ran**	vivie**ra**	vivie**ran**

2. Some argue that there are *no* irregular verbs in the past subjunctive, because any irregularities come from the third-person plural preterite form, which is the basis for the past subjunctive stem.

dormir: d**u**rmieron → durmie**ra**, durmie**ras**, durmie**ra**,…
leer: le**y**eron → leye**ra**, leye**ras**, leye**ra**,…
sentir: s**i**ntieron → sintie**ra**, sintie**ras**, sintie**ra**,…
ser: **fue**ron → fue**ra**, fue**ras**, fue**ra**,…

C. Using the subjunctive in noun clauses

Sentences that use the subjunctive have two clauses: an independent (main) clause and a dependent (subordinate) clause. The two clauses are generally separated by the connector **que**.

INDEPENDENT CLAUSE	DEPENDENT CLAUSE
Yo recomiendo + **que**	+ ella tenga más paciencia.
I recommend + *(that)*	+ *she have more patience.*

Note that in English the connector *that* is optional, whereas **que** is not.

Conditions for the use of subjunctive in Spanish

1. The two clauses must have different subjects.

(**Yo**) Quiero que **ellos** lleguen temprano.   *I want them to arrive early.*

2. If there is no change of subject, use the infinitive in the dependent clause.

Quiero llegar temprano.   *I want to arrive early.*

3. The verb in the independent clause must be in the indicative and express (W) willing/wish, (E) emotion, (I) impersonal expressions, (R) requests and recommendations, (D) doubt or denial, or (O) **ojalá** (*I wish* or *Here's hoping*). If the verb in the independent clause does *not* fall into any of the above WEIRDO categories, the verb in the dependent clause must be in the indicative (even if the two clauses have different subjects). Compare the following paired examples, also noting how the sequence of tenses comes into play.

Quiero que ellos **estén** contentos en su nueva casa.   (*W: wish expressed*)
Sé que ellos **están** contentos en su nueva casa.   (*certainty expressed*)

Recomiendo que Loli **tenga** su propio dormitorio.   (R: *recommendation expressed*)

Estoy seguro de que Loli **tiene** su propio dormitorio.   (*certainty expressed*)

Tenía miedo de que **hubiera** cucarachas en la cocina.   (E: *emotion expressed*)

Era cierto que **había** cucarachas en la cocina.   (*certainty expressed*)

4. Impersonal expressions or generalizations that express willing/wish, emotion, request, doubt, or denial are followed by an infinitive. When one of these generalizations is personalized (made to refer to a specific entity), however, it is followed by the subjunctive in the dependent clause.

Es necesario matar las cucarachas.   (*general*)
Es necesario que **Javier mate** las cucarachas.   (*personalized*)

Era horrible tener cucarachas en casa.   (*general*)
Era horrible que **yo tuviera** cucarachas en casa.   (*personalized*)

5. Here are some expressions that use the subjunctive.

W: willing/wish; R: requests (these expressions indicate a direct or implicit command)

(no) decir (*irreg.*) que (when **decir** means *to tell someone to do something*)	(no) necesitar que
	(no) querer (*irreg.*) que
	(no) recomendar (ie) que
(no) desear que	(no) sugerir (ie, i) que

E: emotion; O: **ojalá**

(no) alegrarse de que	(no) sentir (ie, i) que
(no) esperar que	(no) temer (*to fear*) que
(no) es una lástima que	ojalá (que)
(no) gustar que	

I: impersonal expressions (indicate opinion or a subjective reaction)

más vale que (*it's better that*)	(no) es mejor que
(no) es bueno que	(no) es necesario que
(no) es difícil que	(no) es posible que
(no) es importante que	(no) es probable que
(no) es imposible que	(no) puede ser que
(no) es increíble que	

D: doubt or denial*

dudar (*to doubt*) que	no es evidente/obvio que
negar (ie)† (*to deny*) que	no estar seguro de que
no creer que	no es verdad que
no es cierto que	no pensar (ie) que

---

*Note that in cases where certainty is expressed, the indicative is used: No estoy segura de que Elena tenga razón, pero es cierto que ella sabe mucho.

†With no negar, either the indicative or the subjunctive may be used, although the tendency is to use the subjunctive: No niego que sea verdad.

Sequence of tenses

1. If the verb in the main clause is in the present and denotes what the speaker perceives to be an objective opinion, then the action in the subordinate clause is expressed by an indicative tense based on the appropriate time frame.

MAIN CLAUSE (OBJECTIVE OPINION)	SUBORDINATE CLAUSE (INDICATIVE)	TIME FRAME OF ACTION IN SUBORDINATE CLAUSE
Sé que	comprendías.	past
Creo que	has comprendido.	
Supongo que	comprendiste.	
Opino que	comprendes.	present
Pensamos que	vas a comprender.	future
Me parece que	comprenderás.	

2. If the verb in the main clause is in the present and denotes a subjective comment from the WEIRDO list, then the action in the subordinate clause is expressed by a subjunctive tense based on the appropriate time frame.

MAIN CLAUSE (SUBJECTIVE OPINION) WEIRDO LIST	SUBORDINATE CLAUSE (SUBJUNCTIVE)	TIME FRAME OF ACTION IN SUBORDINATE CLAUSE
No creo que	hayas comprendido.	past
Me alegro de que	comprendieras.	
Dudo que	comprendas.	present or future
Es importante que		

3. If the verb in the main clause is in the past and denotes what the speaker perceives to be an objective opinion, then the action in the subordinate clause is expressed by an indicative tense based on the appropriate time frame in relation to that of the main clause.

MAIN CLAUSE (OBJECTIVE OPINION)	SUBORDINATE CLAUSE (INDICATIVE)	TIME FRAME OF ACTION IN SUBORDINATE CLAUSE
Pensábamos que	ya se habían ido.	previous
Sabía que	lo quería.	simultaneous
Era obvio que	llegarían pronto.	subsequent

4. If the verb in the main clause is in the past and denotes a subjective comment from the WEIRDO list, then the action in the subordinate clause is expressed by a subjunctive tense based on the appropriate time frame in relation to that of the main clause.

MAIN CLAUSE (SUBJECTIVE OPINION WEIRDO LIST)	SUBORDINATE CLAUSE (SUBJUNCTIVE)	TIME FRAME OF ACTION IN SUBORDINATE CLAUSE
No creíamos que	hubieras comprendido.	previous
Temía que Era necesario que	comprendieras.	simultaneous or subsequent

¡A practicar!

A. Complete the following sentences with the corresponding indicative, subjunctive, or infinitive forms.

1. Los profesores insisten en que Laura _____ (asistir) a la recepción.
2. Es ridículo que Diego _____ (comprar) otro coche caro.
3. Es imposible que Juanito no _____ (saber) leer ese libro.
4. Niegan que tú _____ (ser) extranjero.
5. Alguien me dice que Uds. no _____ (ser) hermanos.
6. ¿Te sorprende que tu hermano _____ (ser) mi enemigo?
7. Creemos que Bárbara _____ (ir) a la playa durante el verano.
8. Espero que todos _____ (traer) su cuaderno de ejercicios.
9. Es necesario que nosotros _____ (trabajar) por la noche.
10. Dudan que yo _____ (poder) resolver el problema.

B. Complete the following sentences according to the context of each situation.

1. Javier fuma dos cajetillas (*packs*) de cigarrillos cada día.
   Es horrible que…
   El médico recomienda que…
2. Sara nunca sale con sus amigos porque siempre está estudiando.
   Es triste que…
   Es evidente que…
3. La novia de Diego siempre coquetea con otros hombres.
   Sugiero que Diego…
   Es obvio que su novia…
   A Diego no le gusta que su novia…

C. Fill in the blanks with the appropriate form of the verb in *blue italics*.

1. Javier *bebe* demasiado café.
   Sé que Javier _____ demasiado café.
   Es horrible que Javier _____ demasiado café.

2. Antes, Javier *tomaba* muchos licuados.
   Todos sabemos que antes Javier _____ muchos licuados.
   Era increíble que antes Javier _____ tantos licuados y que no engordara.

3. Laura siempre *recibe* notas muy altas.
   Estoy seguro de que Laura también _____ notas muy altas cuando tenía 10 años.
   Es fantástico que Laura _____ notas muy altas el año pasado.

4. Pero en su primera clase de quechua, Laura *sacó* C en una prueba.
   Después, su padre pensaba que era sorprendente que su hija _____ C en la primera prueba de quechua.

5. Cuando era joven, Sara *quería* ser cantante.
   Todos pensaban que era chistoso que Sara _____ ser cantante, ya que cantaba muy mal.
   De sus amigos actuales, sólo Sergio sabe que antes Sara _____ ser cantante.

6. Sergio *hizo* tres viajes para llevar el equipo de sonido al concierto.
   — ¿Quién le pidió que _____ los viajes?
   — Los músicos. Después, estaban muy contentos de que Sergio _____ tantos viajes para ayudarlos.

D. Commands

Forming commands

With few exceptions, the forms used for commands are exactly the same as those used for the present subjunctive. Only the affirmative **tú** commands and the affirmative **vosotros** commands are formed differently.

1. To form regular affirmative **tú** commands, use the third-person singular (present indicative) form of the verb.

2. Here are the eight irregular affirmative **tú** commands.

decir → di	ir → ve*	salir → sal	tener → ten
hacer → haz	poner → pon	ser → sé†	venir → ven

3. To form all affirmative **vosotros** commands, replace the final **-r** of the infinitive with **-d.**

---

*The affirmative informal command for **ir** has the same form as that of **ver: ve.** Context will determine meaning: **¡Ve a casa!, ¡Ve esa película!**
†The informal command form of **ser** is the same as the first-person singular indicative form of **saber: sé.** Again, context will determine meaning.

COMMANDS

	UD.	UDS.	TÚ	VOSOTROS
hablar	hable no hable	hablen no hablen	habla no hables	hablad no habléis
comer	coma no coma	coman no coman	come no comas	comed no comáis
dar	dé no dé	den no den	da no des	dad no deis
decir	diga no diga	digan no digan	di no digas	decid no digáis
ir	vaya no vaya	vayan no vayan	ve no vayas	id no vayáis

Using pronouns with commands

Pronouns (reflexive, indirect object, direct object) attach to the end of affirmative commands and precede the conjugated verb in negative commands. In the case of more than one pronoun, the order is always reflexive, indirect, direct (RID). (See the **Hablar de los gustos** section of these yellow pages [pp. 335–341] for more on the use of direct and indirect object pronouns.)

1. Written accents are added if attaching pronouns to affirmative commands moves the stress to the third-to-last syllable or further back. This is done to maintain the stress of the original affirmative command form.

2. When attaching the reflexive pronoun **os** to an affirmative **vosotros** command, remove the **-d** of the command form before attaching the **os** pronoun. (EXCEPTION: **id** retains the **-d** when adding this pronoun.) Additionally, remember to add an accent to the **i** preceding the **os** pronoun in the case of the affirmative **vosotros** commands of reflexive **-ir** verbs.

COMMANDS WITH PRONOUNS

	UD.	UDS.	TÚ	VOSOTROS
hacerlo	hágalo no lo haga	háganlo no lo hagan	hazlo no lo hagas	hacedlo no lo hagáis
dármela	démela no me la dé	dénmela no me la den	dámela no me la des	dádmela no me la deis
levantarse	levántese no se levante	levántense no se levanten	levántate no te levantes	levantaos no os levantéis
divertirse	diviértase no se divierta	diviértanse no se diviertan	diviértete no te diviertas	divertíos no os divirtáis
irse	váyase no se vaya	váyanse no se vayan	vete no te vayas	idos no os vayáis

3. To express suggestions and collective commands, such as *Let's leave, Let's speak, Let's not sing,* and so forth, use the present subjunctive **nosotros** form.

   • The one exception to this rule is the affirmative form of **ir**. Use **vamos**, not **vayamos**.

   • In the affirmative form of reflexive verbs, the final **-s** is dropped before attaching the pronoun **nos**.

NOSOTROS COMMANDS		
	AFFIRMATIVE	**NEGATIVE**
hablar	habl**emos**	no habl**emos**
ir	v**amos**	no v**ayamos**
llamarlo	llam**émoslo**	no **lo** llamemos
levantarse	levant**émonos**	no **nos** levantemo**s**
irse	v**ámonos**	no **nos** v**ayamos**

¡A practicar!

A. Provide the affirmative and negative forms of the **Ud., Uds., tú,** and **nosotros** commands of the following phrases, substituting the correct pronouns for any words in *blue italics* according to the models.

   MODELOS: hacer *la tarea* →
   Hágala. No la haga.
   Háganla. No la hagan.
   Hazla. No la hagas.
   Hagámosla. No la hagamos.

   1. ponerse *los zapatos*
   2. escribir *a los padres*
   3. decir *la verdad*
   4. leer *los capítulos*
   5. irse de aquí

B. Translate the following commands.

   1. Let's buy it. (**la alfombra**)
   2. Let's sit down.
   3. Bring it. (**la cerveza, tú**)
   4. Play it. (**la guitarra, Ud.**)
   5. Don't lose them. (**las llaves, Uds.**)
   6. Let's not get up.
   7. Wait for him. (**Ud.**)
   8. Leave. (**tú**)
   9. Don't do it. (**tú**)
   10. Give it to them. (**la respuesta, Uds.**)

Narración en el pasado

Narrating in the past requires that you know the past-tense verb forms and that you study and practice using the preterite, the imperfect, the present perfect, and the pluperfect tenses. To help you master this **meta comunicativa,** this section contains (A) a review of the verb forms for the preterite and imperfect; (B) hints for understanding the relationship and differences between them through the use of the **carne/columna** metaphor, an explanatory chart, and symbols to show how events take place in time and in relation to each other; (C) a list of verbs with different meanings in the preterite and imperfect; (D) a review of the present perfect and pluperfect tenses; and (E) **hace... que** constructions.

A. Formation of the preterite and imperfect

Preterite forms

1. Here is a review of preterite verb forms, including high-frequency irregular forms.

REGULAR PRETERITE FORMS

hablar:	hablé	hablaste	habló	hablamos	hablasteis	hablaron
comer:	comí	comiste	comió	comimos	comisteis	comieron
vivir:	viví	viviste	vivió	vivimos	vivisteis	vivieron

IRREGULAR PRETERITE FORMS

dar:	di	diste	dio	dimos	disteis	dieron
decir:	dije	dijiste	dijo	dijimos	dijisteis	dijeron
estar:	estuve	estuviste	estuvo	estuvimos	estuvisteis	estuvieron
hacer:	hice	hiciste	hizo*	hicimos	hicisteis	hicieron
ir:†	fui	fuiste	fue	fuimos	fuisteis	fueron
poder:	pude	pudiste	pudo	pudimos	pudisteis	pudieron
poner:	puse	pusiste	puso	pusimos	pusisteis	pusieron
querer:	quise	quisiste	quiso	quisimos	quisisteis	quisieron
saber:	supe	supiste	supo	supimos	supisteis	supieron
ser:†	fui	fuiste	fue	fuimos	fuisteis	fueron
tener:	tuve	tuviste	tuvo	tuvimos	tuvisteis	tuvieron
traer:	traje	trajiste	trajo	trajimos	trajisteis	trajeron
venir:	vine	viniste	vino	vinimos	vinisteis	vinieron

2. Verbs that end in **-car, -gar,** and **-zar** show a spelling change in the first-person singular of the preterite.

buscar: busqué, buscaste, buscó,...
pagar: pagué, pagaste, pagó,...
empezar: empecé, empezaste, empezó,...

---

*The **-c-** in the preterite stem is replaced here with **-z-** to maintain the [s] sound ([θ] in Spain).
†Note that **ir** and **ser** share the same preterite forms. Context will determine meaning: **Mis tíos fueron a Londres para las vacaciones. Hace mucho tiempo que los dos fueron maestros.**

3. An unstressed **-i-** between two vowels becomes **-y-** in the preterite.

creer: cre**ió** → cre**y**ó   leer: le**ió** → le**y**ó

cre**ieron** → cre**y**eron   le**ieron** → le**y**eron

4. Although **-ar** and **-er** stem-changing verbs have no stem change in the preterite (**me acuesto** → **me acosté; pierde** → **perdió**), **-ir** stem-changing verbs do have a change in the preterite, but only in the third-person singular and plural. Thus, the stem vowels **e** and **o** change to **i** and **u,** respectively. You will notice in this text that some verbs are listed with two sets of letters in parentheses.

conseguir (i, i)   divertirse (ie, i)   dormir (ue, u)

The first set of letters indicates a stem change in the present tense; the second set represents a change in both the preterite and the present participle.

pedir (i, i)		dormir (ue, u)	
PRESENT	PRETERITE	PRESENT	PRETERITE
p**i**do	pedí	d**ue**rmo	dormí
p**i**des	pediste	d**ue**rmes	dormiste
p**i**de	p**i**dió	d**ue**rme	d**u**rmió
pedimos	pedimos	dormimos	dormimos
pedís	pedisteis	dormís	dormisteis
p**i**den	p**i**dieron	d**ue**rmen	d**u**rmieron

PRESENT PARTICIPLE
p**i**diendo

PRESENT PARTICIPLE
d**u**rmiendo

Imperfect forms

1. Here is a review of imperfect forms.

habl**ar:**	habl**aba**	habl**abas**	habl**aba**	habl**ábamos**	habl**abais**	habl**aban**
com**er:**	com**ía**	com**ías**	com**ía**	com**íamos**	com**íais**	com**ían**
viv**ir:**	viv**ía**	viv**ías**	viv**ía**	viv**íamos**	viv**íais**	viv**ían**

2. There are only three irregular verbs in the imperfect.

ir:	iba	ibas	iba	íbamos	ibais	iban
ser:	era	eras	era	éramos	erais	eran
ver:	veía	veías	veía	veíamos	veíais	veían

B. Using the preterite and imperfect

A general rule of thumb to help you understand the distinction between the preterite and the imperfect is that the preterite is used to report events that were completed in the past. The focus may be on the beginning of an event, (**Empezó a llorar.**) the end of an event, (**Terminó de escribir el informe.**) or on the totality of an event from beginning to end. (**Compró otro coche.**) On the other hand, when the focus is on an action that was in progress, with no concern for when it started or ended, the imperfect is used. Think of the preterite verbs as those that move the story line forward (the backbone of the story) and the imperfect as the descriptive filler (the flesh) used to enhance the listener's ability to picture more fully the circumstances of the past event being described. This distinction will be presented in three ways: (1) as a metaphor to guide you as you analyze and create past-tense discourse, (2) as a general explanation of when to use the preterite or the imperfect, and (3) as an explanation of how events take place in time.

The carne/columna metaphor*

The **carne/columna** or backbone/flesh metaphor can help you understand the relationship between the preterite and the imperfect. Think of the backbone (**la columna**) as the information that moves a story forward, a series of completed actions (preterite). As each event ends (represented with an **X**), a new event begins, which in turn moves the story forward in time. Notice that, in the events narrated below, each preterite verb moves the story line forward from the point of Santiago's waking up to the point of his leaving. The preterite is the backbone of the story.

Santiago se despertó temprano.	X	X
Comió rápidamente.	X	X
Salió corriendo de la casa.	X	X
Llegó a la oficina a las 8:00.	X	X
Firmó el documento.	X	X
Salió para Lima.	X	X

backbone
(**la columna**)

Verbs in the imperfect do not introduce new events into the story and therefore do not move the story line forward. The imperfect stops the story line to fill in descriptive details or to "flesh out" the story. Hence the reference to the imperfect as the flesh (**la carne**) of the story. Note how the imperfect adds details.

LA CARNE	LA COLUMNA	LA CARNE
	Santiago se despertó temprano.	Era una mañana lluviosa.
	⅄	~~~~~~
	Comió rápidamente.	No tenía mucha hambre.
	⅄	
Quería llegar temprano.	Salió corriendo de la casa.	Estaba un poco nervioso.
	⅄	~~~~~~
~~	Llegó a la oficina a las 8:00.	Su jefe lo esperaba.
	⅄	~~~~~~
Temblaba un poco.	Firmó el documento.	Tenía que ser valiente.
~~	⅄	~~~~~~
	Salió para Lima.	

---

*This metaphor was devised and articulated by Dr. Ruth Westfall of the University of Texas at Austin.

Notice how the imperfect refers to a time specified by the preterite story line.

- At the time he woke up, it was a rainy morning.
- At the time of eating, he wasn't very hungry.
- He ran from his house because he wanted to arrive early. At the time of leaving, he was feeling a little nervous.
- At the time of his arrival at the office, his boss was waiting for him.
- He was shaking at the time of signing the document, but he had to be brave.
- Then he left for Lima.

This metaphor can be very helpful as you create your own stories in the past, and it is also helpful in analyzing existing texts in Spanish. Read the following narrative. On a separate sheet of paper, indicate the **columna** and the **carne** found in the narration, using the previous example as a model.

El año pasado, Sara fue a Andalucía para pasar las vacaciones de primavera. Hacía muy buen tiempo. El sol brillaba[1] cada día. Primero, Sara paró en Granada, donde visitó la Alhambra. Era un lugar impresionante. Tenía vistas increíbles. Después, se marchó[2] a Sevilla para ver la famosa Semana Santa. Había flores por todas partes y las calles estaban llenas de gente de todas partes. Decidió entonces volver allí para hacer un reportaje para la emisora de radio.

[1]*was shining*   [2]*se... se fue*

This metaphor can also be very useful when you are reading a text in Spanish. If you are confused about what happened in a particular passage, try focusing only on the preterite verbs, so you get the backbone of the story. Each verb in the preterite accounts for the forward movement of the narrative.

Usage chart

Here is a brief summary of some of the more common uses of the preterite and the imperfect.

PRETERITE X

1. completed action
   Fui al concierto.
   Me **puse** furiosa y **decidí** irme.
   El picnic **terminó** cuando **empezó** a llover.
2. completed actions in succession
   Se **levantó, comió** y **llamó** a Ana.
3. completed action within a specific time period
   Estudié por dos horas anoche.
   Vivió cuatro años en Madrid.
4. summary or reaction statement
   Fue un verano perfecto.

IMPERFECT 〰〰〰〰

1. progression of an action with no focus on beginning or end
Lo **leía** con gran interés.
Dormía tranquilamente.
Mientras su padre **trabajaba,...**

2. habitual action
Siempre **comía** rápidamente.

3. description of physical and emotional states, including past opinions and desires
El chico **era** alto y delgado.
Tenía miedo de todo. **Quería** escaparse.

4. background information such as time, weather, and age
Eran las 2:00 de la tarde y ya **hacía** frío.
En 1978, ella **tenía** 13 años.

Uses of the preterite: expansion

1. COMPLETED ACTIONS: Completed actions may refer to events that happened and ended quickly.
Se sentó en el sillón y **cerró** los ojos.
They may refer to the beginning or end of an action.
Decidió investigarlo. **Terminaron** la investigación.
Or they may refer to actions that started and ended in the past.
Limpió la casa entera.

2. COMPLETED ACTIONS IN SUCCESSION: The preterite is used for a series of actions, in which one ended before the other began.
Tomó el desayuno, **limpió** la casa y **cortó** el césped (*grass*). (*Each action had a definite beginning and a definite end.*)

3. COMPLETED ACTION WITHIN A SPECIFIC TIME PERIOD: The preterite is used to describe an event that took place within a closed interval of time.
Diego **estudió** en Monterrey por cuatro años. (*He studied there during a closed interval of time—four years.*)

4. SUMMARY OR REACTION STATEMENT: The preterite is also used in a summary statement or a reaction to a series of events packaged as a whole.
¿Qué tal la película? Me **encantó. ¡Fue** fenomenal! (*overall reaction to the movie as a whole*); ¿Qué tal el viaje? **Fue** maravilloso. (*The whole trip was wonderful.*)

Uses of the imperfect: expansion

1. PROGRESSION OF AN ACTION WITH NO FOCUS ON THE BEGINNING OR END: The imperfect is used to express what was in the process of happening at a given moment of the story in the past.

Elena **preparaba** la comida mientras su esposo **bañaba** a los niños.	*Elena was preparing the meal while her husband was bathing the children. (beginning and end of both actions not specified)*

2. HABITUAL ACTION: The imperfect is used to describe an activity that used to occur in the past when no definite length of time is mentioned.

Siempre **escuchaba** su música favorita en la sala.	*She always used to listen to her favorite music in the living room. (habitual action)*

3. DESCRIPTION OF PHYSICAL AND EMOTIONAL STATES, INCLUDING PAST OPINIONS AND DESIRES: The imperfect is also used to describe characteristic states in the past.

Llevaba un traje elegante. **Estaba** guapísimo, pero **estaba** muy nervioso.	*He wore an elegant suit. He was looking extremely handsome, but he was very nervous. (description of his physical and mental states)*
Quería aprender más…	*He wanted to learn more . . . (His desire was ongoing in the past.)*

4. BACKGROUND INFORMATION SUCH AS TIME, WEATHER, AND AGE: The imperfect is used to set the scene by giving background information.

Era una noche oscura.	*It was a dark night. (background information)*

The imperfect can also be used to refer to the future in a past statement.

Me dijo que **iba** a romper con Diego.	*She told me she was going to break up with Diego (in the near future).*
Afirmó que **venía** a la fiesta.	*He stated that he was coming to the party.*

How events take place in time

You may use the following symbols to help you remember the usage of the preterite and the imperfect in Spanish.

AT A SPECIFIC POINT IN TIME	CONTINUOUS, IN PROGRESS
Decidió mudarse. X	De niño, **tocaba** el piano.

SEQUENTIAL	CONTINUOUS, INTERRUPTED BY ANOTHER ACTION
Hice las tortillas, **cené** y **lavé** los platos. X X X	Me **bañaba** cuando **sonó** el teléfono.

¡A practicar!

A. In this exercise you will work only with the four uses of the preterite listed in the *Uses of the preterite: expansion* section (p. 329). Give the appropriate number (1–4) for each verb in *blue italics* to indicate which type of completed action is being expressed. Study the explanations again, if you wish.

1. Marisol y Sean *abrieron* _____ el café Ruta Maya en 1989.

2. El día que *inauguraron* _____ el café *fue* _____ fenomenal para ellos.

3. Todos sus amigos *llegaron* _____, *tomaron* _____ café y los *felicitaron* _____.

4. La madre de Marisol no *pudo* _____ asistir, pero *trató* _____ de llamarla durante todo el día.

5. En 1994, *celebraron* _____ el quinto aniversario del café; la madre de Marisol los *sorprendió* _____ y *llegó* _____ sin avisarlos.

6. *Fue* _____ una sorpresa muy especial.

7. ¡La celebración *duró* _____ tres días!

B. In this exercise you will work only with the four uses of the imperfect mentioned in the *Uses of the imperfect: expansion* (pp. 329–330). Give the appropriate number (1–4) for each verb in *blue italics* to indicate which type of ongoing activity or state is being described. Study the explanations again, if you wish.

1. El día de la apertura (*opening*) de Ruta Maya, Marisol *sentía* _____ un orgullo tan grande que no *podía* _____ contenerlo.

2. *Era* _____ un día perfecto. El sol *brillaba* _____, pero no *hacía* _____ demasiado calor.

3. Sean *limpiaba* _____ el nuevo bar mientras Marisol *preparaba* _____ las bebidas para la fiesta.

4. Marisol *llevaba* _____ un vestido nuevo y Sean le dijo que *estaba* _____ muy guapa.

5. Siempre *encendían* _____ unas velas especiales antes de cualquier ocasión importante.

6. Los dos *creían* _____ que su nuevo café *iba** a ser un gran éxito.

C. Verbs with different meanings in the preterite and imperfect

The meanings of the following verbs change depending on whether they are used in the preterite or the imperfect.

	PRETERITE X	**IMPERFECT** ～～～
conocer	*to meet* Por fin, los amigos **conocieron** a la madre de Javier. *Finally, the friends met Javier's mother.*	*to know, be acquainted with* Todos **conocían** la tienda de Diego. *Everyone was acquainted with Diego's store.*
saber	*to find out* **Supieron** la noticia. *They found out the news.*	*to know (facts)* **Sabían** que ella venía. *They knew that she was coming.*
poder	*to be able to (to try and to succeed)* **Pudieron** subir a la cima de la montaña. *They were able (tried and succeeded) to climb to the top of the mountain.*	*to be able to (no knowledge of attempt or success)* Dijo que **podía** bailar bien. *He said he could dance well. (no indication of attempt or success, only of his self-declared ability)*

*Remember that the imperfect may be used to refer to the future in a past statement. None of the four uses of the imperfect as stated readily applies in this case.

PRETERITE X		IMPERFECT ⁓⁓⁓	
no poder	*to try but fail* **No pudo** traducirlo. *He couldn't (tried but failed to)* *translate it.*	*to be incapable of* **No podía** traducirlo. *He wasn't capable of translating it. (no* *indication of attempt or success)*	
querer	*to try (but ultimately not achieve)* **Quisimos** comprarlo. *We tried to buy it (but weren't able to for* *some reason).*	*to want* **Queríamos** comprarlo. *We wanted to buy it.*	
no querer	*to refuse* **No quiso** terminar. *She refused to finish.*	*not to want* **No quería** terminar. *She didn't want to finish.*	
tener	*to receive* **Tuvo** dos cartas hoy. *He received two letters today.*	*to have* **Tenía** mucho tiempo libre. *He had a lot of free time.*	
tener que	*to have to (and to do)* Laura **tuvo que** ir al médico. *Laura had to go (and went) to the doctor.*	*to have the obligation to* Estaba preocupada porque **tenía que** estudiar. *She was worried because she had (the* *obligation) to study.*	
costar	*to cost, be bought for* El suéter **costó** 150 pesos. *The sweater cost (and I bought it for)* *150 pesos.*	*to cost, be available for* El abrigo **costaba** 500 pesos. *The coat cost (was priced at) 500 pesos.*	

¡A practicar!

A. For the following sentences, indicate the use of each verb in *blue italics*. Use **P** for preterite and **I** for imperfect, plus the number explaining the usage (1–4 from pp. 329–330) for each. Follow the model.

MODELO: Ayer *fue* un día fatal. → P:4

1. Sara *vivió* _____ en Salamanca de 1978 a 1995.

2. Antes *vivía* _____ en un pueblo cerca de Portugal.

3. Su apartamento en Salamanca *era* _____ pequeño pero muy acogedor (*cozy*).

4. Casi todos los días, *tomaba* _____ su cafecito en el bar de abajo.

5. Un día mientras *desayunaba* _____, *recibió* _____ la noticia de su beca (*scholarship*).

6. Cuando su hermana lo *supo* _____, *lloró* _____. Pero le *dijo* _____ que *quería* _____ lo mejor para ella.

7. Sara *fue* _____ a Madrid tres veces para arreglar sus papeles.

8. La última vez que *estuvo* _____ en Madrid, *había* _____ una larga cola y *tuvo* _____ que esperar mucho tiempo.

9. Desafortunadamente, *llevaba* _____ zapatos de tacón alto (*high-heeled shoes*).

10. *Fue* _____ un día horrible para ella.

B. Complete each blank with the appropriate preterite or imperfect form of the verb in parentheses.

Cuando Sergio _____[1] (ser) joven, _____[2] (ir) todos los veranos con su familia a México para visitar a la familia de su madre. Siempre le _____[3] (gustar) ver a sus primos, tíos y abuelos y pasar tiempo con ellos. Además, su abuela _____[4] (ser) una cocinera excelente y a Sergio le _____[5] (encantar) su comida. Una vez, cuando Sergio _____[6] (tener) 10 años, la familia entera _____[7] (ir) a pasar tres meses en Acapulco. Sus padres y sus tíos _____[8] (alquilar) una casa enorme cerca de la playa. Acapulco _____[9] (ser) una ciudad lindísima y/e _____[10] (hacer) muy buen tiempo, así que los primos _____[11] (poder) ir a la playa casi todos los días. Desafortunadamente, un día Sergio _____[12] (saber) que su otra abuela, la madre de su papá que _____[13] (vivir) en Boston, _____[14] (estar) enferma. El padre de Sergio _____[15] (tener) que ir a Boston urgentemente. Sergio _____[16] (querer) que su padre se quedara, pero también _____[17] (estar) preocupado por su abuelita. Cuando por fin Sergio y su madre _____[18] (estar) listos para salir, todos _____[19] (sentirse) tristes. A pesar de la enfermedad de su abuela paterna, Sergio lo _____[20] (pasar) muy bien ese verano. _____[21] (Ser) unas vacaciones inolvidables.

D. The present perfect and pluperfect

Formation

The present perfect and pluperfect tenses are formed by combining the auxiliary verb **haber** and the past participle. (For a review of past participles, see Section C of **Descripción** [p. 311].) In contrast to the past participle used as an adjective, the past participle in these tenses never changes in number or gender.

PRESENT PERFECT		PLUPERFECT	
he vivido	**hemos** vivido	hab**ía** hecho	hab**íamos** hecho
has vivido	**habéis** vivido	hab**ías** hecho	hab**íais** hecho
ha vivido	**han** vivido	hab**ía** hecho	hab**ían** hecho

Usage

1. The present perfect expresses an action that began in the past and has relevance to the present.

¡Qué sorpresa! Sara **ha terminado** el examen antes que los otros.
Los padres de Sara **han decidido** ir a los Estados Unidos para pasar la Navidad con ella.

2. On the other hand, the pluperfect expresses an action that had already happened before another action took place in the past.

Javi nos dijo que **había trabajado** ocho días seguidos antes de tomar un descanso.

Javier ya **había salido** de Ruta Maya cuando Sara llamó por él.

¡A practicar!

A. Since the five friends in Austin met, some changes have occurred in their lives. Complete the following sentences with the appropriate present perfect form of the verb in parentheses.

1. Sergio _____ (conseguir) un contrato con Santana.

2. Javier _____ (romper) con su novia.

3. Laura no _____ (volver) a ver a Manuel en el Ecuador.

4. Diego _____ (tener) mucho éxito con Tesoros.

B. Complete the following sentences with the appropriate pluperfect form of the verb in parentheses to indicate that the actions took place before the change mentioned in **Actividad A.**

1. Antes de trabajar con Santana, Sergio _____ (trabajar) con grupos poco conocidos.

2. Antes de romper con su novia, Javier _____ (soñar) con tener relaciones duraderas.

3. Antes de volver a los Estados Unidos, Laura le _____ (prometer) a Manuel que volvería a Quito dentro de tres meses.

4. Antes de tener éxito en su negocio, Diego _____ (hacer) una inversión (*investment*) muy grande.

E. Hace... que

1. To express that an action *has been going on* over a period of time and is still going on, use the phrase **hace** + *period of time* + **que** + *present tense.*

   —¿Cuánto tiempo **hace que**
      estudias aquí?

   —**Hace dos años que**
      estudio aquí.

   —*How long have you been*
      studying here?

   —*I've been studying here for two*
      years.

2. To express how long *ago* something happened, use the **hace... que** construction with the *preterite.*

   Hace dos años que fui a Lima.   *I went to Lima two years ago.*

3. To express an action that *had been going on* prior to a past point in time, use the imperfect and **hacía** instead of **hace.**

   Hacía cinco años que no la
      veía cuando decidió llamarla.

   He hadn't seen her for five years
      when he decided to call her.

4. To express an action that *had already been completed* prior to a past point in time, use the pluperfect and **hacía** instead of **hace.**

    No lo podía creer—**hacía**   She couldn't believe it—she had
       25 años que había llegado   arrived in Caracas 25 years earlier.
       a Caracas.

5. This type of construction may sometimes be used without the **que.**

    —¿Cuánto tiempo **hace que**   —How long have you been
       estudias aquí?   studying here?
    —**Hace dos años.**   —(I've been studying here for)
                                                Two years.

    Recibimos la revista **hace un**   We received the magazine a month
       mes.   ago.

¡A practicar!

Translate the following sentences into Spanish.

1. I'm sorry! How long have you been waiting?
2. I've wanted to eat at this restaurant for a long time.
3. How long ago were you born?
4. Aura left for Buenos Aires six years ago and never returned.
5. Celia had been studying for six hours when Sergio called her.
6. Matías wasn't surprised; he had read about the problem three years earlier.

Hablar de los gustos

Expressing likes and dislikes in Spanish can be confusing to English speakers, since the verb **gustar** is not used in the same way as other verbs you have learned. Indirect object pronouns are a necessary element in the construction with **gustar,** so before it is explained, we will review (A) direct object pronouns, (B) the personal **a,** (C) indirect object pronouns, and (D) double object pronouns. Then (E) **gustar** and similar verbs will be reviewed.

A. Direct object pronouns

1. A direct object receives the action of a verb and answers the questions *who/whom?* or *what?* in relation to that action. Note the direct objects in the following examples.

    Consiguió **el aumento.**   He got the raise. (What *did he*
                                                get? **el aumento**)
    No vi a **Sara** anoche.   I didn't see Sara last night.
                                                (Who/Whom *did I not see?* **Sara**)

2. A direct object pronoun, like a direct object noun, receives the action of the verb and answers the questions *who/whom?* or *what?* These pronouns take the place of their corresponding nouns to avoid unnecessary repetition. On the following page is a complete list of direct object pronouns in Spanish.

DIRECT OBJECT PRONOUNS

me	me	nos	us
te	you (*fam., s.*)	os	you (*fam., pl., Sp.*)
lo/la	you (*form., s.*)	los/las	you (*form., pl.*)
lo	him, it (*m.*)	los	them (*m.*)
la	her, it (*f.*)	las	them (*f.*)

Third-person direct object pronouns should be used only after the direct object noun has been identified. That is, if it is already known that the conversation is about Sara, we can refer to her as *her* rather than say *Sara* each time she's mentioned.

3. Direct object pronouns are placed immediately before a conjugated verb.

(Consiguió **el aumento**.)   **Lo** consiguió ayer.
(No vi a **Sara** anoche.)   No **la** vi anoche.
(No he hecho **la tarea** todavía.)   No **la** he hecho* todavía.

There are only three exceptions to this rule. (See number 4.)

4. Direct object pronouns *may* be attached to an infinitive and to the progressive form, but *must* be attached to *affirmative* commands.

Debe conseguir**lo**. = **Lo** debe conseguir.
No quería ver**la** anoche. = No **la** quería ver anoche.
Está preparándo**lo**. = **Lo** está preparando.
Prepáre**lo**. *but* No **lo** prepare.

Remember that when you attach a pronoun to a progressive form or affirmative command, a written accent is used to maintain the original stress of the word: prepar**a**ndo → prepar**á**ndolo.

5. The following verbs are commonly associated with direct objects and direct object pronouns.

admirar	conocer	invitar	querer
adorar	conseguir	llamar	ver
ayudar	escuchar†	mirar	visitar
buscar†	esperar†	necesitar	

---

*Remember that the two elements that make up perfect tenses (a form of **haber** and the past participle) can never be separated. Accordingly, any pronouns that accompany a perfect tense verb will always appear before the conjugated form of **haber.**

†Note that **buscar** means *to look for,* **escuchar** means *to listen to,* and **esperar** means *to wait for.* The *to* and *for* that are part of the expression in English are simply part of the verb itself in Spanish, so the object pronoun used with the verb is a direct object pronoun, not the pronoun object of a preposition.

B. The personal **a**

In Spanish, the word **a** precedes the direct object of a sentence when the direct object refers to a specific person or personified thing. Indefinite pronouns that refer to people, such as **alguien, nadie,** and **quien,** are also preceded by the personal **a.** There is no equivalent for the personal **a** in English. Note the following examples in which the personal **a** is used.

Sara buscó **a** Javier.   (*a specific person*)
Perdí **a** mi perro en el mercado.   (*an animal that is close to you*)
Tenemos que defender **a** nuestro país.   (*a personification of one's country*)
¿**A** quién llamaste?   (*the* whom *refers to a person*)
No llamé **a** nadie.   (**alguien** *and* **nadie** *always take the personal* **a** *when they are direct objects*)
but   Busco un tutor nuevo.   (*No personal* **a** *is used since the direct object is not a specific person.*)

C. Indirect object pronouns

1. Like a direct object, an indirect object also receives the action of a verb, but it answers the questions *to whom?* or *for whom?* the action is performed.

Sergio **le** escribió a **Sara.**   *Sergio wrote to Sara.* (To whom *did Sergio write?* **a Sara**)

No **les** mandó el cheque.   *He didn't send them the check.* (To whom *did he not send the check?* **a ellos**)

2. Review the following chart of indirect object pronouns. Note that indirect object pronouns have the same form as direct object pronouns except in the third-person singular and plural, represented by **le** and **les,** respectively.

INDIRECT OBJECT PRONOUNS			
me	*to me, for me*	nos	*to us, for us*
te	*to you, for you (fam., s.)*	os	*to you, for you (fam., pl., Sp.)*
le	*to you, for you (form., s.)*	les	*to you, for you ([form.,] pl.)*
le	*to him, for him*	les	*to them, for them (m.)*
le	*to her, for her*	les	*to them, for them (f.)*

3. The placement rules for indirect object pronouns are the same as those for direct object pronouns.

Laura **me** dio su número.
Laura va a dar**me** su número. = Laura **me** va a dar su número.
Laura está buscándo**me**. = Laura **me** está buscando.
Da**me** tu número. *but* No **me** des tu número.

4. Because **le** and **les** have several equivalents, their meaning is often clarified with the preposition **a** followed by a noun or pronoun. **¡OJO!** Although the clarifying noun or pronoun is often optional, indirect object pronouns are not.

Sergio **le** escribió **a Sara.**	*Sergio wrote to Sara.*
Diego **les** prepara una buena sopa (**a Uds.**).	*Diego is preparing a good soup for you.*
Va a mandar**le** la receta (**a ella**).	*He's going to send her the recipe.*

5. When trying to figure out whether to use a direct or an indirect object pronoun, if you can answer the question *to whom* or *for whom,* you know that the indirect pronoun **le** or **les** is required.

I help her every day.	Do you say "I help to her" or "I help for her"? No, so you use the direct object pronoun **la,** which answers the question *who/whom do I help?* not *to whom do I help?*: **La** ayudo cada día.
I send him letters often.	Do you say "I send letters to him often"? Yes, so you use the indirect object pronoun **le,** which answers the question *to whom do I send letters?*: **Le** mando cartas a menudo.

6. The following verbs are commonly associated with indirect objects and indirect object pronouns.

dar	hablar	preguntar	regalar
decir	mandar	prestar	servir
escribir	ofrecer	prometer	traer
explicar	pedir	recomendar	

D. Double object pronouns

1. It is common to have both a direct and an indirect object pronoun in the same sentence. When this occurs, the indirect object pronoun always precedes the direct object pronoun. Remember the acronym (RID) (reflexive, indirect, direct) to help you recall the sequence of pronouns.

Sara **nos los** regaló.	*Sara gave them to us.*
Diego **me la** prestó.	*Diego lent it to me.*
Javi quiere dár**mela.**	*Javi wants to give it to me.*

2. When both the indirect and direct object pronouns begin with the letter *l* (such as **le lo** or **les la**), the indirect object pronoun always changes to **se.**

Laura **le** compró **las galletas.** → Laura **se las** compró.
Estoy trayéndo**les los libros.** → Estoy trayéndo**selos.**

Because **se** can mean **le** or **les,** easily standing for any number of referents—*to him, to her, to you* (singular or plural), *to them*—it is often necessary to clarify its meaning by using **a** plus a noun or pronoun.

Laura **se las** compró **a Sara.**	*Laura bought them for Sara.*
Estoy trayéndo**selos a Uds.**	*I'm bringing them to you.*

¡A practicar!

Identify the direct object (*who/whom?/what?*) and the indirect object (*to/for whom? to/for what?*) in the following sentences. Then translate the sentences into Spanish, replacing each object with the appropriate object pronoun.

1. Javier served the clients coffee.
2. Sara told Laura that she wouldn't be home until late.
3. Diego, show Mr. Galindo the paintings, please.
4. Sergio had to call the musicians and then listen to the CDs.
5. Laura was preparing a surprise dinner for Javier.
6. Javier, thank (**agradecer**) Laura for the dinner.
7. Sara used to visit her uncle in Salamanca every Sunday.
8. Sergio can buy the flowers for us.
9. Javier and Diego won't tell me the truth.
10. Sara wanted to sing us a song with her horrible voice.

E. **Gustar** and similar verbs

1. As you have learned in your prior Spanish studies, **gustar** means *to please* or *to be pleasing.* Thus, the subject of sentences with **gustar** and similar verbs is the person or thing that is pleasing, not the person to whom it is pleasing. Sentences with **gustar** and similar verbs use the following formula.

INDIRECT OBJECT PRONOUN	+	*GUSTAR*	+	SUBJECT
me nos		**gusta**		*infinitive* (comer)
te os	+	**gusta**	+	(*article*) *singular noun* (el café)
le les		**gustan**		(*article*) *plural noun* (los tacos)

¿**Te gusta** cantar?	*Is singing pleasing to you? (Do you like singing / to sing?)*
Les gustó mucho la película.	*The movie was very pleasing to them. (They liked the movie a lot.)*
Me gustan los libros de Dan Brown.	*Dan Brown's books are pleasing to me. (I like Dan Brown's books.)*

2. Note that subject pronouns are not generally used before the **gustar** construction. The most frequent mistake that students make with this construction is to forget that the person to whom something is pleasing is not the subject of the sentence. Note the following examples.

Incorrect: Ana le gustó el gato.

Correct: **A** Ana le gustó el gato. (**El gato** is the subject of the sentence, not **Ana:** *The cat was pleasing to Ana.*)

He likes those cookies.	= A él **le gustan** esas galletas. (*Those cookies* [plural] *are pleasing to him* **[le]**.)
Sergio and Diego like fried fish.	= A Sergio y a Diego **les gusta** el pescado frito. (*Fried fish* [singular] *is pleasing to them* **[les]**.)

3. Here are some other verbs that use the same construction as **gustar.** Note in all examples that the verb matches the person or thing that is interesting, delightful, fascinating, and so forth.

VERBS LIKE *GUSTAR*	
aburrir (*to bore*)	Me aburren las películas lentas.
asustar (*to frighten*)	Le asustan las películas de horror a mi hermana.
caer bien/mal (*to like/dislike someone*)	El nuevo profesor me cae muy bien.
convenir (*to be beneficial / a good idea*)	Te conviene estudiar esta lección.
dar asco (*to disgust; to turn one's stomach*)	Me dan asco las cucarachas.
dar ganas de (*to give the urge*)	—Ver ese anuncio me da ganas de llamar por una pizza ahora mismo.
dar igual (*to be all the same; not to matter*)	—¿Quieres salir ahora? —Me da igual.
disgustar (*to dislike*)	—¡Fuchi! (*Yuck!*) Me disgusta la pizza.
encantar (*to delight*)	—Pues, a mí me encanta la pizza.
fascinar (*to fascinate*)	A Javi le fascina todo tipo de música.
fastidiar (*to annoy; to bother*)	Te fastidian las personas tacañas, ¿verdad?
importar (*to matter*)	A Juan Carlos no le importa el precio.
interesar (*to interest*)	¿Te interesan las noticias internacionales?
molestar (*to annoy; to bother*)	¿Te molesta si fumo?
preocupar (*to worry*)	Me preocupa que la profesora nos dé una prueba mañana.
sorprender (*to surprise*)	Nos sorprende su actitud tan liberal.

¡A practicar!

A. Complete the following sentences with the appropriate indirect object pronoun and the correct form of the verb in parentheses.

1. ¿A ti _____ _____ (gustar: *preterite*) la comida que sirvió?
2. A mí _____ _____ (encantar: *imperfect*) mirar la tele con mis padres cuando era joven.
3. A Laura y a Sara _____ _____ (fascinar: *preterite*) la película *La lengua de las mariposas.*
4. A mi hermana _____ _____ (dar: *present*) asco la comida frita.
5. A sus abuelos _____ _____ (molestar: *present*) la música de sus nietos.

B. Form complete sentences according to the model.

MODELO: mis vecinos / molestar / las fiestas que tenemos cada fin de semana →
A mis vecinos les molestan las fiestas que tenemos cada fin de semana.

1. yo / dar asco / los perritos calientes (*hot dogs*) con mostaza (*mustard*)
2. los profesores / fastidiar / los estudiantes que no estudian
3. mi amigo / fascinar / las películas violentas
4. nosotros / encantar / estudiar astrología
5. los niños pequeños / interesar / los dibujos animados
6. los jóvenes / molestar / las reglas de las residencias universitarias

Hacer hipótesis

In this section, you will review how to express hypothetical situations. Hypothetical situations express what you or someone else would do given certain circumstances: *If I were president of the United States, I would first look for a diplomatic resolution to the conflict.* To form such hypothetical situations in Spanish, you will need to review (A) the past subjunctive, (B) the conditional, and (C) the various rules that govern the formation and use of hypothetical situations.

A. Past subjunctive and sequence of tenses

1. PAST SUBJUNCTIVE: For a review of the formation of the past subjunctive, see pp. 317–318.

2. SEQUENCE OF TENSES: Remember that, if the main clause is in the past (and fits one of the WEIRDO categories), the subordinate clause will contain the past subjunctive. (See "Sequence of tenses" on pp. 320–322.)

Es importante que los niños **duerman** la siesta.
Era importante que los niños **durmieran** la siesta.

La maestra **recomienda** que Luis **coma** algo antes de llegar a clase.
La maestra **recomendó** que Luis **comiera** algo antes de llegar a clase.

No le **gusta** que sus hijos **vivan** tan lejos.
No le **gustaba** que sus hijos **vivieran** tan lejos.

B. The conditional

1. The conditional tense (*I would* go, I would speak,* and so forth) of regular verbs is formed by adding the conditional endings to the entire infinitive of the verb. The endings are the same for all **-ar, -er,** and **-ir** verbs. Here are some regular verbs in the conditional.

FORMATION OF THE CONDITIONAL					
VIAJAR		**BEBER**		**DORMIR**	
viajaría	viajaríamos	bebería	beberíamos	dormiría	dormiríamos
viajarías	viajaríais	beberías	beberíais	dormirías	dormiríais
viajaría	viajarían	bebería	beberían	dormiría	dormirían

2. Irregular verbs in the conditional have slightly different stems but take the same endings as regular ones. The twelve irregular verbs can be grouped into the following three categories.

SHORTENED STEMS

decir: d**ir**- → diría, dirías, diría,…
hacer: h**a**r- → haría, harías, haría,…

-e- REMOVED FROM THE INFINITIVE

caber:[†] cabr- → cabría, cabrías, cabría,…
haber: habr- → habría, habrías, habría,…
poder: podr- → podría, podrías, podría,…
querer: querr- → querría, querrías, querría,…
saber: sabr- → sabría, sabrías, sabría,…

-dr- ADDED TO THE STEM

poner: pon**dr**- → pondría, pondrías, pondría,…
salir: sal**dr**- → saldría, saldrías, saldría,…
tener: ten**dr**- → tendría, tendrías, tendría,…
valer: val**dr**- → valdría, valdrías, valdría,…
venir: ven**dr**- → vendría, vendrías, vendría,…

C. Hypothesizing

1. A major component of expressing hypothetical situations is wondering "what if?". In this section, you will work with two types of *if* clauses:

---

*When communicating the English idea of *would* in Spanish, you need to be careful. If *would* refers to a conditional action, often the result of a hypothetical situation, use the conditional.

    Iría si no tuviera que trabajar.   *I would go if I didn't have to work.*

However, if *would* refers to a habitual action that used to occur in the past, use the imperfect.

    Iba a la playa todos los días.   *I would go (I used to go) to the beach every day.*

[†]**caber** = to fit

(1) those that represent a probable situation that is likely to happen or that represent a habitual action and (2) those that represent situations that are hypothetical or contrary-to-fact. Note the following examples.

(1) Si estudio, recibiré una «A». (*there's still time for this to happen*)
Si estoy preocupado, hablo con mi mejor amiga. (*habitual*)

(2) Si **estuviera** en México, **visitaría** las ruinas mayas. (*I'm not in Mexico, so the statement is contrary-to-fact*)

2. Here are some formulas that use *if* clauses.

si + *present indicative* + *future* or *present* = probable or habitual

Si **tengo** tiempo, **iré** al cine contigo.

If I have time, I will go to the movies with you. (probable)

Si ella **toma** buenos apuntes, **saca** buenas notas.

If she takes good notes, she gets good grades. (habitual)

si + *past subjunctive* + *conditional* = hypothetical (contrary-to-fact):

Si yo **fuera** Laura, no **iría** a Colombia.

If I were Laura, I wouldn't go to Colombia. (contrary-to-fact: I am not Laura)

3. To express hypothetical, contrary-to-fact situations about the past, use the following formula.

si + *pluperfect subjunctive* + *conditional perfect* = hypothetical (contrary-to-fact)

Si yo **hubiera vivido** en el siglo XV, **habría sido** muy pobre.

If I had lived in the 15th century, I would have been very poor. (hypothetical, contrary-to-fact: I didn't live then)

Si **me hubiera casado** a los 17 años, no **habría terminado** mis estudios.

If I had married at 17, I wouldn't have finished my studies. (hypothetical, contrary-to-fact: I didn't get married)

¡A practicar!

A. Complete the following sentences with the appropriate form of the verbs in parentheses. **¡OJO!** Not all sentences express hypothetical situations.

1. Si yo hablara mejor el español, _____ (conseguir) un puesto en el Perú.

2. Si mi jefe me pagara más dinero, _____ (trabajar: yo) más horas.

3. Si no tomo el desayuno, _____ (tener) poca energía.

4. Si pudiera cambiar de nombre, me _____ (poner) el nombre de…

5. Si viera un asesinato, _____ (llamar) a la policía.

6. Si yo _____ (ser) líder de este país, cambiaría muchas cosas.

7. Si _____ (lograr: yo) conseguir las entradas, te llamaré.

8. Si _____ (estar: yo) en Buenos Aires, iría a un tango bar.

B. Change the following sentences to indicate that the situation is hypothetical. Then translate each sentence into English.

1. Si voy a España, visitaré el Museo del Prado en Madrid.

2. Si Luis tiene suficiente dinero, te mandará un boleto para ir a las Islas Galápagos.

3. Si estudio en Puerto Rico, asistiré a la Universidad Internacional de San Germán.

Hablar del futuro

As you know, the **ir** + **a** + *infinitive* construction is often used to express future actions and states, usually with regard to the immediate future. Spanish also has a future tense with its own set of endings. In this section, you will review (A) the future tense, (B) another use of the future tense: the future of probability, (C) talking about pending future actions by using the subjunctive in adverbial clauses, and (D) the future perfect.

A. The future tense

1. The future tense, like the conditional (see the section on **Hacer hipótesis** [pp. 341–344]), is easy to form, adding future endings to the infinitive for regular forms.

FORMATION OF THE FUTURE					
ESCUCHAR		**COMER**		**VIVIR**	
escucharé	escucharemos	comeré	comeremos	viviré	viviremos
escucharás	escucharéis	comerás	comeréis	vivirás	viviréis
escuchará	escucharán	comerá	comerán	vivirá	vivirán

2. The same twelve verbs that are irregular in the conditional are also irregular in the future. Their stems have the same irregularities as in the conditional, and their endings are regular.

SHORTENED STEMS

decir: dir- → diré, dirás, dirá,…
hacer: har- → haré, harás, hará,…

-e- REMOVED FROM THE INFINITIVE

caber: cabr- → cabré, cabrás, cabrá,…
haber: habr- → habré, habrás, habrá,…
poder: podr- → podré, podrás, podrá,…
querer: querr- → querré, querrás, querrá,…
saber: sabr- → sabré, sabrás, sabrá,…

-dr- ADDED TO THE STEM

poner:	pon**dr**- → pondr**é**, pondr**ás**, pondr**á**,...
salir:	sal**dr**- → saldr**é**, saldr**ás**, saldr**á**,...
tener:	ten**dr**- → tendr**é**, tendr**ás**, tendr**á**,...
valer:	val**dr**- → valdr**é**, valdr**ás**, valdr**á**,...
venir:	ven**dr**- → vendr**é**, vendr**ás**, vendr**á**,...

¡A practicar!

Replace the **ir** + **a** + *infinitive* construction with the future in the following paragraph. **¡OJO!** Pay attention to pronoun placement.

Mamá, mañana tú *vas a despertarme*[1] temprano para que yo tenga tiempo de hacerlo todo bien. *Voy a ponerme*[2] un traje muy elegante para causarle una buena impresión a la entrevistadora. Cuando llegue a la oficina, *voy a saludarla,*[3] y ella me *va a decir*[4] que me siente. *Va a hacerme*[5] muchas preguntas sobre mis estudios y mi experiencia, y yo las *voy a contestar*[6] con cuidado y cortesía. No *voy a ponerme*[7] nerviosa. Cuando termine la entrevista, ella y yo *vamos a despedirnos*[8] cordialmente. ¡Estoy segura de que *van a llamarme*[9] muy pronto para ofrecerme el puesto!

B. The future of probability

The future can also be used to express probability or to conjecture about what is happening now. This can be tricky for speakers of English, because the English words and phrases used to indicate probability, such as *must, probably, wonder,* and so forth, are not directly expressed in Spanish.

—¿Dónde **estará** Javi? —*I wonder where Javi is. (Where could Javi be?)*

—Es lunes. **Estará** trabajando en Ruta Maya. —*It's Monday. He's probably (must be) working at Ruta Maya.*

¡A practicar!

Use the future of probability to make a conjecture about the following situations. Then translate the sentences into English.

1. Mario tiene el pelo canoso y muchas arrugas. _____ (Tener) por lo menos 70 años.

2. Alicia me dijo que llegaría a las 7:00, pero ya son las 7:30. _____ (Haber) mucho tráfico.

3. Pablo tiene un Rolls Royce y una casa en Boca Ratón. _____ (Ganar) mucho dinero.

4. La nueva película de mi primo ha sido un éxito maravilloso. _____ (Estar) muy contento.

C. Using the subjunctive in adverbial clauses

It is important to remember that talking about future events often requires adverbial phrases (conjunctions) that refer to some pending time in the future or in the past. Here you will concentrate on two groups of frequently used conjunctions. The first group (A SPACE) denotes actions that are contingent upon the completion of other actions; the second group (THE CD) contains conjunctions of time. A SPACE conjunctions are always followed by the subjunctive (present or past). Use indicative after THE CD conjunctions if the action is habitual or completed (present or past indicative) and use subjunctive if the action is pending or has not yet materialized (present or past subjunctive).

A SPACE		THE CD	
antes de que		**t**an pronto como	
sin que		**h**asta que	
para que	always take	**e**n cuanto	take indicative
a menos que	subjunctive	**c**uando	or subjunctive
con tal (de) que		**d**espués de que	
en caso de que			

A SPACE (SUBJUNCTIVE)

Llámame **antes de que salgas** para el aeropuerto.
No voy a Jamaica este año **a menos que** me **den** más días de vacaciones.
Saldré contigo este viernes **con tal (de) que** no **vayamos** al cine.
No iba a aceptar el puesto **sin que** le **ofrecieran** más dinero.
El Sr. Mercado trabajaba mucho **para que** sus hijos **tuvieran** más oportunidades de las que él tenía.
Te di el número de teléfono **en caso de que** lo **necesitaras.**

THE CD (INDICATIVE OR SUBJUNCTIVE)

Juanito se pone triste **tan pronto como sale** su mamá. (*habitual in present: present indicative*)
Te llamo **tan pronto como llegue** mi esposo. (*pending in present: present subjunctive*)

Nuestro perro siempre comía **hasta que se enfermaba.** (*habitual in past: past indicative*)
Hasta que (no)* pagara la multa (*fine*), no saldría de la cárcel. (*pending in past: past subjunctive*)

De niña, salía corriendo de la casa **en cuanto llegaba** su padre del trabajo. (*habitual in past: past indicative*)
Laura irá a Bolivia y Colombia **en cuanto tenga** suficiente dinero. (*pending in present: present subjunctive*)

Cuando llegó a Costa Rica, se fue al bosque lluvioso. (*completed action: past indicative*)
Nos sentiremos mucho más aliviados **cuando deje** de llover. (*pending in present: present subjunctive*)

---

*The use of this **no** after **hasta que** is optional. In some dialects it is used when the independent clause (e.g., **no saldría de la cárcel**) is negative. In other dialects it is not used as frequently or not at all.

Después de que Ema **salió** de la casa, su amiga Frida la llamó por teléfono. (*completed action: past indicative*)
Después de que aprendiera bien el español, le darían un aumento de sueldo. (*pending in past: past subjunctive*)

- Note that without the word **que**, the phrases **después de, antes de, para,** and **sin** become prepositions and are therefore followed by the infinitive.

Carmen vendrá **después de comer.**
Antes de tomar la pastilla, sugiero que llames al médico.
Para salir bien en el examen, debes estudiar más.
No vas a salir bien en este examen **sin estudiar.**

¡A practicar!

Complete the following sentences with the appropriate form of the verb in parentheses. Then indicate whether the action is contingent (**CN**), pending or not completed (**P**), completed (**C**), or whether it denotes habitual behavior (**H**).

1. Iré a comprar las entradas antes de que _____ (llegar) mi hermano.
2. Marta estaba muy nerviosa hasta que _____ (terminar) la tesis.
3. Marisa arregla su cuarto para que su madre _____ (estar) contenta.
4. Pensamos hacer caminatas (*to take long walks*) en las montañas a menos que _____ (llover) este fin de semana.
5. No me gusta viajar en avión cuando _____ (hacer) mal tiempo.
6. ¡Está bien! Iremos a Isla Mujeres con tal de que me _____ (ayudar: tú) con los niños.
7. Te dejo un poco de dinero en caso de que los niños _____ (querer) merendar algo.
8. Cuando era joven, yo salía de casa sin que me _____ (ver) mis padres.
9. Joaquín siempre se baña antes de _____ (desayunar).
10. Cuando _____ (escuchar: yo) música clásica, me pongo muy relajado.
11. Llámeme tan pronto como _____ (saber: Ud.) algo, por favor.
12. Voy a estar en la biblioteca hasta que _____ (llegar: tú).
13. El otro día, después de que _____ (despedirse: nosotros), vi un accidente horrible.
14. Cuando _____ (mudarse: ella) a Nueva York el año pasado, no conocía a nadie.
15. Después de _____ (firmar) el contrato, Sergio se sintió emocionado.

D. The future perfect

When expressing something that will have happened in the future by a certain point in time, use the future perfect. The future perfect in Spanish is formed by combining the future tense of the auxiliary verb **haber** and the past participle. The word **ya** (*already*) is often used with the future perfect.

> Cuando Laura llegue al aeropuerto, **ya habrá comprado** su boleto.
> *When Laura arrives at the airport, she will have already bought her ticket.*

> Antes de su próxima cita con Cristina, Diego (**ya**) le **habrá regalado** una docena de rosas.
> *Before his next date with Cristina, Diego will have (already) bought her a dozen roses.*

¡A practicar!

A. Form a question using the future perfect to ask if the following events will have already taken place by the year 2025. Follow the model.

> MODELO: ganar mucho dinero (yo) →
> ¿Cree Ud. que para el año 2025, ya habré ganado mucho dinero?

1. aprender a hablar español como nativo/a (yo)
2. clonar un ser humano (los científicos)
3. ir de vacaciones a la luna (mis amigos y yo)
4. resolver la mayoría de los problemas con la desnutrición (la ONU)

Referencia de gramática

LOS OTROS PUNTOS GRAMATICALES

A. Reflexive and reciprocal pronouns

1. Reflexive verbs usually express an action that one does to or for oneself. In English, this is understood but not always stated. Here are some of the more common reflexive verbs in Spanish.

acostarse (ue)	*to go to bed*	entristecerse	*to become sad*
afeitarse	*to shave*	levantarse	*to get up; to stand up*
alegrarse	*to become happy*	llamarse	*to be called*
asustarse	*to become afraid*	perderse	*to get lost*
bañarse	*to bathe*	ponerse	*to put on* (*clothing*)
deprimirse	*to get depressed*	preocuparse	*to become worried*
despertarse (ie)	*to wake up*	quitarse	*to take off* (*clothing*)
divertirse (ie, i)	*to have a good time*	reírse (i, i)	*to laugh*
ducharse	*to take a shower*	sentarse (ie)	*to sit down*
enfermarse	*to get sick*	vestirse (i, i)	*to get dressed*
enojarse	*to become angry*		

2. The reflexive pronouns attached to these infinitives change to correspond with the subject performing the action.

me baño	**nos** bañamos
te bañas	**os** bañáis
se baña	**se** bañan

3. The placement of reflexive pronouns is the same as that of direct and indirect object pronouns. (See the discussion of direct object pronouns in the section on **Hablar de los gustos** [pp. 335–341].)

Tienes que bañar**te** ahora. = **Te** tienes que bañar ahora.
Los niños están bañándo**se.** = Los niños **se** están bañando.

4. The plural reflexive pronouns **nos, os,** and **se** can be used to express reciprocal actions that are expressed in English with *each other* or *one another*.

Nos queremos.	*We love each other.*
¿**Os** ayudáis?	*Do you help one another?*
Se admiran.	*They admire each other.*

5. Reflexive verbs may cease to be reflexive and instead take direct objects when the action is done to someone else.

acostar	*to put (someone else) to bed*	acostarse	*to go to bed*

A las 7:00 Marta **acuesta** a sus hijos.
Ella no **se acuesta** hasta las 11:30.

levantar	*to raise, pick up; to lift*	levantarse	*to get up; to stand up*

Rosa no puede **levantar** a su hijo porque es muy grande.
Rosa **se levanta** a las 7:00, pero no **nos levantamos** hasta las 8:00.

6. Some verbs can also change their meaning when a reflexive pronoun is added.

dormir	*to sleep*	dormirse	*to fall asleep*

No **duermo** bien cuando bebo mucho.
Me duermo en clase cuando bebo mucho la noche anterior.

poner	*to put, place; to turn on*	ponerse	*to put on (clothing)*

Mi compañero de cuarto **pone** el aire acondicionado muy bajo.
Por eso tengo que **ponerme** un suéter aunque estamos en agosto.

¡A practicar!

Fill in the blanks with the correct forms of the appropriate verbs in parentheses.

Tengo una familia numerosa y todos tenemos un horario diferente. Yo _____[1] (acostarse/despertarse) a las 6:00 de la mañana y empiezo a _____[2] (ponerse/vestirse). Mi hermano, sin embargo, ya está despierto a esa hora y no puedo entrar en el baño porque él _____[3] (ducharse/sentarse). Él _____[4] (alegrarse/enojarse) si lo molesto. Mis hermanas gemelas, que _____[5] (llamarse/ponerse) Elena y Eloísa, son estudiantes de medicina. Cuando les toca el turno[a] de la noche en el

[a]*shift*

hospital, ellas llegan por la mañana y _____ [6] (acostarse/levantarse) inmediatamente. Los demás _____ [7] (divertirse/sentarse; nosotros) a la mesa para desayunar. Mis hermanos son muy cómicos y todos _____ [8] (deprimirse/reírse; nosotros) un montón. Estoy segura de que tú no _____ [9] (divertirse/entristecerse) tanto con tu familia como yo con la mía.

B. Prepositions and verbs that take prepositions

1. The only verb form that can follow a preposition is the infinitive.

a	*to; at*	durante	*during*
antes de	*before*	en	*in; on; at*
con	*with*	hasta	*until*
de	*of; from*	para	*for; in order to*
después de	*after*	por	*for; because of*

¿Qué haces **para aprender** el vocabulario?
¿Lees **antes de dormir?**
¿Qué te gusta hacer **después de tomar** un examen?

2. Many verbs are accompanied by a preposition when preceding an infinitive (*inf.*) and/or a noun (*n.*). Here are some of the more common verbs of this type.

VERBS ACCOMPANIED BY **A**

acostumbrarse a + *inf.* or *n.*	ayudar a + *inf.*	enseñar a + *inf.*
adaptarse a + *inf.* or *n.*	comenzar (ie) a + *inf.*	invitar a + *inf.* or *n.*
animarse a + *inf.*	dedicarse a + *inf.* or *n.*	parecerse a + *n.*
aprender a + *inf.*	empezar (ie) a + *inf.*	volver (ue) a + *inf.** or *n.*

VERBS ACCOMPANIED BY **CON**

casarse con + *n.*	contar (ue) con + *inf.* or *n.*	enfrentarse con + *n.*
chocar con + *n.*	cumplir con + *n.*	soñar (ue) con + *inf.* or *n.*

VERBS ACCOMPANIED BY **DE**

acabar de + *inf.*	despedirse (i, i) de + *n.*	encargarse de + *inf.* or *n.*
acordarse (ue) de + *inf.* or *n.*	disfrutar de + *n.*	enterarse de + *n.*
aprovecharse de + *n.*	divorciarse de + *n.*	olvidarse de + *inf.* or *n.*
depender de + *n.*	enamorarse de + *n.*	tratar de + *inf.*

VERBS ACCOMPANIED BY **EN**

basarse en + *inf.* or *n.*	consistir en + *inf.* or *n.*	fijarse en + *inf.* or *n.*
confiar en + *inf.* or *n.*	entrar en[†] + *n.*	insistir en + *inf.*

VERBS ACCOMPANIED BY **POR**

disculparse por + *inf.* or *n.*	optar por + *inf.* or *n.*	preocuparse por + *inf.* or *n.*

---

*The phrase **volver a** + *infinitive* means *to do something again.*

Espero otros cinco minutos. Si no llega, vuelvo a llamarlo.
I'll wait another five minutes. If he doesn't arrive, I'll call him again.
[†]Some native speakers use the preposition **a** instead of **en** after the verb **entrar.**

3. Two verbs require **que** before an infinitive.

Hay que salir temprano.   **Tiene que** aumentar los sueldos.

¡A practicar!

Fill in the blanks with the appropriate preposition (**a, con, de, en**).

1. Javier y Jacobo se parecen mucho ___*a*___ su padre.

2. Durante todo el tiempo que pasó ___*en*___ el Ecuador, Laura nunca se animó a comer cuy (*guinea pig*).

3. La prima de Sara siempre había soñado ___*con*___ un hombre rico y guapo. El sábado pasado, se casó ___*con*___ el hombre ___*de*___ sus sueños.

4. La madre ___*de*___ Javier se preocupa ___*por*___ el bienestar (*welfare*) de su hijo.

5. Diego se fue sin despedirse ___*de*___ mí.

6. Las estadísticas se basan ___*en*___ unas encuestas telefónicas realizadas la semana pasada. Pero Sara no confía ___*en*___ las encuestas telefónicas.

7. Diego acaba ___*de*___ acordarse ___*de*___ que tiene que aumentarles el sueldo ___*a*___ sus empleados.

8. Si Diego no empieza ___*a*___ cumplir ___*con*___ sus promesas, pronto su novia Cristina va a olvidarse _____ él y enamorarse ___*de*___ otro hombre.

C. **Saber** and **conocer**

1. **Saber** means *to know facts* or *pieces of information*. When followed by an infinitive, **saber** means *to know how to do something*.

   No **saben** la dirección del jefe.   *They don't know the boss's address.*
   ¿**Sabes** usar esa máquina?   *Do you know how to use that machine?*

2. **Conocer** means *to know* or *to be acquainted* (*familiar*) *with* a person, place, or thing. It can also mean *to meet*. Note that the personal **a** is used before mention of a specific person.

   Conocemos un café muy   *We know (are familiar with) a*
     agradable.   *very pleasant café.*
   ¿Quieres **conocer** a mis padres?   *Do you want to meet my parents?*
   No **conozco** a la dueña.   *I don't know the owner.*

¡A practicar!

Fill in the blanks with the appropriate form of the verb **saber** or **conocer**.

LIGIA: Oye, Kati, ¿ _____ [1] un buen restaurante por aquí? Tengo ganas de salir a comer esta noche pero no _____ [2] adónde ir.

KATI: ¡Claro que sí _____ [3] un buen restaurante por aquí! Hay un restaurante argentino en la esquina a tres calles de aquí. _____ [4]

que no es necesario hacer reservación, pero creo que debes llegar
temprano porque siempre hay gente esperando una mesa. _____⁵
muy bien al dueño, don Mario. Si le dices que eres amiga mía, él te
dará una de las mejores mesas. Don Mario _____⁶ tratar muy
bien a sus clientes especiales. Y si tienes la oportunidad, debes
_____⁷ al chef, Francisco. Es el hijo de don Mario, y es bastante
guapo, soltero y que yo _____,⁸ no tiene novia.

D. Relative pronouns

Relative pronouns are used to join two simple sentences into one complex
sentence. In the following example, the relative pronoun **que** replaces the
repeated element in the second simple sentence (**El libro...**), thus forming
one complex sentence.

> Diego necesita **el libro. El libro** tiene información sobre la artesanía
>   boliviana.
> Diego necesita **el libro que** tiene información sobre la artesanía boliviana.

1. The pronoun **que** refers to things and people and expresses *that; which;
    who.*

Tengo el libro **que** querías.	*I have the book (that) you wanted.*
Es una persona **que** sabe mucho.	*He's a person who knows a lot.*

2. The pronoun **quien(es)** refers only to people, *may* be used in a non-
    restrictive clause,* and *must* be used after a preposition or as an indirect
    object to express *who* or *whom.*†

Sara, **quien** es de España, vive en Austin.	*Sara, who is from Spain, lives in Austin.*
El chico **con quien** ella se quedaba es rico.	*The guy with whom she stayed is rich.*
El jefe, **a quien** no le gustan las fiestas, está allí.	*The boss, who doesn't like parties, is there.*

3. The pronouns **que** and **quien(es)** are the preferred choice in the
    Spanish-speaking world for informal speech. In writing and more
    formal speech situations, however, many native speakers prefer to use a
    set of compound relative pronouns after a preposition or to introduce a
    nonrestrictive clause. These compound relative pronouns are

---

*A nonrestrictive clause is a clause embedded in a complex sentence and is usually
set off by commas. These embedded elements represent afterthoughts or asides that
can be removed without changing the fundamental meaning of the sentence. In nonrestrictive clauses that refer to people, either **que** or **quien(es)** may be used. However, many native speakers prefer to use **quien(es)** in all such cases.
†**Quien(es)** can be used as a direct object, but most native speakers omit the **a
quien(es)** and introduce the embedded element with **que,** especially in informal
speech. **La mujer a quien vimos en la tienda era muy alta.** → (**La mujer que vimos
en la tienda era muy alta.**

el/la/los/las que and **el/la/los/las cual(es)** and are used to express *that, which,* or *who/whom*. There is usually no semantic difference between the **que** or **cual** variants of these pronouns; the choice is a matter of personal preference.

Esa artesanía boliviana, **la que** buscaba Diego, es hermosa.

Those Bolivian handicrafts, the ones that Diego was looking for, are beautiful.

El cine **al cual** van está en el centro.

The movie theater to which they are going is downtown.

Additionally, the **el/la/los/las que** set can appear at the beginning of a sentence when the subject that the pronoun is replacing is already known or implied. In this case, these pronouns express *the one(s) that*.

La que me gustó más fue la falda verde.

The one that I liked most was the green skirt.

4. **Lo cual** refers to a concept or idea, will almost always appear in the middle of sentence, and expresses *which*.

El examen fue difícil, **lo cual** nos sorprendió.

The exam was difficult, which surprised us.

5. **Lo que** refers to a concept or idea. It is commonly used at the beginning of a sentence, but may also appear in the middle, to express *what* or *that which*.

Lo que no quiero es meterme en más líos.

What I don't want is to get into more trouble.

Eso es **lo que** te dije.

That's what I told you.

6. **Cuyo/a/os/as** is a possessive relative pronoun and is used like its English equivalent, *whose*. Note that it agrees in number and gender with the person or thing possessed.

El niño **cuyos** padres se marcharon está llorando.

The child whose parents left is crying.

La dueña **cuyo** negocio fracasó quiere empezar de nuevo.

The owner whose business failed wants to start again.

7. **Donde** can be used as a relative pronoun to express *where*.

Necesito trabajar en un lugar **donde** haya silencio absoluto.

I need to work in a place where there is absolute silence.

¡A practicar!

Fill in the blanks with the appropriate relative pronoun.

1. Javier, _____ es puertorriqueño, es una persona _____ sabe mucho.

2. _____ Diego no quiere es que Cristina se enamore de otro hombre.

3. El Museo de Arte, _____ tú buscabas, está cerrado hoy, pero hay otro museo _____ te puede interesar.

(Continúa.)

4. El restaurante en _____ pensaban almorzar solo abre en la noche, así que fueron a una cafetería de _____ habían oído buenas cosas.

5. ¿Las canciones? _____ más me gustaron fueron las de *Los Lonely Boys*. ¿Los CDs? _____ me prestaste están encima de la mesa.

E. **Por** and **para**

The Spanish prepositions **por** and **para** can both mean *for*. Each has additional meanings, however, some of which are presented here.

1. Uses of **por**

by, by means of	Vamos **por tren.***
	Debemos hablar **por teléfono** primero.
through, along	Caminamos **por el parque** y **por la playa.**
during, in (*time of day*)	Nunca estudio **por la mañana.**
because of, due to	Estoy nerviosa **por la entrevista.**
for = in exchange for	Piden $55 **por el libro.**
	Gracias **por todo.**
for the sake of	Quiero hacerlo **por ti.**
for = duration (often omitted)	Vivieron en España (**por**) **cuatro años.**
per	Hay dos premios **por** grupo.

- In addition, **por** is used in a number of phrases, some of which are included here.

por ejemplo	*for example*
por eso	*that's why, therefore*
por favor	*please*
por fin	*finally*
por lo general	*generally, in general*
por lo menos	*at least*
por si acaso	*just in case*
¡por supuesto!	*of course!*

2. Uses of **para**

in order to	Vienen a las 2:00 **para pintar** el cuarto.
for = destined for	El regalo es **para mi esposa.**
for = by (deadline, specified future time)	**Para mañana,** debe tenerlo listo.
for = toward, in the direction of	Salió **para Bolivia** ayer.
for = to be used for	Es **para guardar** la ropa.
for = as compared with others, in relation to others	**Para ellos,** no es importante.
	Para (ser) tan joven, es muy maduro.
for = in the employ of	Trabajan **para IBM** ahora.

---

*Many native speakers prefer using the preposition **en** instead of **por** with modes of transportation: **en avión, en bicicleta, en coche,** and so forth.

¡A practicar!

Fill in the blanks with **por** or **para**.

_____ [1] llevar una vida equilibrada, hago muchas cosas. _____ [2] lo general, como bien y hago ejercicio todos los días _____ [3] la mañana. A veces levanto pesas y a veces corro _____ [4] el parque central de la ciudad. Tengo que decir que _____ [5] la edad que tengo, me veo mucho más joven. El ejercicio no es tan importante _____ [6] mis colegas de trabajo; _____ [7] eso es que algunos ya están un poco gorditos. Bueno, ¡es _____ [8] la falta de ejercicio y _____ [9] lo mucho que comen! No es que yo quiera vivir _____ [10] siempre, es que quiero estar vivo cuando mis hijos se casen y tengan sus propios hijos. Si me ofrecieran un millón de dólares _____ [11] dejar la vida sana que llevo, _____ [12] supuesto que no lo aceptaría. La salud vale más que el oro.

F. Using the subjunctive in adjective clauses

An adjective clause describes a preceding noun. In the following example, the relative pronoun **que** introduces an adjective clause that describes what type of place the Ruta Maya café is.

> El café Ruta Maya es un lugar **que atrae a gente diversa.**

Adjective clauses can also be introduced by **donde** if they describe a place, in the same way that the relative pronoun *where* is used in English.

> Hay una mesa en Ruta Maya **donde siempre me siento.**

Note that the indicative (**atrae, siento**) is used in the adjective clause of the two preceding sentences. This is because the speaker is expressing an opinion or fact based on previous experience with the noun that each adjective clause describes (**un lugar** and **una mesa en Ruta Maya**). In the speaker's mind, the Ruta Maya café attracts a diverse mix of clients, and his or her special table exists.

1. When an adjective clause describes something of which the speaker has no prior knowledge (in other words, an unspecified or unknown person, place, or thing), the subjunctive is used in the adjective clause.

UNSPECIFIED OR UNKNOWN NOUN [−KNOWLEDGE] (SUBJUNCTIVE)	SPECIFIC OR KNOWN NOUN [+KNOWLEDGE] (INDICATIVE)
Necesito una clase que **empiece** antes de las 11:00.	Tengo una clase que **empieza** antes de las 11:00.
Buscamos un café que **sirva** café turco.	Buscamos el café que **sirve** café turco.
Busco un empleado* que **hable** español y chino.	Busco a la empleada* que **habla** español y chino.
Busco a alguien* que **juegue** al tenis bien.	Conozco a la persona* que **juega** bien.

*The personal **a** is not used with direct objects that refer to unspecified or unknown persons. However, remember that **alguien** and **nadie,** when used as direct objects, are always preceded by the personal **a.**

2. When the noun described by the adjective clause is part of a negative expression, the subjunctive is used in the adjective clause because, in effect, it is describing something that does not exist in the speaker's mind.

NEGATIVE EXPRESSION	AFFIRMATIVE EXPRESSION
[−EXISTENCE]	[+EXISTENCE]
(SUBJUNCTIVE)	(INDICATIVE)
No hay nadie en mi clase que **fume.**	Hay varios estudiantes en mi clase que **fuman.**
No conozco ningún hotel por aquí que **tenga** precios bajos.	Conozco un hotel por aquí que **tiene** precios bajos.

3. When a noun and the adjective clause describing it are part of a yes-or-no question, the subjunctive is used in the adjective clause because the speaker is uncertain whether or not the noun exists. (That's why the speaker is posing the question in the first place!) In answering such questions affirmatively, of course, the indicative is used; the subjunctive is used in answering them negatively.

YES-OR-NO QUESTION	AFFIRMATIVE ANSWER
[−EXISTENCE]	[+EXISTENCE]
(SUBJUNCTIVE)	(INDICATIVE)
¿Hay alguien aquí que **sepa** la dirección?	Sí, Marta la **sabe.**
¿Tienes un bolígrafo que me **prestes?**	Sí, aquí **tienes** uno.

YES-OR-NO QUESTION	NEGATIVE ANSWER
[−EXISTENCE]	[+EXISTENCE]
(SUBJUNCTIVE)	(SUBJUNCTIVE)
¿Hay una tienda por aquí donde **vendan** jamón serrano?	No, no hay ninguna tienda por aquí que **venda** jamón serrano.
¿Conoce Ud. a alguien que **hable** ruso?	No, no conozco a nadie que **hable** ruso.

¡A practicar!

Fill in the blanks with the appropriate form of the verbs in parentheses.

A. MAURA: ¿Hay un lugar en Austin donde la gente _____¹ (poder) relajarse y tomar café?

MIGUEL: Sí, Ruta Maya es un lugar donde la gente _____² (relajarse) y _____³ (tomar) café todos los días.

MAURA: Pero busco un lugar que _____⁴ (vender) café de comercio justo y donde _____⁵ (haber) gente que _____⁶ (hablar) español. ¿Existe un lugar así?

B. Diego necesita un empleado que _____¹ (saber) español y que _____² (ser) bueno para los negocios. Desgraciadamente, Diego cree que no hay nadie que _____³ (trabajar) tan bien como él. La verdad es que no hay nadie que _____⁴ (cumplir) con sus expectativas (*expectations*).

Apéndice 1: Hablando del tema, las fichas

En cada unidad de *Metas*, Ud. va a preparar fichas (*index cards*) de vocabulario que le servirán como punto de partida (*point of departure*) para hablar sobre los temas en **Hablando del tema.** En cada ficha debe incluir tres sustantivos, tres verbos y tres adjetivos que lo/la ayudarán a elaborar el tema escogido. El valor de este sistema es que Ud. aprenderá el vocabulario por asociación, lo que le permitirá recordarlo con más facilidad.

Antes de empezar a conversar con sus compañeros de clase sobre los temas de esta unidad, prepare una ficha para la conversación, otra para el debate y otra para la reacción ante la cita. Recuerde que cada ficha debe tener tres sustantivos, tres verbos y tres adjetivos. Vea el siguiente modelo para el primer tema de la **Unidad 1.**

Los programas de «telerrealidad»		
el engaño	la humillación	la popularidad
explotar	rechazar	ridiculizar
chistoso/a	degradante	repugnante

Al dorso (*on the back*) de cada ficha debe añadir lo siguiente:

1. Para la **Conversación,** escriba una oración utilizando una de las nueve palabras para cada meta comunicativa indicada por el icono. En el caso de la conversación de la **Unidad 1,** escriba una oración con una descripción, una con una comparación y otra que puede incluir cualquier meta que sea apropiada para expresar sus ideas.
2. Para el **Debate,** escriba tres de sus argumentos a favor y tres en contra del tema.
3. Para la **Reacción,** escriba tres oraciones con expresiones para reaccionar.

Luego, siga las indicaciones para cada tema. Verá cómo las fichas lo/la ayudarán a conversar con mayor facilidad.

Apéndice 2: Yo experto/a

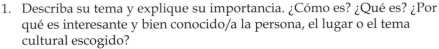

Haga lo siguiente para preparar el reportaje descrito en la sección **Yo experto/a** a final de cada unidad.

1. Describa su tema y explique su importancia. ¿Cómo es? ¿Qué es? ¿Por qué es interesante y bien conocido/a la persona, el lugar o el tema cultural escogido?

2. Haga una comparación entre su tema y otro parecido que Ud. conoce, ya sea de este capítulo, del capítulo anterior o de la cultura de su propio país. ¿Hay elementos similares entre los dos o son muy diferentes?

3. Reaccione ante la información que Ud. ha encontrado. Use frases como **Es interesante que... , Es fascinante que... , Es alucinante que... .** Después, haga recomendaciones sobre cómo se puede aprender más sobre ese tema.

4. Hable brevemente del tema en el pasado. Si se trata de una persona, hable de su vida en el pasado. Escoja un evento especial que quiere explicar. Si se trata de un lugar, hable de algo importante que pasó allí. Si se trata de un tema cultural, hable de su importancia en alguna época pasada o de algo que cambió su situación en el pasado.

5. Hable de las razones por las cuales le fascina, le interesa o le impresiona su tema. Si habla de un lugar, explique por qué a otras personas les ha gustado ese lugar. Si habla de una persona o un tema cultural, explique por qué a otras personas les fascina esa persona o tema cultural.

6. Si su reportaje se trata de una persona, ¿cómo sería diferente su vida si Ud. conociera a esa persona? Si se trata de un lugar, ¿cómo sería diferente su vida si Ud. viviera allí? Si se trata de un tema cultural, ¿cómo sería diferente su vida si fuera experto/a sobre este tema?

7. ¿Cuál será el futuro de este tema? Especule sobre lo que pasará en el futuro inmediato, dentro de los próximos cinco años y dentro de quince años.

Reacciones y recomendaciones

C. Using the subjunctive in noun clauses

A. 1. asista 2. compre 3. sepa 4. seas 5. son 6. sea 7. va 8. traigan 9. trabajemos 10. pueda

B. (*possible answers*) 1. ...fume tanto; ...deje de fumar 2. ...no se divierta; ...le gusta estudiar 3. ...rompa con ella; ...es muy extrovertida; ...hable con otros hombres

C. 1. bebe; beba 2. tomaba; tomara 3. recibía; recibiera 4. hubiera sacado 5. quisiera; quería 6. hiciera; hubiera hecho

D. Commands

A. 1. Póngaselos. No se los ponga. / Pónganselos. No se los pongan. / Póntelos. No te los pongas. / Pongámonoslos. No nos los pongamos. 2. Escríbales. No les escriba. / Escríbanles. No les escriban. / Escríbeles. No les escribas. / Escribámosles. No les escribamos. 3. Dígala. No la diga. / Díganla. No la digan. / Dila. No la digas. / Digámosla. No la digamos. 4. Léalos. No los lea. / Léanlos. No los lean. / Léelos. No los leas. / Leámoslos. No los leamos. 5. Váyase de aquí. No se vaya de aquí. / Váyanse de aquí. No se vayan de aquí. / Vete de aquí. No te vayas de aquí. / Vámonos de aquí. No nos vayamos de aquí.

B. 1. Comprémosla. 2. Sentémonos. 3. Tráela. 4. Tóquela. 5. No las pierdan. 6. No nos levantemos. 7. Espérelo. 8. Sal. 9. No lo hagas. 10. Dénsela.

Narración en el pasado

B. Using the preterite and imperfect

A. **1.** 1 **2.** 1, 4 **3.** 2, 2, 2 **4.** 1, 3 **5.** 1, 1, 1 **6.** 4 **7.** 3

B. **1.** 3, 3 **2.** 4, 4, 4 **3.** 1, 1 **4.** 3, 3 **5.** 2 **6.** 3

C. Verbs with different meanings in the preterite and imperfect

A. 1. P:3 2. I:2 3. I:3 4. I:2 5. I:1, P:1 6. P:1, P:1; P:1, I:3 7. P:1 8. P:1, I:4, P:3 9. I:3 10. P:4

B. 1. era 2. iba 3. gustaba 4. era 5. encantaba 6. tenía 7. fue 8. alquilaron 9. era 10. hacía 11. pudieron 12. supo 13. vivía 14. estaba 15. tuvo 16. quería 17. estaba 18. estaban 19. se sentían 20. pasó 21. Fueron

D. The present perfect and pluperfect

A. 1. ha conseguido 2. ha roto 3. ha vuelto 4. ha tenido

B. 1. había trabajado 2. había soñado 3. había prometido 4. había hecho

E. Hace... que

1. ¡Lo siento! ¿Cuánto tiempo hace que esperas? 2. Hace mucho tiempo que quiero comer en este restaurante. 3. ¿Cuánto tiempo hace que naciste? 4. Aura salió para Buenos Aires hace seis años y nunca volvió. / Hace seis años que Aura salió para Buenos Aires y nunca volvió. 5. Hacía seis horas que Celia

Apéndice 3: ¡A practicar! Answer Key

▲▲

Descripción

A. Agreement

A.
1. el águila, 6
2. el archivo, 2
3. la crisis, 3
4. la cumbre, 3
5. el día, 10
6. la flor, 10
7. la foto, 7
8. la luz, 3
9. la mano, 10
10. la moto, 7
11. la mujer, 1
12. la nariz, 3
13. el pan, 4
14. el papel, 4
15. la playa, 1
16. la voz, 3

B. 1. La, simpática   2. Las, frías   3. Las, bonitas   4. El, la, baja   5. Las, fabulosas   6. La, el, mala   7. La, larga   8. El, la, pequeño   9. El, fuerte   10. Los, el, gigantescos

B. *Ser* and *estar*

A. 1. de México   2. preocupados   3. tímida   4. tomando un café   5. periodista

B. 1. O   2. P   3. L   4. T   5. E   6. C   7. T   8. O, O   9. E   10. I   11. PO   12. C   13. P   14. PO   15. D

C. 1. es   2. está   3. es   4. son   5. está   6. es   7. son   8. son   9. es   10. es   11. ser   12. es/será   13. es   14. están   15. estar   16. están   17. es

C. Past participles used as adjectives

1. cerrada   2. abierta   3. hecho   4. rotas   5. tirados   6. muertos   7. abiertas   8. perdido   9. resuelto

D. Uses and omission of articles

1. El   2. –   3. una   4. la   5. –   6. –   7. –   8. –   9. –   10. –   11. El   12. el   13. la   14. los   15. una   16. las   17. la   18. los   19. –   20. –   21. un   22. al   23. los   24. la   25. la   26. el   27. los   28. el   29. los

Comparación

A. 1. Laura tiene tantos hermanos como Diego.   2. Laura es menor que Javier.   3. El coche de Javier es peor que el (coche) de Laura.   4. Diego gana más (dinero) que Javier.   5. Javier es más rico que Laura.   6. Laura sale a comer menos que Diego.   7. Javier toma el autobús más que Diego.

B. 1. Diego es el más serio de los cinco amigos.   2. Pienso que Austin es la ciudad más bella de Texas.   3. Javier es la mejor persona para dar consejos.   4. Sara es la menor de su familia.   5. Ese lugar es el mejor café de la ciudad, pero sus baños son los peores.

estudiaba cuando Sergio la llamó. 6. Matías no se sorprendió; hacía tres años que había leído del problema. / ...había leído del problema hacía tres años.

Hablar de los gustos

D. Double object pronouns

1. DO: coffee; IO: the clients; Javier se lo sirvió.   2. DO: that she wouldn't be home until late; IO: Laura; Sara se lo dijo.   3. DO: the paintings; IO: Mr. Galindo; Diego, muéstraselas, por favor.   4. DO: the musicians, the CDs; Sergio tuvo que llamarlos y escucharlos.   5. DO: a surprise dinner; IO: Javier; Laura se la estaba preparando / estaba preparándosela.   6. DO: the dinner; IO: Laura; Javier, agradécesela.   7. DO: her uncle; Sara lo visitaba en Salamanca todos los domingos.   8. DO: the flowers; IO: us; Sergio nos las puede comprar / puede comprárnoslas.   9. DO: the truth; IO: me; Javier y Diego no me la dirán.   10. DO: a song; IO: us; Sara nos la quería cantar / quería cantárnosla con su voz horrible.

E. *Gustar* and similar verbs

A. 1. te gustó   2. me encantaba   3. les fascinó   4. le da   5. les molesta

B. 1. (A mí) Me dan asco los perritos calientes con mostaza.   2. A los profesores les fastidian los estudiantes que no estudian.   3. A mi amigo le fascinan las películas violentas.   4. (A nosotros) Nos encanta estudiar astrología.   5. A los niños pequeños les interesan los dibujos animados. 6. A los jóvenes les molestan las reglas de las residencias universitarias.

Hacer hipótesis

A. 1. conseguiría   2. trabajaría   3. tendré (tengo)   4. pondría   5. llamaría
6. fuera   7. logro   8. estuviera

B. 1. Si fuera... visitaría (If I went to Spain, I would visit the Prado Museum in Madrid.)   2. Si Luis tuviera... te mandaría (If Luis had enough money, he would send you a ticket to . . .)   3. Si estudiara... asistiría (If I studied in Puerto Rico, I would attend the International University . . .)

Hablar del futuro

A. The future tense

1. me despertarás   2. Me pondré   3. la saludaré   4. dirá   5. Me hará
6. contestaré   7. me pondré   8. nos despediremos   9. me llamarán

B. The future of probability

1. Tendrá... (He must be at least 70.)   2. Habrá... (There must be a lot of traffic.)   3. Ganará... (He must earn a lot of money.)   4. Estará... (He must be very happy.)

C. Using the subjunctive in adverbial clauses

1. llegue, CN   2. terminó, C   3. esté, CN   4. llueva, CN   5. hace, H
6. ayudes, CN   7. quieran, CN   8. vieran, CN   9. desayunar, H
10. escucho, H   11. sepa, P   12. llegues, P   13. nos despedimos, C
14. se mudó, C   15. firmar, C

D. The future perfect

1. ¿Cree Ud. que para el año 2025, ya habré aprendido a hablar español como nativo/a?   2. ¿Cree Ud. que para el año 2025, los científicos ya habrán clonado un ser humano?   3. ¿Cree Ud. que para el año 2025, mis amigos y yo ya habremos ido de vacaciones a la luna?   4. ¿Cree Ud. que para el año 2025, la ONU ya habrá resuelto la mayoría de los problemas con la desnutrición?

Los otros puntos gramaticales

A. Reflexive and reciprocal pronouns

1. me despierto   2. vestirme   3. se ducha   4. se enoja   5. se llaman   6. se acuestan   7. nos sentamos   8. nos reímos   9. te diviertes

B. Prepositions and verbs that take prepositions

1. a   2. en, a   3. con, con, de   4. de, por   5. de   6. en, en   7. de, de, a
8. a, con, de, de

C. *Saber* and *conocer*

1. conoces   2. sé   3. conozco   4. Sé   5. Conozco   6. sabe   7. conocer
8. sepa

D. Relative pronouns

1. quien, que   2. Lo que   3. el cual / el que / que, que   4. el cual / el que / que, la cual / la que / que   5. Las que, Los que

E. *Por* and *para*

1. Para   2. Por   3. por   4. por   5. para   6. para   7. por   8. por   9. por
10. para   11. por   12. por

F. Using the subjunctive in adjective clauses

A. 1. pueda   2. se relaja   3. toma   4. venda   5. haya   6. hable
B. 1. sepa   2. sea   3. trabaje   4. cumpla

Apéndice 4: Verb Charts

A. Regular Verbs: Simple Tenses

INFINITIVE / PRESENT PARTICIPLE / PAST PARTICIPLE	INDICATIVE					SUBJUNCTIVE		IMPERATIVE
	PRESENT	IMPERFECT	PRETERITE	FUTURE	CONDITIONAL	PRESENT	PAST	
hablar	hablo	hablaba	hablé	hablaré	hablaría	hable	hablara	
hablando	hablas	hablabas	hablaste	hablarás	hablarías	hables	hablaras	habla / no hables
hablado	habla	hablaba	habló	hablará	hablaría	hable	hablara	hable
	hablamos	hablábamos	hablamos	hablaremos	hablaríamos	hablemos	habláramos	hablemos
	habláis	hablabais	hablasteis	hablaréis	hablaríais	habléis	hablarais	hablad / no habléis
	hablan	hablaban	hablaron	hablarán	hablarían	hablen	hablaran	hablen
comer	como	comía	comí	comeré	comería	coma	comiera	
comiendo	comes	comías	comiste	comerás	comerías	comas	comieras	come / no comas
comido	come	comía	comió	comerá	comería	coma	comiera	coma
	comemos	comíamos	comimos	comeremos	comeríamos	comamos	comiéramos	comamos
	coméis	comíais	comisteis	comeréis	comeríais	comáis	comierais	comed / no comáis
	comen	comían	comieron	comerán	comerían	coman	comieran	coman
vivir	vivo	vivía	viví	viviré	viviría	viva	viviera	
viviendo	vives	vivías	viviste	vivirás	vivirías	vivas	vivieras	vive / no vivas
vivido	vive	vivía	vivió	vivirá	viviría	viva	viviera	viva
	vivimos	vivíamos	vivimos	viviremos	viviríamos	vivamos	viviéramos	vivamos
	vivís	vivíais	vivisteis	viviréis	viviríais	viváis	vivierais	vivid / no viváis
	viven	vivían	vivieron	vivirán	vivirían	vivan	vivieran	vivan

B. Regular Verbs: Perfect Tenses

INDICATIVE										SUBJUNCTIVE			
PRESENT PERFECT		PLUPERFECT		PRETERITE PERFECT		FUTURE PERFECT		CONDITIONAL PERFECT		PRESENT PERFECT		PLUPERFECT	
he	hablado	había	hablado	hube	hablado	habré	hablado	habría	hablado	haya	hablado	hubiera	hablado
has	comido	habías	comido	hubiste	comido	habrás	comido	habrías	comido	hayas	comido	hubieras	comido
ha	vivido	había	vivido	hubo	vivido	habrá	vivido	habría	vivido	haya	vivido	hubiera	vivido
hemos		habíamos		hubimos		habremos		habríamos		hayamos		hubiéramos	
habéis		habíais		hubisteis		habréis		habríais		hayáis		hubierais	
han		habían		hubieron		habrán		habrían		hayan		hubieran	

C. Irregular Verbs

INFINITIVE / PRESENT PARTICIPLE / PAST PARTICIPLE	INDICATIVE					SUBJUNCTIVE		IMPERATIVE
	PRESENT	IMPERFECT	PRETERITE	FUTURE	CONDITIONAL	PRESENT	PAST	
andar andando andado	ando andas anda andamos andáis andan	andaba andabas andaba andábamos andabais andaban	anduve anduviste anduvo anduvimos anduvisteis anduvieron	andaré andarás andará andaremos andaréis andarán	andaría andarías andaría andaríamos andaríais andarían	ande andes ande andemos andéis anden	anduviera anduvieras anduviera anduviéramos anduvierais anduvieran	anda / no andes ande andemos andad / no andéis anden
caber cabiendo cabido	quepo cabes cabe cabemos cabéis caben	cabía cabías cabía cabíamos cabíais cabían	cupe cupiste cupo cupimos cupisteis cupieron	cabré cabrás cabrá cabremos cabréis cabrán	cabría cabrías cabría cabríamos cabríais cabrían	quepa quepas quepa quepamos quepáis quepan	cupiera cupieras cupiera cupiéramos cupierais cupieran	cabe / no quepas quepa quepamos cabed / no quepáis quepan
caer cayendo caído	caigo caes cae caemos caéis caen	caía caías caía caíamos caíais caían	caí caíste cayó caímos caísteis cayeron	caeré caerás caerá caeremos caeréis caerán	caería caerías caería caeríamos caeríais caerían	caiga caigas caiga caigamos caigáis caigan	cayera cayeras cayera cayéramos cayerais cayeran	cae / no caigas caiga caigamos caed / no caigáis caigan
dar dando dado	doy das da damos dais dan	daba dabas daba dábamos dabais daban	di diste dio dimos disteis dieron	daré darás dará daremos daréis darán	daría darías daría daríamos daríais darían	dé des dé demos deis den	diera dieras diera diéramos dierais dieran	da / no des dé demos dad / no deis den
decir diciendo dicho	digo dices dice decimos decís dicen	decía decías decía decíamos decíais decían	dije dijiste dijo dijimos dijisteis dijeron	diré dirás dirá diremos diréis dirán	diría dirías diría diríamos diríais dirían	diga digas diga digamos digáis digan	dijera dijeras dijera dijéramos dijerais dijeran	di / no digas diga digamos decid / no digáis digan
estar estando estado	estoy estás está estamos estáis están	estaba estabas estaba estábamos estabais estaban	estuve estuviste estuvo estuvimos estuvisteis estuvieron	estaré estarás estará estaremos estaréis estarán	estaría estarías estaría estaríamos estaríais estarían	esté estés esté estemos estéis estén	estuviera estuvieras estuviera estuviéramos estuvierais estuviera	está / no estés esté estemos estad / no estéis estén
haber habiendo habido	he has ha hemos habéis han	había habías había habíamos habíais habían	hube hubiste hubo hubimos hubisteis hubieron	habré habrás habrá habremos habréis habrán	habría habrías habría habríamos habríais habrían	haya hayas haya hayamos hayáis hayan	hubiera hubieras hubiera hubiéramos hubierais hubieran	

C. Irregular Verbs (continued)

INFINITIVE PRESENT PARTICIPLE PAST PARTICIPLE	INDICATIVE					SUBJUNCTIVE		IMPERATIVE
	PRESENT	IMPERFECT	PRETERITE	FUTURE	CONDITIONAL	PRESENT	PAST	
hacer haciendo hecho	hago haces hace hacemos hacéis hacen	hacía hacías hacía hacíamos hacíais hacían	hice hiciste hizo hicimos hicisteis hicieron	haré harás hará haremos haréis harán	haría harías haría haríamos haríais harían	haga hagas haga hagamos hagáis hagan	hiciera hicieras hiciera hiciéramos hicierais hicieran	haz / no hagas haga hagamos haced / no hagáis hagan
ir yendo ido	voy vas va vamos vais van	iba ibas iba íbamos ibais iban	fui fuiste fue fuimos fuisteis fueron	iré irás irá iremos iréis irán	iría irías iría iríamos iríais irían	vaya vayas vaya vayamos vayáis vayan	fuera fueras fuera fuéramos fuerais fueran	ve / no vayas vaya vayamos id / no vayáis vayan
oír oyendo oído	oigo oyes oye oímos oís oyen	oía oías oía oíamos oíais oían	oí oíste oyó oímos oísteis oyeron	oiré oirás oirá oiremos oiréis oirán	oiría oirías oiría oiríamos oiríais oirían	oiga oigas oiga oigamos oigáis oigan	oyera oyeras oyera oyéramos oyerais oyeran	oye / no oigas oiga oigamos oíd / no oigáis oigan
poder pudiendo podido	puedo puedes puede podemos podéis pueden	podía podías podía podíamos podíais podían	pude pudiste pudo pudimos pudisteis pudieron	podré podrás podrá podremos podréis podrán	podría podrías podría podríamos podríais podrían	pueda puedas pueda podamos podáis puedan	pudiera pudieras pudiera pudiéramos pudierais pudieran	
poner poniendo puesto	pongo pones pone ponemos ponéis ponen	ponía ponías ponía poníamos poníais ponían	puse pusiste puso pusimos pusisteis pusieron	pondré pondrás pondrá pondremos pondréis pondrán	pondría pondrías pondría pondríamos pondríais pondrían	ponga pongas ponga pongamos pongáis pongan	pusiera pusieras pusiera pusiéramos pusierais pusieran	pon / no pongas ponga pongamos poned / no pongáis pongan
predecir prediciendo predicho	predigo predices predice predecimos predecís predicen	predecía predecías predecía predecíamos predecíais predecían	predije predijiste predijo predijimos predijisteis predijeron	predeciré predecirás predecirá predeciremos predeciréis predecirán	predeciría predecirías predeciría predeciríamos predeciríais predecirían	prediga predigas prediga predigamos predigáis predigan	predijera predijeras predijera predijéramos predijerais predijeran	predice / no predigas prediga predigamos predecid / no predigáis predigan
querer queriendo querido	quiero quieres quiere queremos queréis quieren	quería querías quería queríamos queríais querían	quise quisiste quiso quisimos quisisteis quisieron	querré querrás querrá querremos querréis querrán	querría querrías querría querríamos querríais querrían	quiera quieras quiera queramos queráis quieran	quisiera quisieras quisiera quisiéramos quisierais quisieran	quiere / no quieras quiera queramos quered / no queráis quieran

C. Irregular Verbs (continued)

INFINITIVE / PRESENT PARTICIPLE / PAST PARTICIPLE	INDICATIVE					SUBJUNCTIVE		IMPERATIVE
	PRESENT	IMPERFECT	PRETERITE	FUTURE	CONDITIONAL	PRESENT	PAST	
saber sabiendo sabido	sé sabes sabe sabemos sabéis saben	sabía sabías sabía sabíamos sabíais sabían	supe supiste supo supimos supisteis supieron	sabré sabrás sabrá sabremos sabréis sabrán	sabría sabrías sabría sabríamos sabríais sabrían	sepa sepas sepa sepamos sepáis sepan	supiera supieras supiera supiéramos supierais supieran	sabe / no sepas sepa sepamos sabed / no sepáis sepan
salir saliendo salido	salgo sales sale salimos salís salen	salía salías salía salíamos salíais salían	salí saliste salió salimos salisteis salieron	saldré saldrás saldrá saldremos saldréis saldrán	saldría saldrías saldría saldríamos saldríais saldrían	salga salgas salga salgamos salgáis salgan	saliera salieras saliera saliéramos salierais salieran	sal / no salgas salga salgamos salid / no salgáis salgan
ser siendo sido	soy eres es somos sois son	era eras era éramos erais eran	fui fuiste fue fuimos fuisteis fueron	seré serás será seremos seréis serán	sería serías sería seríamos seríais serían	sea seas sea seamos seáis sean	fuera fueras fuera fuéramos fuerais fueran	sé / no seas sea seamos sed / no seáis sean
tener teniendo tenido	tengo tienes tiene tenemos tenéis tienen	tenía tenías tenía teníamos teníais tenían	tuve tuviste tuvo tuvimos tuvisteis tuvieron	tendré tendrás tendrá tendremos tendréis tendrán	tendría tendrías tendría tendríamos tendríais tendrían	tenga tengas tenga tengamos tengáis tengan	tuviera tuvieras tuviera tuviéramos tuvierais tuvieran	ten / no tengas tenga tengamos tened / no tengáis tengan
traer trayendo traído	traigo traes trae traemos traéis traen	traía traías traía traíamos traíais traían	traje trajiste trajo trajimos trajisteis trajeron	traeré traerás traerá traeremos traeréis traerán	traería traerías traería traeríamos traeríais traerían	traiga traigas traiga traigamos traigáis traigan	trajera trajeras trajera trajéramos trajerais trajeran	trae / no traigas traiga traigamos traed / no traigáis traigan
valer valiendo valido	valgo vales vale valemos valéis valen	valía valías valía valíamos valíais valían	valí valiste valió valimos valisteis valieron	valdré valdrás valdrá valdremos valdréis valdrán	valdría valdrías valdría valdríamos valdríais valdrían	valga valgas valga valgamos valgáis valgan	valiera valieras valiera valiéramos valierais valieran	vale / no valgas valga valgamos valed / no valgáis valgan
venir viniendo venido	vengo vienes viene venimos venís vienen	venía venías venía veníamos veníais venían	vine viniste vino vinimos vinisteis vinieron	vendré vendrás vendrá vendremos vendréis vendrán	vendría vendrías vendría vendríamos vendríais vendrían	venga vengas venga vengamos vengáis vengan	viniera vinieras viniera viniéramos vinierais vinieran	ven / no vengas venga vengamos venid / no vengáis vengan

C. Irregular Verbs (continued)

INFINITIVE / PRESENT PARTICIPLE / PAST PARTICIPLE	INDICATIVE PRESENT	IMPERFECT	PRETERITE	FUTURE	CONDITIONAL	SUBJUNCTIVE PRESENT	PAST	IMPERATIVE
ver viendo visto	veo ves ve vemos veis ven	veía veías veía veíamos veíais veían	vi viste vio vimos visteis vieron	veré verás verá veremos veréis verán	vería verías vería veríamos veríais verían	vea veas vea veamos veáis vean	viera vieras viera viéramos vierais vieran	ve / no veas vea veamos ved / no veáis vean

D. Stem-Changing and Spelling Change Verbs

INFINITIVE / PRESENT PARTICIPLE / PAST PARTICIPLE	INDICATIVE PRESENT	IMPERFECT	PRETERITE	FUTURE	CONDITIONAL	SUBJUNCTIVE PRESENT	PAST	IMPERATIVE
construir (y) construyendo construido	construyo construyes construye construimos construís construyen	construía construías construía construíamos construíais construían	construí construiste construyó construimos construisteis construyeron	construiré construirás construirá construiremos construiréis construirán	construiría construirías construiría construiríamos construiríais construirían	construya construyas construya construyamos construyáis construyan	construyera construyeras construyera construyéramos construyerais construyeran	construye / no construyas construya construyamos construid / no construyáis construyan
creer (y) [3rd-pers. pret.] creyendo creído	creo crees cree creemos creéis creen	creía creías creía creíamos creíais creían	creí creíste creyó creímos creísteis creyeron	creeré creerás creerá creeremos creeréis creerán	creería creerías creería creeríamos creeríais creerían	crea creas crea creamos creáis crean	creyera creyeras creyera creyéramos creyerais creyeran	cree / no creas crea creamos creed / no creáis crean
dormir (ue, u) durmiendo dormido	duermo duermes duerme dormimos dormís duermen	dormía dormías dormía dormíamos dormíais dormían	dormí dormiste durmió dormimos dormisteis durmieron	dormiré dormirás dormirá dormiremos dormiréis dormirán	dormiría dormirías dormiría dormiríamos dormiríais dormirían	duerma duermas duerma durmamos durmáis duerman	durmiera durmieras durmiera durmiéramos durmierais durmieran	duerme / no duermas duerma durmamos dormid / no durmáis duerman
pedir (i, i) pidiendo pedido	pido pides pide pedimos pedís piden	pedía pedías pedía pedíamos pedíais pedían	pedí pediste pidió pedimos pedisteis pidieron	pediré pedirás pedirá pediremos pediréis pedirán	pediría pedirías pediría pediríamos pediríais pedirían	pida pidas pida pidamos pidáis pidan	pidiera pidieras pidiera pidiéramos pidierais pidieran	pide / no pidas pida pidamos pedid / no pidáis pidan
pensar (ie) pensando pensado	pienso piensas piensa pensamos pensáis piensan	pensaba pensabas pensaba pensábamos pensabais pensaban	pensé pensaste pensó pensamos pensasteis pensaron	pensaré pensarás pensará pensaremos pensaréis pensarán	pensaría pensarías pensaría pensaríamos pensaríais pensarían	piense pienses piense pensemos penséis piensen	pensara pensaras pensara pensáramos pensarais pensaran	piensa / no pienses piense pensemos pensad / no penséis piensen

D. Stem-Changing and Spelling Change Verbs (continued)

INFINITIVE PRESENT PARTICIPLE PAST PARTICIPLE	INDICATIVE					SUBJUNCTIVE		IMPERATIVE
	PRESENT	IMPERFECT	PRETERITE	FUTURE	CONDITIONAL	PRESENT	PAST	
producir (zc, j) produciendo producido	produzco produces produce producimos producís producen	producía producías producía producíamos producíais producían	produje produjiste produjo produjimos produjisteis produjeron	produciré producirás producirá produciremos produciréis producirán	produciría producirías produciría produciríamos produciríais producirían	produzca produzcas produzca produzcamos produzcáis produzcan	produjera produjeras produjera produjéramos produjerais produjeran	produce / no produzcas produzca produzcamos producid / no produzcáis produzcan
reír (i, i) riendo reído	río ríes ríe reímos reís ríen	reía reías reía reíamos reíais reían	reí reíste rió reímos reísteis rieron	reiré reirás reirá reiremos reiréis reirán	reiría reirías reiría reiríamos reiríais reirían	ría rías ría riamos riáis rían	riera rieras riera riéramos rierais rieran	ríe / no rías ría riamos reíd / no riáis rían
seguir (i, i) (g) siguiendo seguido	sigo sigues sigue seguimos seguís siguen	seguía seguías seguía seguíamos seguíais seguían	seguí seguiste siguió seguimos seguisteis siguieron	seguiré seguirás seguirá seguiremos seguiréis seguirán	seguiría seguirías seguiría seguiríamos seguiríais seguirían	siga sigas siga sigamos sigáis sigan	siguiera siguieras siguiera siguiéramos siguierais siguieran	sigue / no sigas siga sigamos seguid / no sigáis sigan
sentir (ie, i) sintiendo sentido	siento sientes siente sentimos sentís sienten	sentía sentías sentía sentíamos sentíais sentían	sentí sentiste sintió sentimos sentisteis sintieron	sentiré sentirás sentirá sentiremos sentiréis sentirán	sentiría sentirías sentiría sentiríamos sentiríais sentirían	sienta sientas sienta sintamos sintáis sientan	sintiera sintieras sintiera sintiéramos sintierais sintieran	siente / no sientas sienta sintamos sentid / no sintáis sientan
volver (ue) volviendo vuelto	vuelvo vuelves vuelve volvemos volvéis vuelven	volvía volvías volvía volvíamos volvíais volvían	volví volviste volvió volvimos volvisteis volvieron	volveré volverás volverá volveremos volveréis volverán	volvería volverías volvería volveríamos volveríais volverían	vuelva vuelvas vuelva volvamos volváis vuelvan	volviera volvieras volviera volviéramos volvierais volvieran	vuelve / no vuelvas vuelva volvamos volved / no volváis vuelvan

Vocabulario español-inglés

This Spanish-English Vocabulary contains all the words that appear in the text, with the following exceptions: (1) most close or identical cognates that do not appear in the thematic vocabulary lists; (2) most conjugated verb forms; (3) most diminutives and augmentatives; (4) most adverbs ending in **-mente;** (5) days of the week, months of the year, basic colors, and most numbers; (6) subject, object, and demonstrative pronouns; (7) possessive and demonstrative adjectives; (8) glossed vocabulary from realia and authentic readings. Only meanings used in the text are given. Numbers following translations indicate the chapter in which that meaning of the word was presented as active vocabulary.

Words containing **ch** and **ll** are alphabetized according to the individual letters of these consonant clusters. For example, words beginning with **ch** are found within the letter **c.** Also, **n** precedes **ñ** in alphabetical order.

The gender of nouns is indicated, except for masculine nouns ending in **-o** and feminine nouns ending in **-a.** Stem changes and spelling changes are indicated for verbs: **dormir (ue, u); llegar (gu); traducir (zc, j).**

The following abbreviations are used in this vocabulary.

adj.	adjective		*n.*	noun
adv.	adverb		*p.p.*	past participle
coll.	collective		*pl.*	plural
f.	feminine		*prep.*	preposition
ger.	gerund		*pron.*	pronoun
inf.	infinitive		*s.*	singular
inv.	invariable		*subj.*	subjunctive
irreg.	irregular		*v.*	verb
m.	masculine			

A

a to; **a continuación** following, next; **a corto plazo** in the short run (6B); **a favor de** in favor of (1A); **a la izquierda** on the left; **a largo plazo** in the long run (6B); **a lo largo de** throughout; **a menos que** unless (6A); **a pesar de** in spite of; **a pie** on foot; **a primera vista** at first sight (1A); **a veces** sometimes; **al contrario** on the contrary (1B); **al final** in the end (3A); **al lado de** beside; **al mismo tiempo** at the same time (3A); **al principio pensaba que...** at the beginning I thought that . . . (3A); **al respecto** in regard to the matter

abierto (*p.p. of* **abrir**) open (2A)
abogado/a lawyer
abrazar (c) to hug (3A)
abrir (*p.p.* **abierto**) to open
abrumado/a overwhelmed (2B)

absoluto absolute; **en absoluto** (not) at all; **no estoy de acuerdo en absoluto** I don't agree at all (1B)
abstracto/a abstract
absurdo/a absurd; **es absurdo que...** it's absurd that . . . (4A)
abuelo/a grandfather/grandmother; *pl.* grandparents
aburrir to bore; **aburrirse** to get bored; **me aburre(n)** I'm bored by (4A)

abuso abuse

acabar to end; to finish, complete; **acabar de** + *inf.* to have just (*done something*)

académico/a academic

acción *f.* action

aceptable acceptable

acerca de about

acercarse (qu) (a) to approach

acero steel; **fábrica de acero** steel mill

aclamado/a acclaimed

acompañar to accompany, go with

aconsejar to advise (2A)

acordarse (ue) (de) to remember

acostumbrarse (a) to adjust (to) (2A); to become accustomed to (4B)

actitud *f.* attitude

actividad *f.* activity

activista *n., m., f.* activist (5A)

activo/a active

acto act

actor *m.* actor

actriz *f.* (*pl.* **actrices**) actress

actual current (5B)

actualmente currently (5A)

acuerdo agreement; **llegar (gu) a un acuerdo** to agree, come to an agreement; **(no) estar** (*irreg.*) **de acuerdo (con)** to (dis)agree (with); **estoy completamente de acuerdo** I agree completely (1B); **estoy de acuerdo** I agree (2A); **no estoy de acuerdo en absoluto** I don't agree at all (1B); **ponerse** (*irreg.*) **de acuerdo** to agree, come to an agreement

adaptarse (a) to adapt, adjust (to)

adelante: más adelante further on

además besides (3A); moreover; **además de** besides, in addition to

adentro inside

adicional additional

adivinar to guess, divine (6A)

adjetivo adjective

adjunto a next to, beside

administración *f.* administration; **administración de empresas** business administration

admiración *f.* admiration

admirar to admire

admitir to admit

¿adónde? (to) where?

adoptivo/a adopted; **hijo/a adoptivo/a** adopted child (2A)

adornar to adorn

afectar to affect

afiche *m.* poster

afirmación *f.* statement

afrancesado/a pro-French, supporting the French

afrodescendiente *m., f.* of African descent (4B)

afrontar to confront (5A)

agobiado/a overwhelmed (4A)

agotado/a exhausted (4A)

agradable pleasant; agreeable (1A)

agradecer (zc) to thank (2A)

agrícola agricultural (6B)

agua *f.* (*but* **el agua**) water

aguafiestas *m., f., s., pl.* party pooper (4A)

ahogar (gu) to drown

ahora now; **ahora viene lo peor** now comes the worst part (3A)

ahorrar to save (money)

aire *m.* air, appearance

aislado/a isolated (2B)

alabar to praise

alarmante alarming (5A); **es alarmante que...** it's alarming that . . . (6A)

alarmista *m., f.* alarmist (5A)

alcaldía municipal town hall (6B)

alcanzar (c) to reach, attain (6A)

alcázar *m.* fortress, citadel

alcohol *m.* alcohol

alcohólico/a alcoholic

alegrarse (gu) (de) to be, become happy (about) (3B); **me alegro de que...** I'm glad that . . . (2A)

alegre happy

alemán, alemana *n., adj.* German

Alemania Germany

alentador(a) encouraging (5B)

algo *pron.* something; **te voy a contar algo increíble (estupendo, ridículo) que le pasó a...** I'm going to tell you something incredible (wonderful, ridiculous) that happened to . . . (3A)

alguien *pron.* someone; **caerle** (*irreg.*) **bien/mal a alguien** to like/dislike someone (1A); **dejar a alguien** to leave someone (3A); **tomarle el pelo a alguien** to pull someone's leg (4A)

algún, alguno/a *adj.* some; any; *pl.* some; a few; **en alguna parte** somewhere

alimentación *f.* nourishment (5A)

aliviar to relive (4A)

allá there

allí there

alma *f.* (*but* **el alma**) soul; **alma gemela** soul mate (3A)

almuerzo lunch

alrededor *n.* surroundings

alternativamente alternately

alto/a tall

altruista *m., f.* altruistic (5A)

alucinado/a amazed (3A)

alucinante incredible, impressive (1A); amazing (3B); **fue alucinante cuando...** it was incredible when . . . (3A); **fue alucinante cuando en un episodio...** it was incredible when in one episode . . . (1A)

aludir(se) a to allude to

alumno/a student, pupil

amable amiable, pleasant, kind

amante *m., f.* lover

amargo/a bitter (4B)

amargura bitterness (2B)

Amazonas Amazon (region) (5B); **Río** (*m.*) **Amazonas** Amazon River

amazónico/a pertaining to the Amazon region

ambicioso/a ambitious

ambiental environmental (6A)

ambiente *m.* surroundings; ambience; atmosphere (4B)

ambos/as *pl.* both

amenaza threat (5A)

amenazador(a) *adj.* threatening

americano/a American

amigo/a friend

amistad *f.* friendship (3A)

amor *m.* love; loved one

amplio/a broad, wide

anagrama *m.* anagram

analfabetismo illiteracy (2B)

anarquista *m., f.* anarchist

andaluz(a) (*m. pl.* **andaluces**) Andalusian, of or pertaining to Andalusia in southern Spain

andino/a Andean (5B)

anfitrión, anfitriona host, hostess

angustiado/a distressed (4A)

animado/a in good spirits (4A); **dibujo animado** (animated) cartoon

animalesco/a animal-like

animarse to become more lively

ánimo energy; mind; **estado de ánimo** spirits, mood; **levantar el ánimo** to lift the spirits (4A)

ansia *f.* (*but* **el ansia**) yearning, longing

ansioso/a anxious

ante in the face of

ante *prep.* before, in front of; in the presence of

antepasado/a ancestor (2B)

anterior previous, former

antes *adv.* before; previously; **antes de que** before (6A)

anticipar to anticipate

antiguo/a old (1B); old-fashioned; former

antropomórfico/a anthropomorphic

anuncio advertisement; announcement

añadir to add

año year; **año pasado** last year; **año que viene** next year; **cada año** every year; **el año que viene** next year; **tener** (*irreg.*)**... años** to be . . . years old

aparato device (6A)

aparecer (zc) to appear

aparente apparent

apariencia appearance; **apariencia física** physical appearance; **las apariencias engañan** looks deceive (1A)

aparte *adj.* separate

apasionado/a passionate (3A)

apasionarse to be, become passionate (3B)

apatía apathy (5A)

apenado/a pained, sad (3A)

apetecer (zc) to appeal to; **me apetece(n)** I feel like (4A)

apetecible appealing

aplantado/a lethargic

aplicar (qu) (a) to apply (to)

aportar to contribute (5B)

apóstol *m.* apostle

apoyar to support (1B)

apoyo support, aid

apreciar to appreciate (1B)

aprender to learn

aprendiz(a) apprentice

apropiado/a appropriate

aprovechar to take advantage (1B); **aprovecharse de** to take advantage of (4A)

apuesto/a neat, elegant, good-looking

apuntar to jot down, make a note of

apuntes *m. pl.* notes; **tomar apuntes** to take notes

árabe *n., adj. m., f.* Arab (4B); *m.* Arabic (*language*)

aragonés, aragonesa Aragonese, of or pertaining to Aragon in northern Spain

arena sand (1B)

arenoso/a sandy (1B)

arete *m.* earring (1A)

argumento argument

aristocracia aristocracy

Aristóteles Aristotle

armonía harmony (2A)

arquitecto/a architect

arquitectónico/a architectural

arquitectura architecture

arreglarse to dress

arrogancia arrogance

arruga wrinkle (1A)

arte *m., f.* art; **bellas artes** fine arts; **obra de arte** work of art

artesanal *adj.* artisan (6B)

artesanía craft, handicrafts

artículo article, item

artista *m., f.* artist

artístico/a artistic

asado mixed grilled meats

asco disgust; **me da(n) asco** I'm disgusted by (4A)

asegurar to assure (6B)

asesinar to assassinate (4B)

así *adv.* thus; that's how; in that way; like that; **así es** that's how it is (1A); **así que** therefore

asimilarse to assimilate (2B)

asistir a to attend

asociación *f.* association

asociado/a associated

asombrado/a surprised (2B)

asombroso/a amazing, astonishing (6A); **es asombroso que...** it's amazing, astonishing that . . . (6A)

aspecto aspect; appearance, trait; **aspecto físico** physical aspect

asqueado/a repulsed (3A)

astrónomo/a astronomer

asumir to assume, take on

asunto matter

asustado/a frightened (3A)

asustar to frighten; **asustarse** to become frightened

atención *f.* attention; **prestar atención a** to pay attention to

aterrorizado/a terrified

atlético/a athletic

atractivo/a attractive

atraer (*like* **traer**) to attract (3A)

atrevido/a daring (1A)

atribuir (y) to contribute

atributo attribute

aumentar to increase (4A)

aún still, yet

aunque although, even though

auténtico/a authentic

autonomía autonomy

autónomo/a autonomous

autor(a) author

autoridad *f.* author

autoritario/a authoritarian

avance *m.* advance (6A)

avanzar (c) to advance (6A)

avaricia greed

aventura adventure

aventurero/a adventurous

avergonzado/a embarrassed (3A)

avergonzarse (c) to be, become ashamed (3B)

averiguar (gu) to ascertain; to verify

avión *m.* airplane

ay oh

ayer *adv.* yesterday

ayuda help; assistance

ayudar to help

azteca *n., adj. m., f.* Aztec

azul blue

B

bailador(a) dancer

bailar to dance

baile *m.* dance; (act of) dancing

bajo *prep.* under, beneath

bajo/a *adj.* short; low

bandido/a bandit

bando faction, party, side

bar *m.* bar

barba beard (1A)

barbaridad *f.* gross remark; **¡qué barbaridad!** how awful! (1A)

¡bárbaro! fantastic! (2A)

barcelonés, barcelonesa person from Barcelona

barrio neighborhood (4B)

basar(se) en to base on

bastante *adv.* rather, quite

basura garbage (6A)

beber to drink; *n. m.* drinking

bebida drink

belleza beauty

bello/a beautiful; eloquent; **bellas artes** fine arts

beneficiar(se) to benefit (2B)

beneficio benefit; advantage

benjamín, benjamina baby of the family (2A)

besar to kiss (3A)

beso kiss; **dar** (*irreg.*) **un beso** to kiss

bicicleta bicycle

bien *adj.* good; **bien conocido/a** well-known; **caerle** (*irreg.*) **bien a alguien** to like someone (1A); **llevarse bien con** to get along well with (1A); **lo pasé muy bien** I had a great time (4A); **me cae(n) bien** I really like (person or people) (4A); **muy bien dicho** very well said (2A); **pasarlo bien** to have a good time (4A); **¡qué bien!** great! (2A); **¡qué lo pase/pases/pasen bien!** have a good time! (4A)

bienestar *m.* well-being (4A)

bienvenido/a *adj.* welcome

bife *m.* steak (4B)

bigote *m.* moustache (1A)

bigotillo small moustache

bilingüe bilingual

biografía biography

biográfico/a biographical

blanco/a white; **en blanco** blank, empty

bodega warehouse

bola ball

bombardeo bombing

bombo bass drum

bondad *f.* kindness

bonito/a pretty

borracho/a drunk

bosque lluvioso rain forest (6A)

bosquejo outline; draft; sketch

botella bottle

botellón *m.* traffic jam

brecha gap; **brecha digital** digital (information) gap (6A); **brecha generacional** generation gap (2A)

breve brief

brigada brigade (1B)

brindar to offer (5A)

británico/a British

brochazo brushstroke

broma practical joke (4A)

bromear to joke (4A)

bromista *n. m., f.* joker; *adj.* joking

bruto/a stupid, brutish (1A)

bucear to scuba dive

bueno/a good; **buenos modales** good manners (2A); **es bueno que...** it's good that . . . (1A); **estar** (*irreg.*) **de buen humor** to be in a good mood (4A); **qué bueno que...** how great that . . . (2A); **sacar (qu) buenas notas** to get good grades; **ser** (*irreg.*) **buena gente** to be a good person (1A); **tener** (*irreg.*) **buena pinta** to have a good appearance (1A)

buque *m.* ship

Burdeos Bordeaux

burguesía bourgeoisie (1B)

buscar (qu) to look for; to seek

búsqueda search (2B)

C

caballo horse

cabaña cabin (1B)

cabello hair

caber (yo quepo) to fit; **no cabe duda** there is no question/doubt (2A)

cabo: llevar a cabo to carry out (5A)

cada *inv.* each; every; **cada día** every day

caer *irreg.* (*p.p.* **caído**) to fall; **caerle bien/mal a alguien** to like/dislike someone (1A); **me cae(n) bien/fenomenal** I really like (person or people) (4A); **me cae mal/fatal** I don't like (person or people) (4A)

café *m.* coffee; café, coffee shop

caliente hot; **pista caliente** hot tip

callado/a quiet (1A)

calle *f.* street

callejero/a *adj.* street

calma calm

calmar(se) to calm

calor *m.* heat

calvo/a bald (1A)

cámara camera; chamber; **Cámara de Diputados** House of Deputies (*similar to the House of Representatives in the U.S. government*) (3B)

cambiar to change

cambio change; **en cambio** instead (3A)

caminar to walk

caminata walk; **hacer** (*irreg.*) **caminatas** to go on walks

camino trail; path (*figurative*); **encontrar (ue) caminos** to find ways, paths (6B)

camión *m.* truck

campaña campaign (5A)

campesino/a peasant (3B)

campo field; countryside

Canarias: Islas Canarias Canary Islands

canario canary

canción *f.* song

candidatura candidature, candidacy

canoa canoe

canoso/a: pelo canoso gray hair (1A)

cansado/a tired

cantante *m., f.* singer

cantar to sing

cantidad *f.* quantity

canto song; **canto jondo** *flamenco-style singing of Andalusian gypsy origin*

caña cane; reed

capacitado/a trained (6B)

capaz (*pl.* **capaces**) *m., f.* capable, able

capilla chapel

capital *m.* (economic) capital (6B)

capital *n. f.* capital (*city*); *adj.* deadly

captar to capture; to grasp

capturar to capture

cara face; **tener** (*irreg.*) **(mucha) cara** to have (a lot of) nerve (1A); **¡qué cara tiene!** what nerve he/she has! (2A)

carácter *m.* character, nature

característica *n.* characteristic

característico/a *adj.* characteristic

caracterizar (c) to characterize (1B)

carcajadas: reírse (i, i) (me río) a carcajadas to laugh out loud (4A)

carga loading

cargar (gu) to carry; to load; to charge; **cargar las pilas** to recharge one's batteries (4A)

cariño affection

cariñoso/a loving (2A)

caro/a expensive

carrera career, profession; race

carta letter

cartel *m.* poster

cartón *m.* cartoon

cartonista *m., f.* cartoonist
casarse (con) to marry, get married (to) (3A)
casco center
caseta booth
casi *inv.* almost
caso case, circumstance; question; **en caso de que** in case (6A); **en el caso de mi familia…** in my family's case … (2B); **en mi caso…** in my case … (2A); **en nuestro caso…** in our case … (3A); **hacer** (*irreg.*) **caso a** to pay attention to (2A)
castellano Spanish (language)
castigar (gu) to punish (2A)
castillo castle (1B)
catalán, catalana *n., adj.* Catalan, of or pertaining to Catalonia in northeastern Spain; *m.* Catalan (language)
Cataluña Catalonia
¡cataplún! crash! (3A)
catastrófico/a catastrophic (6A)
catedral *f.* cathedral
catedrático/a university professor
católico/a Catholic
causa cause
causante causing
causar to cause; to produce
cauteloso/a cautious (3A)
ceder to cede, give away
ceja eyebrow (1A)
celebración *f.* celebration
celebrar to celebrate
celoso/a jealous (3A)
cena dinner, supper
cenar to have dinner
censura censorship
centro center; downtown; heart (*of a town*); **centro comercial** shopping center
cerca de near, close to; **de cerca** close up
cercanía closeness
certeza certainty
certificado certificate
cervantino Cervantine, of Cervantes
cerveza beer
cese *m.* **de fuego** cease-fire (6B)
chamán *m.* shaman, medicine man (5B)
chaqueta jacket
charco puddle; **cruzar (c) el charco** to cross the pond (*Atlantic Ocean*)

charlar to chat (4A)
chévere awesome; **¡qué chévere!** (how) awesome! (1A)
chico/a boy, girl; young person
chisme *m.* gossip (4A); rumor
chispa spark
chiste *m.* joke (4A)
chistoso/a funny (1A); **fue chistoso cuando…** it was funny when … (3A); **¡qué chistoso!** how funny! (4A)
chocante shocking (5A)
ciberespacio cyberspace (6A)
cicatriz *f.* (*pl.* **cicatrices**) scar (1A)
ciego/a blind
ciencia science
cientos hundreds
cierto/a true; certain (*thing*)
cifra total
cine *m.* cinema, movies; movie theater; **estrella de cine** movie star
cinematográfico/a cinematographic
cita quote
ciudad *f.* city
ciudadano/a citizen (5A)
civil civil; **guerra civil** civil war
claro/a clear (1B); distinct
clase *f.* class; **compañero de clase** classmate
clásico/a classic
cláusula clause
clave *n. f.* key; **punto clave** key point
cliente *m., f.* client, customer
clientela *s.* customers, clientele
coche *m.* car
cocina kitchen; cuisine (4B)
codicia greed (6B)
codicioso/a greedy (6B)
codo elbow (1A); **hablar por los codos** to talk a lot (1A)
cofradía religious brotherhood order
coger (j) to pick up
coincidir to coincide
colaborar (con) to collaborate (with) (5A)
colegio primary or secondary school
colmo last straw; **¡esto es el colmo!** this is the last straw! (2A)
colorido/a color, coloring
colosal colossal
columna column

combinación *f.* combination
combinar to combine
comentar to comment on
comentario commentary, remark
comenzar (ie) (c) to begin, start
comer to eat
comercial: centro comercial shopping center
comercio justo fair trade
cómico/a comical, funny
comida food (4B)
comienzo beginning
comiquísimo/a hilarious (4A)
comisura corner
como like, as; **como mínimo** as a minimum; **tal(es) como** such as; **tan… como** as … as; **tan pronto como** as soon as (6A); **tanto/a/os/as… como** as much/many … as
compañero/a partner, companion; **compañero/a de clase** classmate; **compañero/a de cuarto** roommate
compañía company
comparación *f.* comparison
comparar to compare
compartir to share (2A)
compás *m.* beat, rhythm; **al compás de** to the beat of
compatriota *m., f.* compatriot
complemento: complemento indirecto indirect object
completamente completely; **estoy completamente de acuerdo** I agree completely (1B)
completo/a complete; in its/their entirety; **por completo** completely; **se me olvidó por completo** I totally forgot (2A)
complicado/a complicated
comportamiento behavior (2A)
composición *f.* composition (4B)
comprar to buy
comprender to understand
comprensión *f.* comprehension; understanding (2A)
comprensivo/a understanding (2A)
compromiso commitment (3A)
computadora computer
común common, ordinary; **fuera de lo común** out of the ordinary; **tener** (*irreg.*) **en común** to have in common; **teníamos… en común** we had … in common (3A)
comunicación *f.* communication

comunicativo/a communicative

comunidad *f.* community

comunista *n. m., f.* communist

comunitario/a communitarian (6A)

con with; **con respecto a** with respect to, with regard to; **con suerte** luckily; **con tal de que** provided that (6A); **contar (ue) con** to count on (2A); **soñar con** to dream about

concentrarse to focus, concentrate

concha shell

conciencia conscience (6B); **tomar conciencia** to take notice (6B)

concierto concert

conclusión *f.* conclusion

concordancia agreement

concordar (ue) to agree

concreto/a concrete

condicional conditional

condiscípulo/a classmate

conector connector

confiar (confío) en to trust in (3A)

conflicto conflict

confrontación *f.* confrontation

confundido/a confused (2B)

confundirse to be/become confused (3B)

confuso/a confusing (3B)

congénito/a congenital

conjunto band; group; **conjunto musical** band, musical group

conmovedor(a) moving (5B)

conocer (zc) to know; to meet; to become acquainted with; to be familiar with; **nos conocimos en...** we met in . . . (3A)

conocido/a: bien conocido well-known

conquistador(a) conqueror

consciencia conscience

consciente conscious (6B)

conseguir (*like* **seguir**) to get, obtain; to achieve; to manage

conservador(a) *adj.* conservative (2A)

considerar to consider; to regard

consolar to comfort (4B)

constitución *f.* constitution

constitucional constitutional

construcción *f.* construction

construir (y) to construct, build

consultar to consult

consumismo consumerism (6B)

contacto contact; **mantenerse** (*like* **tener**) **en contacto** to maintain contact (2B)

contaminación *f.* pollution (6A)

contar (ue) to count; **contar con** to count on (2A)

contemporáneo/a contemporary

contener (*like* **tener**) to contain

contento/a happy, contented; **estoy súper contento/a de que...** I'm super-happy that . . . (2A)

contestar to answer

contexto context

continuación *f.* continuation; **a continuación** following, next

continuar (continúo) to continue

continuo/a continuous, uninterrupted

contra against; **en contra** opposing, against (1A)

contrapartida compensation

contrario opposite; **al contrario** on the contrary (1B); **todo lo contrario** quite the opposite (2A)

contribución *f.* contribution (4B)

controlar to control

convencer (z) to convince

convencionalismo conventionalism

conversación *f.* conversation

conversar to converse

convertir(se) (ie, i) en to change, turn into

convivencia coexistence (4B)

convivir to live with (6B)

copiar to copy

coquetear to flirt (3A)

coreano/a Korean (4B)

corresponder to correspond

corresponsal *m., f.* news correspondent

corrida (de toros) bullfight

corrupto/a corrupt (6B)

cortar to cut

corte *f.* (royal) court

cortés *adj. m., f.* polite, courteous

cortesía courtesy

corto/a short; **a corto plazo** in the short run (6B)

cosa thing

cosmopolita *adj. m., f.* cosmopolitan

costa coast (4B)

costumbre *f.* custom (4B)

cotidiano/a everyday; daily (6B)

crear to create

crecer (zc) to grow (up)

crecimiento growth (6A)

creencia belief (5B)

creer (y) (*p.p.* **creído**) to believe; to think, be of the opinion; **creo que...** I think, believe that . . . (1A); **me sorprende que creas eso** it surprises me that you believe that (1B); **no creo que...** I don't think that . . . (5A); **no lo podía creer** I couldn't believe it (1A); **no lo puedo creer** I can't believe it (2A); **yo creo que...** I think, believe that . . . (1B)

criar(se) (me crío) to bring up; to be raised (2A)

criollo/a *person of Spanish descent in the Americas* (5B)

cristiano/a *n., adj.* Christian

criterio criterion

criticar (qu) to criticize

crítico/a critical

crudo/a crude; raw

cruzar (c) to cross; **cruzar el charco** to cross the pond (*Atlantic Ocean*)

cuadro painting; table

cuál *pron.* which (one), what (one), who; **¿cuál?** which (one)?, what (one)?, who?

cual *pron.* which, what, who; **la razón por la cual** the reason why

cualidad *f.* quality

cualquier *adj. inv.* any

cuando when (6A); **de vez en cuando** once in a while (3A)

cuanto: en cuanto as soon as (6A); **en cuanto a** as far as . . . is concerned (5A)

cuánto/a how much; *pl.* how many; **¿cuánto/a?** how much?; *pl.* how many?

cuarto room; **compañero/a de cuarto** roommate

cubano/a *n., adj.* Cuban

cuenta bill; **darse** (*irreg.*) **cuenta de** to realize (1A); **hay que tener en cuenta que...** it's necessary to keep in mind that . . . (6A); **se dio cuenta de que...** he/she realized that . . . (3A); **tener** (*irreg.*) **en cuenta** to take into account

cuento story

cuerpo body; **Cuerpo de Paz** Peace Corps

cuidar to take care of (2A)

culinario/a culinary (4B)

culto/a well-educated (1A)

cultura culture

curar to cure (6A)
curiosidad *f.* curiosity
curioso/a curious
cursi tasteless, pretentious, corny (1A)
curso course
cuyo/a whose

D

dañino/a harmful (3A)
dar *irreg.* to give; to give up; to present; to carry out; **dar un beso** to kiss; **dar ejemplos** to give examples; **dar una fiesta** to throw a party; **dar miedo** to frighten; **dar un paseo** to take a walk; **darse cuenta de** to realize (1A); **me da igual** I don't care, it's all the same to me (4A); **me da(n) asco** I'm disgusted by (4A); **me da(n) ganas de** I feel like (4A); **me da(n) lo mismo** I don't care (about) (4A); **se dio cuenta de que...** he/she realized that . . . (3A)
dato fact, item; *pl.* data, information
de of; from; **de al lado** next door; **de golpe** suddenly (3A); **de hecho** in fact (5A); **de la noche** P.M.; **de la tarde** in the afternoon; **de mal gusto** in poor taste (4A); **de moda** fashionable; **de ninguna manera** no way (3A); **de nuevo** again; **de pronto** suddenly; **de repente** suddenly (3A); **de segunda mano** secondhand; **¿de veras?** really? (1A); **¿de verdad?** really?; **de vez en cuando** once in a while (3A); **menos de** + *number* less than (*number*)
debatir to debate
deber *m.* duty (2B)
deber *v.* ought to, should, must; **deber de** + *inf.* to ought to (*do something*); **debe...** he/she should . . . (5A)
débil weak
década decade
decepcionado/a disappointed (2A); **estoy decepcionado/a de/porque...** I'm disappointed by/because . . . (2A)
decidir to decide
decir *irreg.* (*p.p.* **dicho**) to say; to tell; to pronounce; **es decir** that is to say; **no sabes lo que dices** you

don't know what you're saying (1A); **pero, ¿qué dices?** but what do you mean? (1B); **querer** (*irreg.*) **decir** to mean
decisión *f.* decision; **tomar una decisión** to make a decision
declarar to declare; to state; to express
decorado/a decorated
dedicarse (qu) to commit oneself
defender to defend
definitivo/a definitive
deforestación *f.* deforestation (6A)
degradante degrading (1A)
dejar to leave; to let, allow; to give up; **dejar de** + *inf.* to stop (*doing something*); **dejar a alguien** to leave someone; **dejar en paz** to leave alone; **dejar huella** to leave a mark/trace; **dejar plantado/a** to stand (someone) up (3A)
delante de in front of
delgado/a thin, slim
delicado/a delicate
delicioso/a delicious
demás: los/las demás others
demasiado/a *adj.* too much; *pl.* too many; *adv. m. s.* too, too much
democracia democracy
democrático/a democratic
demostrar (ue) to demonstrate
dentro de in, inside of, within
depender (de) to depend (on) (6B)
deportista *n. m., f.* athlete
depresión *f.* depression; **depresión maníaca** manic depression
deprimente depressing (1A); **es/fue deprimente cuando...** it is/was depressing when . . . (2A)
deprimido/a depressed (3A)
deprimirse to get depressed (3B)
derecha (political) right (4B); **a la derecha** on the right
derechista *adj.* right-wing (1B)
derecho *n.* right; privilege; **derecho de** + *inf.* the right to + *inf.*; **derechos humanos** human rights (5A); **reservarse el derecho** to reserve the right; **tener** (*irreg.*) **derecho a** + *inf.* to have the right to + *inf.*
desafiante challenging (2B)
desafío challenge
desafortunadamente unfortunately
desanimado/a bummed (4A)

desaparecer (zc) to disappear
desarrollar to develop (5A)
desarrollo development; **desarrollo sostenible** sustainable development (6B)
desastre *m.* **natural** natural disaster (6A)
desastroso/a disastrous (6A)
descansado/a rested (4A)
descansar to rest
descanso rest
descarga unloading
desconocer (zc) not to know, be familiar with
desconocido/a stranger
describir (*p.p.* **descrito**) to describe
descripción *f.* description
descriptivo/a descriptive
descrito/a (*p.p. of* **describir**) described
descubierto/a (*p.p. of* **descubrir**) discovered
descubrir (*p.p.* **descubierto**) to discover
desde from; since; **desde hace mucho** for a long time; **desde... hasta...** from . . . till . . . ; **desde mi punto de vista...** from my point of view . . . (1B)
desesperanza desperation
desfile *m.* parade
desgracia disgrace; **es una desgracia que...** it's a disgrace that . . . (5A)
desgraciadamente unfortunately (5A)
desierto desert (4B)
desierto/a *adj.* deserted
desigualdad *f.* inequality (6B)
desilusión *f.* disappointment (2A)
desilusionante disappointing (5A)
desmentir (*like* **mentir**) to refute
desnudarse to undress
desnutrición *f.* malnutrition (5A)
desorganización *f.* disorganization
desperdiciar to waste
despertar(se) (ie) to wake (up)
despierto/a *adj.* awake
despistado/a absentminded (1A)
después *adv.* after, afterward (3A); later (3A); **después de que** after (6A); **poco después** soon after
destrozar (c) to destroy (3B)
desvelarse to stay awake all night (4A)
desventaja disadvantage (2B)

detalle *m.* detail
detenido/a detained (4B); arrested
devorar to devour
día *m.* day; **cada día** every day; **hoy (en) día** nowadays (5A); **ponerse** (*irreg.*) **al día** to catch up (4A)
diálogo dialogue
diamante *m.* diamond
diario *n.* diary, journal
diario/a daily
dibujo drawing, sketch; **dibujo animado** (animated) cartoon
dicho (*p.p. of* **decir**) said; **muy bien dicho** very well said (2A)
dictadura dictatorship (4B)
dictar to dictate
diferencia difference; **a diferencia de** unlike
diferenciarse to differ, differentiate
diferente different; **mi situación ha sido diferente** my situation has been different (2A)
difícil difficult, hard; **es difícil que...** it's difficult that . . . (2A)
dificultad *f.* difficulty
digestión *f.* digestion
digital digital; **brecha digital** digital (information) gap (6A)
dignidad *f.* dignity
dilema *m.* dilemma
dinero money
diputado/a deputy; **Cámara de Diputados** House of Deputies (*similar to the House of Representatives in the U.S. government*) (3B)
dirección *f.* direction
directivo/a: junta directiva board of directors
directo/a direct
dirigente ruling (5B)
dirigir (j) to direct
disco(teca) discotheque
discrimen *m.* discrimination (5B)
disculpa pardon; **mil disculpas** a thousand pardons (2A)
discusión *f.* debate; argument
discutir to argue (3A); to debate
diseño design
disfrutar de to enjoy (4A)
disfuncional dysfunctional (2A)
disgustado/a disgusted
disgustar to disgust; **me disgusta(n)** I'm disgusted by
disgusto disgust

disidente *m., f.* dissident (2B)
disminuir (disminúo) to reduce (2B)
disponer (*like* **poner**) (*p.p.* **dispuesto**) to have available
disponible available (6A)
dispuesto/a (*p.p. of* **disponer**) willing (to) (4A)
distinguido/a distinguished
distinguir (g) to distinguish
distinto/a different, distinct
distrito district
diversidad *f.* diversity (4B)
diverso/a diverse; *pl.* various
divertido/a fun, amusing, entertaining (1B)
divertirse (ie, i) to have a good time; to have fun; **¡qué se divierta / te diviertas / se diviertan!** have a good time! (4A)
división *f.* division
divorciarse (de) to get a divorce (from) (3A)
documento document
dólar *m.* dollar
doloroso/a painful
dominar to dominate
Domingo de Resurrección Easter Sunday
donar to donate (5A)
donjuán *m.* womanizer
dormir (ue, u) to sleep; **dormirse** to fall asleep
duda doubt; **no cabe duda** there is no question/doubt (2A); **no hay ninguna duda que...** there is no doubt that . . . (3A); **sin duda** without a doubt
dueño/a owner; proprietor
dulce sweet; gentle (1A)
duradero/a lasting (3A)
durante during; for
duro/a hard, difficult; harsh

E

ecléctico/a eclectic, diverse
económico/a economic; inexpensive
edad *f.* age; **Edad Media** Middle Ages
edificio building (1B)
educación *f.* education; manners; **mala educación** rudeness
educado/a polite (1A)
educativo/a educational
efectividad *f.* effectiveness

egoísta selfish (2A)
ejemplo example; **dar** (*irreg.*) **ejemplos** to give examples; **por ejemplo** for example
ejercicio exercise; **hacer** (*irreg.*) **ejercicio** to exercise
ejército army
elección *f.* election
eléctrico/a electric
elegante elegant
elegir (i, i) (j) to choose; to elect (5A)
elemento element
eliminar to eliminate (6A)
élite *n. f.* elite (6B)
elitista elitist
embargo: sin embargo nevertheless
embriagarse (gu) to get drunk
embriaguez *f.* drunkenness; intoxication
emigrar to emigrate (2B)
emisora de radio radio station
emoción *f.* emotion; excitement (2B)
emocionado/a excited (3A)
emocionante exciting (1A)
emocionar to excite; **emocionarse** to be overcome with emotion (3B); **me emociona(n)** I'm excited by (4A)
empanada pastry turnover (4B)
empapar to drench
empezar (ie) (c) to begin; **empezar a + inf.** to begin to (*do something*)
empleado/a employee
empresa business
empresarial managerial
en in; **en cambio** instead (3A); **en caso de que** in case (6A); **en contra** against, opposing (1A); **en cuanto** as soon as (6A); **en cuanto a** as far as . . . is concerned (5A); **en el caso de mi familia...** in my family's case . . . (2B); **en general** in general; **en honor de** in honor of; **en mi opinión...** in my opinion . . . (1B); **en primer lugar** in the first place; **¿en serio?** really?; **en vez de** instead of; **en vivo** live
enamorarse (de) to fall in love (with) (3A)
encantador(a) charming (1A)
encantar to charm, delight; **al público le encanta ver...** the audience likes to see . . . (1A); **me encanta(n)** I love, really like (4A);

me encanta que... I love that . . . (2A); **me encantaba(n)** I loved, really liked (4A)

encarcelado/a incarcerated

encarcelar to jail (4B)

encontrar (ue) to find; **encontrarse con** to meet up with, run into; **encontrar caminos** to find paths, ways (6B)

encubierto/a covert (6B)

energía energy

enfadado/a angry (3A)

énfasis *m. inv.* emphasis; emphases

enfatizar (c) to emphasize

enfocar (qu) to focus

enfoque *m.* focus

enfrentar to face (2B)

enganche *m.* hook; hitching; connection

engañar to deceive (2A); **las apariencias engañan** looks deceive (1A)

engaño deceit

engominado/a slicked down

enigmático/a enigmatic

enloquecerse (zc) to go crazy

enojado/a angry (3A)

enojar to anger, make angry; **enojarse** to get angry

enorgullecerse (zc) (de) to be, become proud (3B)

enorme enormous

enriquecedor(a) enriching (2B)

enriquecer(se) (zc) to enrich, be enriched (2B)

enriquecimiento enrichment (6B)

ensayo essay

enseñanza education; teaching

enseñar to teach; to show; **enseñar a** + *inf.* to teach to (*do something*)

ensimismado/a self-centered (2A)

entender (ie) to understand

enterarse (de) to become informed (about) (5A)

entero/a entire

entonación *f.* intonation

entonces then

entrada entrance; (event) ticket

entrar (en) to enter

entre between; among; in; **entre paréntesis** in parentheses

entrenamiento training (1B)

entretener(se) (*like* **tener**) to entertain (oneself) (4A)

entretenido/a entertaining (4A)

entrevista interview

entrevistar to interview

entristecerse (zc) to become sad (3B)

entrometido/a meddlesome (2A)

entusiasmado/a enthusiastic (4A)

entusiasmarse to be, become enthused (3B)

envidioso/a envious (2A)

episodio episode; **fue alucinante cuando en un episodio...** it was impressive when in one episode . . . (1A)

época era; period (*time*)

equilibrio balance (3A)

equivocado/a wrong; mistaken; **temo que estés equivocado** I'm afraid you're mistaken

equivocarse (qu) to be wrong, mistake; **perdón, me equivoqué** I'm sorry, I made a mistake (2A)

erradicar (qu) to eradicate (6B)

erróneo/a erroneous

escándalo scandal

escapista *adj. m., f.* escapist

escena scene

escenario stage

escoger (j) to choose

esconder to hide (2A)

escribir (*p.p.* **escrito**) to write

escrito/a (*p.p. of* **escribir**) written

escritor(a) writer

escuadrón *m.* squad (4B)

escuchar to listen; **escucha lo que le sucedió a...** listen to what happened to . . . (3A)

escuela school

escultura sculpture

esencialmente essentially

esfuerzo effort (2B)

eso that, that thing, that fact; **eso es** that's it; **eso no tiene sentido** that doesn't make sense (2A); **¿me puedes hablar de eso un poco más?** could you tell me a little more about that? (2B); **me sorprende que creas eso** I'm surprised you believe that (1B); **no sabía eso** I didn't know that (2B); **nunca había pensado en eso** I had never thought of that (2B); **pero eso no fue nada** but that was nothing (3A); **por eso** therefore, for that reason (3A)

espacio space (4B); **espacio en blanco** blank space

español(a) *n.* Spaniard; *adj.* Spanish

especial special

especializar(se) (c) (en) to major (in); to specialize (in)

especialmente especially

especie *f.* species; type

específico/a specific

espectacular spectacular

espectáculo show, performance (4A)

especular to speculate

esperanza hope (2B)

esperar to wait; to wait for, await; to hope (for); to expect

espléndido/a splendid (1B)

espontáneo/a spontaneous

esposo/a husband, wife; spouse

estabilidad *f.* stability (2A)

estable *adj.* stable (2A)

establecer (zc) to establish

estadísticas *pl.* statistics

estado state; condition; **estado de ánimo** mood; **golpe** *m.* **de estado** coup (4B)

estadounidense *n. m., f.* United States citizen; *adj.* pertaining to the United States

estancia stay, visit

estar *irreg.* to be; **estar de buen/mal humor** to be in a good/bad mood (4A); **estar de moda** to be in style (1A); **estar de visita** to be company; **estar pasado/a de moda** to be out of style (1A); **estoy completamente de acuerdo** I agree completely (1B); **estoy de acuerdo** I agree (2A); **estoy decepcionado/a de/porque...** I'm disappointed by/because . . . (2A); **estoy orgulloso de que...** I'm proud that . . . (2A); **estoy súper contento/a de que...** I'm super-happy that . . . (2A); **no estoy de acuerdo en absoluto** I don't agree at all (1B); **temo que estés equivocado** I'm afraid you're mistaken (1A); **ya estoy harto/a (de que)...** I'm already fed up (that) . . . (2A)

estatal *adj.* state (4B)

esto this; **¡esto es el colmo!** this is the last straw! (2A)

estrecho/a narrow; close (*relationship between people or things*) (2A)

estrella star; **estrella de cine** movie star

estresado/a stressed (out) (4A)

estricto/a strict (2A)

estructura structure

estudiante *m., f.* student; **residencia de estudiantes** student dormitory

estudiantil *adj.* student, pertaining to students

estudiar to study

estudio studio; **estudio de grabación** recording studio

estupendo/a terrific; **te voy a contar algo estupendo que le pasó a...** I'm going to tell you something wonderful that happened to . . . (3A)

estupidez *f.* (*pl.* **estupideces**) stupidity

ETA *f.* (*abbreviation for* **Euskadi ta Askatasuna**) Basque Homeland and Freedom (*Basque separatist group in Spain*)

etapa stage

etcétera et cetera

etnia ethos

étnico/a ethnic (4B)

etnicorracial ethno-racial

eufemismo euphemism

euro *m. monetary unit in continental Europe*

Europa Europe

europeo/a European

evasión *f.* escape

evento event

evidente evident; **para mí, es evidente que...** for me, it's evident that . . . (1A)

evitar to avoid

evocar (qu) to evoke

evolucionar to evolve

exacto exactly (1A)

examen *m.* exam, test; **examen de ingreso** entrance exam; **examen final** final exam

examinar to examine; to investigate

excelente excellent

excentricidad *f.* eccentricity

excéntrico/a eccentric

excepción *f.* exception

excesivo/a excessive

exceso excess

exclamar to exclaim

excluido/a excluded (5B)

excomulgar (gu) to excommunicate (3B)

exigente demanding (2A)

exiliarse to go into exile

exilio exile

existir to exist

éxito success; **tener** (*irreg.*) **éxito** to be successful (4A)

exitoso/a successful (3A)

exótico/a exotic

expectativa expectation (2A)

expedición *f.* expedition

experiencia experience (4B)

experimentar to experience (2B); to experiment

experto/a expert

explicación *f.* explanation

explicar (qu) to explain

explícito/a explicit

explorar to explore

explotación *f.* exploitation (5A)

exponer (*like* **poner**) (*p.p.* **expuesto**) to exhibit; to make public; to expound

exposición *f.* exposition

expresar to express

expresión *f.* expression

expuesto/a (*p.p. of* **exponer**) exposed; made public

expulsar to eject; to throw out, expel

expulsión *f.* expulsion

exquisito/a exquisite (4B)

extraditar to extradite (4B)

extraer (*like* **traer**) to extract

extranjero/a foreigner

extrañado/a surprised

extrañar to miss (something/someone) (2A)

extraordinario/a extraordinary

extravagante extravagant

extremista *m., f.* extremist (5A)

extremo/a extreme

extrovertido/a extroverted

F

fábrica factory

fabuloso/a fabulous

fácil easy

facilidad *f.* facility; **con facilidad** with ease

factor *m.* factor

falso/a false

falta lack; absence

familia family; **en el caso de mi familia...** in my family's case . . . (2B)

familiar *n. m.* family member; *adj.* pertaining to the family

fascinante fascinating; **es fascinante** it's fascinating (1A); **¡qué fascinante!** how fascinating! (2B)

fascinar to fascinate; **me fascina(n)...** I'm fascinated by . . . (1A)

fascista *n., adj. m., f.* Fascist (1B)

fastidiar to annoy, bother; **me fastidia(n)** I'm annoyed, bothered by

fatal awful, terrible; **lo pasé fatal** I had a terrible time (4A); **me cae(n) fatal** I don't like (person or people) (4A)

favor *m.* favor; **a favor de** in favor of (1A)

favorito/a favorite

feliz (*pl.* **felices**) happy

fenomenal awesome, phenomenal; **¡fenomenal!** awesome! (2A); **me cae(n) fenomenal** I really like (person or people) (4A); **sería fenomenal...** it would be phenomenal . . . (4A)

fenómeno phenomenon

feria fair

feroz (*pl.* **feroces**) ferocious

festival *m.* festival

ficha index card

fiel faithful; **ser** (*irreg.*) **fiel** to be faithful (3A)

fiesta party; festival; holiday; **dar** (*irreg.*) **una fiesta** to throw a party

fiestero/a *n.* fun-loving person, party animal, partier; *adj.* partygoing

figura figure

filantrópico/a philanthropic (6B)

filántropo/a philanthropist (6B)

filósofo/a philosopher

fin *m.* end; objective; purpose; **fin de semana** weekend; **por fin** finally (3A); **sin fines de lucro** nonprofit (6B)

final *m.* end; **al final** in the end (3A); **examen final** final exam

finalmente finally (3A)

financiar to finance (5A)

fino/a fine, sensitive

físico/a *adj.* physical; **apariencia física** physical appearance; **aspecto físico** physical appearance

flamenco *n. type of Spanish dance and music*

flamenco/a *adj.* relating to a type of Spanish dance and music

flor *m.* flower; **en flor** blooming

fomentar to promote, foster (6B)

fondo funds; **a fondo** in depth; **recaudar fondos** to raise money (6B)

forma form; figure; way

formación *f.* training; education; formation

formar to form; to make up; **formarse** to take shape; **formar parte de** to be part of

foto(grafía) photo(graph)

fracaso failure (3A)

frágil fragile

francamente frankly (5A)

francés, francesa *n., adj.* French

Francia France

franco/a frank

frase *f.* phrase

frecuencia: con frecuencia frequently, often

frecuentar to frequent, hang out in

frigidez *f.* (*pl.* **frigideces**) frigidity

frívolo/a frivolous (1B)

frondoso/a leafy

frontera border (6B)

fuego fire; **cese** *m.* **de fuego** cease-fire (6B)

fuera de lo común out of the ordinary

fuerte strong, powerful; forceful; harsh, sharp

fuerza force (1B)

fumar to smoke

función *f.* function; event; duty

funcionar to function, work

fundar to found; to establish

fusilamiento shooting

fusilar to execute, kill with a firearm

fusión *f.* fusion

futuro *n.* future (6A)

G

gafas *f. pl.* (eye)glasses (1A)

galés, galesa Welsh (4B)

gallego *n.* Galician (language)

gallego/a *n.* Galician; *adj.* Galician, of or pertaining to Galicia in northwestern Spain

galleta cookie; cracker

gallina hen

gana: me da(n) ganas de I feel like (4A); **tener** (*irreg.*) **ganas de** + *inf.* to feel like (*doing something*)

ganado cattle

ganar(se) to win; **ganarse la vida** to earn a living (6B)

garantizar (c) to guarantee (6B)

gastar to spend

gaucho cowboy (4B)

gelatinoso/a gelatinous

gemelo/a *n., adj.* twin (2A); **alma** (*f., but* **el alma**) **gemela** soul mate (3A)

generación *f.* generation

generacional: brecha generacional generation gap (2A)

general: en general / por lo general in general, usually

género genre; type; gender

generoso/a generous

genético/a genetic (6A)

genial wonderful (3A)

genio/a genius

gente *f. s.* people; **gente indígena** (*but* **los indígenas**) indigenous people (5A); **ser** (*irreg.*) **buena/mala gente** to be a good/bad person (1A)

geográfico/a geographical

gitano/a *n., adj.* gypsy

globalización *f.* globalization (6B)

glorificar (qu) to glorify

glorioso/a glorious

gobierno government

golpe: de golpe suddenly (3A); **golpe** *m.* **de estado** coup (4B)

gordura obesity

gótico/a Gothic

gozar (c) de to enjoy (1B)

grabación *f.* recording; **estudio de grabación** recording studio

gracias thank you

gracioso/a funny

graduarse (me gradúo) to graduate

gramatical *adj.* grammar, grammatical

gran, grande great; big; large; huge

gratificante gratifying (3B)

gratis free (2B)

grave serious

Grecia Greece

grosero/a rude (1A)

grupo group

guapo/a handsome, attractive

guaraní *m.* indigenous language of Paraguay (4B)

guay: ¡qué guay! (how) awesome! (1A)

guerra war (5A); **guerra civil** civil war

guerrilla guerrilla warfare movement (5B)

guerrillero/a guerrilla fighter (5B)

guitarra guitar; **tocar (qu) guitarra** to play the guitar

guitarrista *m., f.* guitarist

gustar to please, be pleasing; to like; **gustar** + *inf.* to like to (*do something*); **no me gusta que…** I don't like that . . . (2A)

gusto pleasure; taste (4B); **de mal gusto** in poor taste (4A)

H

haber *irreg.* to have (*auxiliary verb*); **hay que tener en cuenta que…** it's necessary to keep in mind that . . . (6A)

habitante *m., f.* inhabitant (5B)

habitar to dwell

hábito habit

hablador(a) talkative (1A)

hablar to speak; to talk; **hablar por los codos** to talk a lot (1A); **hablar por teléfono** to talk on the telephone; **¿hablas en serio?** are you serious? (2A); **¿me puedes hablar de eso un poco más?** could you tell me a little more about that? (2B); **¡ni hablar!** no way! (2A)

hacer *irreg.* (*p.p.* **hecho**) to do; to make; to cause; **hacer** + *inf.* to order (*something to be done*) (4B); **desde hace mucho** for a long time; **hace** + (*period of time*) (*period of time*) ago; **hace mucho tiempo** a long time ago; **hacer caminatas** to go on walks; **hacer caso a** to pay attention to (2A); **hacer de voluntario/a** to volunteer (5A); **hacer ejercicio** to exercise; **hacer hipótesis** to form a hypothesis; **hacer** (*irreg.*) **trabajos sueltos** to freelance; **hacer un papel** to play a role; **hacer una investigación** to research; **hacer una sugerencia** to suggest; **hacer uso de** to make use of; **hacerse** to become

hacia toward

halagado/a flattered (3A)

halagarse (gu) to be, become flattered (3B)

hambre *f. (but* **el hambre***)* hunger (5A)

harto/a (de) fed up (with) (3A); **ya estoy harto/a (de que)...** I'm already fed up (that) . . . (2A)

hasta *prep.* until; up to; as far as; *adv.* even; **desde... hasta...** from . . . till . . . ; **hasta mañana** see you tomorrow; **hasta las narices** fed up to here (4A); **hasta muy tarde** until very late; **hasta que** until (6A)

hazmerreír *m.* laughingstock

hecho *(p.p. of* **hacer***)* done; made

hecho *n.* fact; event; **de hecho** in fact (5A); **el hecho de que** + *subj.* the fact that (5A)

heredar to inherit (2A)

herencia inheritance

hermanastro/a stepbrother / stepsister (2A)

hermano/a brother, sister; *pl.* siblings; **medio/a hermano/a** half brother, half sister (2A)

hermoso/a beautiful (1B)

héroe *m.* hero

heroína heroine

hijo/a son, daughter; **hijo/a adoptivo/a** adopted child (2A); **hijo/a único/a** only child (2A)

hipocresía hypocrisy

hipótesis *f. inv.* hypothesis; hypotheses; **hacer** *(irreg.)* **hipótesis** to form a hypothesis

hispano/a *n., adj.* Hispanic

hispanohablante *n. m., f.* Spanish speaker; *adj.* Spanish-speaking

historia history; story

histórico/a historical

hombre *m.* man; **hombre de negocios** businessman

honesto/a honest

honor *m.* honor; **en honor de** in honor of

hora hour; **ser** *(irreg.)* **hora de** + *inf.* to be time to *(do something)*

horrible horrible; **es horrible que...** it's horrible that . . . (5A)

horripilante horrifying (3B)

horror horror; **¡qué horror!** how awful! (2A)

hoy today, **hoy (en) día** nowadays (5A)

huelga strike (5A)

huida flight, escape

huir(se) (y) to flee (2B)

humanitario/a humanitarian (6A)

humano/a *adj.* human, pertaining to humanity

humillar to humiliate

humor *m.* mood; **estar** *(irreg.)* **de buen/mal humor** to be in a good/bad mood (4A)

huracán *m.* hurricane (6A)

I

ibérico/a Iberian

icono icon

idealista *m., f.* idealistic (5A)

identidad *f.* identity

identificar (qu) to identify

iglesia church

igual *adj.* equal; the same, similar; **ha sido igual para mí** it's been the same for me (2A); **me da igual** I don't care, it's all the same to me (4A); **me es igual** I don't care about (4A); **sin igual** unequalled

ilusionado/a excited (2B)

ilustración *f.* illustration

imagen *f.* image

imaginación *f.* imagination

imaginarse to imagine; **¡imagínate!** imagine that! (3A)

imbecilidad *f.* stupidity

impaciente impatient

impacto impact

imperfecto *n.* imperfect (tense)

imponente imposing

importancia importance

importante important

importar to matter; to be important; to import; **(no) me importa(n)** I (don't) care about (4A); **me importa(n) tres narices / un pepino** I couldn't care less (2A)

impotencia powerlessness, impotence

impresión *f.* impression

impresionante impressive (3B); **es impresionante que...** it's impressive that . . . (2A)

impresionarse to be/become impressed (3B)

impresionismo Impressionism

impulso impulse

incipiente incipient

incluir (y) to include

incluso/a including

incompetente incompetent

inconcebible unfathomable

inconveniente *m.* obstacle; drawback

increíble incredible; **te voy a contar algo increíble que le pasó a...** I'm going to tell you something incredible that happened to . . . (3A)

independencia independence

independiente independent

indicación *f.* indication

indicar (qu) to indicate

indígena *n. m., f.* native; **gente** *(f.)* **indígena** *(but* **los indígenas***)* indigenous people (5A)

indignación *f.* indignation

indignado/a indignant

indirecto/a indirect

indulgente indulgent (2A)

industrialización *f.* industrialization

inesperado/a unexpected (6A)

infancia infancy

infierno hell

inflexible inflexible, unyielding

influencia influence

influir (y) (en) to influence, have an influence (on)

información *f.* information

informática computer science (6A)

informe *m.* report

ingenioso/a ingenious (6A)

inglés, inglesa *n.* English person; *adj.* English

ingresar to join

ingreso entrance; income (6B); **examen de ingreso** entrance exam

inicial initial

iniciativa initiative (6B)

inimaginable unimaginable (6A); **es inimaginable que...** it's unimaginable that . . . (6A)

ininterrumpidamente uninterruptedly

injusticia injustice (5A)

inmediato/a immediate

inmigración *f.* immigration

inmigrante *m., f.* immigrant

inmigrar to immigrate (2B)

inminente imminent (6A)

innovador(a) innovative (6A)

inocuo/a innocuous

inolvidable unforgettable (3A)
inquietante disquieting (3B)
inquieto/a restless (2A)
insalubre unhealthy (6A)
insólito/a unusual
insoportable unbearable (2A)
inspirar to inspire
instalar to install
institución *f.* institution
instrumento instrument
integrar to integrate
intelecto intellect
intelectual intellectual
intensificar (qu) to intensify
intenso/a intense
interés *m.* interest; **tener** (*irreg.*) **interés** to be interested
interesante interesting; **qué interesante** how interesting (2B)
interesar to be interesting; **interesarse por** to be interested in; **(no) me interesa(n)** I'm (not) interested (4A)
internacional international
Internet *m.* Internet (6A)
interpretar to interpret; to decipher
interrogativo/a interrogative
interrumpir to interrupt
intervenir (*like* **venir**) to intervene
íntimo/a intimate; close-knit; close (*relationship between people*)
intolerancia intolerance
intrigante intriguing (6A)
intrigar (gu) to intrigue
introducción introduction
introductorio/a introductory
introvertido/a introverted
inundación *f.* flood (6A)
invasión *f.* invasion
inventar to invent
inversión *f.* investment (5A)
invertir (i, i) to invest (6B)
investigación *f.* research; study; investigation; **hacer** (*irreg.*) **una investigación** to do research
investigador(a) researcher
investigar (gu) to investigate; to (do) research
invitado/a guest
invitar to invite
involucrado/a involved (2A)
ir *irreg.* to go ; **ir** + *ger.* to proceed, continue to (*do something*); **ir a** + *inf.* to be going to (*do something*); **ir a la moda** to dress fashionably

(1A); **ir** (*irreg.*) **al teatro** to go to the theater; **irse** to leave; to go away; **te voy a contar algo increíble (estupendo, ridículo) que le pasó a...** I'm going to tell you something incredible (wonderful, ridiculous) that happened to . . . (3A)
irlandés, irlandesa Irish (4B)
ironía irony
irrespetuosamente disrespectfully
isla island
Italia Italy
italiano/a *n.* Italian person; *adj.* Italian
izquierda (political) left (4B); **a la izquierda** on the left
izquierdista *adj.* left-wing (1B)

J

jamás never, (not) ever
jamón *m.* ham
Jesucristo Jesus Christ
jirafa giraffe
jondo/a: canto jondo *flamenco-style singing of Andalusian gypsy origin*
joven *n. m., f.* young man, young woman; *pl.* the young; young people, youth; *adj.* young
joya jewel
judío/a Jewish (4B)
juego game; play
juerguista *m., f.* fun-loving
jugador(a) player (*sport, game*)
juguetón, juguetona playful
junta directiva board of directors
juntar to join; to gather
junto a next to, near; **juntos/as** *pl.* together
justo/a just, fair (6B); **comercio justo** fair trade (6B); **no es justo** it isn't fair (5A)
juzgar (gu) to judge

K

kalimotxo *drink made of equal parts of red wine and Coca-Cola*

L

lado side; **al lado de** next to; **de al lado** next door; **de un lado para otro** from side to side; **por otro lado** on the other hand; **por un lado** on one hand
lamentar to regret (2A)

lamento regret
lápiz *m.* (*pl.* **lápices**) pencil
largo/a long; length; **a lo largo de** throughout
lascivia lasciviousness; lewdness
lástima shame; **¡qué lástima!** what a shame! (5A)
lata tin can
latín *m.* Latin (language)
latino/a *adj.* Latin
Latinoamérica Latin America
latinoamericano/a *n., adj.* Latin American
lealtad *f.* loyalty
lección *f.* lesson
lechero/a milkman/milkmaid
lectura reading
leer (y) (*p.p.* **leído**) to read
legado legacy (2B)
leído (*p.p. of* **leer**) read
lejos far
lengua language; tongue; **no tener** (*irreg.*) **pelos en la lengua** to speak one's mind (1A)
lenguaje *m.* language, verbiage
lentes *m., pl.* (eye)glasses (1A)
lentitud *f.* slowness
letra letter
levantar el ánimo to lift the spirits (4A)
ley *f.* law
liberador(a) liberator (2B)
libertad *f.* liberty (1B)
libre free; **ratos libres** free time (4A)
librería bookstore
libro book
licenciatura bachelor's degree
licor *m.* liqueur
líder *m., f.* leader (5A)
liderazgo leadership
lío complicated situation; mess; **meterse en líos** to get into trouble (3A); **¡qué lío!** what a mess! (1A)
liso/a straight (hair); smooth (hair) (1A)
lista list
listo/a bright, clever; ready
literalmente literally
literario/a literary
literatura literature
llamar to call; **llamarse** to be called, named
llamativo/a showy, flashy (1A)
llegada arrival

llegar (gu) to arrive; to come; **llegar a + inf.** to come to (*do something*); to reach the point of (*doing something*); **llegar (gu) a un acuerdo** to agree, come to an agreement

llenar to fill

lleno/a full; filled

llevar to take; to carry; to wear; to lead; **llevar a cabo** to carry out (5A); **llevarse bien/mal (con)** to get along well/poorly (with) (1A)

lluvia rain

localizado/a located

loco/a crazy; **volverse (ue) loco/a** to go crazy (3B)

locura craziness

lógico/a logical

lograr to achieve; **lograr + inf.** to succeed in (*doing something*)

logro accomplishment (2B)

lucha fight (5A); struggle (5A)

luchar to fight; to struggle

lucro: sin fines de lucro nonprofit (6B)

luego then (3A); later (3A)

lugar *m.* place; **en primer lugar** in the first place; **tener** (*irreg.*) **lugar** to take place (1B)

luminoso/a bright, luminous (1B)

luna moon

lunar *m.* beauty mark, mole (1A)

lunfardo *group of words in Argentine Spanish that come from other languages* (4B)

luto mourning

luz *f.* (*pl.* **luces**) light

M

madrastra stepmother (2A)

madre *f.* mother

madrugada early morning (4A)

madrugar (gu) to get up early (4A)

maestría Master's degree

maestro/a *n.* teacher

mal *adv.* badly, poorly; **caerle** (*irreg.*) **mal a alguien** to dislike someone (1A); **de mal gusto** in poor taste (4A); **estar** (*irreg.*) **de mal humor** to be in a bad mood (4A); **llevarse mal (con)** to get along poorly (with) (1A); **me cae(n) mal** I don't like (person or people) (4A); **pasarlo mal** to have a bad time (4A)

malcriado/a ill-mannered (2A)

malentendido misunderstanding (2A)

malo/a *adj.* bad; ill; **es malo que...** it's bad that . . . (1A); **mala educación** rudeness, misbehavior, bad manners; **malos modales** bad manners (2A); **¡qué mala onda!** what a bummer! (1A); **¡qué mala pata!** what bad luck! (1A); **ser** (*irreg.*) **mala gente** to be a bad person/bad people (1A); **tener** (*irreg.*) **mala pinta** to have a bad appearance (1A)

maltrato mistreatment (5B)

mandar to send; to command; **mandar a + inf.** to have (*something done*) (6B)

mandato command

mandón, mandona bossy (2A)

manera way; manner; **de ninguna manera** no way (1A); **de todas maneras** at any rate, anyway

maníaco/a manic; **depresión maníaca** manic depression

manifestación *f.* demonstration (5A); display

manifestado/a manifested

manipulación *f.* manipulation

manipulador(a) manipulative

mano *f.* hand; **de segunda mano** secondhand; **mano de obra** labor (6B)

mantener(se) (*like* **tener**) to maintain, keep; **mantenerse en contacto** to maintain in contact (2B)

manual *m.* manual, workbook; *adj.* manual

mapa *m.* map

mapuches *indigenous people of Chile* (4B)

mar *m.* sea (1B)

maravilla: lo pasé de maravilla I had a blast (4A)

maravilloso/a marvelous

marcha social scene; **tener** (*irreg.*) **mucha marcha** to have a lively social scene (4A)

maremoto tidal wave (tsunami) (6A)

margen *m.* margin

marginado/a marginalized (5B)

marido husband

mariposa butterfly

marxista *m., f.* Marxist (6B)

más more; **era más... que** it was more . . . than (4A); **lo más mínimo** a bit; **más adelante** further on; **¿me puedes hablar un poco más de eso?** could you tell me a little more about that? (2B); **nadie más** nobody else; **ya no puedo soportarlo/la más** I can't stand it/him/her anymore (2A)

mate *m. a special herb tea* (4B)

matemáticas *pl.* mathematics

matemático/a mathematician

mayor older; oldest; greater; greatest; elderly

mayoría majority

mayúsculo capital letter

medio/a *adj.* middle; half; **Edad Media** Middle Ages; **medio/a hermano/a** half brother, half sister (2A); **media naranja** other half (3A); **y media** half past the hour

mediocridad *f.* mediocrity

mediodía *m.* noon

mediterráneo/a Mediterranean

mejor better; best; **lo mejor es que...** the best thing is that . . . (2A)

mejorar to improve (make better) (4A)

melancólico/a melancholy

memoria memory

mencionar to mention

menor *m., f.* child; *adj.* younger; youngest; less; lesser; least

menos less; least; **a menos que** unless (6A); **era menos... que** it was less . . . than (4A); **menos de + number** less than (*number*); **menos... que** less . . . than; **por lo menos** at least

mentir (ie, i) to lie

menudo: a menudo often, frequently

mercado market

mercenario/a mercenary

merecer (zc) to deserve (3A)

mes month

mesero/a waiter, waitress

mestizaje *m.* cultural, ethnic, and racial blending (5B)

mestizo/a person of mixed Spanish and indigenous heritage (5B)

meta goal

metabolismo metabolism

meter to put; to insert; **meter la pata** to put one's foot in one's mouth (1A); **meterse** to get involved; **meterse en líos** to get into trouble (3A)

mexicano/a *n., adj.* Mexican

mexicanoamericano/a *n., adj.* Mexican-American

mezcla mixture

mezquita mosque

miedo fear; **dar** (*irreg.*) **miedo** to frighten; **tener** (*irreg.*) **miedo** to be afraid

miembro member

mientras (que) while (3A); whereas

mil *m.* (one) thousand; **mil disculpas/perdones** a thousand pardons (2A)

milagroso/a miraculous (6A)

militante militant

milla mile

millón *m.* (one) million

mimado/a spoiled (2A)

mínimo *n.* minimum; **como mínimo** as a minimum

mínimo/a *adj.* minimal, small; **lo más mínimo** at all

minuto minute

mirada look; glance

mirar to look; to look at; to watch

misión *f.* mission

mismo/a same; very; himself; yourself; **al mismo tiempo** at the same time (3A); **me da(n) lo mismo** I don't care (about) (4A)

misterio mystery

misticismo mysticism

moda style; **de moda** fashionable; **estar** (*irreg.*) **de moda** to be in style (1A); **ir** (*irreg.*) **a la moda** to dress fashionably (1A); **estar** (*irreg.*) **pasado/a de moda** to be out of style (1A)

modales manners; **buenos/malos modales** good/bad manners (2A)

modelo model

moderno/a modern (1B)

modificar (qu) to modify

molestar to bother, annoy; **me molesta(n)...** I'm bothered by . . . (1A); **me molesta(n) que...** it bothers me that . . . (5A)

molestia bother

momento moment

monarquía monarchy

moneda currency

mono/a cute

montaña mountain (1B)

montañoso/a mountainous (1B)

monumento monument

morado/a purple

moreno/a dark-skinned; brunet(te)

morir (ue, u) (*p.p.* **muerto**) to die

moro/a Moor

mosaico mosaic

mostrar (ue) to show

muchacho/a boy/girl

mucho/a much, a lot of; *pl.* many; a lot of; **hace mucho tiempo** a long time ago; **lo siento mucho** I'm really sorry (2A); **muchas veces** often; **tener** (*irreg.*) **mucha cara** to have a lot of nerve (1A); **tener** (*irreg.*) **mucha marcha** to have a lively social scene (4A)

mudarse to move (*residence*) (2A)

muerte *f.* death

muerto (*p.p. of* **morir**) *n.* dead, deceased person; *pl.* the dead; *adj.* dead

muestra example

mujer *f.* woman; **mujer policía** female police officer

mula mule; **trabajar como una mula** to work like a dog (4A)

múltiple *adj.* multiple

mundial *adj.* world, pertaining to the world

municipal: alcaldía municipal town hall (6B)

muralla (city) wall

muro wall

museo museum

música music

musical musical; **conjunto musical** musical group

músico/a musician

muy very; **lo pasé muy bien** I had a great time (4A); **muy bien dicho** very well said (2A)

N

nacer (zc) to be born; to originate

nación *f.* nation; **Organización** *f.* **de Naciones Unidas (ONU)** United Nations (6B)

nacional national

nacionalidad *f.* nationality

nacionalista *m., f.* Nationalist (*supporter of Francisco Franco during the Spanish Civil War*)

nada *n.* nothing; *pron.* nothing, (not) anything; *adv.* not at all; **ni nada** or anything (*coll.*); **para nada** (not) at all; **pero eso no fue nada** but that was nothing (3A)

nadie nobody, (not) anybody; **nadie más** nobody else

napoleónico/a Napoleonic

naranja orange; **media naranja** other half (3A)

naranjo orange tree

narcotraficante *m., f.* drug trafficker (5B)

narcotráfico drug traffic (5A); drug trafficking (5A)

nariz *f.* (*pl.* **narices**) nose; **hasta las narices** fed up to here (4A); **me importa tres narices** I couldn't care less (2A)

narración *f.* narration

narrar to narrate; to tell

narrativo/a narrative

natal native; of birth

natural natural

naturaleza nature

naufragio shipwreck

necesario/a necessary; **es necesario que...** it's necessary that . . . (4A)

necesidad *f.* necessity

necesitar to need

negativo/a negative

negocio *n.* business (2B); *pl.* business (*in general*); **de negocios** *adj.* business; **hombre** (*m.*) **de negocios** businessman

negrita: en negrita in boldface

negro/a black

nervioso/a nervous

neutro/a neutral

ni neither; (not) either; nor; (not) even; **¡ni hablar!** no way! (2A); **ni nada** or anything (*coll.*); **ni... ni** neither . . . nor; **¡ni pensarlo!** don't even think about it!; **ni se te ocurra / ni lo pienses** don't even think about it (2A); **¡ni soñarlo!** in your dreams! (2A)

ningún, ninguno/a *adj.* no, (not) any; *pron.* none, not one; **de ninguna manera** no way (1A); **no hay ninguna duda que...** there's no doubt that . . . (3A)

niño/a baby; little boy/little girl

nivel *m.* level

no no; **no tener** (*irreg.*) **pelos en la lengua** to speak one's mind (1A)

noble *n.* nobleperson; *adj.* noble

nobleza nobility

noche *f.* night; **de la noche** P.M.; **por la noche** at night

nocturno/a *adj.* night, nocturnal

nombrar to name; to identify (by name)

nombre *m.* name

noreste *adj.* northeastern

normal normal; **es normal que...** it's natural that . . . (5A)

norte *m.* North; *adj.* north, northern

norteamericano/a *n., adj.* North American, of or pertaining to Canada and the United States

nostalgia nostalgia (2B); homesickness (2B)

nostálgico/a nostalgic (3A); homesick (3A)

nota note; grade; **sacar (qu) buenas notas** to get good grades

notar to note

novedad *f.* new development (6A)

novela novel

novelista *m., f.* novelist

noviazgo courtship (3A)

novio/a boyfriend, girlfriend; bride, bridegroom

nuestro/a our; **en nuestro caso...** in our case . . . (3A)

nuevo/a new; **de nuevo** again; **Nueva York** New York

numerado/a numbered

número number

numeroso/a numerous

nunca never, (not) ever; **nunca había pensado en eso** I'd never thought of that (2B)

O

o or; **o... o** either . . . or

obedecer (zc) to obey (2A)

obra work; **mano de obra** labor (6B); **obra de arte** work of art

obrero/a worker

observación *f.* observation

observar to observe

obvio/a obvious

occidental western

occidente *m.* west

ocultar to hide, keep secret

ocurrir to occur; **ni se te ocurra** don't even think about it (2A); **se**

me ocurre que... it occurs to me that . . . (2B)

odiar to hate (3A)

oeste *m.* West; *adj.* western

ofendido/a offended

ofensivo/a offensive

oficial official

oficio occupation, profession

ofrecer (zc) to offer

oído inner ear; sense of hearing

oír *irreg.* (*p.p.* **oído**) to hear

ojal *m.* buttonhole

ojalá (que) + *present subj. / past subj.* let's hope that . . . / I wish that . . .

ojo eye; **¡ojo!** be careful!

ola wave (1B)

oloroso/a fragrant

olvidar to forget; **olvidarse de** to forget about; **se me olvidó por completo** I totally forgot (2A)

ombligo navel (1A)

onda: ¡qué mala onda! what a bummer! (1A)

opinar to think/have an opinion; **opino que...** I think/believe that . . . (1A); **y tú, ¿qué opinas?** what do you think? (1A)

opinión *f.* opinion; **en mi opinión...** in my opinion . . . (1B)

oportunidad *f.* opportunity

oportunista *m., f.* opportunist (5A)

oportuno/a suitable, appropriate

opresivo/a oppressive (2B)

oprimido/a oppressed (2B)

oprimir to oppress (2B)

optimismo optimism

optimista *m., f.* optimistic (5A)

oración *f.* sentence

orden *m.* order (*alphabetical, chronological, etc.*)

oreja (outer) ear

organización *f.* organization; **Organización de Naciones Unidas (ONU)** United Nations (6B)

organizado/a organized

organizar (c) to organize

orgulloso/a proud (2A); **estoy orgulloso/a de que...** I'm proud that . . . (2A)

origen *m.* origin

originar(se) to originate; to give rise to

orilla shore, bank (1B)

orinar to urinate

oscuro/a dark (1B)

otorgar (gu) to grant (2B)

otro/a *pron., adj.* other; another; **de un lado para otro** from side to side; **otra vez** again; **por otro lado** on the other hand

P

paciencia patience; **tener** (*irreg.*) **paciencia** to be patient

pacífico/a peaceful (6A)

padrastro stepfather (2A)

padre *m.* father; senior; *pl.* parents

¡paf! bang! (3A)

página page; **página Web** webpage (6A)

país *m.* country, nation; **País Vasco** Basque Country

paisaje *m.* landscape (4B)

paisano/a fellow countryman (4B)

palabra word

palacio palace (1B)

paleta palette; popsicle

palma palm

pampa grassy plains (4B)

pantalones *m. pl.* pants

papel *m.* role; **papel protagónico** main role

par *m.* pair; couple; **un par de** a couple of

para for; to; in order to; by (*time, date*); **no es para tanto** it's not such a big deal (2A); **para mí, es evidente que...** for me, it's evident that . . . (1A); **para nada** (not) at all; **para que...** so that . . . (6A); **para siempre** forever

paraíso paradise

paralizar (c) to paralyze

parar to stop; **sin parar** without stopping

parecer (zc) to seem, appear; to seem like (1A); **parecerse a** to look like (1A)

parecido/a similar

pareja pair; couple (3A); partner (3A)

paréntesis *m. inv.* parenthesis; parentheses; **entre paréntesis** in parentheses

parlamentario/a parliamentary

parque *m.* park

párrafo paragraph

parte *f.* part; portion; **de todas partes** from everywhere; **en**

alguna parte somewhere; **formar parte de** to be part of

participación *f.* participation

participante *m., f.* participant

participar to participate

participio participle

particular particular; special

partido game, match; political party, faction

pasado *n.* past

pasado/a *adj.* past; last; **estar** (*irreg.*) **pasado/a de moda** to be out of style (1A)

pasajero/a fleeting (3A)

pasar to pass, go by; to happen; to spend (*time*); **¿cómo lo pasó/pasaste/pasaron?** how was it?, did you have a good time? (4A); **lo pasé muy bien/de maravilla/fatal** I had a great time/a blast/a terrible time (4A); **pasar tiempo** to spend time; **pasarlo bien/mal** to have a good/bad time (4A); **pasarse la vida** to spend one's life; **¡qué lo pase/pases/pasen bien!** have a good time! (4A); **te voy a contar algo increíble (estupendo, ridículo) que le pasó a...** I'm going to tell you something incredible (wonderful, ridiculous) that happened to . . . (3A)

Pascua Easter

pasear to go for a walk (1B)

paseo stroll; **dar** (*irreg.*) **un paseo** to take a walk

pasión *f.* passion

paso step

pata foot (*of an animal or bird*); **meter la pata** to put one's foot in one's mouth; **¡qué mala pata!** what bad luck! (1A)

patilla sideburn (1A)

patriótico/a patriotic

patrón, patrona: santo patrón, santa patrona patron saint

pauta rule (3B)

payaso/a clown

paz *f.* (*pl.* **paces**) peace (5A); **Cuerpo de Paz** Peace Corps; **dejar en paz** to leave alone

pecado sin

pecho chest; **tomar a pecho** to take seriously (6B)

pedir (i, i) to ask (for), request; **pedir perdón** to ask forgiveness; **pedir permiso** to ask for permission

pelearse to fight (2A)

película movie; **ver** (*irreg.*) **películas** to watch movies

peligroso/a dangerous

pelirrojo/a *n.* redhead; *adj.* red-headed (1A)

pelo hair (1A); **no tener** (*irreg.*) **pelos en la lengua** to speak one's mind (1A); **tomarle el pelo a alguien** to pull someone's leg (4A)

peluca wig (1A)

pena pity; shame; **valer** (*irreg.*) **la pena** to be worth it (5A)

pendiente *m.* earring (1A)

península peninsula

pensador(a) thinker

pensar (ie) to think; to consider; **al principio pensaba que...** in the beginning I thought that . . . (3A); **¡ni lo pienses!** don't even think about it! (2A); **¡ni pensarlo!** don't even think about it!; **no había pensado en eso** I hadn't thought of that (2B); **pensaba que...** I thought that . . . (2A); **pensar de** to think of (*opinion*); **pensar en** to think about

peor worse; worst; **ahora viene lo peor** now comes the worst part (3A)

pepino cucumber; **me importa un pepino** I couldn't care less (2A)

pequeño/a little, small; young; brief

percepción *f.* perception

percibir(se) to perceive; to sense

perder (ie) to lose; to miss; **perderse** to get lost

pérdida loss (2B)

perdido/a lost (2B)

perdón *m.* pardon; **mil perdones** a thousand pardons (2A); **pedir (i, i) perdón** to ask forgiveness; **perdón, me equivoqué** I'm sorry, I was wrong (2A)

perecer (zc) to perish (6B)

peregrino/a pilgrim

perfeccionista *n., adj. m., f.* perfectionist

perfecto/a perfect

perfil *m.* profile

periódico newspaper

periódico/a periodic

periodismo journalism

periodista *m., f.* journalist, reporter

período period (*time*)

permiso permission; **pedir (i, i) permiso** to ask permission

permitir to permit, allow

pero but; **lo siento, pero...** I'm sorry, but . . . (1A); **pero eso no fue nada** but that was nothing (3A); **pero, ¿qué dices?** but what do you mean? (1B)

personaje *m.* character

personalidad *f.* personality

pertenecer (zc) to belong (2B); to remain

peruano/a Peruvian

pesado/a tedious, annoying (1A)

pesar to weigh; to hinder; **a pesar de** in spite of

pesca fishing

pescador(a) fisherman, fisherwoman

pesimista *m., f.* pessimist (5A)

pésimo/a awful, terrible (2A)

picante (spicy) hot

pictórico/a pictorial

pie *m.* foot; base; **a pie** on foot

piedra stone

pinta: tener (*irreg.*) **buena/mala pinta** to have a good/bad appearance (1A)

pintar to paint

pintor(a) painter, artist

pintura *n.* painting

piropear to compliment (romantically) (3A)

piropo (romantic) compliment (3A)

pisar to step

pista clue; hint; tip; **pista caliente** hot tip

placer *m.* pleasure

plan *m.* plan; program

planta plant

plantado/a: dejar plantado/a to stand (someone) up (3A)

playa beach (1B)

plaza plaza, (town) square

plazo: a corto plazo in the short run (6B); **a largo plazo** in the long run (6B)

¡pobrecito/a! poor thing! (3A)

pobreza poverty (5A)

poco *n.* little bit; small amount; **es poco probable que...** it's not very

probable that . . . (3A), ¿me
puedes hablar un poco más de
eso? could you tell me a little
more about that? (2B); poco a
poco little by little; poco después
soon after
poder m. power; authority (1B)
poder v. irreg. to be able, can; poder
+ inf. to be able to (do something);
¿me puedes hablar un poco más
de eso? could you tell me a little
more about that? (2B); no lo
podía creer I couldn't believe it
(1A); no lo puedo creer I can't
believe it (2A); podría ser it could
be (1A); puede ser it could be
(2B); ya no puedo soportarlo/la
más I can't stand it/him/her
anymore (2A)
poderoso/a powerful (5B)
poeta m., f. poet
polémica controversy (5A)
polémico/a controversial (6A)
policía m. police officer; f. the
police; mujer (f.) policía female
police officer
política s. politics (5A); policy (5A)
político politician
político/a political
poner irreg. (p.p. puesto) to put,
place; to put on; to give (a name,
title, etc.); to turn on; ponerse to
get, become (3A); poner a prueba
to put to the test; ponerse al día
to catch up (4A); ponerse de
acuerdo to come to an agreement
pontificio/a pontifical, papal
popular popular (5B); pertaining to
the common people (5B)
popularidad f. popularity
por for; through; by; because of;
around; about; out of; in order to;
por + inf. because of (doing
something); hablar por los codos
to talk a lot; hablar por teléfono
to talk on the telephone;
interesarse por to be interested
in; la razón por la cual the reason
why; por completo completely;
por ejemplo for example; por eso
therefore (3A); that's why (3A);
por fin finally (3A); por la noche
at night; por lo general in
general; por lo menos at least;
por lo tanto therefore (3A); por

otro lado on the other hand, ¿por
qué? why?; por supuesto of
course; por último lastly (3A);
por un lado on one hand
portarse to behave (2A)
poseer (y) (p.p. poseído) to have,
possess
posgrado/a n., adj. graduate
posibilidad f. possibility
posible possible; es posible que...
it's possible that . . . (1A)
posindustrial postindustrial
positivo/a positive
posponer (like poner) to postpone
(4A)
postal: tarjeta postal postcard
postre m. dessert
postularse to run for office (5A)
practicar (qu) to practice
precedente m. precedent
precisamente precisely
preciso/a precise
predecir (like decir) to predict (6A)
preferencia preference
preferir (ie, i) to prefer
pregunta question
preguntar to ask; preguntarse to
wonder, ask oneself (6A)
prejuicio prejudice (5A)
preliminar preliminary
prensa n. press
preocupado/a worried
preocupante worrisome (1A); fue
preocupante cuando... it was
worrisome when . . . (2A)
preocupar(se) (por) to worry
(about); me preocupa(n) I'm
worried about; me preocupa
que... I'm worried that . . . (5A)
preparar to prepare
presenciar to witness, see, watch
presentar to present; to introduce
preservado/a preserved
presión f. pressure (5B)
prestar to lend, loan; prestar
atención a to pay attention to
prestigio prestige
prestigioso/a prestigious
presumido/a conceited (1A)
pretérito preterite (tense)
primavera spring
primer, primero/a first (3A); a
primera vista at first sight (1A);
en primer lugar in the first place;
la primera vez the first time

primo/a cousin
principal main, principal; notable;
punto principal main point
principio beginning; al principio
at/in the beginning; al principio
pensaba que... in the beginning, I
thought that . . . (3A)
prioridad f. priority (6B)
privacidad f. privacy
privado/a private
probable probable; es probable
que... it's probable that . . . (6A);
es poco probable que... it's not
very probable that . . . (3A)
probar (ue) to prove
problema m. problem
procesión f. procession
proclamar to proclaim, announce
producción f. production; output
producir (zc, j) to produce
producto product
productor(a) adj. producing
profesión f. profession
profesional professional
profesor(a) professor
profundo/a profound, deep
programa m. program
programado/a planned
progresista m., f. progressive
prohibido/a prohibited
prohibir (prohíbo) to prohibit
promocionar to promote
promotor(a) promoter
promover (ue) to promote (3B)
pronombre m. pronoun
pronto soon; de pronto suddenly;
tan pronto como as soon as (6A)
propina tip
propio/a own
proporción f. proportion
proporcionar to give
propósito objective
protagónico/a: papel protagónico
main role
protagonista m., f. protagonist
protección f. protection (2A)
protector(a) protective (2A)
protesta protest
protestar (por) to protest (against)
(4B)
provechoso/a helpful, beneficial
(6A)
proveer to provide (4B)
provincia province
provocador(a) provocative

provocar (qu) to provoke

próximo/a next; impending; **la próxima vez** the next time

proyectar to project

prueba: poner (*irreg.*) **a prueba** to put to the test

psicología psychology

público *n.* audience; public; people; **al público le encanta ver...** the audience likes to see . . . (1A)

público/a *adj.* public

pueblo town (5B); village; people (5B); public

puerto port

puesto *n.* position, job

puesto (*p.p. of* **poner**) put on; placed; **puesto que** since

punto point; **desde mi punto de vista** from my point of view (1B); **punto clave** key point; **punto de vista** point of view

puro/a pure

Q

que that; which; what; who; **así que** therefore; **creo/opino/supongo que...** I think/believe/suppose that . . . (1A); **el hecho de que** + *subj.* the fact that + *subj.*; **es bueno/malo que...** it's good/bad that . . . (1A); **es evidente que...** it's evident that . . . (1A); **es posible que...** it's possible that . . . (1A); **es verdad que...** it's true that . . . (1A); **menos... que** less . . . than; **mientras que** while; whereas; **temo que estés equivocado/a** I'm afraid you're wrong (1A); **ya que** since

¿qué? which?; what?; who?; **pero, ¿qué dices?** but what do you mean? (1B); **¿por qué?** why?; **¡qué barbaridad!** how awful! (1A); **¡qué bien!** (how) great! (2A); **qué bueno que...** how great that . . . (2A); **¡qué cara tiene!** what nerve he/she has! (2A); **¡qué chévere/guay/padre** (how) awesome! (1A); **¡qué chistoso!** how funny! (4A); **¡qué fascinante!** how fascinating! (2B); **¡qué horror!** how awful! (2A); **qué interesante** how interesting (2B); **¡qué lástima!** what a shame! (5A); **¡qué lío!** what a mess! (1A); **¡qué**

lo pase/pases/pasen bien! have a good time! (4A); **¡qué mala onda!** what a bummer! (1A); **¡qué mala pata!** what bad luck! (1A); **¡qué se divierta / te diviertas / se diviertan!** have a good time! (4A); **¡qué suerte!** what (good) luck! (1A); **¡qué vergüenza!** how embarrassing! (1A); **y tú, ¿qué opinas?** what do you think? (1A)

quedar to be left; to remain; to be located; to be; **quedarse** to stay

quejarse (de) to complain (about) (2A)

quejón, quejona complaining (2A)

quemado/a burned out (4A)

querer *irreg.* to love (3A); to want; **querer decir** to mean

quien who; whom

¿quién? who? whom?

químico/a chemical

quizá(s) perhaps

R

rabioso/a furious (3A)

racionalizar (c) to rationalize

radio *m.* radio (*apparatus*); *f.* radio (*programming*); **emisora de radio** radio station

raíz *f.* (*pl.* **raíces**) root (2B)

rápido/a rapid, quick

raro/a strange; odd; unusual (1A)

rascacielos *m. s.* skyscraper (1B)

rasgo trait, characteristic (1A)

rato (short) time, period; **ratos libres** free time (4A)

razón *f.* reason; **la razón por la cual** the reason why; **tienes razón** you're right (1A)

reacción *f.* reaction

reaccionar to react

real royal; real

realidad *f.* reality; **realidad virtual** virtual reality (6A)

realizar (c) to accomplish; to fulfill (a goal) (4A); to achieve; to attain; to carry out; to produce

rebaja discount

rebelarse to rebel

rebelde *m., f.* rebel (2A)

recaudar fondos to raise money (6B)

rechazar (c) to reject (1A)

recibir to receive; to welcome

reciclaje *m.* recycling (6A)

recién recently, newly

reciente recent

recinto grounds

recoger (j) to pick up; to collect; to gather

recomendación *f.* recommendation

recomendar (ie) to recommend (2A)

reconciliar to reconcile

reconocimiento recognition (6B)

recordar (ue) to remember

recorrer to cover (distance)

recrear to recreate (4B)

recreo recreation (4A)

recuerdo memory (2B)

recuperar to regain

recurrir (a) to resort (to) (4B)

recurso resource (5A)

reducido/a reduced

reemplazar (c) to replace (6A)

referencia reference

referirse (ie, i) a to refer to

reflejar to reflect (1B)

reflexionar to reflect on

reforzar (ue) (c) to reinforce

regañar to scold (2A)

región *f.* region

registrado/a registered

regla rule

reglamento rule; regulation

regresar to return

regreso *n.* return

reír(se) (i, i) (me río) (*p.p.* **reído**) to laugh; **reírse a carcajadas** to laugh out loud (4A)

relación *f.* relationship; connection

relacionado/a con related to

relajado/a relaxed (4A)

relajante relaxing (3B)

relajarse to relax (1B)

relatar to recount, tell

relato story, narrative

religión *f.* religion

religioso/a religious

remedio remedy, cure; solution

remodelado/a remodeled

renombrado/a renowned (4B)

renovado/a renewed (4A)

renovar (ue) to renew

repasar to review

repente: de repente suddenly (3A)

repentino/a sudden

reportaje *m.* news report

representación *f.* representation

representar to represent

represión *f.* repression

republicano/a Republican (*forces that opposed Francisco Franco during the Spanish Civil War*)
repugnante disgusting (1A)
requerir (ie, i) to require
requisito *n.* requisite; requirement
resaca hangover (4A)
rescatar to rescue (6B)
resentimiento resentment (3A)
reseña review
reservado/a reserved (1A)
reservar to reserve; **reservarse el derecho** to reserve the right
residencia residence; **residencia de estudiantes** student dormitory
resistir(se) (a) to resist (2B)
resolver (ue) to resolve
respecto: al respecto in regard to the matter; **con respecto a** with respect to, with regard to
respetar to respect (5A)
respeto respect
responder to responder, answer
responsable responsible
respuesta answer, reply; response
resto rest, remainder
resultado result
resumen *m.* summary
resurgir (j) to revive
resurrección *f.* resurrection; **Domingo de Resurrección** Easter Sunday
retirarse to withdraw
reto challenge (2B)
retratar to portray
retrato portrait
reunión *f.* meeting; gathering
reunirse (me reúno) (con) to get together (with) (4A), meet (1B); to gather
revelar to reveal, show
revista magazine
revolución *f.* revolution
revolucionario/a revolutionary
rey *m.* king
ridículo/a ridiculous; **es ridículo que...** it's ridiculous that . . . (4A); **te voy a contar algo ridículo que le pasó a...** I'm going to tell you something ridiculous that happened to . . . (3A)
riesgo risk (3A)
rincón *m.* corner
riñón *m.* kidney
río river

risa laughter (4A)
ritmo rhythm
ritual *m.* ritual (4B)
rizado curly (hair) (1A)
rogar (ue) to beg (2A)
románico/a Romanesque
romántico/a romantic
romper (*p.p.* **roto**) to break; **romper con** to break up with (3A)
ropa clothing
rostro face (1A)
roto (*p.p. of* **romper**) broken
rugir (j) to roar, bellow
ruido noise (1B)
ruidoso/a noisy (1B)
ruso/a Russian (4B)
ruta route, road

S

saber *irreg.* to know (facts); **saber + inf.** to know how to (*do something*); **no sabes lo que dices** you don't know what you're saying (1A); **no sabía eso** I didn't know that (2B)
sabroso/a delicious (4B)
sacabullas *m. s., pl.* bouncer
sacar (qu) to obtain, get; to take out; **sacar buenas notas** to get good grades
saeta *short, fervent religious song*
sagrado/a sacred (1B)
salir *irreg.* to leave; to go out; to come out, emerge; to get out; **salir con** to date (3A)
salón *m.* room; **salón de té** teahouse (4B)
salsa *musical/dance genre that combines various Caribbean rhythms with African origins*
salud *f.* health
salvar to save (*someone, something*) (5A)
san, santo/a *n.* saint; *adj.* holy; **santo patrón, santa patrona** patron saint; **Semana Santa** Holy Week
sanfermines *yearly festival of Pamplona, Spain*
sangriento/a bloody
sanguinario/a bloody (2B)
saquear to sack, pillage (5B)
satisfecho (*p.p. of* **satisfacer**) satisfied (3A)
Saturno Saturn
sección *f.* section

secreto secret
sector *m.* sector
secuestro kidnapping (5A); hijacking (5A)
sed *f.* thirst
seducir (zc, j) to seduce
seguidor(a) follower (1B)
seguir (i, i) (g) to follow; to continue (to be); **seguir + *ger.*** to continue, keep (*doing something*)
según according to
segundo/a second (3A); **de segunda mano** secondhand
seguramente surely (5A)
seguro/a safe; sure, certain
selección *f.* selection
semana week; **fin** (*m.*) **de semana** weekend; **Semana Santa** Holy Week
semestre *m.* semester
seminario seminar
Senado Senate
senderista *m., f.* member of Sendero Luminoso (5B)
sensación *f.* sensation
sensibilidad *f.* sensibility
sensible sensitive (1A)
sentarse (ie) to sit
sentido meaning; **eso no tiene sentido** that doesn't make sense (2A)
sentimiento feeling (2B)
sentir (ie, i) to feel; to be sorry; **sentirse** to feel; **lo siento** I'm sorry (1A); **lo siento mucho** I'm very sorry (2A); **siento que...** I'm sorry that . . . (2A)
señor (Sr.) *m.* Mister (Mr.); man
señora (Sra.) Mrs.; woman
señorita (Srta.) Miss; young woman
separarse to separate
separatista *adj. m., f.* separatist
sequía drought (6A)
ser *irreg.* to be; **podría ser** it could be; **puede ser** it could be (2B); **ser buena/mala gente** to be a good/bad person (1A); **ser hora de + inf.** to be time to (*do something*); **ser fiel** to be faithful (3A); **ya sea** be it
serio/a serious (1A); **¿en serio?** really? (1A); **¿hablas en serio?** are you serious? (2A)
servir (i, i) to serve; to be useful
sesión *f.* session

sevillana *music and dance from Seville, Spain*

sexo sex

SIDA *m.* AIDS (5A)

siempre always; **para siempre** forever

sierra highlands (5B)

siglo century

significativo/a significant

siguiente following; next

símbolo symbol

simpático/a likeable, friendly

sin without; **sin duda** without a doubt; **sin embargo** however; **sin fines de lucro** nonprofit (6B); **sin igual** unequalled; **sin parar** without stopping; **sin que** without (6A)

sinagoga synagogue

sincero/a sincere

sindicato (labor) union (3B)

sino but, rather; **no sólo... sino (que)** not only . . . but also

sinrazón *f.* craziness

sirena siren

sitio place; site

situación *f.* situation

situado/a situated, located

soberanía sovereignty (5B)

sobre above; over; on, upon; about; against; **sobre todo** above all

sobrepoblación *f.* overpopulation (6A)

sobresaliente outstanding, distinguishing

sobrevivir to survive (5B)

socialista *adj. m., f.* socialist

socialmente socially

sociedad *f.* society

sofisticado/a sophisticated

soldado/a soldier

soleado/a sunny (1B)

solidarizar (c) to render jointly responsible

solitario/a solitary

sólo only; **no sólo... sino (que)** not only . . . but also

solo/a alone

soltero/a *n.* bachelor, single woman; *adj.* single

solución *f.* solution

sombrío/a gloomy, somber (1B); dark

sonar to ring, make itself heard

sonido sound

sonreír (*like* **reír**) to smile (4A)

soñar (ue) to dream; **¡ni soñarlo!** in your dreams! (2A); **soñar con** to dream about (3A)

soportar to stand, tolerate; **ya no puedo soportarlo/la más** I can't stand it/him/her anymore (2A)

sorbo sip; **tomar a sorbos** to sip

sorprendente surprising (3B)

sorprender to surprise; **sorprenderse** to be/become surprised (3B); **me sorprende que creas eso** I'm surprised you believe that (1B)

sorprendido/a surprised

sorpresa surprise

sorpresivo/a unexpected, surprising

sostenible sustainable; **desarrollo sostenible** sustainable development (6B)

soviético/a Soviet; **Unión Soviética** Soviet Union

suavizante *m.* aid

subcomandante *m.* sub-commander

subdesarrollo underdevelopment (5A)

subestimar to underestimate (6B)

subir to raise; to climb, go up

subjuntivo subjunctive (mood)

sublimar to sublimate

subrayado/a underlined

suceder to happen, take place; **escucha lo que le sucedió a...** listen to what happened to . . . (3A)

sucesor(a) successor

suelto (*p.p. of* **soltar**): **trabajo suelto** odd job; freelance work; **hacer** (*irreg.*) **trabajos sueltos** to freelance

sueño dream

suerte *f.* luck; **con suerte** luckily; **¡qué suerte!** what (good) luck! (1A)

suficiente enough, sufficient

sufijo suffix

sufrimiento suffering

sufrir to suffer (5B); to undergo

sugerencia suggestion; **hacer una sugerencia** to suggest

sugerir (ie, i) to suggest; (2A)

sujeto subject

sumamente extremely

sumiso/a submissive (2A)

súper super; **estoy súper contento/a de que...** I'm super-happy that . . . (2A)

superlativo superlative

superstición *f.* superstition

supervivencia survival (6B)

superviviente *m., f.* survivor

suponer (*like* **poner**) to suppose; **supongo que...** I suppose that . . . (1A)

supuesto: por supuesto of course

sur *m.* south; *adj.* south, southern

surgir (j) to arise; to come up

suroeste *m.* southwest

surrealismo surrealism

surrealista *n.* surrealist

sustantivo noun

T

tabla table; chart

tacaño/a stingy (1A)

tal such, such as; **con tal de que** provided that (6A); **tal vez** perhaps; **tal(es) como** such as

talento talent

también also, too (3A); **yo (a mí) también** me, too (4A)

tampoco neither, (not) either; nor (3A); **yo (a mí) tampoco** me neither (4A)

tan *adv.* so; as; such; so much; **tan... como** as . . . as; **tan pronto como** as soon as (6A)

tango *ballroom dance of Argentine origin*

tanto *n.* certain amount; *adv.* so much; as much; **no es para tanto** it's not such a big deal (2A); **por lo tanto** therefore (3A)

tanto/a *pron., adj.* so much; as much; *pl.* so many; as many; **tanto/a/os/ as... como** as much/many . . . as

tapa appetizer

tapiz *f.* (*pl.* **tapices**) tapestry

tardar to take long

tarde *adv.* late

tarde *n. f.* afternoon; **de la tarde** in the afternoon

tarjeta card; **tarjeta postal** postcard

tatuaje *m.* tattoo (1A)

té *m.* tea; **salón** (*m.*) **de té** teahouse (4B)

teatral *adj.* theatrical; theater

teatro theater; **ir** (*irreg.*) **al teatro** to go to the theater

tecnológico/a technological

tele(visión) *f.* television (*programming*)

teléfono telephone; **hablar por teléfono** to talk on the telephone

telerrealidad *f.* reality TV

teletrabajo telecommuting (6A)

tema *m.* theme; topic

temer to fear (5B); to be afraid; **(no) temer que** + *subj.* (not) to fear that . . . ; **temo que estés equivocado/a** I'm afraid you're wrong (1A)

tempestuoso/a stormy (3A)

tender (ie) a + *inf.* to tend to + *inf.*

tener *irreg.* to have; to receive; **hay que tener en cuenta que...** it's necessary to keep in mind that . . . (6A); **no tener pelos en la lengua** to speak one's mind (1A); **no tiene sentido** it doesn't make sense (2A); **tener... años** to be . . . years old; **tener buena/mala pinta** to have a good/bad appearance (1A); **tener derecho a** + *inf.* to have the right to + *inf.*; **tener en común** to have in common; **tener en cuenta** to take into account; **tener éxito** to be successful (4A); **tener ganas de** + *inf.* to feel like (*doing something*); **tener interés** to be interested; **tener lugar** to take place (1B); **tener (mucha) cara** to have (a lot) of nerve (1A); **tener miedo** to be afraid; **tener** (*irreg.*) **mucha marcha** to have a lively social scene (4A); **tener paciencia** to be patient; **tener que ver con** to have to do with; **teníamos... en común** we had . . . in common (3A); **tiene que...** he/she has to . . . (5A); **tienes razón** you are right (1A)

teniente *m.* lieutenant

tenso/a tense (4A)

teñido/a dyed (hair) (1A)

teórico/a theoretical

terminar to finish; to end; to end up

terrateniente *n. m., f.* landowner; *adj.* landowning (1B)

terremoto earthquake (6A)

terreno ground; terrain

territorio territory

terrorista *n., adj. m., f.* terrorist

tertulia gathering

tesis *f. inv.* thesis; theses

tesoro treasure

testarudo/a stubborn (1A)

testimonio testimony

texto text

tibio/a mild; warm

tiempo time; weather; (verb) tense; **al mismo tiempo** at the same time; **hace mucho tiempo** a long time ago; **pasar tiempo** to spend time; **todo el tiempo** all the time

tienda store, shop

timidez *f.* shyness

tímido/a shy

tinto: vino tinto red wine

tío/a uncle, aunt; *m. pl.* aunts and uncles

típico/a typical

tipo type, (of the) kind

tiquismiquis picky (1A)

tirarse to throw at each other

titulado/a entitled

titular *m.* headline

título title

tocar (qu) to touch; to play (an instrument); **tocar guitarra** to play the guitar

todavía still; yet

todo/a all (of); (the) entire; completely; *pl.* every; **de todas maneras** at any rate, anyway; **de todas partes** from everywhere; **sobre todo** above all; **todo el tiempo** all the time; **todo lo contrario** quite the opposite (2A)

tolerancia tolerance (5A)

tolerar to tolerate

tomar to take; to drink; **tomar a pecho** to take seriously (6B); **tomar a sorbos** to sip; **tomar apuntes** to take notes; **tomar consciencia** to take notice (6B); **tomar una decisión** to make a decision; **tomarle el pelo a alguien** to pull someone's leg (4A)

tomate *m.* tomato

Tomatino *celebration in Buñol, Spain*

tonelada ton

tono tone

tonto/a foolish, silly

torear to bullfight

tornado tornado (6A)

toro bull; **corrida de toros** bullfight

torta cake (4B)

torturar to torture (4B)

trabajador(a) *n.* worker, laborer; *adj.* hardworking

trabajar to work; **trabajar como una mula** to work like a dog (4A)

trabajo *n.* work; job; **trabajo suelto** odd job, freelance work; **hacer** (*irreg.*) **trabajos sueltos** to freelance

tradición *f.* tradition

tradicional traditional

traducir (zc, j) to translate

traductor(a) translator

traer *irreg.* (*p.p.* **traído**) to bring

tragedia tragedy

trágico/a tragic

traición *f.* betrayal

traicionar to betray (2B)

traje *m.* suit

trama plot

tranquilidad *f.* tranquility

tranquilo/a peaceful (1B)

transición *f.* transition

transmitir to broadcast

trasladarse to move

tratamiento treatment (5A)

tratar to treat; to deal with; **tratar de** to be about; **tratar de** + *inf.* to try to (*do something*); **tratarse de** to be a question of; to be about

trato treatment (3A)

través: a través de through; via

travieso/a mischievous (2A)

tres: me importa tres narices I couldn't care less (2A)

tribu *f.* tribe (5B)

tribunal *m.* court

triste sad

tristeza sadness (2B)

triunfar to succeed, triumph

tumba tomb

túnica tunic

turnarse to take turns

U

últimamente lately

último/a final, last; latest; **por último** lastly (3A)

un, uno/a one; a, an; *pl.* some, a few; **una vez** once

único/a only; unique (1B); **hijo/a único/a** only child (2A)

unidad *f.* unity (2A)

unido/a close-knit (2A); **Organización** (*f.*) **de Naciones Unidas (ONU)** United Nations (6B)

Unión (*f.*) **Soviética** Soviet Union

universidad *f.* university

universitario/a *adj.* university, pertaining to a university
usar to use; to wear
uso *n.* use
útil useful
utilizar (c) to use, make use of

V

vacaciones *f. pl.* vacation
vago/a vague; lazy (4A)
valenciano/a *of or pertaining to Valencia*
valer *irreg.* to be worth; **vale** O.K.; **valer la pena** to be worth it (5A)
válido/a valid
valores *m. pl.* values (2A)
vanguardia vanguard; avant-garde
vanidad *f.* vanity
variado/a varied
variedad *f.* variety
varios/as several; various
vasco: País Vasco Basque Country
vecino/a neighbor
vejez *f.* old age
vela candle; sail
vender to sell
venir *irreg.* to come; **ahora viene lo peor** now comes the worst part (3A); **el año que viene** next year
venta sale
ventaja advantage (2B)
ver *irreg.* (*p.p.* **visto**) to see; to look at, watch; to observe; **tener** (*irreg.*) **que ver con** to have to do with; **ver películas** to watch movies
verano summer
veras: ¿de veras? really? (1A)
verbo verb

verdad *f.* truth; **¿de verdad?** really?; **es verdad que...** it's true that . . . (1A) **¿verdad?** right?; isn't that so?
verdaderamente truly (5A)
verdadero/a real; true; genuine
verde green
vergonzoso/a shameful (3B); **es vergonzoso que...** it's embarrassing/shameful that . . . (6A)
vergüenza shame; **¡qué vergüenza!** how embarrassing! (1A)
verificar (qu) to verify
versión *f.* version
vestido/a dressed
vestir (i, i) to dress; **vestirse** to get dressed; to dress (oneself)
vestuario *n.* costuming
vez *f.* (*pl.* **veces**) time; **a veces** sometimes; **en vez de** instead of; **la primera vez** the first time; **la próxima vez** the next time; **muchas veces** often; **otra vez** again; **tal vez** perhaps; **una vez** once
vía road
viajar to travel
vibración *f.* vibration
vida life; **ganarse la vida** to earn a living (6B); **pasarse la vida** to spend one's life
viejo/a old; elderly
vino wine; **vino tinto** red wine
violento/a violent
virgen *f.* virgin
virtual: realidad (*f.*) **virtual** virtual reality (6A)

visión *f.* vision
visita visit; **estar** (*irreg.*) **de visita** to be company
vista view; **a primera vista** at first sight; **desde mi punto de vista** from my point of view (1B)
visto (*p.p. of* **ver**) seen
visualizar (c) to visualize
vivienda living quarters
vivir to live
vivo/a alive, living; brilliant; lively (1B); **en vivo** live
vocabulario vocabulary
volar (ue) to fly (5B)
voluntario/a volunteer; **hacer** (*irreg.*) **de voluntario** to volunteer (5A)
volver (ue) (*p.p.* **vuelto**) to return, go back; **volverse** to become; **volverse loco/a** to go crazy (3B); **volver a +** *inf.* to (*do something*) again
voz *f.* (*pl.* **voces**) voice; opinion
vuelto (*p.p. of* **volver**) returned

W

Web: página Web webpage (6A)

Y

ya now; already; right now; at that point; **ya estoy harto/a (de que)...** I'm fed up already (that) . . . (2A); **ya no** no longer; **ya no puedo soportarlo/la más** I can't stand it/him/her anymore (2A); **ya que** since

Z

zona zone; region

Index

Note: Two indexes are presented below. The first index points to explanatory material for grammar topics and groups vocabulary sections by their specific content. The second index helps the reader find artists (and their work), maps, music, movies, poetry, readings and specific references to national cultures, including Hispanic populations in the United States.

Credits

▲▲▲

About the Authors

Sharon Wilson Foerster retired from the University of Texas at Austin in 2001, where she had been the Coordinator of Lower Division Courses in the Department of Spanish and Portuguese, directing the first- and second-year Spanish language program and training graduate assistant instructors. She continues to teach Spanish in the Summer Language School at Middlebury College in Vermont. She received her Ph.D. in Intercultural Communications from the University of Texas in 1981. Before joining the faculty at the University of Texas, she was Director of the Center for Cross-Cultural Study in Seville, Spain for four years. She continues her involvement in study abroad through her work as Director of the Spanish Teaching Institute and as Academic Advisor for Academic Programs International. She is the co-author of the following McGraw-Hill titles: *Punto y aparte: Spanish in Review, Moving Toward Fluency,* Third Edition (2007); *Lecturas literarias: Moving Toward Linguistic and Cultural Fluency Through Literature* (2007); *Supplementary Materials to accompany Puntos de partida,* Sixth Edition (2004); *Metas communi-cativas para maestros* (1999); and *Metas comunicativas para negocios* (1998).

Anne Lambright is an Associate Professor of Modern Languages and Literature in the Hispanic Studies Program, at Trinity College in Hartford, Connecticut. She earned her Ph.D. in Latin American literature from the University of Texas at Austin. Her research and teaching focus on Contemporary Latin American Literature, Andean literature and culture, **indigenismo,** and Latin American women's writing, topics on which she has published several articles. Other books include *Creating the Hybrid Intellectual: Subject, Space, and the Feminine in the Narrative of José María Arguedas* (Bucknell University Press, 2007) and *Unfolding the City: Women Write the City in Latin America* (University of Minnesota Press, 2006), co-edited with Elisabeth Guerrero.

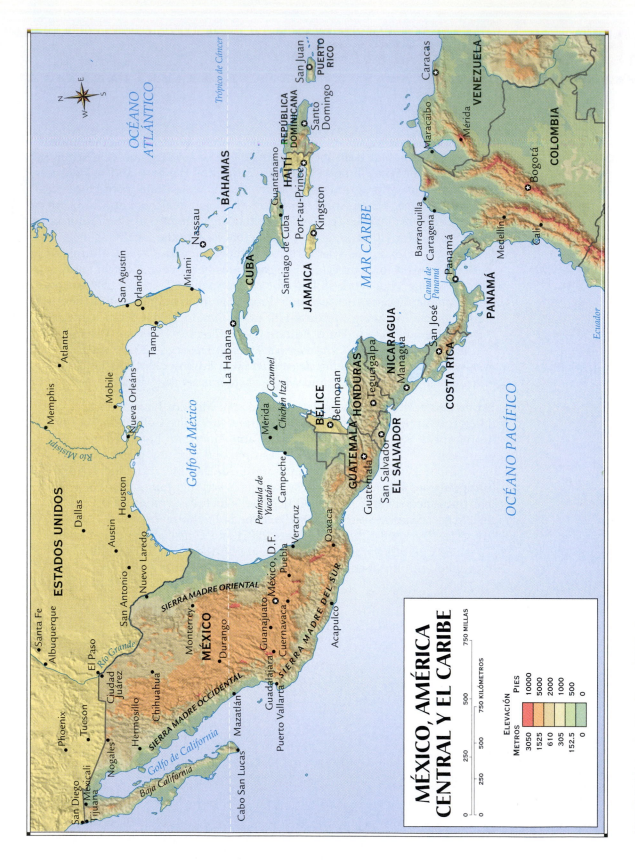

MÉXICO, AMÉRICA CENTRAL Y EL CARIBE

ELEVACIÓN

METROS	PIES
3050	10000
1525	5000
610	2000
305	1000
152.5	500
0	0

0   250   500   750 KILÓMETROS

0   250   500   750 MILLAS

ESTADOS UNIDOS

Santa Fe
Albuquerque
Phoenix
Tucson
Nogales
Mexicali
San Diego
Tijuana

El Paso
Ciudad Juárez
Hermosillo
Chihuahua

Río Grande

Dallas
Austin
San Antonio
Nuevo Laredo
Monterrey
Durango

Memphis
Atlanta
Mobile
Nueva Orléans
Houston

Río Misisipi

San Agustín
Orlando
Miami
Tampa

OCÉANO ATLÁNTICO

Trópico de Cáncer

N E S O

BAHAMAS
Nassau

La Habana
CUBA
Guantánamo
Santiago de Cuba

HAITÍ
REPÚBLICA DOMINICANA
Port-au-Prince
Santo Domingo
San Juan
PUERTO RICO

JAMAICA
Kingston

MAR CARIBE

Golfo de México

Baja California
Cabo San Lucas
Mazatlán
Golfo de California

Puerto Vallarta
SIERRA MADRE OCCIDENTAL
Guadalajara
Guanajuato
México, D.F.
Cuernavaca
Puebla
Acapulco
Oaxaca
Veracruz
Campeche
SIERRA MADRE DEL SUR

MÉXICO
SIERRA MADRE ORIENTAL

Península de Yucatán
Mérida
Cozumel
Chichén Itzá

BÉLICE
Belmopan

GUATEMALA
Guatemala

HONDURAS
Tegucigalpa

EL SALVADOR
San Salvador

NICARAGUA
Managua

COSTA RICA
San José

PANAMÁ
Panamá
Canal de Panamá

Barranquilla
Cartagena

VENEZUELA
Caracas
Maracaibo
Mérida

COLOMBIA
Bogotá
Medellín
Cali

Ecuador

OCÉANO PACÍFICO

MHS38 05 México, América Central Y El Caribe
Second Proof

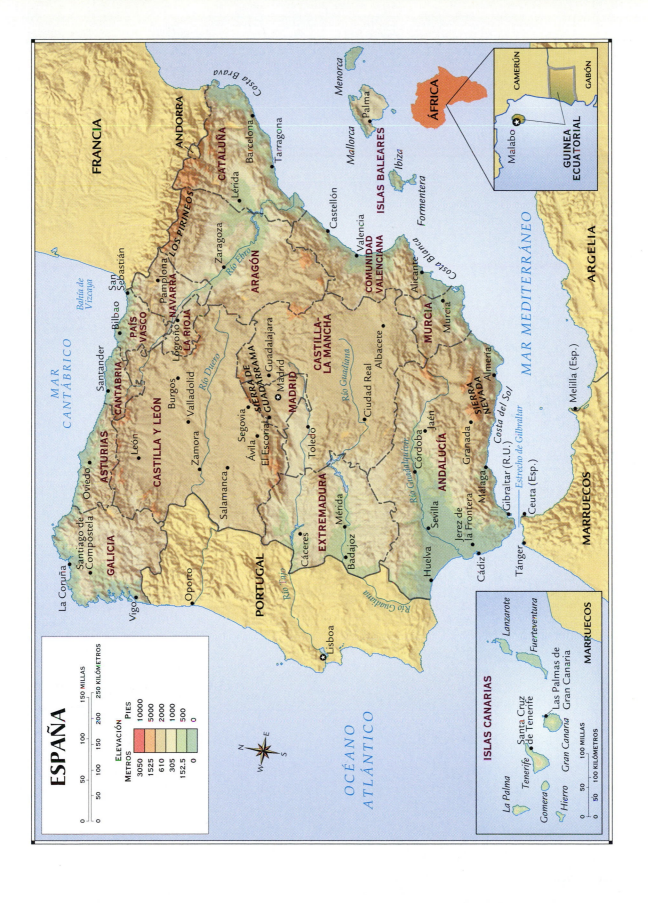

ESPAÑA

FRANCIA

Costa Brava

ANDORRA

LOS PIRINEOS

CATALUÑA
Barcelona
Lérida
Tarragona

Zaragoza
Río Ebro
ARAGÓN

Pamplona
NAVARRA
San Sebastián
Bilbao
PAÍS VASCO
Logroño
LA RIOJA

Castellón

Valencia
COMUNIDAD VALENCIANA

Costa Blanca

Alicante

MURCIA
Murcia

Almería

SIERRA NEVADA

Bahía de Vizcaya
Santander
CANTABRIA
Burgos
CASTILLA Y LEÓN
Río Duero
Valladolid
Zamora

ASTURIAS
Oviedo
León

Segovia
Ávila
SIERRA DE GUADARRAMA
El Escorial
Guadalajara
★ Madrid
MADRID
CASTILLA-LA MANCHA
Río Guadiana
Ciudad Real
Albacete

Toledo

MAR CANTÁBRICO

GALICIA
La Coruña
Santiago de Compostela
Vigo
Oporto

Salamanca

EXTREMADURA
Cáceres
Mérida
Badajoz

PORTUGAL

Río Tajo

Río Guadiana

Huelva

Sevilla
Jerez de la Frontera

Córdoba
Jaén
ANDALUCÍA
Granada
Río Guadalquivir
Málaga
Costa del Sol
Estrecho de Gibraltar
Gibraltar (R.U.)
Ceuta (Esp.)
Cádiz
Tánger

Melilla (Esp.)

MARRUECOS

MAR MEDITERRÁNEO

Menorca
Palma
Mallorca
ISLAS BALEARES
Ibiza
Formentera

ARGELIA

OCÉANO ATLÁNTICO

ÁFRICA

CAMERÚN
GABÓN
Malabo ★
GUINEA ECUATORIAL

ISLAS CANARIAS
Lanzarote
Fuerteventura
La Palma
Tenerife
Santa Cruz de Tenerife
Gomera
Hierro
Gran Canaria
Las Palmas de Gran Canaria
MARRUECOS

0   50   100 MILLAS
0   50   100 KILÓMETROS

N
E
W   S

ELEVACIÓN
METROS   PIES
3050   10000
1525   5000
610   2000
305   1000
152.5   500
0   0

0   50   100   150 MILLAS
0   50   100   150   200   250 KILÓMETROS

NICARAGUA

COSTA RICA

PANAMÁ

MAR CARIBE

Barranquilla

Maracaibo

Caracas

Río Orinoco

VENEZUELA

Georgetown

GUYANA

Paramaribo

Cayenne

OCÉANO ATLÁNTICO

GUAYANA FRANCESA

SURINAME

Medellín

Bogotá

Cali

COLOMBIA

Quito

ECUADOR

Guayaquil

Ecuador

Manaus

Belém

Río Amazonas

C O R D I L L E R A

PERÚ

OCÉANO PACÍFICO

BRASIL

Recife

Lima

Machu Picchu

Cuzco

Lago Titicaca

Arequipa

BOLIVIA

La Paz

Sucre

Brasília

OCÉANO PACÍFICO

Isla Pinta

Isla Marchena

Isla San Salvador

Isla Santa Cruz

Isla Isabela

Isla San Cristóbal

Puerto Baquerizo Moreno

LAS ISLAS GALÁPAGOS (ECUADOR)

Antofagasta

D E   L O S   A N D E S

PARAGUAY

Asunción

Puerto Iguazú

São Paulo

Rio de Janeiro

Trópico de Capricornio

| 0 | 100 MILLAS |
| 0 | 100 KILÓMETROS |

| 0 | 8 MILLAS |
| 0 | 8 KILÓMETROS |

CHILE

Córdoba

Río Paraná

Hanga Roa

Mataveri

Cabo Cummings

Cabo Sur

OCÉANO PACÍFICO

ISLA DE PASCUA (CHILE)

Valparaíso

Santiago

Rosario

ARGENTINA

Buenos Aires

URUGUAY

Montevideo

Río de la Plata

OCÉANO ATLÁNTICO

Concepción

San Carlos de Bariloche

Bahía Blanca

OCÉANO PACÍFICO

Estrecho de Magallanes

Islas Malvinas

Punta Arenas

Tierra del Fuego

Cabo de Hornos

AMÉRICA DEL SUR

| 0 | 250 | 500 | 750 MILLAS |
| 0 | 250 | 500 | 750 KILÓMETROS |

ELEVACIÓN

METROS		PIES
3050		10000
1525		5000
610		2000
305		1000
152.5		500
0		0

MHS38 04 América del Sur
Second Proof